TREND ✳ CHINA

트렌드 차이나 2020

베이징 특파원 12인이 진단한
중국의 현재와 미래 보고서

트렌드
차이나
2020

홍순도 아시아투데이   **양정대** 한국일보

김규환 서울신문   **이우승** 세계일보

차상근 파이낸셜뉴스   **윤창수** 서울신문

노석철 국민일보   **이재호** 아주경제

김충남 문화일보   **홍우리** 뉴스핌

정용환 중앙일보   **은진호** 인민일보

더봄

더도 말고 덜도 말고
있는 그대로 중국을 보자!

지난 2018년 3월 말 미국과의 무역전쟁이 본격 발발하기 전까지만 해도 중국의 미래 전망은 장밋빛 일색이었다. 빠르면 2030년을 전후해 중국이 경제 총량에서 미국을 제치고 G1이 될 것이라는 분석에 대해 지구촌 그어느 국가도 믿어 의심치 않았다. 심지어 군사 분야에서도 조만간 미국을 바짝 따라붙을 것이라는 일부 글로벌 싱크탱크의 전망에도 그럴 수 있다는 자세를 보였다.

당사국인 중국은 더 말할 것이 없었다. 최고 지도자 덩샤오핑鄧小平의 유훈인 대외적 국가전략 도광양회韜光養晦(자신의 진면목을 숨긴 채 실력을 기름)가 어느 순간 유소작위有所作爲(필요할 때 적극적으로 할 일을 함)로 바뀐 것은 당연한 수순이라고 할 수 있었다. 시진핑習近平 총서기 겸 국가주석(이하 시진핑 주석)이 지난 2012년 11월 집권한 이후 줄곧 중국몽中國夢을 강조한 것 역시 마찬가지였다. 지금은 아예 대국굴기大國崛起(대국으로 우뚝 섬)는 말할 것도 없고 '리하이러, 워더궈'属害了, 我的國(대단하다, 우리나라)라는 국뽕 냄새 물씬 풍기는 구호가 만연하는 상황이 자리를 잡았다. 품위를 지켜야 할 대국답지 않게 2017년 초부터 사드THAAD(고고도 미사일 방어체계) 배치를 둘러싼 갈등과 관련한 화풀이를 한국에 퍼부었던 것은 나름 이유가 있었다. 지난 세기 말까지만 해도 볼 수 없었던 오만하다고 해도 좋을 자신감을 보여줬다.

그러나 앞으로 죽 지속될 것 같았던 장밋빛 전망은 현재 언제 그랬냐는 듯 거의 모든 분야에서 급격히 부정적인 쪽으로 돌아서고 있다. 역시 결정적 원인은 무역전쟁 종식을 위한 스몰딜(부분 합의)을 하기는 했으나 장기전 양상으로 들어간 미국과의 갈등 때문이라고 해야 할 것 같다. 철옹성 같을 줄 알았던 경제가 미국이 작심하고 날린 강력한 한 방에 휘청거렸을 뿐 아니라, 더 나아가 협상 과정에서 굴욕적인 저자세를 적지 않게 보인 것이 이런 전망을 불러왔다고 볼 수 있다.

그럼에도 중국의 이런 총체적 난국에 그동안 축적되어 온 내부적 문제들이 전혀 영향을 미치지 않았다고 하기는 어렵다. 이 문제들이 무역전쟁의 여파로 동시다발적으로 확연하게 드러나면서 그동안 양심적 오피니언 리더들이 아슬아슬한 심정으로 지켜봐 온 중국의 약한 고리가 본격적으로 드러났다고 볼 수 있다.

무엇보다 전반적인 경제 상황이 그렇다. 성장 엔진이 식고 있다거나 천문학적 규모에 이른 경제 주체들의 부채 문제 등이 심상치 않다는 우려가 중국 내부에서도 나오고 있다. 오죽했으면 시진핑 주석조차 2019년 1월 21일 31개 성시省市의 기관장들 수백 명을 긴급 소집, 베이징北京에서 가진 회의를 통해 "위험에 대한 높은 경계심을 유지해야 한다. 특히 블랙스완Black Swan을 고도로 경계하고 회색 코뿔소Grey rhino를 막기 위한 조치도 취해야 한다."고 주장했겠는가. 결코 나타나지 않을 것 같지만 일단 나타나면 엄청난 충격을 준다는 의미의 블랙스완과, 개연성이 있음에도 간과하기 쉬운 위험을 일컫는 회색 코뿔소는 역대 최고 지도자들의 입에 단 한 번도 오른 적이 없는 단어이다.

정치적으로도 상황이 녹록하지 않다. 당장 2021년 7월 1일 창당 100주년을 맞는 공산당의 권위가 예전 같지 않다. 수년 전만 해도 웬만한 중국인들에게는 바로 먹혔던 "공산당이 없으면 새 중국은 없다."라는 구호가 너무나도 공허하게 들리는 게 현실이다. 여기에 시다다^{習大大}(시 아저씨)로 불리면서 당과 정부를 대표하는 시진핑 주석의 인기가 언제 그랬냐는 듯 급전직하한 현실까지 더할 경우 상황은 더욱 심각하다. 상대적으로 기성세대보다 깨어 있는 청년층이 시진핑 주석의 초상화에 먹물을 투척하는 해프닝을 벌이거나, 공산당 반대 문구 티셔츠를 입고 있던 시민들이 실종되는 사건이 최근들어 잇따라 발생한 것이다. 그렇다고 당 내부가 완전체로 일사분란하게 똘똘 뭉쳐 있는 것도 아닌 듯하다. 중국판 청와대 내지 백악관으로 불리는, 권부^{權府}의 상징 중난하이^{中南海}의 정치국 회의에서 흘러나온 2019년 초의 소문을 살펴보면 잘 알 수 있다. 7인이 정원인 당 정치국 상무위원회의 위원 한 명이 책상을 내리치면서 시 주석의 정책에 대한 반대 입장을 천명한 것으로 알려지고 있다. 설사 소문이 사실이 아닐지라도 당이 흔들리고 있다는 사실을 대변하는 말이 아닌가 싶다.

사회 전반적으로 봐도 중국이 총체적 위기에 직면해 있다는 분석이 완전히 틀린 것은 아니다. 한국에까지 큰 영향을 미치는 초미세먼지 창궐에 따른 도시민들의 행복감 저하, 잃어버린 20년을 경험한 일본이 혹독하게 겪은 바 있는 부동산 버블에 따른 전반적인 주거권 악화, 살얼음판을 걷는 식품안전 문제 등을 보면 확실히 그렇다. 이뿐만이 아니다. 돈 없으면 죽는다는 극단적 표현이 일상이 된 의료 현장의 빈약한 공공서비스와, 잊힐 만

하면 터지는 빈번한 대형 안전사고, 도농 및 빈부 간 격차의 심화까지 더할 경우 중국이 중진국 문턱에 걸린 채 성장통을 호되게 앓고 있다는 평가가 과하지 않아 보인다.

　오피니언 리더들을 필두로 한 대부분의 한국인들은 당연히 이런 사실을 잘 알고 있다. 아니 훨씬 더 부정적으로 보는 것이 현실이다. 유튜브에서 연일 "중국은 이제 망하는 일만 남았다", "처음부터 망하도록 디자인돼 있었다"는 요지의 내용을 담은 영상들이 넘쳐나는 것만 봐도 상황이 어느 정도인지 잘 알 수 있다. 마치 "중국의 모든 것은 가짜다."라는 프랑스 문명 비평가 기 소르망의 주장이 그대로 재현되고 있는 듯한 느낌이 없지 않다.

　이유는 있다. 금세기 들어 서서히 쌓이기 시작한 중국 내 혐한嫌韓 기류에 대한 반발에 따른 혐중嫌中 정서가 파다한 상황에서 고고도미사일방어체계(사드) 사태가 기름을 끼얹었기 때문이다. "착한 짱깨는 죽은 짱깨!"라는 말을 넘어 "태어나지 않은 짱깨가 정말 착한 짱깨!"라는 막말이 누리꾼들 사이에서 유행하는 것은 결코 괜한 게 아닌 것이다. 중국 전문가라고 자칭하는 이른바 오피니언 리더들이 지난 세기 미국을 비롯한 서구에서 한참 유행했던 중국 붕괴론이나 분열론이 조만간 현실로 나타날 것이라고 주장하는 것 역시 마찬가지 이유다.

　하지만 현실은 반드시 그렇다고 단언하기 어렵다. 경제, 정치, 사회적으로 흔들린다는 것이 근거가 빈약한 분석이 아니기는 하지만 중국이 당장 어떻게 될 것이라고 주장하는 것도 다소 섣부른 면이 있다. 3조 1000억 달러 전후의 외환보유고, 미국으로 하여금 칼을 빼들게 만든 막대한 무역 흑자, 전 세계에서 가장 활기차다는 4차 산업의 발흥은 여전히 G2 중국의 버팀목으로 작용하고 있다.

　중국의 미래에 대한 막연한 환상은 분명 바람직하지 못하다. 그러나 명확한 근거 없이 막무가내 식으로 "이제 중국은 없다."라는 식의 주장을 펼치는 것도 곤란하다. 이런 편견과 오해가 고착될 경우 한국과는 일의대수一 衣帶水, 즉 미우나 고우나 떼려야 뗄 수 없는 관계인 중국의 진면목을 정확히 파악하지 못하는 집단적 우를 범하게 된다. 중국이 경제적으로 국제사회에서 한국의 라이벌이라는 사실을 상기해 볼 때 국익에도 별로 도움이 되지 않는다. "적을 알고 나를 알아야 백번 싸워도 위태롭지 않다."라는 불후의 진리를 애써 외면하는 상황에서는 더욱 그렇다.

따라서 우리의 국익을 위해서라도 지금부터 아무 도움이 안 되는 편견과 오해는 불식시키고 눈을 똑바로 뜬 채 진실을 바라볼 필요가 있다. 이런 관점의 책이 단 한 권이라도 출판된다면 금상첨화일 것이다. 그래서 한국 언론사의 전, 현직 베이징 특파원들이 기꺼이 뭉치는 수고를 아끼지 않았다. 그것이 평균적으로 3년이라는 기간의 베이징 특파원을 지낸 입장에서 사회적 책무의 일부나마 하는 것이라고 생각했기 때문이다.

이 책은 위에서도 언급했듯 국익을 위해 더도 덜도 말고 현재 중국의 트렌드와 중국을 있는 그대로 보자는 취지에서 기획됐다. 묵직한 주제의 학술적인 서적이라고 말할 수는 없다. 그러나 지금의 중국을 편견과 오해 없이 이해하기에는 안성맞춤이라고 감히 단언하고 싶다. 너무 중국 낙관론만 제시하는 것이 아니냐는 비판을 의식해 책의 앞머리에는 중국인들이 직시해야 할 충고의 내용도 많이 담았다. 이 부분은 중국이 진정한 선진국으로 나아가기 위해서는 무엇보다 시급히 해결해야 하는 것들이기도 하다. 부디 독자 제현들이 이 책을 통해 중국에 대한 선입견을 버리고 현실을 직시하고 판단해 주기를 바란다.

전, 현 베이징 특파원을 대표해서 홍순도

차례

1장

차이나 리스크

★ ──────────────────────── ★

G1 진입을 가로막는
철옹성 같은 걸림돌

★ ────────────────────────────────

중국은 19세기 말 열강들의 침략으로 동아시아의 병자로 완전히 전락하기 전까지만 해도 수천 년에 걸쳐 세계적 강대국이었다. 요즘 말로 하면 G1이었다. 그러니 1세기도 훨씬 더 지난 지금 다시 G2를 넘어 G1이 된다고 해도 크게 이상할 것은 없다. 4차 산업혁명 관련 기술을 등에 업고 날개를 단 경제 상황에 비춰 봐도 아무리 늦어도 2050년까지는 희망이 현실로 나타날 가능성은 적지 않다. 그러나 질적인 면에서도 명실상부한 G1이 되려면 단순하게 경제력만 키워서는 안 된다. 정치, 사회 등을 비롯한 모든 분야에서 G1의 위상에 부합하는 글로벌 스탠더드를 확립해야 한다. 단도직입적으로 말하면, 모든 국가들이 인정할 차이니스 스탠더드를 확립, 세계를 리드해야 한다. 그렇지 않으면 존경받는 진정한 G1이 되지 못한다. 질적으로는 미국도 절대 이기지 못한다. 심지어 이웃나라인 한국으로부터도 계속 '짱깨'라는 말을 들으면서 경원의 대상이 될 수밖에 없다. 그러나 차이니스 스탠더드의 확립은 말처럼 쉽지 않다. 현재 직면한 정치, 경제, 사회적 리스크만 살펴봐도 잘 알 수 있다. 곳곳에 철옹성 같은 걸림돌이 산재해 있다.

1

톈안먼과 홍콩 사태

외면한다고 잊힐 리야?
빨리 치유해야 할 곪은 상처

어느 개인이나 집단, 국가 등의 간절한 열망이 현실로 나타나기란 결코 쉬운 일이 아니다. 신명을 다 바쳐 노력해도 이뤄지지 않는 경우가 많다. 그래서 이런 열망이나 원망은 결국 희망 사항으로 남거나, 언젠가는 꼭 실현시켰으면 하는 지고지순의 목표가 되는 것이 일반적이다. 중국 최초의 통일 왕조인 진秦나라를 세운 시황제始皇帝의 비원이 그랬다. 왕조의 영원을 기원하는 뜻에서 자신을 시황제로까지 불렀으나 겨우 아들인 2세 호해胡亥 때에 멸망하고 말았다. 왕조의 수명이 중국 역사상 가장 짧은 15년에 불과했다. 또 다른 예도 있다. 자신들의 통치로 전 세계를 평화롭게 하겠다는 이상을 강희제康熙帝의 협화만방協和萬邦이라는 슬로건에 담아 기원했던 청나라의 경우 역시 크게 다르지 않았다. 세상을 평화롭게 하기는커녕 왕조 자체가 19세기 내내 대란에 휩쓸리는 운명을 맞았다.

이런 면에서 중국의 상징으로 불리는 베이징의 톈안먼天安門도 예외일 수

최근에 조성된 자오쯔양 전 총서기의 묘지

없다. 명나라 영락제永樂帝가 천하를 태평하게 만들겠다는 염원을 담아 명明·청清 양대 왕조의 정궁인 고궁故宮의 정문으로 세운 것이 600여 년 전의 일이었으나 아쉽게도 이상은 실제로 구현되지 못했다. 20세기 이후만 해도 톈안먼을 중심으로 천하대란이 발생한 것이 한두 건이 아니다. 대표적 사건이 아마 1960년대 중반에 발생해 10여 년 동안 이어진 문화대혁명 기간의 동란들, 1976년 4월 5일과 1989년 6월 4일 두 차례에 걸쳐 폭발한 톈안먼 유혈 사태가 대표적이다. 특히 두 차례의 사태에서는 각각 수백, 수천여 명의 목숨이 희생돼 '톈안먼'이라는 이름을 무색케 했다. 후자는 한국의 광주민주화운동이 그렇듯 지금도 지속적으로 논란이 끊이지 않고 있다.

2019년은 그 두 번째의 톈안먼 사태가 발생한 지 30주년이 되는 기념비적인 해였다. 아차, 하는 사이에 무려 한 세대가 흘러간 것이다. 당연히 30주년이라는 상징적 의미가 있었던 만큼 톈안먼 주변은 편안하지 않았다.

드넓은 톈안먼 광장에 시위 재발을 차단하려는 경찰의 경비가 삼엄했다. 대학가 풍경 역시 비슷했다. 비록 30년 전의 일이기는 했으나 당시의 주역들 상당수가 여전히 멀쩡히 두 눈 뜨고 살아 있고 사태가 명확하게 정리되지 않은 현재진행형인 탓이었다. 톈안먼을 톈롼먼天亂門으로 불러도 별로 이상하지 않은 분위기였다. 천재지변이 일어나지 않는 한 2020년에도 크게 달라질 것은 없을 것이 확실하다.

톈안먼 사태 30주년이 지났지만
여전히 갈등 해소되지 않아

솔직히 톈안먼 주변이 계속 이렇게 남아 있는 것은 별로 좋을 게 없다. 무엇보다 G2 국가의 국제적 위상에 계속 의문 부호가 따라붙게 된다. 이럴 경우 중국이 글로벌 스탠더드를 존중하는 대국인가 하는 국제사회에서의 따가운 시선으로부터도 결코 자유롭지 못하게 된다. 국가적 차원에서라도 톈안먼이 본래 이름처럼 태평해질 길을 찾아야 하는 이유다.

게다가 최근에는 사회 지도층 인사들로부터 사태에 대한 재평가 요구도 본격적으로 터져 나오기 시작하고 있다. 상황이 더 악화될 경우 당시 희생자들에 대한 추도 행사나 재평가를 요구하는 시위 등이 벌어질 가능성이 높다. 상징적인 의미에서 당시 당정 고위 관련자의 처벌을 요구할 수 있다. 예사롭지 않은 움직임으로 먼저 희생자 가족들이 중심인 톈안먼어머니회의 행보를 꼽을 수 있다. 2018년에는 시진핑 주석에게 "톈안먼 사태는 인민에 대한 국가의 범죄였다."라고 주장하는 편지를 보낸 후 사태 재평가 요구 농성만 벌였다. 하지만 이제는 퉁구이위진同歸于盡, 즉 "너 죽고 나 죽자!" 식의 결판을 낼 각오를 하고 있다고 한다. 2019년 6월 4일을 전후해서는 장셴링張先玲을 비롯한 다수의 어머니회 멤버들이 자택에 격리된 채 농성을 벌이기도 했다.

당시 학생들의 민주화 요구에 동조하면서 사태의 중심에 섰던 자오쯔양趙紫陽 전 총서기의 정치비서였던 바오통鮑彤 역시 88세의 고령임에도 재평가를 적극 요구하는 사회 지도층 인사로 손꼽힌다. 공안 및 정보 당국으로부터 외출과 언론과의 접촉을 하지 말라는 경고를 받고 있음에도 어떻게든 목소리를 내고 있다. 이로 인해 그는 당국으로부터 우왕右王(우파 분자의 왕)이라는 비난과 함께 상당한 압박을 감내해야 하는 처지에 놓여 있다.

톈안먼 사태 당시 희생자들에 대한 치료 임무를 진두지휘한 인민해방군 301병원의 의사 장옌융蔣彦永 소장(우리의 준장에 해당)도 빼놓을 수 없다. 저승을 눈앞에 둔 입장에서 더 이상 침묵하는 것은 도리가 아니라고 생각한 듯 시진핑에게 편지를 보내 사태의 재평가를 요구한 바 있다. 현장에서 발생한 비극의 참상을 누구보다 똑똑히 목격한 주인공이라는 사실을 감안할 때 이 사안은 상당히 중대하다. 이외에도 칭화대淸華大 법학과의 쉬장룬許章潤 교수, 투옥과 석방을 되풀이하는 유명 반체제 인사 천윈페이陳雲飛, 장톈융江天勇, 황치黃琦 등이 재평가 요구의 목소리를 높이는 대표적인 인사들이다.

하지만 중국 당국은 이를 애써 무시하는 자세로 일관하고 있다. 더 나아가 입에 올리는 것 자체를 금기시하고 있다. 당국의 입장은 분명했다. 톈안먼 사태 때 학생으로 참가한 경험을 가지고 있는 익명의 50대 초반 베이징 시민 차오曹 씨는 이렇게 설명한다.

"톈안먼 사태 당시 시민, 학생들이 요구한 것은 서구 기준에 완벽하게 들어맞는 민주화는 아니라고 봐야 한다. 그러나 일당독재인 사회주의체제 개혁의 불가피성을 역설한 것은 분명한 사실이었다. 당국으로서는 이건 말도 안 되는 요구였다. 그래서 참사가 발생했다. 지금도 마찬가지라고 해야 한다. 2049년까지 공산당 집권 100년을 목표로 하는 당국이 톈안먼 사태에 대해 열린 시각을 가진다는 것은 말처럼 쉽지 않다. 사태를 재평가하고 인정하는 순간 체제가 휘청거리게 되기 때문이다."

물론 당국이 전향적인 자세를 전혀 보이지 않은 것은 아니었다. 2014년 6월, 톈안먼 사태 25주년 때 보여준 입장이 그랬다. 톈안먼어머니회의 창설자인 딩쯔린丁子霖 등 유족에게 얼마간의 보상금을 지원하겠다는 시그널을 물밑에서 보낸 것이다. 그러면서도 진상 규명을 요구하는 활동의 중단이라는 조건을 달았다. 이를테면 희생된 가족들의 명예 회복과 진상 규명 및 당국의 사과는 요구하지 말라는 얘기였다. "톈안먼 사태를 정치 풍파로 규정한 사실 자체를 변경할 생각이 없다."는 그동안의 입장과 크게 다를 게 없었다. 더구나 이후에는 비슷한 움직임조차 보이지 않았다. 오히려 더욱 강경해졌다. 심지어 웨이펑허魏鳳和 국방부장은 사태 30주년을 이틀 앞둔 6월 2일, 싱가포르 샹그릴라호텔에서 진행된 18차 아시아안보회의(샹그릴라 대화) 본회의에 참석해, "톈안먼 사건은 정치적 혼란이었다. 우리 정부는 혼란을 안정시키기 위해 과감한 조치를 취했다. 30년 동안 중국에 하늘과 땅이 뒤집히는 변화가 발생했는데 아직도 톈안먼 사건에 대한 대처가 잘못됐다고 할 수 있느냐."고 주장하면서 당국의 강경 진압을 정당화하기까지 했다. "우회전 깜빡이를 켜 놓은 채 좌회전을 하고 있다."는 평가를 듣는 시진핑 주석의 최근 극좌적 정치 행보를 감안하면 그럴 수밖에 없지 않나 싶다.

시위 주동자들의 거세지는 반발, 그리고 홍콩 사태

이에 대해 사태에 직접적으로 연루된 당사자들이 줄기차고도 거세게 반발하는 것은 당연하다. 가장 먼저 당시 시위를 주도한 해외 망명객들의 반발 수위가 예사롭지 않다. 이들이 직면한 어려운 처지를 살펴보면 그럴 수밖에 없기도 하다. 사태 당시 베이징대^{北京大} 재학 중이었던 21명 학생 지도자 가운데 한 명으로 활약한 왕단^{王丹} 전 대만 국립칭화대학 교수를 대표적으로 꼽을 수 있다. 30년 전 1호 수배 대상으로 공안 당국에 쫓기는 끔찍한 고생을 한 것이 스트레스로 작용했는지 뇌혈전과 뇌종양으로 무척 고생하는 것으로 알려지고 있다. 이 때문에 평소에는 망명지인 미국에 머무르다가도 치료를 할 때면 대만으로 급거 날아간다고 한다. 무국적자의 신분으로서는 미국 병원의 엄청난 치료비를 감당하기 쉽지 않은 탓이다.

그는 그럼에도 여전히 당국에 정면 도전하던 과거 20대 초반 청년의 결기를 잊지 않고 있다. 톈안먼 사태 30주년을 2개월여 앞둔 2019년 4월 9일, 동료 저우펑쒀^{周鋒鎖}가 뉴욕의 성 요한 더 디바인 성당에서 주최한 추모 집회에 연사로 나섰을 때는 "내가 다시 그때로 돌아간다면 조국의 미래를 위해 내 삶을 투자하는 기회를 절대로 포기하지 않을 것이다. 그것은 내가 당시의 사태로 인해 지불한 대가에 대해 절대 후회하지 않는 이유이기도 하다."라면서 사자후를 토한 바도 있다. 그가 2017년 7월 사망한 노벨 평화상 수상자 류샤오보^{劉曉波}의 죽음과 관련, "한국은 동아시아에서 민주주의를 지킬 의무가 있다. 그런 책임을 다하지 않은 것 같아 매우 안타깝다."는 요지의 말로 한국의 책임론까지 거론한 것도 이해할 만하다.

신장^{新疆} 위구르자치구 출신의 위구르족인 우얼카이시^{吾爾開希}도 상태가 왕 전 교수와 비슷하다. 그는 대만에 정주하여 생활고를 겪으면서도 초심을 잃지 않고 있다. 자신이 주도한 사태의 재평가 요구를 위해 시도한 네 번의 귀국이 당국의 불허로 무산된 뼈아픈 기억도 간직하고 있다. 그 역시 2017년 7월 서울을 방문했을 때 왕 전 교수와 비슷한 말로 중국의 인권에 무심한 한국에 대한 섭섭함을 토로하면서 젊은 시절 못지 않은 패기를 증명했다. 대만에서 정치인으로 변신, 당당하게 중국에 맞서겠다는 시도도 해봤으나 망명객의 한계를 넘지는 못했다.

여학생으로는 드물게 주요 수배 대상이 됐던 차이링蔡玲은 이혼의 아픔을 겪은 중년의 나이에도 미국에서 조국의 민주화 운동에 주력하고 있다. 매년 지구촌 곳곳에서 열리는 추모 집회에 모습을 드러내지는 못하지만 과거 동료들과는 연락을 유지한 채 필요할 때마다 당국에 대한 비판에 적극 나서고 있다. 때로는 중국이 가장 숨기고 싶어 하는 치부로 손꼽히는 여아 낙태 현실을 꼬집는 운동가로도 활동하는 중이다. 미국 망명 직후 가진 언론 인터뷰에서 "학생들은 천막 안에서 깊이 잠들어 있었다. 그런데도 인민해방군은 탱크로 짓밟고 지나가 고깃덩어리로 만들어버렸다."고 주장한 그때의 배포가 여전한 것이다.

무명의 당사자들이라고 해서 침묵하라는 법은 없다. 시위 참가 경험이 있는 사진작가 류젠劉建이 고해성사라도 하듯 30년 동안 숨겨둔 사진 2,000여 장을 2019년 5월 미국에서 전격 공개한 것이 이 경우에 속한다. 당시 사진을 전공한 학생이었던 그는 현장에서 별 생각 없이 학생, 시민들의 격렬한 시위 장면들을 찍었다고 한다. 그러나 외부에 공개하지는 않았다. 3년 전 미국으로 이주한 그가 부담감 탓에 애써 당시의 기억과 사진들의 존재를 잊으려 노력하며 살아온 탓이다. 그러나 대학 졸업 후 평범하게 살아온 그는 세월이 흐를수록 진실에 대해 침묵하고 있다는 죄책감과 갈수록 좌경화하는 당국에 대한 실망 때문에 끔찍했던 사태 현장의 기억이 오히려 선명해졌다고 한다. 더불어 사진의 존재를 언젠가는 세상에 알려야겠다고 생각했다는 것이 미국 내 반체제 중국인들의 전언이다. 그는 결국 미국 이주 3년 만에 문제의 사진들을 모종의 경로를 통해 밀반출하는 모험을 결행했다. 당국으로서는 30년 만에 행동하는 양심이 된 그의 용기 있는 행보에 전혀 예상치 못한 한 방을 얻어맞은 셈이 됐다. 사이버 공간에서 '부자이천모'不再沈黙(다시는 침묵하지 않겠다)라는 닉네임으로 통하는 50대 초반의 누리꾼 역시 비슷한 경우에 해당한다. 사태 30주년을 즈음해 그동안 보관해 놓은 당시의 사진들을 미국 내 반체제 언론에 보내는 용단을 내려 마음의 빚을 털어냄과 동시에 류젠에 뒤이어 당국에 큰 타격을 줄 한 방까지 날렸다.

본토의 민주화를 열망하는 홍콩 시민들 역시 거론해야 마땅하다. 2019년의 경우 30주년의 상징성 때문에 그 어느 해보다 대대적으로 사태 희생자들에 대한 추모 행사와 반중 시위를 벌인 바 있다. 이 시위는 급기야 홍콩으로 피신한 정치범들을 중국으로 송환하도록 규정한 '범죄인 인도법안'(송환법) 개정안에 대한 반대 투쟁인 '반송중'反送中으로까지 이어져 무려 200만 명 전후의 홍콩 시민들을 거리로 뛰쳐나오도록 만들기도 했다.

중국 당국의
전향적인 태도변화 가능성은 낮아

그러나 이런 국내외의 반발에도 불구하고 여러 정황을 종합해 볼 때 중국 당국이 다시 전향적인 자세를 보일 가능성은 상당히 낮아 보인다. 사태의 유혈 진압에 대한 정당성을 부인하거나 재평가에 나서는 것은 언감생심이라고 해야 할지도 모른다. 그럼에도 현재의 자세에서 한 발 물러선 채 한번은 짚고 넘어갈 필요성은 있지 않을까 싶다. 현 상황이 지속되면 톈안먼 사태라는 시한폭탄이 시진핑 정권의 발목을 붙잡고 두고두고 부담을 줄 것이 확실하다. 더구나 그는 사태의 책임자도 아닐 뿐더러 일말의 상관관계도 없다. 이전 지도자들보다는 부담이 덜한 것이다.

당연히 해법은 있다. 가장 먼저 사태 이후에 실각한 자오쯔양 전 총서기에 대한 재평가와 복권을 단행하는 것이다. 이 일은 별로 어렵지도 않다. 유족들이 정부에 대한 불만의 뜻으로 자택에 안치했다 2019년 10월 중순 일반 묘지에 매장한 그의 유골을 베이징의 바바오산八寶山 혁명공원 제1묘역에 이장하기만 하면 된다. 체제를 뒤흔들지 않을 적정 수준의 사태 자체의 재평가도 필요하다. 역시 어렵지 않다. 정치적 폭란이었다는 평가를 학생, 시민들이 민주화를 부르짖는 과정에서 발생한 불행한 사건이었다고만 해도 당시 사태의 주역들과 일반 중국인들은 열광적인 박수를 칠 게 분명하다. 사태의 주역들인 왕단, 우얼카이시, 차이링, 펑충더封從德를 비롯해 옌자치嚴家其 자오쯔양 전 총서기 정치비서 등에게 마치 주홍글씨처럼 붙어 있는 반체제 인사라는 딱지를 떼 주는 것은 더 말할 필요조차 없다.

중국은 톨레랑스tolerance와 뜻이 통하는 관용寬容이라는 미덕에 관한 한 둘째가라면 서러운 나라로 손꼽힌다. 소외된 자에 대한 배려와 분배를 중시하는 사회주의 건설을 위해 이른바 허셰和諧(조화)라는 슬로건도 금세기 들어서는 입이 닳도록 강조하고 있다. 톈안먼 사태에 대해 전향적 자세를 견지할 수 있는 DNA와 사회 분위기가 기본적으로 갖춰져 있다. 게다가 씻김굿, 다시 말해 무고한 희생자들의 해원解寃을 위해 역사적 재평가를 적극적으로 한 사례도 적지 않다. 문화대혁명 당시 여고생 가해자들이 피해자인 스승들에게 진정성 있는 사죄를 올린 사례를 대표적으로 꼽을 수 있다. 결코 쉽지 않은 이 어려운 행동에 나선 이들은 당시 전국적으로 유명했던 베이징사범대학부속여고의 홍위병 출신들로, 지난 2014년 1월 중순 모교를 찾아 48년 전의 잘못을 눈물로 사죄한 후 자신들의 무자비한 폭력에 의해 희생된 교장을 비롯한 스승들의 명복을 빌었다. 또 다행히 생존해 있는 스승들에게는 건강을 기원했다.

당 원로로 유명했던 쑹런충宋任窮의 딸인 쑹빈빈宋彬彬을 비롯한 이들은 문화대혁명이 발발하자 즉각 홍위병을 조직했다고 한다. 이어 주자파 및 우파에 대한 본격적 투쟁에 들어갔다. 이 와중에 교장인 볜중윈卞仲耘을 비롯한 여러 교사들이 망나니로 돌변한 제자들에게 살해되거나 부상을 입었다.

그럼에도 이들은 자신들의 행동이 잘못됐다는 인식을 하지 못했다. 심지어 쑹빈빈은 얼마 후 톈안먼 성루城樓에 올라가 마오쩌둥毛澤東에게 홍위병 완장까지 채워주는 기염을 토했다. 이들은 문화대혁명이 끝난 후 각자의 길을 갔고 대부분 과거를 잊고 살았다. 물론 죄책감이 없을 수는 없었다. 하지만 이들은 그때는 다 그랬다는 합리화도 잊지 않았다.

그러나 나이를 먹기 시작하자 이들의 생각도 서서히 바뀌었다. 너무나도 끔찍한 일을 저질렀으면서 반성할 생각조차 하지 않았다는 것을 깨닫게 된 것이다. 더구나 인생의 황혼이 가까워오자 이런 반성의 마음은 더욱 절실해졌다. 더 미뤘다가는 반성의 기회도 사라질 것이라는 두려움도 생겼다. 급기야 이들은 모임을 갖고 더 늦기 전에 사죄를 하자는 결정을 내렸다. 거의 반세기 만에 내린 용단이었다.

이처럼 과거의 잘못에 대해 솔직히 고백하는 용기를 내는 것은 결코 헛된 희망 사항이 아니다. 문화대혁명 이후 과거 잘못을 철저히 반성한다는 의미를 가진 이른바 판쓰反思(과거를 반성함)라는 말이 유행했다는 사실만 살펴봐도 그렇다. 만약 그렇게만 된다면 중국은 G2의 위상에 부합하는 긍정적 이미지의 국가로 거듭날 수 있고, 톈안먼이 본래의 이름처럼 기능할 수 있게 된다. G1 국가로 가는 길 역시 탄탄대로가 될 수 있다. 하지만 현재까지는 그럴 기미가 전혀 보이지 않는다.

2.
대기오염

소가 웃는다,
십면매복 스모그 속의 G1 몽상

세상에 완벽한 사람은 없다. 모든 것을 다 가진다는 것은 불가능하다. 지대물박地大物博(땅이 넓고 물산이 풍부함)의 나라로 손꼽히는 중국도 크게 다르지 않다. 지금은 글로벌 슈퍼 대국 미국과 필적할 나라로 변모하고 있지만 여전히 많은 것이 부족하다. 보완할 점도 한둘이 아니다. 굳이 옥의 티 하나를 당장 꼽으라면 환경 문제가 선진국 수준에 많이 못 미친다는 것이다.

중국은 솔직히 지형적으로도 예로부터 좋은 환경과는 거리가 멀었다. 우선 물부터가 그랬다. 소설 《삼국연의》三國演義의 도입부가 수질 나쁜 고향 탁현涿縣의 물 때문에 고생하는 어머니에게 좋은 차를 사드리기 위해 낙양洛陽으로 향하는 효자 유비劉備의 모습을 그린 것만 봐도 잘 알 수 있다. 공기 역시 좋았다고 하기는 어렵다. 이 사실은 《사기》史記의 기록이 분명히 말해주고 있다. 때는 초한楚漢 전쟁의 막바지 무렵이었다. 당시 항우項羽는 유방劉邦에게 쫓겨 지금의 안후이성安徽省 링비靈璧인 해하垓下로 내몰렸다. 그에게는 일

베이징의 최근 스모그

생일대 최대 위기의 순간이었다. 그런데 그때 갑자기 모래바람 같은 것이 휘몰아쳤다. 주변도 순식간에 어두컴컴해졌다. 그로서는 휘파람을 불면서 도주할 수 있는 절호의 기회였다. 그는 그러나 그렇게 하지 않았다. 기꺼이 단기필마의 승산 없는 최후의 일전을 치르면서 목숨을 던졌다.

이 기록은 얼핏 보면 크게 중요하지 않을 수도 있다. 하지만 곰곰이 되새겨보면 알 수 있는 정보가 많다. 당시에도 베이징보다 훨씬 아래 지역에서 황사黃沙, 중국어로 말하면 사천바오沙塵暴가 불지 않았겠느냐는 분명한 근거가 된다. 중국의 대기환경은 일찍부터 완벽과는 한참 거리가 있었다고 해도 좋을 것 같다.

원래부터 썩 좋지 않았던 이 대기환경은 40여 년 전 개혁, 개방 정책을 실시한 이후 훨씬 더 악화됐다. 물과 공기는 말할 것도 없고 토양까지도 나빠졌다. 양심적인 환경학자들이 전 국토의 50% 이상이 오염됐다는 주장을 제기할 정도다. 카드뮴에 오염된 이른바 '독쌀'이 전국 곳곳의 시장에서 백주대낮에 유통되는 현실만 봐도 잘 알 수 있다. 수년 전 런민대人民大 환경연구소의 란훙藍虹 교수가 "지금 중국의 토양 오염은 심각한 수준을 넘어서고 있다. 매년 평균 400억 위안元(6조 8000억 원. 이하 1위안=한화 170원 기준)을 투입해 문제 해결에 나서더라도 사람이 살 수 있는 상태로 되돌리는데 최소한 1,000년의 시간이 필요한 것으로 추산된다."는 비관적인 내용의 연구 결과를 발표한 것은 결코 과장이 아니다. 완전히 총체적 난국이라고 봐도 크게 무리는 아니다. 그러나 가장 심각한 것은 역시 이웃 국가인 한국에도 치명적인 화를 입히는 대기 문제다. 14억 중국인들의 일상용어가 된 지 이미 오래인 우마이霧霾(짙은 스모그)라는 단어가 현실을 대변한다.

개혁, 개방 정책 실시 이후 급격히 악화된
물, 공기, 토양 오염

시간을 조금 거슬러 2015년 말로 올라가 볼 필요가 있다. 당시 자신을 그저 '젠궈슝디堅果兄弟'로만 지칭한 베이징의 한 행위예술가는 세계인들의 이목을 끌 만한 특이한 퍼포먼스를 실행에 옮겼다. 방독면을 쓴 채 100일 동안 진공청소기로 톈안먼 광장의 먼지를 채집해 커다란 벽돌 한 장을 만든 것이다. 이 기가 막힐 '베이징의 먼지 벽돌'은 곧바로 전 세계에 커다란 충격을 안겨줬다. 중국인들에게는 더 말할 나위가 없었다. "이 벽돌은 1,550명이 하루 동안 마신 양에 해당한다", "성인 한 명이 4년 정도 베이징 거리를 돌아다니면 몸속에 쌓이는 분량이다", "우리는 폐암 원인균 덩어리를 안고 살고 있다"라는 등의 비관적인 말이 돌았다. 베이징이 직면한 대기질을 염려하는 한탄이었다. 지금도 별로 다르지 않다. 당연히 베이징 이외의 대도시들도 정도의 차이는 있으나 대체로 비슷하다.

이러니 운명적으로 청정지역일 수밖에 없는 특별한 곳을 제외한 지역의 중국인들이 마음 놓고 거리를 활보하는 것은 거의 만용에 가깝다고 할 수 있다. 마스크와 공기 정화기가 날개 돋친 듯 팔리는 것도 결코 이상한 일이 아니다. 집집마다 방독면 하나 정도는 갖추고 있는 것 역시 기본이다. 매년 10월이나 11월에 열리는 베이징 국제마라톤대회에 적지 않은 참가자들이 기기묘묘한 방독면을 쓴 채 뛰는 것도 지극히 당연한 현상일 수 있다.

재앙을 부를 수밖에 없는 대기 오염에 대응하기 위한 기현상은 이 정도에서 그치지 않는다. 스모그가 심할 때는 콘돔 판매가 유독 증가하는 현상을 대표적으로 꼽을 수 있다. "스모그를 마신 상태에서 아이를 가지고 싶지는 않다. 나중에 기형아가 나오지 말라는 법이 없다. 그러면 자식뿐 아니라 우리의 인생도 평생 피곤해진다."는 식으로 불만을 토로하는 부부나 연인도 많다. 베이징 교외 먼터우거우門頭溝에 사는 새내기 주부 쑹린宋琳 씨의 말이다.

"나쁜 공기를 많이 마시게 될 경우 기형아를 가질 수도 있다는 말을 곧이곧대로 믿지는 않는다. 그다지 과학적이지 않다. 그러나 거짓말도 자꾸 들으면 귀가 솔깃해진다. 진짜 스모그가 심한 날은 왠지 불안하다. 할 수 없이 심리적 안정을 위해 종종 콘돔을 쓴다. 그것도 가능하면 품질이 보증되는 한국산 등을 쓴다. 만일을 위해 한꺼번에 대량 구매하고 있다."

폐를 깨끗하게 씻어준다는 칭페이탕清肺湯이나 칭페이차清肺茶 등이 약국이나 식당에서 불티나게 팔리는 현상 역시 같은 맥락으로 볼 수 있다. 과학적으로 검증되지는 않았으나 그만큼 중국인들이 오염된 공기에 불안해한다는 방증이다. 캐나다의 항공사 바이탤러티 에어가 수년 전 로키산맥 국립공원의 공기를 담은 캔을 중국에 수출해 공전의 대히트를 친 것은 이런 까닭 때문이다. 조만간 중국 업체들도 외국 공기 캔을 내놓을 가능성이 농후하다.

중국인들은 스모그를 풍자하는 신조어도 만들어내고 있다. 대표적인 것이 '성쓰즈후이'生死之會다. '스모그가 창궐할 때의 만남은 목숨을 건 만남'이라는 뜻이다. 장기간 스모그에 노출될 경우 아무리 건강한 성인도 무사하기 어려우니 나름 설득력 있는 조어이다. 장이머우 감독의 영화 〈스멘마이푸〉十面埋伏를 패러디한 단어 '스멘마이푸'十面霾伏도 졸지에 유행어가 됐다. '사방에 스모그가 껴 도망을 가지 못하는 상태'를 의미한다.

매년 110만 명 이상이 스모그로 인한
각종 질환으로 조기 사망

그렇다면 중국인들의 일상생활과 언어에까지 큰 영향을 미치는 대륙의 스모그는 도대체 어느 정도로 몸에 안 좋은 것일까. 결론부터 말하면 정말 심각하다. 국뽕에 도취돼 있는 상당수의 중국인들조차 "이대로 가면 엄청난 재앙이 발생할지 모른다."고 말할 정도이다. 1주일 동안 4,000여 명이나 사망하게 만든 1952년의 런던 스모그 같은 사태가 발생할 수도 있다는 것이다. 심지어 정책 당국인 환경생태부의 2019년 보고서는 아예 매년 110만~160만 명 정도가 스모그로 인한 심장병과 폐병 등의 각종 질환으로 조기 사망하는 것으로 추산하고 있다. 칭화대 장창張强 교수와 독일 포츠담기후영향연구소의 한스 요하임 쉘른후버 박사 연구팀이 '대륙 내 기후변화가 대기 질 악화와 관련한 사망률에 미치는 영향'을 분석한 후 미국 국립과학원회보PNAS 2019년 8월 6일자에 발표한 결과 역시 크게 다르지 않다. 환경생태부의 전망이 괜한 호들갑이 아니라는 사실을 잘 말해준다. 더 나아진다는 보장이 없다면 향후 피해는 군이 구구하게 설명할 필요가 없다.

그러나 당국의 대처는 다소 안이해 보인다. 기회 있을 때마다 "베이징의 경우 스모그를 일으키는 초미세먼지(PM 2.5·지름 2.5㎍ 이하 먼지) 농도가 지속적으로 내려가고 있다."면서 "갈수록 대기의 질이 좋아진다. 앞으로 더욱 좋아질 수밖에 없다."고 주장하고 있다. 심지어 리커창李克强 총리는 거의 매년 구체적 수치까지 밝히면서 상황이 좋아진다고 강조하기도 한다. 그러나 현실은 정반대인 듯하다. 2019년 상반기에 베이징을 비롯한 전국에 누적 스모그 경보가 수백여 차례 이상 내려진 것만 봐도 알 수 있다. 낮에는 괜찮다가 밤이면 갑자기 대기오염이 심해지는 현상도 하루가 멀다 하고 일어난다.

얼마나 상황이 심각한지는 베이징 시내를 한 번만 걸어 보면 바로 알 수 있다. 스모그가 심한 날은 얼굴이 따가워 눈조차 제대로 뜰 수 없다. 운이 나쁘면 심한 기관지염에 걸릴 수도 있다. 베이징을 비롯한 대도시 시민들은 양복을 입더라도 하얀색 와이셔츠는 절대 입지 않는다. 베이징 토박이인 하오하이추郝海秋 씨의 불평도 충분히 이해가 된다.

"베이징을 비롯한 대륙의 중북부 지방은 원래 공기가 썩 좋은 지역은 아니다. 과거에도 황사로 많은 피해를 보기도 했다. 하지만 지금 같은 정도는 아니었다. 그러나 지금은 이곳이 '저주받은 곳'이라는 생각까지 든다. 시내를 마음대로 걸어다니지도 못한다. 잠깐이라도 나갔다 오면 샤워를 해야 한다거나 옷을 빨아야 한다는 게 말이 되는가. 베이징 시민이라는 사실에 자존심이 상한다."

베이징 인근 허베이성河北省도 대기오염은 오십보백보라는 말이 과언이 아닐 만큼 극심하다. 성도省都인 스자좡石家莊의 경우 단연 '압권의 스모그 도시'로 군림하고 있다. PM 2.5가 세계보건기구WHO의 기준치인 10㎍/㎥을 넘지 않는 날을 연중 손에 꼽을 수 있을 정도다. 한국의 이발소에 해당하는 시터우팡^{洗頭房}이 중국에서 가장 많은 것은 어쩌면 너무 당연하다. 시민들이 스모그에 덮여 있는 도시에서 살다 보니 머리를 자주 감게 되는 것이다.

고도^{古都}로 알려진 한단^{邯鄲}과 바오딩^{保定} 역시 스자좡 못지않다. "스모그가 없고 맑은 날에는 온 시내의 개들이 놀라서 짖는다."는 치욕적인 말까지 나온다. 이곳은 매년 실시되는 중국 내 살기 좋은 도시 순위에서 약속이나 한 듯 거의 꼴찌를 기록하고 있다.

세계 10대 오염도시 중
8개가 중국의 도시

베이징과 허베이성 외 다른 지역의 대기 질이라고 해서 크게 다르지 않다. 한마디로 '스몐마이푸'가 공연한 자기 비하에 쓰이는 단어가 아닌 것이다. 한때 WHO가 선정한 세계 10대 오염 도시에 중국이 무려 8개 도시나 진입시키는 개가(?)를 올린 것 역시 이상한 게 아니다.

스모그를 발생시키는 주범은 그다지 어렵지 않게 찾을 수 있다. 노후한 공장들이 첫번째 이유이다. 엄청나게 늘어난 자동차 역시 큰 몫을 차지한다. 이 차량들이 내뿜는 황산염, 질산염 같은 중금속이 스모그의 주요 성분이기 때문이다. 가정의 난방 연료가 석탄이라는 사실도 간과해서는 안된다. 볶거나 튀기는 전통적 요리법도 무시하기 어렵다. 일반 가정의 오염 지수가 요리 종류에 따라 평소의 100배 이상까지 올라가기도 한다는 것이 정설이다. 고등어를 굽게 되면 미세먼지가 폭발적으로 상승한다는 학설은 과학적으로 진실이다.

사람은 생존이 위협받으면 분노하고 저항한다. 중국인들이 스모그와 관련해 정부를 비난하는 것은 당연할 수밖에 없다. 누리꾼들은 아예 사회관계망서비스^{SNS}를 통해 대놓고 정부를 성토하고 있다. 심지어 일부 강경한 누리꾼들은 "이런 환경에서 아이를 둘씩이나 낳으라고 하는가. 정부는 정말 낯짝도 두껍다."라는 내용의 돌직구를 날리기도 한다.

해결책을 요구하는 사람들의 목소리도 높아지고 있다. 이들은 예상되는 불이익도 감수하겠다는 강경한 자세까지 보이고 있다. '자연의 친구들' 같은 환경단체 회원들이 대표적이다. "중국은 스모그 천국이라는 오명을 뒤집어쓰고 있다. 국력으로 G2가 되면 무슨 소용이 있는가. 삶의 질이 더 중요하다. 공기의 질은 후진국 수준을 면치 못한다."라는 주장을 서슴지 않는다.

일부 중국인들은 당국을 상대로 소송을 걸기도 한다. 수년 전 소송을 결행한 허베이성 랑팡시廊坊市의 시민 둥董모 씨가 주인공이다. "스모그로 인해 천식환자가 됐다."면서 시 정부를 고소한 것으로 알려지고 있다. 그러나 승소하지는 못했다. 그럼에도 환경 전문 변호사인 우위펀吳玉芬이 최근 전국적 유명 인사로 뜬 것은 이런 민초들의 저항 움직임과 무관하지 않다.

유명인들도 정부 눈치나 보고 있지 않다. 장이머우張藝謀, 천카이거陳凱歌를 필두로 하는 거장들을 뒤이을 차세대 영화감독으로 불리는 자장커賈樟柯가 여론을 적극적으로 이끄는 대표적인 인물로 꼽힌다. 여배우 리샤오루李小璐는 모성애에 호소하면서 정부에 해결을 촉구한다. 한때 자신의 중국판 트위터인 웨이보微博 계정에 "아이를 키우고 있는데 갈 곳이 없다. 세상에 안전지대가 없다. 나보고 도대체 어떻게 하라는 말인가?"라는 글로 분노와 안타까움을 표현하기도 했다.

당연히 중국 정부는 스모그 퇴치를 위해 적극 노력하고 있다고 주장한다. 또 2014년 1월 1일부터는 대기오염방지법을 시행해오고 있다. 이 법은 역사상 가장 엄격하다는 평가를 듣는 법으로, 조항 수도 많을 뿐 아니라 적용되는 범위도 상당히 넓다. 스모그의 주범인 석유와 석탄의 질량 기준에 대한 규제도 강화했다. 법을 어겼을 때의 처벌 강도 역시 높다. 90개 이상에 이르는 위법 행위 중 단 하나라도 해당되면 10만 위안 이상 100만 위안 이하의 벌금에 처해진다.

당국은 실현 가능성이 의심스러운 탓에 고육책이라는 말까지 듣는 아이디어도 쥐어짜내고 있다. 오염이 심한 도시 등에 빌딩 모양의 거대한 공기청정기를 여러 개 짓는 구상도 이 중 하나로, 실제 일부 지역에서는 설치되기도 했다. 베이징 도심을 관통하는 거대한 통풍구, 다시 말해 바람길을 만드는 구상도 같은 맥락의 시설이다. 상하이^{上海}나 광둥성^{廣東省} 광저우^{廣州}도 베이징의 이 프로젝트를 예의 주시하고 있다.

한국뿐만 아니라 미국까지도
초미세먼지 피해 지역에 포함

인공 강우와 바람을 동시에 불러오는 아이디어, 대기 중의 오염 물질을 얼려 땅에 떨어지게 하는 아이디어 역시 주목할 만하다. 이제 웬만한 과학기술 정도는 우습게 보는 중국의 수준을 생각할 때 충분히 가능한 일이라고 한다.

그러나 현실은 아직 안타까운 상황에 머무르고 있다. 중국인들은 말할 것도 없고, 당장 코앞의 한국인들에게까지 고통을 안겨주는 것이 현실이다. 물론 상당수 중국인들은 "한국의 스모그는 한국 책임이라고 해야 하는 것 아닌가? 과학적 증거라도 있는가? 너무 자기중심적인 생각이다."라고 주장한다. 심지어 중국 언론조차 종종 "한국인들은 스모그가 중국에서 왔다고 주장하나 증명할 수 없다. 중국 정부는 단 한 번도 이를 공식적으로 인정한 적이 없다."라는 등의 내용으로 보도한다. 한국인들로서는 속이 부글부글 끓을 수밖에 없는 자세이다.

상식적으로만 봐도 중국 측의 이런 주장은 억지에 가깝다. 매년 겨울과 봄철에 발생하는 황사를 예로 들면 알기 쉽다. 황사는 이집트의 나일강과 남미의 아마존강까지 날아간다고 한다. 미국 플로리다까지 가는 것은 아무것도 아니다. 당연히 베이징을 비롯한 대륙 동부의 초미세먼지가 나일강과 아마존강, 플로리다 등에 비하면 바로 코앞인 한국에 그야말로 폭우처럼 떨어진다고 봐야 한다. 피해를 주지 않는다는 것은 완전히 비과학적인 주장이다. 눈 가리고 아웅이 따로 없다. 이는 결코 대국의 자세가 아니다.

중국은 초미세먼지가 앞에서 끌고 황사가 뒤에서 밀면서 합작으로 만들어내는 스모그 문제를 시급하게 해결해야 한다. 이웃국가에 끼치는 민폐는 차치하더라도 14억 중국인들의 건강을 위해서라도 반드시 퇴치해야 한다. 시간이 갈수록 더 심각하게 썩어갈 대륙 곳곳의 강이나 호수, 토양 등도 되살려야 한다. 반드시 극복해야 하는 지상과제라는 인식 하에 독한 마음으로 해결에 나서지 않을 경우 미래는 결코 밝지 못할 것이다. 설사 경제를 비롯한 여타 분야에서 G1의 모습이 눈앞에 보이더라도 빛 좋은 개살구일 뿐이다. 그럴 바에야 차라리 꿈에도 잊지 못하는 '중국몽'中國夢에서 하루라도 빨리 깨는 것이 낫다.

3.

★

열악한 의료 현실

화타, 편작도 울고 갈
참담한 의료 현실

중국에 대한 선입견 중 하나가 의학 수준이 대단한 나라가 아니겠느냐는 것이다. 역사와 전통을 살펴보면 충분히 그렇게 생각할 수도 있다. 세계 최고最古의 의학서적인 《황제내경》黃帝內經의 존재에 더해 화타華陀와 편작扁鵲이라는 불세출의 명의를 배출한 역사도 있지 않은가. 여기에 지금은 다소 뜸하기는 하나 한때 중의학을 배우기 위해 한국 청년들이 구름처럼 중국으로 몰려들던 것을 생각하면 더 이상 설명이 필요 없다. 그러나 과거는 어디까지나 과거일 뿐이다. 지금은 좋지 않은 것에서 훨씬 더 심해져 아예 열악하다는 극단적 표현이 결코 과하지 않다. 의학 수준과 시설 등을 제외할 경우 선진국이라고 하기 어려운 미국과 의료 현실이 열악한 면에서 G1을 다툴 정도라고 단언해도 좋다.

그런 현실은 오랫동안 끈질긴 생명력을 유지하고 있는 '칸빙난, 칸빙구이'看病難, 看病貴라는 항간의 유행어만 살펴봐도 잘 알 수 있다. "병원 가는 것

시장통을 방불케 하는 베이징의 한 병원

이 어렵고 너무 비싸다."라는 간단한 말에서 중국 의료 현실이 어느 정도인
지 분명히 느낄 수 있다. 그렇다고 평균적인 의료 기술이 뛰어나다고 하기
도 어렵다. 오히려 반대라고 해야 진실에 더 가깝다.

"병원 가는 것이 어렵고 너무 비싸다"는
유행어

　몇 가지 사례를 살펴 보자. 우선 수년 전 한국 유수 기업의 주재원으로
베이징에 근무했던 오^吳모 씨의 황당한 횡액에 관한 이야기다. 당시 그는 출
근길에 팔이 크게 부러지는 꽤 심각한 교통사고를 당했다. 도저히 한국까
지 갈 수 있는 상황이 아니었다. 할 수 없이 인근 병원에서 철 지지대를 박
는 수술을 하게 됐다. 병원에서는 당연히 수술이 잘 됐다고 장담했다.

하지만 아니었다. 수술한 지 며칠이 지나지 않아 팔에서 자꾸 이상한 소리가 났던 것이다. 게다가 통증도 자꾸 심해졌다. 한국으로 돌아가 다시 진찰을 받지 않으면 안 됐다. 한국 병원에서 밝혀진 사실은 놀라웠다. 철 지지대를 조이던 나사 몇 개가 풀어져 팔 안에서 돌아다녔던 것이다. 한국에서 다시 치료를 받은 그는 베이징에 돌아온 후 해당 병원을 고소하려고 했다. 그러나 그 정도는 약과라면서 주변 중국 지인들이 그냥 참으라고 하는 황당한 일이 다시 벌어졌다. 굳이 그럴 필요가 있을까 하는 생각에 마지막에는 참았다. 그러나 그때의 경험은 이후 그에게 트라우마가 됐다. 다시 베이징에 주재하는 지금은 감기만 걸려도 한국으로 날아가는 것이 일상이 되고 말았다.

2019년 초, 평소와는 다른 눈의 이상으로 고생했던 S씨의 경우 역시 비슷하다. 그는 별 생각 없이 바로 근처 병원을 찾았다. 의사는 간단하게 몇 마디를 물었다. 이어 검사를 위해 즉각 무슨 약품 시약인가를 눈에 주입했다. 안타깝게도 의사는 그가 잠시 딴 생각을 한 사이에 아프다고 한 눈의 반대쪽에 시약을 집어넣었다. 아차, 하다 당해버린 그로서는 "반대로 집어넣었다."고 말할 수밖에 없었다. 이 정도면 의사가 당황해야 한다. 그러나 담당 의사는 "양쪽에 다 넣어도 치료비는 한쪽만 받을 테니 걱정하지 마라."고 아무렇지 않게 말했다고 한다. S씨는 할 수 없이 한국으로 돌아가 치료를 받고 2개월 동안 휴식을 취해야 했다.

외국인도 이 정도라면 중국인들이 당하는 것은 거의 일상이라고 해야 한다. 안후이성 쑤저우宿州에 사는 농부 류융웨이劉永偉 씨의 사례다. 그는 수년 전 트랙터를 몰다가 교통사고를 당했다. 다행히 즉각 인근의 장쑤성江蘇省 쉬저우徐州의대 부속병원으로 후송돼 8시간에 걸쳐 가슴 쪽에 대수술을 받을 수 있었다. 수술 경과는 좋았다. 곧 건강도 되찾았다. 큰 문제도 없는 듯

했다. 불행 중 다행이라고 생각한 그는 이후 추가적인 치료를 위해 별 생각 없이 다른 병원을 찾아 진찰을 받았다. 이때 놀라운 사실을 통보받았다. 담당 의사가 "오른쪽 신장이 왜 없느냐?"는 질문을 한 것이다. 그는 너무나도 놀라 병원을 옮겨가면서 몇 번이나 CT 촬영을 했다. 결과는 역시 마찬가지였다. 그는 서둘러 최초의 수술을 한 쉬저우의대 부속병원을 찾았다. 답은 아무 문제가 없었다는 내용으로 다시 돌아왔다. 수술 당시 오른쪽 신장을 잠시 떼어내기는 했으나 다시 집어넣었다는 것이 해당 병원의 주장이었다. 그런 다음에는 "자연스럽게 소실된 것으로 보인다."는 황당한 주장을 재차 피력했다. 이 정도 되면 담낭이 없는 환자에게 내려지는 담낭염이나, 남성에게 내려지는 월경불순이라는 진단 같은 것은 양반이라고 해야 할 것이다.

상류층 중국인들은 홍콩이나
외국 병원을 이용하는 현실

이런 현실에서 경제적 여유가 있는 이른바 상류사회의 중국인들이 선뜻 자국의 병원에서 치료받기를 꺼리는 것은 너무나도 당연할 것이다. 실제로도 웬만하면 자국이 아닌 인근 한국이나 일본, 홍콩, 대만 등의 병원을 이용하고 싶어 한다.

특히 홍콩의 경우는 마치 쓰나미처럼 밀려드는 본토의 특권층 의료 쇼핑객들에 의해 현지인들이 불이익을 당하는 사태가 발생하기까지 한다. 2019년의 반중 시위 사태가 연말까지 이어지고 있는 것에서 알 수 있듯이 홍콩 시민들이 노골적으로 중국에 반감을 가지는 것도 이런 현실과 무관하다고 하기 어렵다.

이름만 대면 중국인들 누구나가 다 아는 대스타인 탕웨이湯唯와 안젤라베이비楊穎의 사례를 거론하면 이해가 더 빠를 것이다. 그들이 자국 병원을 믿지 못해 중국이 아닌 홍콩과 대만의 병원에서 몰래 출산을 했다는 사실은 이제 공공연한 비밀이 되고 있다. 월드 스타 장쯔이章子怡는 한술 더 뜬 것으로 알려지고 있다. 2015년 말 LA의 한 병원에서 아예 공개적으로 딸을 출산, 엄청난 비난에 휩싸인 바 있다.

그러나 별세계에 사는 일부 중국인들에게 이처럼 외면을 받는 병원도 항간의 장삼이사들에게는 그림의 떡이나 마찬가지다. 문제는 이용하게 되더라도 예의 '칸빙난, 칸빙구이'라는 유행어 앞에서 이들의 상당수가 좌절하게 된다는 사실이다.

정말 그런지는 웬만한 대도시의 내로라하는 병원들의 일상만 봐도 바로 증명이 된다. 어디라 할 것 없이 줄을 길게 서 있는 모습이 거의 전쟁터라는 표현도 과하지 않다. 보통 한두 시간 이상 줄을 서서 등록을 하고 그 후에도 또다시 진료를 받기 위해 비슷한 시간을 기다려야 한다. 진료 후라고 크게 다를 게 없다. 역시 약을 타기 위한 지루한 기다림의 시간이 이어진다. 독감 같은 것에 걸려 병원을 찾을 경우에도 웬만하면 하루를 다 허투루 보내게 된다.

그렇다고 과거 사회주의 계획경제 시대처럼 의료비가 저렴한 것도 아니다. 통계를 보면 상황을 잘 알 수 있다. 의료 당국의 2018년 말 통계에 의하면 환자의 회당 진료비가 평균 260위안에 이르는 것으로 추산되고 있다. 입원했을 때는 더욱 입이 다물어지지 않는다. 1인당 하루 입원비와 진료비가 각각 9,000위안, 1,000위안을 넘는다고 보면 된다. 중국의 1인당 GDP가 한국의 3분의 1에 불과하나 의료비는 거의 몇 배에 해당하는 것이다. '칸빙난, 칸빙구이'가 괜히 유행어가 된 것이 아니다.

뒷돈을 주고 편의를 제공받는 편법이
판을 치는 진료 현장

이러다 보니 각종 편법이나 범죄가 양산되는 것이 현실이다. "위에 정책이 있으면 아래에는 대책이 있다."라는 항간의 또 다른 유행어가 작동하면서 의료 현장은 완전히 복마전이 된다. 쑤통페이疏通費라는 말에서 알 수 있듯, 대표적인 것이 뒷돈을 주고 편의를 제공받는 편법이다.

사례를 하나 들어보겠다. 베이징에서 미국 변호사로 활동하는 김모 씨는 젊은 시절 베이징대학을 졸업한 나름 중국통으로 손꼽힌다. 하지만 그 역시 병원 이용에 관한 한 변호사라는 직업이 무색하다. 예의 스모그가 잔뜩 낀 2019년 4월 어느 날 오전이었다. 그는 뒷목 부분에 갑자기 생긴 종기로 생활이 불편할 정도가 되었다. 사무실 근처의 병원을 찾은 것은 당연한 수순이었다. 그러나 그 병원의 접수창구는 마치 시장바닥을 연상케 했다. 춘제春節(설날) 연휴 열차표를 구하려는 귀성객들이 매년 연출하는 아수라장이 따로 없었다. 나름 상당히 현대화된 종합병원인데도 그랬다. 그래도 그는 언젠가는 차례가 오겠지 하는 심정으로 창구 앞에 줄을 섰다. 드디어 1시간 가까이 느긋하게 기다린 끝에 그의 차례가 됐다. 그는 "뒷목 부분의 종기 때문에 왔어요. 전문의 중 누구라도 좋습니다."라고 다급하게 말했다. 창구 직원은 그를 힐끗 보고는 "진료 수첩부터 주세요."라고 예의 퉁명스러운 어투로 대답했다.

"네? 무슨 수첩이요?"

"진료 수첩 몰라요? 그게 있어야 진료를 받을 수 있어요. 없으면 저쪽 창구에 가서 수첩부터 사오세요."

김 변호사는 기가 막혔다. 그러나 창구 직원의 말을 따르지 않을 수도 없었다. 자신도 모르게 그가 가리키는 곳으로 향했다. 갈수록 태산이라고 그곳은 더욱 가관이었다. 조금 전의 접수창구보다 줄이 더 길었다. 그래도 그는 한참을 기다린 끝에 수첩을 산 후 다시 접수창구로 돌아와 차례를 기다렸다. 속이 부글부글 끓었다. 그는 이대로는 도저히 안 되겠다는 생각에 평소 마당발로 알려진 지인에게 전화를 걸었다.

"병원에 온 지 두 시간이 다 돼 가요. 아직 접수조차 못했어요."

"아니 왜 기다리고 서 있어요? 병원 본관 뒤편에 있는 VIP실에 가면 바로 치료해줘요."

"예? 그런 게 있어요?"

김 변호사는 지인의 말대로 바로 병원 본관의 뒤편으로 달려갔다. 지인의 말이 맞았다. 척 보기에도 쾌적한 환경의 VIP실이 눈에 들어왔다. 그러나 비용이 엄청났다. 접수비만 300위안이었다. 진료비와 약값은 말할 것도 없었다. 나중 김 변호사가 확인한 바에 의하면 일반 환자 부담액의 5배를 훌쩍 넘었다고 한다. 이후 김 변호사에게는 주변 지인이 몸이 아프다고 하면 반드시 버릇처럼 하는 말이 생겼다. 시간 아까워하지 말고 무조건 한국으로 가라는 말이다. 그때마다 비행기 값은 충분히 건진다는 말 역시 잊지 않는다.

의료 호객꾼과 병원이 공모해
폭리를 취하는 의료사기

중국에서 의료사기는 이퉈醫托, 즉 의료 호객꾼 또는 브로커라는 의미를 가진 한 단어로 모든 것이 요약 가능하다. 진료를 절실히 필요로 하는 환자들을 물색해 병원을 소개해주고 약값을 부풀린 다음 엄청난 부당 이득을 갈취하는 이들의 존재가 현실을 너무나도 잘 대변해준다는 말이다. 의료 발전의 최대 암적 존재로 손꼽히는 이들의 사업 수단은 아주 간단하다. 지푸라기라도 잡고 싶은 의료 약자인 환자를 물색, 미리 공모한 병원으로 유인한 후 수백 위안 정도의 약값을 1만 위안 가깝게 받아 폭리를 취하는 식이다. 대략 호객꾼들이 약값의 70%, 병원이 30%를 나눠가지는 것이 불문율인 것으로 알려져 있다.

사례를 보면 정말 기가 막힌다. 산시성山西省의 한 대학 교수인 장張모 씨는 2019년 초 방치할 경우 간암까지 발전할 가능성이 높은 간경화를 앓고 있는 외숙모를 모시고 베이징을 찾았다. 그러다 먹잇감을 물색하던 이뤄에게 걸려들었다. 결과는 처참했다. 무려 8,000위안이라는 약값 바가지를 쓴 것이다. 그가 나중에 확인해 본 바에 의하면, 원가는 10분의 1도 되지 않았다. 백반증을 앓는 허베이성 싼허三河의 시민 궈郭모 씨 역시 마찬가지였다. 장모 씨와 비슷한 무렵 이뤄에게 속아 2분 정도의 진료를 받고는 4,000위안의 거금을 진료비로 내는 황당한 일을 당했다.

범죄나 다를 바 없는 부조리가 의료 현장에서 일어나지 않는다면 이상할 것이다. 이 중 가장 근절하기 어려운 것이 병원에 공급되는 약들에 대한 리베이트다. 언론에서 계속 문제를 제기하는데도 전혀 시정될 조짐을 보이지 않고 있는 것이 현실이다. 근절되지 않는 이유는 분명하다. 환자들에게 의사의 약 처방이 절대적 권위를 가지는 데다 제약회사들의 적극적 로비가 가세했다고 보면 크게 틀리지 않는다. 여기에 당국의 안일한 대응, 병원과 의사, 제약회사 간의 유착관계를 밝히기가 쉽지 않은 현실 역시 이유이다.

베이징과 상하이 같은 대도시의 대형 병원에서 이뤄지는 사례들을 살펴보면 더욱 분명해진다. 베이징 차오양구朝陽區 소재의 A병원은 매년 내원 환자가 무려 400만 명 전후에 이른다. 보기 드물게 환자들의 신뢰를 받는 유명 병원에 해당한다. 외견으로만 보면 나름 훌륭한 병원으로 손색이 없다. 하지만 감춰진 진면목을 벗겨보면 별로 그렇지 않다. 환자들의 입원비보다 약값이 매출에 더 많은 부분을 차지하는 곳으로 유명하다. 병원 전체 매출의 무려 45% 전후에 이른다. 미국과 영국 같은 선진국 병원 매출에서 차지하는 약값 비중이 고작 10% 전후에 불과한 것과 비교할 때 엄청난 차이가 나는 것이다. 약값이 터무니없이 부풀려졌다는 사실을 누구라도 알 수 있다. 이에 대해 차오양구 신위안리新源里에서 개인병원을 운영하는 추이젠崔箭 씨는 "웬만한 대도시의 큰 병원은 약값이 시중 가격의 5~10배 정도 한다. 원가는 말할 것도 없이 10~20% 이내라고 보면 된다. 제약업체가 엄청난 폭리를 취한다는 얘기가 된다. 그러나 이 돈의 40~50%는 약을 처방한 의사들의 손에 들어간다."면서 중국 병원의 진료비가 비쌀 수밖에 없는 이유를 설명했다.

이외에도 의료 현장 곳곳에서 난무하는 뇌물 및 갑과 을 사이에 만연한 촌지 수수 관행, 가짜이거나 함량 미달의 의약품들이 횡행하는 현실 역시 거론하지 않을 수 없다. 중국이 의료 분야에서도 명실 공히 선진국이 되려면 반드시 타파해야 하는 부조리다.

'돈 없으면 죽는' 현실 속에서도
의료 첨단화 속도 엄청나

중국 의료에도 잘 살펴보면 밝은 부분이 전혀 없는 것은 아니다. 세계적으로 손꼽을 정도로 뛰어난 명의들이 수두룩하고, 현장에서 인공지능AI 기술 등을 응용한 첨단화가 엄청난 속도로 이뤄지고 있다. 여기에 돈만 있으면 지옥에서도 환생 가능할 정도로 뛰어난 의료 서비스를 받는 것이 가능한 현실까지 더할 경우 상황은 절망적인 것만은 아니다.

하지만 역시 목전에 닥친 현실은 "돈 없으면 죽는다."라는 끔찍한 말이 전국 곳곳에서 확실하게 통용된다는 사실이다. 더구나 2018년 경제협력개발기구^{OECD} 기준으로 환자 1,000명 당 의사 수가 1.8명에 불과한 현실, 마치 춘추전국 시대의 어지러움을 보는 것처럼 엉망진창인 의료보험, 낮은 진료비 보장률까지 생각하면 중국 의료계가 가야 할 길은 더욱 멀다.

그러니 의료 현장에 우수 인력이 몰릴 리가 없다. 한국과는 달리 의과대학에 진학하는 것을 대단하게 생각하지 않는 현실이 상황을 잘 말해준다. 이와 관련해서는 베이징의대 출신이면서도 통, 번역 분야에 종사했던 리청수^{李成洙} 씨의 술회만 들어도 괜찮을 것 같다. "어렸을 때는 의사라는 직업이 대단한 줄 알았다. 솔직히 경제적 여유를 누리는 것도 가능하다고 생각했다. 그러나 의대를 다니면서 6년 내내 느낀 것은 내가 진로를 잘못 선택했다는 생각, 그것 외에는 없었다. 중국의 의료 현실은 히포크라테스의 선서를 들먹이기 민망한 수준이다."

중국이 국력을 총집결하면서 추월하고자 노력하는 대상인 미국은 거의 모든 분야에서 G1의 위력을 자랑한다. 그러나 유독 의료 분야에서만큼은 거의 후진국 수준에서 헤매고 있다. 현실을 개선하려는 노력도 별로 기울이지 않는다. 그러니 한국에서는 100만 원 전후에 불과한 맹장 수술 수가가 최소 수만 달러에서 최대 수십만 달러까지 들 수밖에 없다. 마이클 무어 감독의 영화 〈식코〉^{Sicko}의 내용이 결코 허황된 게 아닌 것이다.

중국이 이런 미국을 보고 위안을 삼는다면 곤란하다. 그건 소설 《아Q정전》의 주인공 아Q의 주특기인 정신승리일 뿐이다. 국가 발전에 전혀 도움이 안 된다. 발군의 G1이 되려는 진정성도 의심스럽지만 14억의 중국인들 대부분을 절망 속에서 허덕이게 만들 수도 있다. 어떻게 해서든 현실을 타파하는 노력을 경주해 자국민들에게 희망을 안겨주는 의료 환경을 만들어줘야 한다. 그래야만 금세기 들어 최고 지도자들이 계속 강조하는 허셰나 샤오캉^{小康}(의식주 걱정 없는 물질적으로 안락한 단계) 같은 슬로건이 무색하지 않게 된다. 나아가 화타나 편작의 국가라는 명성이 부끄럽지 않게 된다.

빈부격차

헬차이나 소환하는
같은 하늘 아래 다른 사회주의

인간은 기본적으로 욕망의 화신이다. 특별한 예외가 아닌 한 만족할 줄 모른다. 인간이 오늘날 지구상의 다른 동물들을 지배하는 만물의 영장이 된 것도 아마 이런 성향이 발전의 원동력이 됐기 때문이 아닌가 싶다. 더불어 인류가 해결해야 할 최대 숙제인 불공평도 빛의 속도로 초래했다고 볼 수 있다. 공자가 일찍이 《논어》〈계씨〉季氏 편에서 "부족한 것을 걱정하는 것이 아니라 고르지 못하게 분배되는 것을 걱정한다."고 주장한 것은 정말 탁견이다.

또 만족과 관련해 유명한 일화를 남긴 조조曹操도 소설에서의 이미지와는 달리 욕망을 절제할 줄 알았던, 상당히 괜찮은 군주라고 할 수 있다. 때는 위나라와 촉나라가 한창 치열하게 싸울 무렵이었다. 한 번은 그가 촉나라 북쪽으로 연결되는 농隴으로 쳐들어가 그 일대를 수중에 넣었다. 그러자 훗날 서진西晉의 개국군주가 된 부하 사마의司馬懿가 "조금만 더 밀어붙이

상하이 빌딩 숲속의 가난한 노동자

면 촉의 본거지를 빼앗을 수 있습니다. 승기를 타서 계속 진군해야 합니다." 라고 그의 욕망에 불을 질렀다. 그러나 그는 이렇게 말했다. "인간이 만족하기는 쉽지 않아. 이미 농 땅을 얻었으니 촉까지 바랄 것은 없지 않은가. 그건 지나친 욕심이지." 그야말로 의연한 자세가 아닌가. 욕망을 자제하지 못하는 인간의 탐심을 일컫는 사자성어인 득롱망촉得隴望蜀은 바로 이 조조와 관련한 고사에서 탄생했다.

'성은 사회주의, 이름은 자본주의'라는 말처럼
'돈질'이 유행하는 중국 특색의 사회주의

중국인들은 이런 조상이 있기는 하나 평균적으로 돈에 관한 한 욕망이 지나치다. 이재에도 단연 발군의 능력을 자랑한다. 항간에 "불의는 참아도 불이익은 못 참는다."는 속담이 유행하는 데는 다 이유가 있다. 또 어떤 분야에서 한번 대박이 나면 그 결과는 상상을 초월한다. 일거에 재벌이 되는 것은 일도 아니다. 전국 곳곳에 듣도 보도 못한 졸부가 유난히 많은 것도 다 이 때문이다. 사회 분야의 최대 현안인 빈부격차가 유독 심한 것이 어떤 면에서는 이해할 수도 있다는 얘기다.

사실 빈부 격차는 세상 어디에나 다 있다. 진짜 그런지는 모르겠으나 천당에도 있다고 한다. 그러니 성은 사회주의, 이름은 자본주의라는 절묘한 말이 통용되는 중국 특색의 사회주의를 추구하는 나라에 빈부 격차가 없을 까닭이 없다. 그러나 아무리 그렇더라도 어쨌거나 성이 사회주의라는 사실을 감안하면 너무 심한 것 같다. 〈런민르바오〉人民日報를 비롯한 관영 언론이 잊힐 만하면 보도하는 내용을 참고하면 실감할 수 있다. 부유층 1%의 개인 보유 자산이 GDP의 3분의 1을 차지하면서 빈곤층 25%의 무려 100배나 된다는 것이다. 단연 세계 최고 수준이다. 미국 보스턴컨설팅(BCG)의 '중국이재시장' 보고서 등을 보면 한 술 더 뜬다. GDP의 60%를 단 0.5%의 사람들이 차지한 것으로 돼 있다. 이는 세계 평균으로 알려진 35%에 비해도 무려 25% 포인트 이상 높은 것이다. 이 정도에서 그치지 않는다. 더욱 심각한 것은 이들 0.5%의 부가 매년 10% 이상씩 증가할 것이라는 전망이다. 부익부, 빈익빈이 확고하게 정착될 가능성이 높다고 단언해도 좋다.

이뿐만이 아니다. 빈부 격차의 정도를 말해주는 지니계수(0에서 1 사이의 지수로 1로 갈수록 불평등은 심함)는 더욱 충격적이다. 불과 얼마 전까지만 해도 0.4~0.5 정도로 추산됐으나 일부에서는 무려 0.73에 이른 것으로 조사됐다는 주장도 있다. 0.73의 의미를 대수롭지 않게 생각할 수도 있을 것이다. 그러나 빈부 격차에 관한 한 결코 만만치 않은 한국이 2018년에 0.333이었다는 사실을 알게 되면 얘기는 달라진다. 심지어 0.4와 0.5를 넘으면 각각 사회 불안과 유혈 폭동이 일어날 수 있다고 한다. 지니계수만 보면 지금 당장 대륙에 내전이 일어나도 전혀 이상하지 않다.

졸부들의 철학 부재의 천박한 행태도 상황이 정상이 아니라는 사실을 말해주기에 부족함이 없다. 친지의 결혼식에 현찰을 가득 달아놓은 화환을 보낸다거나 "내 인생의 1차 목표는 31개 성시省市에 첩을 두는 것이다. 다음에는 전 세계 차이나타운에 진출하겠다. 종족을 가리지 않겠다."라는 기막히는 호언장담을 하는 졸부도 있다는 언론 보도도 있다.

천박한 행태는 전염성도 강하다. 학습 효과 역시 바로바로 나타난다. 중국어로 차이다치추財大氣粗라고 하는 '돈질'이 중국 대륙에 마치 열병처럼 유행하고 있다. 자잘한 사례를 굳이 많이 들 필요도 없다. 중국 최고 부자이면서 엄청난 빚쟁이이기도 하다고 알려진 완다그룹 왕젠린王健林 회장의 아들 왕쓰충王思聰이 평소 벌이는 엽기 행각만 봐도 간단해진다. 2017년 무렵 그는 자신의 인스타그램에 선글라스를 낀 애완견에게 아이폰 8대와 애플워치 2대를 선물한 사진을 올렸다.

누가 봐도 비정상인 세계 최대 빈부격차 국가에서 졸부의 애완견보다 훨씬 못한 비참한 생활을 하는, 이름만 인간인 이들이 없을 까닭이 없다. 아니 엄청나다. 하루 평균 1달러 미만으로 살아가야 하는 초극빈 인구가 웬만한 중견 국가의 인구와 맞먹는 5000만 명 전후에 이른다는 것이 정설이다. 목숨을 유지하기 위한 최소한의 인간적인 먹거리도 장만하지 못하는 처지라고 할 수 있다.

이들보다는 그나마 조금 낫다는 중국 대륙 곳곳 대도시의 이른바 농민공(농촌 출신 도시 노동자)의 현실도 크게 다르지 않다. 우선 임금이 형편없다. 어떻게 보면 중국을 G2로 발돋움시킨 주역임에도 2019년을 기준으로 월 평균 임금이 고작 3,000~4,000위안 전후에 불과하다. 도시 주민 평균

소득의 절반에도 채 미치지 못한다. 호적에 해당하는 후커우ᄐᄆ가 고향인 농촌에 묶여 있는 탓에 도시들이 제공하는 교육 및 의료 등의 복지 혜택을 누리는 것도 거의 불가능하다. 극단적으로 말할 경우 존재 자체가 별 의미 없는 투명인간에 가깝다. ,

사례를 들어야 이해가 쉬울 것 같다. 매출 규모 세계 1위 건설회사인 중젠中建의 상하이 건설 현장에서 일하는 후거밍胡歌明 씨는 아직 서른 전이다. 학벌도 농민공치고는 엘리트라고 할 수 있다. 전문대학에 해당하는 사내 기능학교에서 크레인 정비 기술을 익힌 이력을 자랑한다. 이미 10년 가까운 경력도 가지고 있다. 회사에서 어느 정도 실력을 인정받아 6대의 타워크레인 정비를 책임지고 있다. 하지만 생활은 늘 빠듯하기만 하다. 월 7,000위안 가까운 월급을 받는다고는 하나 또래에 비해 여유가 있다고 하기 어렵다. 그나마 회사에서 저렴하게 제공하는 기숙사 덕분에 쥐꼬리만큼이라도 저축은 할 수 있다. 하지만 그래도 최소한 50만 위안은 쥐어야 꿈이라도 꿀 수 있는 결혼은 생각조차 못한다. 그의 말을 들어보자.

"농촌 출신의 농민공이 상하이 같은 대도시에서 사는 것은 결코 만만치 않다. 결혼을 하려면 아무리 변두리의 작고 허름한 주택이라도 최소한 200만 위안은 있어야 구입이 가능하다. 그러나 나는 10년 동안 20만 위안도 저축하지 못했다. 이 돈으로 상하이에서 살 수 있는 집은 단 한 채도 없다. 아무리 적게 잡아도 50만 위안은 들어갈 결혼식 비용도 되지 않는다. 그렇다면 혹시라도 결혼하게 될 경우의 다른 선택은 허름한 아파트 같은 곳의 월세를 얻는 것이다. 그런데 이것도 월 평균 5,000위안 정도는 쥐야 들어갈 수 있다. 같은 현장에서 일하는 주위의 결혼한 친구들이 쪽방이나 다름없는 개미집이나 달팽이집에서 사는 것은 다 그 때문이다."

'개미족', '달팽이족'보다 못한
'맨홀족'

비교적 사정이 나은 후 씨나 주변 친구들의 처지가 이 정도라면 2억 8000만 명 안팎의 농민공들의 주거 사정은 미루어 짐작할 만하다. 실제로 거의 대다수가 전국 대도시에 무수하게 많은 개미집이나 달팽이집에서 주거를 해결하는 것으로 추산되고 있다. 중국어로 이지^{蟻居}와 워지^{蝸居}로 불리는 곳에서 생활한다는 말이다. 이들은 이 때문에 이쭈^{蟻族}, 워쭈^{蝸族}로 불리기도 한다. 개미족, 달팽이족이라는 뜻이다.

그래도 개미족, 달팽이족 농민공은 그나마 낫다. 전국 곳곳에 일도 하지 못하고 인간 이하의 삶을 살아가는 이들도 적지 않으니까 말이다. '맨홀족'을 일컫는, 이른바 징디런^{井底人}이라는 단어가 현실을 잘 말해준다. 개미집이나 달팽이집에서 사는 것도 너무 부담스러워 컨테이너집으로 옮겼다 다시 하수구 밑으로 기어들어가 사는 두더지 같은 인생도 있다는 얘기이다. 대부분 50대 이상의 중노년층인 이들은 주로 공원 주변의 따뜻한 맨홀 밑에 자리를 잡는다고 한다. 인구 100만 명 이상인 약 70여 개 대도시 거의 모두에 이런 맨홀족이 상당수 존재하는 것으로 알려지고 있다.

열악한 주거에서 생활하는 사람들의 의식^{衣食}이 좋을 까닭이 없다. 오로지 생존을 위해 먹고 입는다. 최하 수준의 브랜드일지라도 술, 담배를 즐긴다거나 여가 생활에 관심을 가진다는 것은 아예 상상조차 하지 못한다. 돈 걱정 없는 부자들이 최고급 술, 담배를 마음껏 즐기면서 회원제인 최고급 레스토랑의 음식을 미친 듯 낭비하는 것과는 완전히 천양지차다. 아무리 나쁘게 보지 않으려 해도 같은 하늘 아래 함께 살아간다고 하기는 어렵다. 베이징 차오양구의 코리아타운인 왕징^{望京}에서 10여 년째 노숙자처럼 살고 있는 50대 후반 친구이톈^{陳責天} 씨의 한탄이다.

"원래부터 노숙을 하지는 않았다. 그러나 40대 후반에 사기를 당해 작은 집 하나 있는 것을 홀라당 날려버렸다. 이후 이혼을 당하고 원래 하던 막노동으로 어떻게든 살아보려 했으나 불가능했다. 지금은 하루 벌어 하루 먹고 산다. 돈이 없을 때는 남이 먹다 버린 음식, 담배꽁초 등을 주워 먹거나 말아 피우기도 한다. 이제 내 인생은 끝났다고 생각하지만 나 같은 사람이 전국적으로 엄청나게 많다. 나처럼 실패한 극빈층을 위한 대책이 필요하다."

중국 당국이 현재의 극심한 빈부 격차를 모를 리가 없다. 나름 해결을 위해 노력을 기울이는 것 같기도 하다. 하지만 정책의 최고 우선순위에 두고 결연한 의지로 노력을 기울인다고 하기는 어렵다. 아직도 공동부유론共同富裕論(다 함께 부유해지자는 이론)보다는 덩샤오핑이 주창한 선부론先富論(개개인이 먼저 부유하게 돼야 국가가 강대해진다는 이론)이 더 이상적인 경제 발전 이론으로 평가받는 현실을 보면 그렇다고 할 수 있다. 이는 심하게 말해 사회적 약자들에게 정글 같은 세상에서 본인이 알아서 각자 살아 남으라고 내팽개치는 것과 다를 바 없다. 지금도 굳건하게 지키고 있는 사회주의 이념과는 거리가 먼 무책임한 방임이다.

각자가 알아서 생존을 도모할 수밖에 없는
자본주의의 극단으로 치닫는 현실

각자 알아서 생존을 도모할 수밖에 없는 현실은 천박한 자본주의가 극단으로 치달은 형태인 신자유주의와 통한다. 이런 세상에서는 공공재의 민영화, 기득권층만을 위한 규제 완화, 복지 박탈 등이 판을 친다. 사회 전반과 개인의 안전과 복지, 인간다운 삶은 개에게나 줘버려야 할 구두선口頭禪이 될 수밖에 없다. 자연스럽게 세상은 모든 것을 가진 1%와 말만 시민인

99%의 빈자들로 더욱 확실하게 양분된다.

중국사를 봐도 신자유주의 스타일로 왕조를 운영한 시대가 있었다. '교자'호子라는 지폐를 중국에서 최초로 도입한 송나라가 대표적이다. 그러나 송나라는 이 때문에 국가가 완전히 엉망진창이 돼버렸다. 가장 확실한 증거는 지금도 도무지 믿기지 않는 군사력에서 찾을 수 있다. 중국 역사상 가장 많은 200만 명 가까운 대군을 보유하기도 했으나 백전불승으로 유명했다고 한다. 백 번을 싸워도 단 한 번도 이기지 못하는 놀라운 기록을 세운 것이다. 이어 속절없이 망하면서 대륙을 다시 천하대란의 혼돈으로 내몰았다. 신자유주의 스타일이 중국 특색의 사회주의가 지향하는 바가 되어서는 정말 곤란하다.

더구나 중국이 생래적으로 자본주의적 경향이 강한 국가라는 사실에 비춰볼 때 극단적인 신자유주의 스타일의 정책은 향후 더욱 진화할 가능성이 농후하다. 궁극적으로는 생존경쟁과 자연도태를 사회진화의 기본적 동력으로 보는 사회다원주의의 조류로 휩쓸려 들어가지 말라는 법도 없다. 이런 분위기가 정착되면 현실은 더욱 심각해진다. 미국 저리가라 할 정도의 '승자독식, 패자독박'Winner takes all, loser lost all의 끔찍한 사회가 되는 것은 불문가지일 것이다. 덩샤오핑이 선부론의 성공을 통해 기대한 이른바 '낙수효과'trickle-down effect도 신기루처럼 사라지게 된다.

신자유주의의 진화는 이른바 취안구이權貴자본주의(정경유착의 정실자본주의Crony capitalism)가 도도하게 물결치는 현실에서도 어느 정도 읽을 수 있다. 지금의 사회 시스템 자체가 이제 기득권층에 절대적으로 유리한, 기울어진 운동장으로 굳어졌다고 봐도 무방한 것이다. 이에 대해서는 저명한 경제학자인 우징롄吳敬璉 국무원 발전연구중심 연구원도 "시장경제가 부정적으로 작동하면 취안구이자본주의의 위험에 직면할 수 있다. 당연히 반발을 부를 수 있다. 특히 극좌파들에게 명분을 주게 된다."면서 우려를 표명한 바 있다. 100% 맞는 말이다. 정실자본주의 하에서는 시쳇말로 운칠기삼運七技三 (행운 70%, 능력 30%가 성공을 좌우한다는 의미)이 아니라 운십기영運十技零의 법칙이 고착화돼 기득권층이 아닌 대부분의 흙수저들은 영원히 노예와 같은 삶을 살아야 하는 것이 운명일 수밖에 없는 탓이다. 이 경우 지금도 심각한 빈익빈, 부익부는 더욱 자연스러운 현상이 된다. 그래서 지금 일부 젊은이들의 입에서 '헬차이나'라는 말이 거침없이 터져 나오는 것이다.

시진핑 주석을 비롯한 중국의 당정 최고 지도자들은 입만 열면 '중국몽' 같은 거창한 '국뽕' 구호를 입에 달고 다닌다. '맨홀족' 같은 사회적 약자들이 직면한 현실을 정확히 알고도 그러는 건지 조금 의심스럽다. 만약 모르고 그런다면 "마오쩌둥 시절이 지금보다 좋았다. 그때는 다 가난했다. 그래도 극심한 불공평으로 인한 박탈감을 느끼는 사람은 별로 없었다. 반면 지금은 평균적으로는 부유해졌어도 사회가 너무나 불공평하다. 기득권층이 모든 것을 독식해 갈수록 살기 힘들어지는 것 같다. 이제 사회주의는 껍데기만 남았다."라는 항간의 불평에 귀기울여야 하지 않을까.

젊은이들 입에서 '헬차이나'라는 말이
거침없이 터져 나와

지금 중국은 미국과 치르는 무역전쟁으로 상당한 고생을 하기는 하지만 외견적으로는 잘 나가는 듯 보인다. 역사상 가장 강성했다는 청나라 강희제 때의 융성이 부럽지 않을 상황이라고 해도 좋을 정도다. 하지만 극심한 빈부격차가 발목을 잡을 경우 한 차원 더 높은 단계로 발전하는 것은 결코 쉽지 않다. 아니 오히려 반대의 길을 걸을 가능성이 훨씬 더 크다. 극심한 빈부 격차로 인해 중산층이 사라지는 최악의 상황이 되면 전체 경제의 파이가 궁극적으로 크게 쭈그러들 수밖에 없기 때문이다.

　이 경우 극소수의 기득권층 역시 큰 타격을 받지 말라는 법이 없다. 결국에는 공멸로 내몰릴 것이다. 기득권층이 욕망을 자제하고 소외된 계층에 눈을 돌리지 않으면 미래가 결코 밝을 수 없다는 얘기다. 이 불후의 진리는 중국 부호들에게는 할아버지뻘이라고 할 빌 게이츠를 비롯한 미국의 슈퍼 리치들이 너무나 잘 알고 있는 것 같다. 기회 있을 때마다 '부자들에 대한 파격적 증세' 주장을 입에 올리고 있으니까 말이다. 중산층이 사라지면 자신들의 부도 신기루처럼 사라질 수 있다는 사실을 너무나 잘 알고 있는 것이다. 이 점에 대해서는 토마 피케티 교수도 자신의 저서《21세기 자본》에서 역설한 바 있다.

　중국인들도 잘 아는 명언 중에 물극필반物極必反(매사가 극에 달하면 반드시 반전함. 발전의 최고봉에 이르면 꺾일 수 있다는 사실을 의미)이라는 말이 있다. 실제로 청나라는 국력이 최고봉에 이르렀을 때 본격적인 쇠퇴의 길로 접어들었다. 중국 당국이 이 교훈을 잊지 않는다면 지금 취해야 할 자세는 분명해진다. 국가의 명운을 걸고 빈부격차의 해소에 적극적으로 나서는 노력이 절실하다. 늦었다고 생각할 때가 가장 빠른 때라는 사실을 명심해야 한다.

한줄 넘칩니다 삭제

5.

지하경제

더러운 돈의 전성시대,
이대로 방치하면 암울한 미래

　음식이 있는 곳에는 파리가 꼬이기 마련이다. 돈이 되는 현장도 마찬가
지다. 사람이 몰릴 수밖에 없다. 특히 불법적인 방법으로 손쉽게 돈을 벌
수 있다면 더욱 그렇다. 파리보다 별로 나을 게 없는 인간들이 부나방처럼
몰려든다. 이런 부류의 사람들이 모여 형성하는 것이 이른바 지하경제다.
지하경제에 관한 한 돈 좋아하기로 유명한 사람들이 무려 14억 명이나 존
재하는 중국도 예외는 아니다. 너 나 할 것 없이 당국의 통제를 느슨해지게
만들었던 개혁, 개방 바람을 타고 경쟁적으로 달려들면서 지금은 엄청난
규모를 형성하기에 이르렀다. 한마디로 더러운 돈의 전성시대가 열렸다고
보면 될 듯하다.

　중국에서 지하경제는 대략 세 부류로 구분된다. 첫 번째가 후이써灰色(회
색)경제나 잉쯔影子(그림자)경제로 불리는 것으로, 당국에 등록하지 않고 행하
는 비합법 사업을 의미한다. 이 경우는 대체로 사회적 약자의 소규모 사업이

중국의 지하경제 현실을 보여주는 마약 소각 현장

적지 않은 만큼 나름 이해도 된다. 두 번째는 21세기형 지하경제로, 인터넷 범죄를 뜻한다. 반드시 뿌리 뽑아야 할 사회악이다. 더러운 돈이 마구잡이로 횡행하는 분야라고 단언해도 무방하다. 마지막은 헤이써黑色(흑색)경제라고 불리는 것이다. 명칭에서부터 국기國基를 뒤흔들, 존재해서는 안 될 사회악이라는 느낌이 물씬 풍긴다. 가장 극강의 더러운 돈이 난무하는 곳이다. 황두두黃毒賭로 불리는, 매춘과 마약, 도박을 비롯해 밀수, 위조지폐 제조, 인신매매, 청부살인, 총기밀매 산업 등이 이에 속한다. 산업이라고 하기에도 부끄러운 지저분한 업종이다. 또 다른 사회악인 조폭과도 불가분의 관계이다.

GDP의 20% 정도로 추정되는
엄청난 지하경제 규모

각종 사회악과 불가분의 관계에 있는 중국 지하경제 규모는 외부에 제대로 드러나지 않은 탓에 정확하게 어느 정도라고 딱 부러지게 말하기가 쉽지 않다. 하지만 어느 정도 추산해 볼 수는 있다. 대략 GDP의 20% 전후라고 보면 된다. 2019년 말을 기준으로 15조 위안(2550조 원) 전후라고 볼 수 있다. 2020년에는 20조 위안(3400조 원)을 넘을 가능성이 농후하다. 한국의 GDP보다 많다.

상황이 어느 정도인지는 황두두를 중심으로 살펴보는 것이 좋을 것 같다. 이중에서도 단연 매춘 산업이 먼저 거론돼야 한다. 역시 사례를 들어봐야 이해가 쉽다. 경제 수도로 불리는 상하이의 중심지 화이하이루淮海路는 외국까지 널리 알려진 유흥가로 유명하다. 거의 전 세계적 명성을 자랑하는 프랑스 파리의 피갈이나 일본의 긴자銀座 정도는 몰라도 웬만한 국가의 대표적 유흥가와 비교해 결코 뒤지지 않는다. 요즘 이곳에서 가장 잘 나가는 대표적 명소는 가라오케, 나이트클럽, 디스코텍, 호텔, 사우나 등 매춘과 관련이 있는 풍속 업소들이 모두 한 건물에 들어가 있는 종합 유흥 체인인 P업체이다. 한 번 출입에 1인당 최소한 1만 위안 대의 소비를 각오해야 하지만 놀랍게도 개업 초기인 5년 전부터 거의 매일같이 문전성시를 이룬다. 이곳의 사업 방식을 가만히 살펴보면 그럴 수밖에 없겠다는 생각이 든다. 한마디로 돈푼깨나 있는 한량들의 최종 목적인 하룻밤 즐기기가 식은 죽 먹기보다 간단하게 이뤄질 수 있는 탓이다. 상하이 인근 장쑤江蘇, 저장浙江 등의 주요 도시 일원의 한량들에게까지 소문이 퍼져나간 업소의 영업 시스템 역시 고개를 절로 끄덕이게 만든다. 어느 업소에 들러서 즐기더라도 최종적으로는 사우나나 호텔에서 즉석으로 성매매를 하는 게 가능한 것이다.

베이징도 상하이에 크게 뒤지지 않는다. 몇 구역으로 나눠 살펴보면 바로 알 수 있다. 한때 외국인들의 집단 거주지로, 깨끗하기로는 둘째가라면

서러웠던 차오양구 야윈춘^{亞運村}을 우선 둘러보자. 이곳에는 금세기 초만 해도 웬만한 수준의 재력가가 아니고서는 꿈도 못 꾸던 후이위안^{匯園} 아파트가 있다. 지금도 베이징에서는 꽤 괜찮은 부촌으로 알려져 있는 곳이다. 그러나 주변 일대는 부촌의 이미지와는 전혀 맞지 않는다. 밤낮을 가리지 않고 공공연하게 길거리에 나와 호객 행위를 하는 여성들이 수두룩하다. 이들의 주요 무기는 다른 게 아니다. 고객을 유인하는 비교적 저렴한 수단인 명함 크기의 음란물 전단이다. 이 때문인지 인근 우저우^{五洲}, 밍런^{名人} 등의 호텔 앞에서는 아예 전단을 통째로 뿌리는 젊은 여성들을 마주하는 것이 그리 어렵지 않다. 심지어 일부 호텔에서는 직원들이 은근하게 전단을 건네면서 매춘을 권하는 상황도 종종 연출된다.

더욱 기가 막힌 것은 인근 왕징이나 시내의 지창푸루^{機場輔路} 같은 오피스텔의 모습이다. 전단들이 아무런 제지도 받지 않은 채 각 사무실에 무차별 투입되는 것이다. 이로 인해 쉰 살이 넘은 중년에 인생일대의 위기에 봉착할 뻔했던 왕징 주민인 한국인 P씨의 예를 들어 보겠다.

마스크 팩을 비롯한 한국 화장품을 도매로 중국에 공급하는 사업을 하는 그는 베이징에서 열심히 기러기 생활을 하고 있다. 고등학교에 다니는 자녀들과 부인을 싱가포르로 보내놓고 홀로 지낸 지 약 5년째이다. 중년의 나이에 쉬운 일이 아니다. 그나마 한 가지 즐거움이 있다면 가끔씩 부인이 1주일 정도 베이징으로 날아와 같이 지내는 것이었다. 2019년 가을에도 그랬다. 문제는 부인이 달랑 하루만 있고는 아무 말 없이 짐을 싸서 공항으로 가버렸다는 사실이었다. 부인은 이유를 말하지 않았으나 그렇다고 화도 내지 않았다. 그는 기가 막혔지만 보내주는 외에는 달리 방법이 없었다. 더구나 부인은 싱가포르에 가서도 무사히 도착했는지 궁금해 걸었던 그의 전화도 받지 않았다. 다행히 사흘 후 부인에게서 드디어 전화가 걸려왔다.

"그렇게 혼자 사는 게 힘들어요? 그럴 거면 차라리 현지처를 하나 만들어요. 이혼을 해줄 수도 있어요."

"아니 그게 무슨 소리요? 갈 때도 이상하게 가더니 지금은 더 황당한 말을 하고."

"몰라서 하는 소리예요? 내가 꼭 말해야겠어요?"

"말해 봐요, 왜 그러는지."

"내 입으로 말하기는 조금 그렇지만 그게 도대체 뭐예요? 매춘하는 여자들을 부르기나 하고."

"뭐라고? 무슨 생사람 잡는 소리요, 그게?"

"책상 서랍에 수북하게 쌓여 있는 전단들은 그러면 뭐예요?"

P씨는 부인의 말에 바로 모든 상황을 이해할 수 있었다. 다소 무딘 성격의 그는 평소 사무실에 무차별적으로 들어오는 적지 않은 전단을 한꺼번에 모아서 버리는 습관이 있었다. 그런데 부인이 올 무렵에는 그만 깜빡 하고 버리지를 못했다. 그런데 부인은 그 전단들을 보고 기절초풍을 하고 말았다. 단단히 오해를 하고 쌩하니 찬바람을 일으키면서 간 것도 무리는 아니었다. 이후 P씨는 겨우 사정을 설명하고 부인의 오해를 풀어줬으나 당시의 기억을 떠올릴 때마다 가슴을 쓸어내리고는 한다. 지금도 가끔 길을 가다 바닥에 적혀 있는, 전단과 같은 목적의 휴대전화 번호만 봐도 깜짝 놀란다. "이차오베이서야오, 스녠파징성"—朝被蛇咬, 十年怕井繩(한 번 뱀에 물리면 우물가의 지푸라기에도 깜짝깜짝 놀란다)이라는 중국의 속담이 그에게 딱 맞는 말이 아닌가 싶다.

매춘에 종사하는 여성 3000만 명 추산,
대륙 그 어디에도 청정지역은 없어

매춘은 다양한 방법으로 이뤄지는 만큼 상하이와 베이징 등의 대도시만이 아닌 전국 곳곳에서 일상화되고 있다. 한마디로 대륙 그 어디에도 청정지역은 없다고 해도 과언이 아니다. 심지어 소수민족 집단거주지인 비교적 외진 곳에서도 만연해 있는 것이 현실이다. 이와 관련해서는 농담 좋아하기로 유명한 〈런민르바오〉의 퇴직 기자 쉬徐모 씨의 말을 들어봐야 할 것 같다.

"항간에 도는 남성들의 유머 중에 조금 낯부끄러운 것이 있다. 입에 담기 조심스러우나 워낙 널리 알려져 나도 종종 주위의 친한 지인들에게 들려주고는 한다. 대륙의 동북 지방에서는 간肝이 튼튼하지 못한 것, 광둥성에서는 위가 작은 것, 하이난海南을 비롯한 변경지대에서는 신장이 약한 것을 원망해야 한다는 말이다. 간과 위, 신장은 각각 술, 음식, 성性과 관계되는 기관이 아닌가. 은퇴한 이후 각 지역을 죽 둘러보니 진짜 그렇더라. 특히 하이난 같은 변경의 경우는 동북 지방과 광둥성이 술과 음식에 관한 한 지존이듯 당국의 강력한 단속이 필요할 정도로 성의 상품화가 상당히 심한 것을 느꼈다."

쉬 씨의 말이 과장이 아니라는 사실은 하이난의 현재 상황을 살펴보면 잘 알 수 있다. 원래 하이난은 개혁, 개방 정책 실시 이전인 1978년 이전까지만 해도 혁명의 성지로 유명했다. 전설적인 훙써냥쯔쥔紅色娘子軍(국민당과 싸운 공산당의 젊은 여성 전사들)의 본고장이었으니, 그렇게 불릴 수 있었다. 그러나 지금은 훙써냥쯔쥔을 빗댄 황써냥쯔쥔黃色娘子軍(매춘 여성)이라는 단어의 원산지로 더 유명하다. 혁명의 성지가 불과 40여 년 만에 매춘 산업의 본거지로 변해버린 것이다.

현실이 정말 심각하다는 사실은 풍속업이라는 점잖은 표현을 써도 어째 어색하기만 한 매춘 산업에 종사하는 여성들의 규모가 잘 말해준다.

2019년 7월 현재 황써냥쯔黃色娘子로 불리는 이들의 수는 비공식적으로 대략 2300만 명에서 3000만 명 정도에 이르는 것으로 추산되고 있다. 웬만한 규모의 국가 인구에 못지않다. 전체 인구 대비 비율로는 2% 전후에 이른다. 중국이 법적으로는 매춘을 불법으로 규정한 국가라는 사실에 비춰볼 때 결코 만만치 않은 숫자다.

문제는 앞으로도 그 수가 기하급수적으로 증가할 것이라는 전망에 있다. 비관적 관측을 하는 일부 비판론자들의 주장이 이 전망을 뒷받침해준다. 이들의 계산에 따르면 21세기에 진입한 이후 매년 신규로 매춘 산업에 진입하는 황써냥쯔들의 수는 평균적으로 전체의 약 5% 정도에 이른다. 상황을 방치할 경우 늦어도 2022년 이전에 황써냥쯔들의 수가 4000만 명을 넘어 5000만 명을 향해 달려갈 수도 있다는 계산이 충분히 가능하다. 끔찍하다고 해도 좋을 것 같다. 시장 규모도 엄청나게 커질 수밖에 없다. 1인당 최소 연 10만 위안의 매출을 올린다고 볼 때 최대 5조 위안의 시장으로 커질 것으로 전망한다.

더욱 기가 막힌 것은 이들의 일부가 미국을 비롯한 외국으로 원정을 떠나 영업활동을 하는 기업적 성격까지 띠고 있다는 사실이다. 당연히 불법 영업이 적발되는 경우가 적지 않다. 2018년 이후에만 수차례에 걸쳐 수백여 명이 처벌을 받거나 추방됐다. 이들은 대부분 중국 내의 조폭들과 해외 화교 범죄조직의 치밀한 공모를 통해 해당 국가에 밀입국한 것으로 알려지고 있다. G2 국가의 국제적 망신이라고 하겠다.

조폭들이 장악한 마약 산업,
관련 범죄자들만 한 해 35만 명 처벌

마약 산업 역시 더러운 돈이 난무하는 헤이써경제의 한 축이다. 2019년 7월 현재 최소 250만 명(중국 당국 발표), 최대 1500만 명(해외 화교 대상의 중국 매체들 추정) 전후에 이른다는 중독자 수만 봐도 현실이 진짜 심각하다는 사실을 잘 알 수 있다. 많게 봐서 중국인 100명 당 대략 1명꼴로 환자가 있다고 봐야 한다. 문제는 중독자가 급속도로 늘어난다는 사실이다. 해외 중국 매체들에 의하면 2019년 말을 기준으로 전년보다 8% 정도 늘어날 것으로 추산되고 있다. 매년 평균 이 정도 늘어날 경우에는 2020년에는 중독자가 최대 2000만 명 전후에 이른다는 계산이 나온다. 조만간 웬만한 국가의 인구에 해당하는 환자가 존재하게 되는 셈이다. 이 정도 되면 마약에서도 G2라는 불명예스러운 말을 들어도 변명의 여지가 없게 된다. 이처럼 현 상황이 예사롭지 않다는 사실은 중국이 마약의 공급지로 인식되는 현실에서도 잘 알 수 있다. 전 세계에 최근 들어 대마초, 필로폰, 헤로인, 야오터우환搖頭丸(엑스터시), 빙두氷毒(엠파타민) 등 중국산 마약에 대한 경보가 더욱 강하게 울리고 있는 사실은 심각성을 말해주기에 부족함이 없다.

마약으로 영국과 아편전쟁을 치르고 홍콩을 할양당한 치욕을 겪은 중국은 당연히 마약의 척결을 위해 노력하고 있다. 우선 법을 상상 이상으로 혹독하게 적용하는 것이다. 마약을 50g 이상 제조하거나 판매하면 15년 이상의 징역, 1kg 이상 유통하면 내외국민 예외 없이 무조건 사형시키는 것을 원칙으로 하고 있다. 이 법에 의해 형장의 이슬로 사라진 외국인 마약사범들도 많다. 금세기 들어서만 수십여 명에 이른다. 이들 중에는 한국인들도 있다.

부장(장관)급 부처인 국가마약금지위원회를 설립, 운영하면서 마약 청정국가가 되기 위한 노력을 기울이고 있기도 하다. 전국적으로 3만여 개의 기관에서 약 10만 명에 이르는 관계자들이 마약 퇴치를 위한 계도 등의 업무를 수행하는 것이 이상할 것도 없다.

그럼에도 불구하고 당국에 단속되는 일반 마약 사범이 급증하고 있다. 2018년에 처리된 사건만 30만 건을 약간 웃도는 것으로 추산된다. 관련 범죄자들은 35만 명 정도에 이르렀다. 마약 사범들 중에는 유명인들도 많다. 6세대 영화감독으로 유명한 장위안張元, 인터넷 시나리오 작가 천완닝陳萬寧, 홍콩 스타 청룽成龍의 아들 팡쭈밍房祖名 등을 대표적으로 꼽을 수 있다. 이중 팡은 한국의 '승리 게이트'에 깊이 연루됐다는 의혹의 당사자로도 알려져 있다. 아버지에게 죽도록 맞으면서 호적에서 파버리겠다는 협박까지 당했으나 중독을 이겨내지 못한다고 한다.

시장 규모는 지하경제가 그렇듯, 음지에 박혀 있는 탓에 제대로 파악하기가 쉽지 않다. 하지만 역시 대략 유추해볼 수는 있다. 최소 20억 위안에서 최대 120억 위안 정도일 것으로 추정되고 있다. 더 커질 가능성도 당연히 상존한다. 마약의 원가가 완제품의 1,000분의 1에 불과한 것에서 알 수 있듯, 성공만 하면 일확천금을 얻게 되니 범죄자들은 한탕의 유혹을 떨치기 쉽지 않다. 마약 산업에서 도는 현찰이 세상에서 가장 쉽게 벌 수 있는 더러운 돈이라는 조폭들의 우스갯소리는 결코 우스운 말이 아니다.

관리들조차 도박에 빠져 부패 일상화, 해외 원정 도박에도 나서

도박 산업 역시 거론하지 않을 수 없다. 국기를 뒤흔들 만큼 심각하다. 도박에 빠진 관리들의 부패가 일상이 된 현실만 살펴봐도 그렇다. 2019년 6월 말, 공안 당국이 전국 모든 도시에 도박과 연계된 범죄를 일망타진하라는 지시를 하달한 것은 그럴 만한 까닭이 있다. 이와 관련해서 베이징 시민 샤오강칭蕭綱成 씨는 "근래 들어 지방의 젊은 관리들이 도박에 빠지는 일이 많다. 당연히 횡령 등의 금전적 사고와 연결된다. 중앙 정부에서는 이를 심각하다고 판단하고 뿌리를 뽑기 위해 칼을 빼든 것으로 알고 있다."면서 당국이 단속에 나서지 않으면 안 되는 이유를 설명했다. 불법 도박 사이트 수백여 개가 연 2000억 위안 전후의 시장을 형성하는 게 현실이다. 이대로 방치할 경우 도저히 뿌리 뽑지 못할 사회악이 될 만큼 상황이 심각하다는 것이다. 여기에 원정 도박을 위해 해외여행에 나서는 전국의 부유층이 최소한 100만 명에 이른다는 통계를 접하면 오히려 당국이 대책 마련에 나선 것이 늦지 않았나 하는 만시지탄의 느낌마저 든다.

황두두 이외에도 중국에는 반드시 청소돼야 할 사회악인 지하경제들이 무수히 많다. 하지만 칼럼니스트인 코너 우드먼이 세계의 지하경제를 다룬 책《나는 세계일주로 돈을 보았다》에서 세계 최고의 경찰국가 미국의 지하경제도 만만치 않다는 사실을 강조한 것을 보면, 이를 타파하는 것이 말처럼 쉽지는 않을 것이다. 그러나 그렇다고 해서 지레 수수방관하는 것도 곤란하다. 어떻게 해서든 싹을 잘라야 한다. 그렇지 않을 경우 황두두 등은 건전한 시장경제의 아킬레스건으로 작용해, 머지않은 장래에 돌이키기 어려운 타격을 중국에 가할 것이 분명하다.

청빈을 강조하는 가정은 아무리 어려움을 겪더라도 패가망신의 치욕을 당하지 않는다. 하지만 더러운 돈으로 일어난 집안은 언제인가는 패가와 망신을 두루 다 겪게 될 가능성이 높다. 그게 사필귀정의 진리다. 이 진리를 중국이 모르지 않는다면 아킬레스건을 미리 수술하는 용단이 필요하지 않을까.

6.

★

범죄사회

만악의 근원 조직폭력배,
체제 안정에도 큰 위협

세상에 백익무해百益無害한 것은 없다. 천하의 영약이라는 산삼에도 독이 있다. 그렇다면 백해무익百害無益한 것도 없다고 해야 하지 않을까. "개똥도 약에 쓰려면 없다."는 속담도 있지 않은가. 그러나 백해무익한 것이 드물기는 해도 있다. 중국의 경우에는 각종 사회악을 대표적으로 꼽아야 하지 않을까 싶다. 그중에서도 '조폭'(조직폭력배)은 단연 백해무익한 것들 중 으뜸이라고 할 수 있다. 이유는 오래 생각해 볼 필요도 없다. 조폭은 지하경제를 비롯한 만악의 근원이다.

혹자는 막강한 공권력을 자랑하는 사회주의 국가에서 조폭이 무슨 문제가 되느냐고 할 수도 있다. 그러나 5,000년 중국사가 거의 조폭사라고 해도 과언이 아닌 역사를 살펴보면 얘기는 달라진다. 한마디로 중국의 조폭은 역사와 전통을 자랑한다. 세계 3대 조폭이 마피아를 비롯해 일본 야쿠자, 중국의 싼허후이三合會(트라이어드Triad로도 불림. 1830년 청나라 때 천지회天地會

선양 정부의 극

중국의 대표적 조폭 두목 류한

로 설립된 후 홍콩으로 흘러들어 세계로 퍼짐)인 것만 봐도 알 수 있다. 이런 역사
와 전통에 더해 개혁, 개방 정책 실시 이후 각종 경제, 사회적 독버섯이 악
성 종양처럼 창궐하는 기가 막힌 판까지 깔렸으니 조폭들이 물 만난 고기
가 된 것은 당연할 수밖에 없었다. 지금은 옛 명성을 거의 되찾았다고 해도
과언이 아니다. 정말 그런지는 지금보다 훨씬 더 공권력이 살벌했던 금세기
초의 전설적인 사건 하나만 봐도 바로 증명이 된다.

개혁, 개방 정책 이후
악성 종양처럼 빠르게 창궐한 조폭 세력

때는 2002년 연말의 어느 날이었다. 중앙 정부의 한 고위 부장급 간부
인 H씨는 랴오닝성遼寧省의 성도 선양瀋陽 시찰에 나섰다. 그는 오랜만에 들른

진한 환대에 마음이 흡족했다. 숙소로 돌아가는 최고급 벤츠 안에서는 자신도 모르게 콧노래를 흥얼거리기까지 했다. 그의 기분은 그러나 곧 망가졌다. 시내를 가로지르는 훈허가渾河街에서 최고급 차량 10여 대가 요란하게 경적까지 울리면서 척 봐도 심상치 않은 자신들의 행렬을 아무 거리낌 없이 지나쳐간 탓이었다. 자신보다 권력 서열이 높은 당정 거물들이 즐비한 베이징에서도 겪지 않은 봉변을 당한 그는 극도로 심사가 틀어졌다. 급기야 자신을 수행 중인 선양 정부의 P모 처장(과장)에게 힐책하듯 말했다.

"나보다 더 고위급인 중앙 정부나 당의 인사가 지금 이곳에 와 있는가? 그런 말은 듣지 못했는데."

P 처장은 H 부장의 힐난에 대답을 못하고 쩔쩔 맸다. H 부장은 더욱 화가 나 다시 P 처장을 다그쳤다.

"도대체 저놈들이 누구냐고!"

우물쭈물하면서 어쩔 수 없이 입을 연 P 처장의 대답은 한마디로 가관이었다.

"우리 시 일대에서 조금 껄렁거리는 친구들입니다. 사오치邵七라는 자가 라오따老大(두목)인 것 같습니다. 사업체를 가지고 있으면서 활동하는데 인근의 다른 지역에까지 영향력이 대단합니다. 우리 일에 협조를 잘해줘서 그냥 놔두고 있습니다."

"조폭이라는 말이군. 설마 자네들이 한통속이라는 말은 아니겠지? 그걸 증명하려면 바로 잡아들여야겠지. 지금 시 공안국장에게 연락하게. 1시간 이내에 모두 잡아들이라고 말이야. 이건 당 중앙의 명령이야."

H 부장의 서슬 퍼런 말에 선양 공안 당국도 즉각 출동하지 않을 수 없었다. 당연히 사오치 일당의 검거에 성공했다. 하지만 경찰의 희생도 컸다.

사오치 일당이 검거에 거세게 저항하면서 권총을 난사한 탓에 적지 않은 사상자를 낸 것이다. 벌써 20여 년 가까이 지난 이 사건은 지금도 현지의 많은 사람들에게는 적지 않게 회자되고 있다. 당시 중국 내 조폭들이 얼마나 기세등등했는지를 적나라하게 보여준 사건이었다.

지금은 더 말할 필요조차 없다. 공안 당국이 거의 매년 전국적으로 실시하는 대대적 단속 때마다 압수, 폐기처분되는 총기류가 엄청나다는 사실은 현재 중국의 조폭이 어느 정도 규모인지를 말해주기에 부족함이 없다. 조폭으로 유명하지 않은 중소도시에서도 평균 수천 정의 권총, 소총 등이 압수되는 것이 현실이다. 심지어 일부 공권력이 취약한 대도시에서는 기관총까지 압수되는 무시무시한 경우도 없지 않다.

조직 1만 개, 조직원 1000만 명 규모로
대륙 곳곳에서 지하경제 장악

조폭들이 경찰들과 총격전을 벌이는 과감한 행동에 나서는 데는 이유가 있다. 흔히 헤이서후이黑社會, 헤이방黑幇으로 불리는 조폭의 규모는 일반인의 상상을 초월한다. 전국적으로 약 1만여 개 전후의 조직에, 최소한 1000만 명 가까운 조직원들이 활동하는 것으로 알려져 있다. 심지어 상황을 비관적으로 보는 일부 전문가들은 조직과 조직원 등의 규모가 최소한 알려진 것보다 3~4배는 더 된다고 주장한다. 대표적인 전국 규모의 조폭으로는 칭룽방青龍幇을 비롯해 메이화방梅花幇, 쌍룽후이雙龍會, 시뤄먼西羅門, 바슝디八兄弟, 우라오방五老幇 등이 손꼽힌다. 두목들이나 조직원들의 상당수가 당국에 체포돼 사형된 케이스가 적지 않았던 탓에 전국구급 명성을 얻었다.

창궐하는 지역은 굳이 말할 것도 없다. 헤이룽장성黑龍江省 하얼빈哈爾濱에서부터 하이난, 신장新疆위구르자치구 우루무치烏魯木齊, 상하이 등에 이르기까지 그야말로 대륙의 동서남북에 구애받지 않은 채 전방위적으로 퍼져 있다. 최근 들어서는 소수민족 조폭들까지 공안 당국의 골치를 썩이는 것은 바로 이런 현실과 밀접한 관련이 있다.

말할 필요도 없지만 조폭들이 특별히 할 일이 없어 너도 나도 무리를 지어 작당을 하는 것이 아니다. 별로 노력을 하지 않아도 엄청난 돈이 되는 불법적인 지하경제 관련 사업이 눈앞에 어른거리면서 유혹을 하기 때문이다. 당연히 돈을 벌기 위해 적극적으로 뛰어든다. 무엇보다 매춘의 온상인 풍속업소를 직접 경영하는 케이스가 적지 않다. 이 경우는 두목급들이 많은 돈을 벌어 사업가로 신분세탁이 가능하다. 때로는 세금도 호쾌하게 내면서 지방의 유지로 행세하기도 한다. 휘하의 조직원들을 합법적으로 취업시킬 수 있다는 이점도 있다. 완전 꿩 먹고 알 먹기다.

설사 그렇지 않더라도 조폭들은 더러운 돈이 지천으로 넘쳐나는 풍속업소들을 쉽게 떠나지 못한다. 이 경우 대체로 업소들과 악어와 악어새 같은 공생 관계를 형성한다. 업소의 뒤를 봐주면서 이른바 보호비를 챙기거나 영업에 각종 도움을 주고 대가를 받는 것이 일반화돼 있는 것이다. 후자의 케이스는 전국 모든 유흥가의 관례인 호객 행위에서 잘 알 수 있다.

베이징의 시단西單에 거주하고 있는 쿵孔모 씨가 2019년 5월에 당한 횡액이 좋은 사례가 될 것 같다. 베이징에 본사를 두고 전국 곳곳을 오가면서 의류 사업을 하는 그는 당시 오랜만에 광둥성 광저우廣州에 들렀다. 평소와는 달리 몸 전체로 전해지는 해방감을 느낀 그는 당시 단골 업소를 굳이 마다하고 호텔 주변에서 극성스럽게 유혹하는 호객꾼인 라커짜이拉客仔를 따라 어느 가라오케로 들어갔다. 중국인인 데다 지방 출장을 밥 먹듯 다녀본 터라 혼자서도 거칠 것이 없다는 자신감이 있었던 것이다. 하지만 3시간여의 짜릿한 여흥을 즐긴 다음 그에게 닥친 상황은 당초 예상과는 완전히 달랐다. 미모의 파트너 둘과 어울려 짓궂은 장난을 즐긴 대가치고는 너무나 엄청난 결과인 10만 위안(1700만 원)의 계산서가 그를 기다리고 있었다. 깜짝 놀란 그는 지배인에게 강력하게 항의했다.

"이게 말이 된다고 생각해요? 베이징에서도 이런 바가지는 씌우지 않아요. 도대체 적정 가격의 20배 이상이나 청구하는 법이 어디 있어요? 경찰을 불러줘요. 아니면 내가 부를까요? 나는 이곳에 아는 경찰도 많아요."

"지금까지 재미있게 즐겼으면서 무슨 소리를 하시는 겁니까? 여기는 고급업소입니다. 그 정도는 많이 청구한 게 아니에요. 정 부담스러우시면 신용카드 할부로는 해드리겠습니다."

"이 양반이 말이 정말 안 통하네. 그러면 내가 경찰을 부르겠소. 나 원참 기가 막혀서."

쿵 씨의 말이 채 끝나기도 전이었다. 어디선가 덩치가 산만 한 정체불명의 사나이들이 들이닥쳤다. 가라오케에서 미리 대기하고 있었던 것이 분명했다. 쿵 씨는 그제야 상황을 파악할 수 있었다. 손이 발이 되도록 싹싹 빈다음 청구금액의 절반인 5만 위안으로 경비를 재흥정하는 수밖에 없었다. 이어 조폭이 보호비까지 받는 것이 분명한 현장을 서둘러 빠져나왔다. 이후 그는 광저우나 라커짜이라는 소리만 들어도 입이 바짝바짝 마른다고 한다.

마약 제조와 유통, 스포츠 도박에도 뛰어든 조폭 세력,
국제적 공조도 추진

돈이 되는 일이라면 물불 안 가리는 조폭들이 원료와 완제품의 가격 차이가 무려 1,000배가 되는 마약의 제조 및 유통 사업을 방치할 까닭이 없다. 당연히 불로소득의 돈다발이 쌓여 있는 놀이터처럼 되어 있다. 특이한 점은 이 사업에서는 조폭들 간의 국제적 공조도 기가 막히게 잘 이뤄진다는 것이다. 대부분의 중국 조폭들은 대만과 홍콩, 더 나아가 한국이나 일본의 조폭과도 손을 잡고 사업을 벌인다. 그 정점에는 마약 사업으로 유명한 홍콩의 14K가 있다는 소문도 무성하다. 중국 조폭들이 거의 100년 이상의 사업 경험을 자랑하는 홍콩의 '형제들'로부터 아직 노하우를 열심히 배우는 단계라는 말이다. 최근 들어서는 야마구치구미山口組 같은 일본 야쿠자들과도 손잡는 것으로 알려지고 있다. 장쩌민江澤民 전 국가주석 겸 총서기가 지난 세기 말 "마약을 근절시키는 일은 공로가 당대에 있으나 국가적 이익은 천년을 간다."라는 요지의 격려의 글을 직접 써서 전국의 공안 당국에 돌린 것은 그런 이유가 있지 않았을까.

마약 사업과 관련한 조폭으로 아직까지도 상당수 중국인들이 혀를 내두르는 전설적 인물이 있다. 2009년 9월 15일 이뤄진 사형 집행을 통해 44세를 일기로 인생을 마감한 류자오화劉招華라는 인물이 그 주인공이다. 다두샤오大毒梟(마약대왕)라는 무시무시한 별명을 가진 그는 원래 장래가 촉망되던 푸젠성福建省 푸안福安 법원의 사법경찰로 유명했다. 그러나 29세 되던 해에 과감하게 공직을 버리고 마약 제조 사업에 뛰어들었다. 경찰로 근무할 때 마약 사업이 황금알을 낳는 거위라는 사실을 알게 된 후 유혹을 떨치지 못한 것이다.

이후 그는 각종 마약을 제조, 판매하면서 단번에 상당한 명성을 얻었다. 자연스럽게 조폭들과도 접선이 돼 사업은 더욱 번창했다. 돈이 있었던 만큼 곧 두목급으로 신분도 급상승했다. 급기야 1996년 그는 '빙두'로 불리는 엠파타민을 무려 18톤이나 제조, 판매하기에 이른다. 전국에 지명수배

된 것은 당연할 수밖에 없었다. 몸에 걸린 현상금만 무려 38만 위안이나 됐다. 당시로서는 엄청난 거금이었다. 그러나 그는 무려 9년 동안이나 꼬리가 잡히지 않았다. 마약 제조의 자금줄 역할을 했던 조폭들의 조직적 비호가 있었다는 사실은 의심의 여지가 없었다. 그럼에도 경찰은 집요하게 그를 추적했고, 결국 2005년 체포하는 개가를 올렸다.

도박 사업 역시 조폭들에게는 구미가 당기는 분야일 것이다. 사업 방식으로는 하우스 등을 비롯한 각종 사설 도박장 운영, 도박 기기 제조 등의 다양한 형태가 있다. 이 중 요즘 가장 주목할 만한 유망 사업은 아무래도 스포츠 관련 도박이 아닌가 싶다. 4년마다 열리는 월드컵 축구를 보면 알기 쉽다. 마치 물 만난 고기처럼 너도 나도 승부 맞추기 도박 사업에 참여, 떼돈을 번다고 한다. 전화나 인터넷 등을 이용해 점조직으로 이뤄지는 탓에 단속이 제대로 안 된다는 점에서 일반 도박과 차이가 많이 난다. 공안 당국을 가장 골치 아프게 만드는 도박 형태로 볼 수 있다.

문제는 스포츠 도박이 승부조작으로 이어질 가능성이 농후하다는 사실이다. 사회를 떠들썩하게 만든 현안으로 떠오른 경우를 살펴보자. 최강희 감독과 김신욱, 김민재 선수 등이 활약하는 중국 프로축구 슈퍼리그가 대표적 현장이다. 2009년 일부 선수와 심판들이 조폭들에게 매수돼 경기의 흐름을 조작하다 강력 처벌된 일이 있다. 당시 축구 전문 잡지나 신문 등에는 심판 부정을 뜻하는 헤이차오黑哨(검은 호루라기)라는 단어가 심심치 않게 등장했다. 이후 2019년 7월까지 약 10여 년 동안 승부조작 사건이 더 이상 벌어지지 않았다. 하지만 조폭들이 각종 수단을 동원해 집요하게 매달리고 있는 만큼 승부조작이 근절됐을 거라고 믿기는 어렵다. 경기장 주변의 분위기 역시 승부조작은 비일비재하게 벌어지지 않겠느냐는 쪽으로 굳어져 있다. 한국 청소년 축구대표팀이 2019년 6월 U-20월드컵에서 기적의 준

우승을 차지하자 상당수의 중국인들이 "승부조작이 일어난 것이 분명하다. 어떻게 한국이 결승에 진출할 수 있느냐?"라면서 억지를 쓴 것도 이런 중국의 현실을 반영한 것이 아닌가 싶다.

조폭들에 의해 자행되는 승부조작의 폐해는 이처럼 대단하다. 이에 대해 유명한 축구 해설가로 활동하는 〈런민르바오〉의 왕다자오汪大昭 대기자는 "조폭들이 스포츠를 도박의 수단으로까지 이용하는 현실이 안타깝다. 그러나 사실이 아니라고 하기는 어렵다. 특히 축구는 상황이 심상치 않은 듯하다. 일부 선수들은 아예 적극적으로 조폭들과 결탁, 자신의 직업이 무엇인지조차 망각하는 한심한 경우도 있는 것이 확실하다."면서 공안 당국의 보다 적극적인 단속이 요구된다고 주장했다.

지하경제의 30% 정도를 조폭들이 장악,
권력과 유착해 신분세탁

조폭들은 손쉽게 벌 수 있는 더러운 돈이 몰리는 사업은 어느 것이든 달려든다. 당연히 다른 지하경제에도 광범위하게 진출하고 있다. 심지어 2019년 7월 말 홍콩 시위 사태에서 자행된 백색 테러나 청부살인 등도 마다하지 않는다. 시장이 엄청날 것이며 대략 지하경제의 30% 정도를 영향권 아래에 두고 있다고 추산된다. 4조 5000억 위안 가량의 엄청난 시장을 조폭들이 주무른다고 봐도 무방하다. 당국에서 수수방관할 까닭이 없다. 그러나 이들도 "위에 정책이 있으면 아래에는 대책이 있다."는 불후의 진리를 모르지 않는다. 살아남기 위해 온갖 방법을 도모한다. 가장 그럴 듯한 것이 신분세탁이다. 이와 관련, 베이징 공안국 차오양분국의 왕더푸王德富 일급경독一級警督(한국의 경정 계급에 해당)은 "조폭들의 신분세탁은 이제 선택의 문제가 아니라 필수 사항이다. 그렇지 못한 조폭들은 생존하기 어렵다. 세탁 방법 중에는 벤처기업가로 행세하거나 당정 각급 기관의 관리로 공직에 들어가는 기가 막힌 경우도 있다. 경찰에도 없지는 않은 것으로 알고 있다."면서 요즘 조폭들의 행태에 혀를 내둘렀다.

조폭들은 때로는 자신들의 돈벌이 노하우를 적극적으로 활용하기도 한다. 바로 권력 고위층과 결탁하는 것이다. 이른바 권흑교역權黑交易(권력과 조폭의 거래)을 통해 보호산保護傘을 마련하는 것이라고 보면 된다.

중국 전역을 떠들썩하게 만들었던 케이스를 보자. 지난 2015년 2월, 49세의 나이로 사형을 당한 류한劉漢 전 쓰촨한룽四川漢龍그룹 회장이 그 주인공이다. 그는 지난 세기 말 쓰촨성 일대에 동생 류웨이劉維와 동업 형식으로 문제의 회사를 세워 그야말로 굴지의 재벌기업으로 키웠다. 2012년에는 400억 위안의 재산으로 〈포브스〉의 중국 부호 명단 148위에 오르기까지 했다. 그러나 그의 사업은 정상적인 것이 아니었다. 한때는 나는 새도 떨어뜨렸다는 권력 실세 저우융캉周永康 전 정치국 상무위원 겸 중앙정법위원회 서기와의 친분을 악용, 회사를 조폭처럼 운영하면서 떼돈을 번 것이었다. 그는 이 과정에서 사업 경쟁 관계에 있던 8명을 살해하는 잔혹한 범죄도 저질렀다. 쓰촨성 일대 최대 조폭 두목이라는 소문이 자자했던 그의 엄청난 범죄는 보호산이던 저우융캉이 비리로 낙마하면서 백일하에 드러났다.

사형을 피하지 못한 것은 당연한 귀결이었다. 그는 동생과 함께 사형을 당하기 직전 눈물을 펑펑 흘리면서 "다시 한 번 인생을 살 수 있다면, 노점이나 작은 가게를 차리고 가족을 돌보면서 살고 싶다. 내 야망이 너무 컸다. ……인생! 모든 게 잠깐인 것을! 그리 모질게 살지 않아도 되는 것을!"이라는 요지의 회한의 말을 남겼으나 이미 엎질러진 물이었다.

중국 당국도 현실을 모르지 않는다. 아니 너무나도 잘 안다. 2019년 들어서면서부터는 '싸오헤이추어'掃黑除惡라는 구호를 앞세운 캠페인으로 조폭 일망타진을 위해 적극 나서고 있다. 그러나 중국의 공권력이 아무리 막강하다 해도 역사와 전통을 자랑하는 조폭을 완전 박멸하는 것은 손바닥 뒤집듯 간단한 일이 아니다. 하지만 중국사의 수많은 역대 왕조들이 조폭의 발흥으로 멸망했다는 사실을 상기한다면 싸오헤이추어 캠페인은 더욱 강도 높게 전개돼야 한다. 건국 100주년인 2049년 이전의 G1 등극을 야심차게 준비하는 체제에도 위협이 되기 때문이다. 더불어 세계 평화를 위해서도 마찬가지 아닐까 싶다. 세계 곳곳의 차이나타운에 조폭 없는 곳이 없다는 사실을 모르지 않는다면 말이다.

7.

반칙사회

황당하게 변질된 첸구이쩌^{潛規則}, 사회 발전 막는 암

인간세상의 모든 것은 원칙대로 돌아가야 한다. 그래야 모든 게 편안하다. 그렇지 않으면 말썽이 생긴다. 그래서 법과 규칙이라는 것이 있다. 그러나 세상 모든 문제와 관련한 법이나 규칙을 완벽하게 구비하는 것은 쉬운 일이 아니다. 법치法治(법에 의한 국정운영)보다는 인치人治(지도자에 의한 국정운영)가 우선시되는 중국에서는 더 말할 필요도 없다. 그렇다면 어떻게 해야 할까 의문이 생길 수 있다. 답은 쉽다. 건전한 사고나 상식에 근거한 관례를 따르면 된다. 이게 바로 첸구이쩌潛規則(잠재적 규칙)가 아닌가 싶다. 밍구이쩌明規則(옳은 규칙)나 위안구이쩌元規則(원래 규칙)를 보완하는 개념이라고 볼 수 있다. 이 사실에서 알 수 있듯, 첸구이쩌는 원래 그렇게 나쁜 뜻이 아니었다. 하지만 언제부터인가 변질되면서 '반칙'이라는 의미로 오용되기 시작했다. 지금은 사회 발전을 위해서라도 시급히 타파해야 할 적폐가 됐다.

첸구이쩌는 중국인들이 있는 곳이라면 어디에든 존재한다. 심지어 해외의 차이나타운에까지 있다. 이러니 본토에서는 거의 생활화될 수밖에 없다. 현장의 상황을 살펴봐야 이해가 쉽다. 첸구이쩌가 가장 난무하는 곳인 교육 현장으로 눈을 돌려보자.

중국인들이 있는 곳이라면
어디든 존재하는 '첸구이쩌'

중국의 부모들이 교육에 극성인 것은 두 말 할 필요가 없다. 한국 부모들보다 더하면 더했지 못하지 않다. 이런 극성은 종종 자녀를 교육 환경이 뛰어난 베이징이나 상하이 등 대도시의 명문 학군의 좋은 학교에 보내고 싶은 열망으로 나타난다. 그러나 대도시의 초, 중, 고등학교는 어디라 할 것 없이 이른바 현지에 후커우戶口(호적)가 없는 학생은 받아들이지 않는 것을 원칙으로 한다. 그럼에도 대도시 이외 지방의 돈푼깨나 만지는 부모들은 열망을 쉽게 꺾지 않는다. 굳이 포기할 필요도 없다. 첸구이쩌라는 전가의 보도가 있으니 말이다.

베이징대, 칭화대를 비롯한 중국 최고의 명문 대학들이 몰려 있는 베이징 하이뎬구海淀區 중관춘中關村 일대는 한국식으로 말하면 강남 8학군이다. 누구나 들어가고 싶어 하는 명문 초, 중, 고등학교들이 수두룩하다. 당연히 입학은 쉽지 않다. 그러나 첸구이쩌를 통하면 돈 걱정 만큼은 하지 않는 능력 있는 부모들은 걱정할 필요가 없다. 사례를 들어보면 확실하게 이해할 수 있다.

헤이룽장성 우창五常 출신인 40대 후반의 쑹宋 씨는 대학 졸업 후 베이징으로 진출해 요식업으로 자수성가한 사업가로, 주변 지인들 사이에서는 나름 유명하다. 하지만 그에게는 돈으로도 해결 못하는 콤플렉스가 하나 있었다. 바로 10대 중반의 아들이 공부를 썩 잘하지 못했던 것이다. 게다가 고향에서 어머니와 함께 살다가 뒤늦게 2019년 초 아버지에게 온 아들은 베이징 후커우도 없었다. 명문 중학은 고사하고 일반 학교도 입학하는 것이 불가능했다. 그러나 그는 사업을 통해 익힌 첸구이쩌에 대한 확고한 믿음이 있었다. 마침 고향 친구가 베이징 유명 대학의 부총장이었다. 교육계에 뭔가 대단한 인맥이 있을 것이 분명했다. 그는 어느 날 작심하고 친구를 최고급 식당으로 불러냈다. 반주가 몇 순 배 돈 다음 본론을 꺼냈다.

"혹시 자네 주변에 중관춘의 명문 중학과 관련 있는 지인이 없는가?"

친구는 역시 마당발이었다. 즉각 원하는 답을 던졌다.

"왜 없어? 웬만한 중학의 교장, 교감은 다 알고 있지. 학교 동창들도 몇 명 있고."

"아, 그래? 정말 잘 됐네. 사실은 고향에서 지내다 이번에 베이징으로 온 내 아들 있지 않은가?"

"왔다는 얘기는 들었지. 무슨 문제라도 있나?"

"당연히 있지. 학교 문제 때문에 고민이 많네."

"아, 그렇겠구먼. 내가 그 생각을 왜 못했지?"

"어떻게 방법이 있겠나?"

"후커우가 없다면 조금 문제가 생길 수도 있겠지. 내가 주변에 알아보도록 하지. 잘 될 거라고 보네."

쑹 씨는 역시 자신의 생각이 맞았다고 쾌재를 부르면서 친구와 대취하도록 마셨다. 얼마 후 친구에게서 전화가 걸려 왔다.

"알아봤네. 어렵기는 하지만 불가능하지는 않아. 첸구이쩌가 있지 않은가."

"그럴 줄 알고 있었네. 어떻게 하면 되는가?"

"역시 돈이지 뭐. 교장을 비롯한 관계자들에게 사례를 하면 되지 않겠나? 교장은 자네가 건네는 걸 쪼개 다른 유력한 쪽에 로비를 할 것이고."

"액수를 말해주게. 얼마면 되는가?"

"탁 까놓고 말할게. 100만 위안 부르더군. 괜찮겠나?"

"조금 많기는 한데 그 정도까지 생각은 했네. 좋아, 입학은 확실한 거지?"

"안 되면 건네준 걸 돌려받으면 돼. 걱정할 것 없어."

"알았네. 확실히 첸구이쩌의 위력이 대단하군."

쑹 씨의 생각은 틀리지 않았다. 그의 아들은 확실한 결격 사유에도 불구하고 무사히 중관춘 소재의 한 명문 중학에 입학, 휘파람을 불면서 다닌다고 한다. 당연히 아버지가 무슨 수를 썼을 것이라는 사실 정도는 안다.

명문학교 입학도 돈이면 해결,
언론계도 교육계 못지않아

전국의 교육 현장이나 그 주변에서 벌어지는 첸구이쩌의 양태는 이외에도 많다. 가장 흔한 것이 역시 학부모와 교사 사이에 오고가는 촌지 수수다. 액수가 엄청나지 않다는 점에서는 애교로 봐줄 수도 있다. 그러나 자녀가 같은 학교 교사에게 비밀과외를 받을 경우 학부모가 부담하는 비용이 상당한 거액이 되는 현실이나, 교직원들이 승진이나 전보에 도움을 받을 목적으로 뇌물을 상납하는 부분까지 이르면 얘기는 달라진다. 범죄 수준의 첸구이쩌라고 해도 괜찮다. 수년 전 부정축재 혐의로 체포돼 복역 중인 중관춘 모 명문 중학 교장의 집에서 수억 위안의 현찰이 발견된 것은 이로 보면 크게 이상할 것도 없다.

이에 대해 중양민쭈대학中央民族大學의 런광쉬任光旭 교수는 "한국 드라마 〈스카이 캐슬〉을 재미있게 봤다. 내용이 중국 곳곳에서 벌어지는 일들을 소재로 하고 있더라. 얼마 전 한 제약회사 사장이 딸을 스탠포드대학에 부정입학시키기 위해 650만 달러를 기부했다가 발각이 나 망신을 당한 것 같은 사례는 빙산의 일각에 불과하다. 이런 현실에서 명문 중학 교장이 엄청난 치부를 하는 것은 일도 아니다. 그래서일까, 해당 교장의 부인은 남편 구명운동을 하면서 우리 집의 재산은 다른 교장들의 집에 비하면 많은 것도 아니라고 읍소했다. 전혀 일리가 없지는 않다고 생각한다."면서 혀를 찼다. 교육 현장 주변의 첸구이쩌가 어쩌면 영원히 타파하기 어려운 적폐가 될 수도 있다는 좌절감이 물씬 풍기는 소회가 아닌가 싶다.

첸구이쩌가 난무하는 곳으로는 언론계도 교육 현장 못지않다. 아니 더할지도 모른다. 아예 공공연하게 이뤄지는 것이 현실이다. 대표적으로 처마페이車馬費나 홍바오紅包라는 그럴 듯한 이름으로 불리는 촌지 수수 관행을 꼽을 수 있다. "기자 가는 곳에 홍바오도 간다."라는 말은 괜히 있는 것이 아니다.

사례는 해변의 모래알처럼 많다. 사례 하나를 들어볼 필요가 있을 것 같다. 때는 2018년 8월 초였다. 중국 굴지의 건설회사로 손꼽히는 비구이위안碧桂園그룹은 1992년 창사 이래 최대 위기에 직면했다. 전국 곳곳의 건설현장에서 잇따라 붕괴 및 인명 사고가 발생하면서 이미지가 최악으로 추락하고 있었던 것이다. 여기에 사고에 대한 책임을 지고 양궈창楊國强 회장이 구속될 수도 있다는 소문까지 돌았으니 회사의 위기감은 최고조에 달했다. 어떻게든 분위기를 반전시켜야 했다. 회사 고위 관계자들은 난상토론 끝에 전국의 유력 매체들을 대상으로 한 회사 설명회를 광둥성 일대에서 개최하기로 했다. 마침 회사 창립 26주년을 기념한다는 명분도 있었다. 당연히 전국에서 기자들이 구름처럼 몰려들었다.

비구이위안의 홍보 담당 직원들은 회사 이미지 제고를 위해 최선을 다했다. 우선 2박 3일 동안 기자들을 5성급 호텔에 투숙시키면서 그야말로 극진히 모셨다. 섭섭지 않게 선물도 듬뿍 마련한 것은 기본이었다. 처마페이도 빠질 수 없었다. 최소 2,000위안 이상이 지불됐다는 것이 당시 행사에 참석한 J일보 구▣모 기자의 전언이다. 이후 비구이위안의 사고에 대한 언론의 기사는 그 어디에서도 찾아보기 어려웠다. 대신 비구이위안이 창사 26년 만에 세계 최고의 건설회사로 우뚝 섰다는 과도한 찬사의 보도는 전국의 거의 모든 매체를 도배하다시피 했다. 비구이위안 홍보 담당 직원들이 놀랐을 정도였다.

당시 비구이위안은 2박3일의 행사로 1억 위안 가까운 금액을 쓴 것으로 알려지고 있다. 너무 많지 않으냐고 할지 모르나 각 매체의 기자들에게 상당액의 광고비 집행을 약속한 것까지 더하면 그렇지도 않다. 아무려나 이 행사로 비구이위안은 벼랑 끝에서 벗어날 수 있었고, 양궈창 회장도 구속되지 않았다. 완전히 언론의 입을 틀어막은 덕분이었다. 언론계 은어로 처마페이가 펑커우페이封口费로도 불리는 것은 다 이유가 있는 것이다.

처마페이와 관련해서는 실소를 자아낼 만한 일화도 적지 않다. 베이징 소재의 모 경제지에서 종교를 담당하는 P 기자는 2019년 6월 어느 날 인근의 사찰로 현장 취재를 나갔다. 사전에 연락이 된 주지는 반갑게 그를 맞아줬다. 취재가 무사히 끝나고 그가 자리를 털고 일어날 무렵이었다. 갑자기 주지가 가사의 소매 속에서 작은 붉은색 봉투를 꺼내 그에게 건넸다. 예의 홍바오였다.

"아니, 왜 이런 걸!"

"어허, 멀리서 발걸음을 했는데 그냥 가시면 되나요?"

"사찰 살림도 어렵지 않나요? 이러지 않아도 됩니다. 수행을 하시는 스님에게 이런 걸 받는 게 적절하지 않은 것 같네요."

"사찰 살림은 전혀 어렵지 않아요. 저기를 보십시오. 가마니가 있지 않습니까. 저게 다 우리 신도들이 낸 시줏돈입니다."

P 기자는 주지의 말에 법당 앞 현관에 놓인 허름한 가마니에 눈길을 돌렸다. 과연 주지의 말대로 수북한 돈더미들이 보였다. 그는 씁쓸한 미소를 지은 채 홍바오를 슬그머니 받아 챙겼다.

베이징으로 돌아오는 길에 그는 다시 씁쓸한 미소를 지어야 했다. 홍바오 속의 돈이 무려 2,000달러나 되는 거금이었던 것이다. 작은 홍바오에 부피가 큰 런민비人民幣를 넣지 못해 일부러 달러로 마련한 것이 분명했다. 그는 해당 사찰의 경제력이 웬만한 중소기업보다 낫지 않겠느냐는 생각을 하면서 돌아오는 길 내내 관련 기사를 어떻게 써 줘야 할지 열심히 고민하지 않을 수 없었다.

방송, 연예계의 첸구이쩌는
상상을 초월하는 수준

방송, 연예계의 첸구이쩌는 아예 상상을 초월한다. 이 분야에서는 성性과 관련된 경우가 대부분이다. 정말 그런지는 중국 최고의 인재들이 모여든다는 국영 〈중국중앙텔레비전〉CCTV의 앵커들이 입사 후 보여주는 행보가 잘 말해주지 않을까 싶다. 이들은 하루 시청자가 11억 명까지 기록되는 세계 최대 방송사의 앵커들인 만큼 신분이 특별하다. 조금 알려지기만 하면 웬만한 연예인 부럽지 않게 된다. 행사를 뛰는 것이 허용되기 때문에 수입도 본인이 원하기만 하면 엄청나게 올릴 수 있다. 그러나 이때부터는 첸구

첸구이쩌의 희생양이 된 CCTV의 전 앵커 루이청강. 그가 유명 배우와 만나는 모습

이쩌의 수렁으로 내몰리는 경우가 많다. 유력자의 눈에 들게 되면 본인의 의지와는 관계없이 어떻게든 엮여야 되기 때문이다. 부적절한 관계에 빠지는 일도 비일비재하다. 항간에 '누구는 누구와 어떤 관계'라는 소문 역시 매년 무수히 양산된다.

여성 앵커들만 첸구이쩌의 대상이 되라는 법도 없다. 때로는 반대의 케이스도 있다. 지난 2014년 7월 간첩죄로 체포돼 징역 6년 형을 선고받고 수감 중인 루이청강芮成鋼 전 앵커의 비운을 보면 역시 그렇다. 그는 30대 초반 젊은 나이에 이미 널리 알려진 것에서 알 수 있듯 CCTV의 간판 중 간판이었다. 미혼이었던 탓에 여성들로부터의 인기도 절정이었다. 그러나 그것이 그에게는 엄청난 화가 됐다. 여성 졸부들이나 유력자의 부인들이 그에게 접근해오면서 본인의 의지와는 무관하게 사생활이 복잡해진 것이다. 그와 잠자리를 같이 한 것으로 알려진 부부장(차관)급 이상 관료의 부인들만 무려

20여 명이었으니 말해 무엇하겠는가.

이들 중에는 비리로 낙마한 보시라이薄熙來 전 충칭 서기의 부인 구카이라이谷開來도 있었다. 링지화令計劃 전 중앙통일전선공작부 부장 겸 정치인민협상회의(정협) 부주석의 부인 구리핑谷麗萍 역시 마찬가지였다. 구카이라이와 경쟁적으로 루이청강을 침대로 불러들였다는 소문이 지금도 파다하다. 그는 나중에는 그렇게 불려가는 것이 하도 부담스러워 주변에 하소연까지 했다고 한다. 자신을 원하는 이들에게 순번까지 정해줬다는 믿기 어려운 소문이 진실일 가능성도 없지 않다. 그가 고위급 사모님들의 공공의 정부情夫로 불린 것도 너무나 당연하지 않았나 싶다. 그는 당연히 당국의 눈을 피해가지 못했다. 하지만 중국에는 간통죄가 없는 만큼 그 문제로 처벌받지는 않았다. 대신 다른 문제들이 탈탈 털리면서 간첩죄를 뒤집어쓰게 됐다. 사실상 고위급 사모님을 극진히 접대한 것에 대한 괘씸죄로 단죄됐다고 해야 할 것 같다.

"돈만 있으면 귀신도 부릴 수 있다"

사람의 목숨과 관련된 의료계, 법조계 역시 첸구이쩌의 무풍지대가 아니다. 특히 법조계의 첸구이쩌는 상당히 심각한 상황이다. 정의가 강물처럼 넘쳐야 하는 곳이 법조계라는 사실을 상기하면 더욱 그렇다.

기본적으로 중국의 법은 강력하기로 유명하다. 이는 중국이 세계 최고의 사형대국으로 불리는 사실만 봐도 잘 알 수 있다. 게다가 재판이 3심제가 아닌 2심제여서 피고인이 여유를 부리다가는 어느새 중형을 선고받고 감옥으로 가게 된다. 하지만 잘 대비하면 지옥문 앞에서 환생하는 것도 충분히 가능하다. 더구나 중국은 "돈이 있으면 귀신도 부린다."는 말이 금과 옥조로 여겨지는 나라가 아닌가. 이 경우는 역시 피고인이 인맥이나 재력을 어느 정도 갖추고 있어야 한다. 또 재판 담당 판사들이나 검사들과 각별한 인연이 있는 변호사를 찾는 것도 중요하다. 이후 변호사는 판사나 검사들과 비밀리에 접촉, 수단과 방법을 가리지 않고 재판에 유리하도록 로비를 한다. 이 과정에서 금품 수수는 당연한 수순이다.

　말할 것도 없이 이런 행위들은 모두 불법에 속한다. 법망에 걸리게 되면 구속돼 실형을 면치 못한다. 하지만 법조계 주변에서는 변호사와 판, 검사들의 재판 전 비밀 회동은 공공연한 첸구이쩌로 통한다. 이에 대해 베이징에서 활동하는 진구이룽金貴龍 변호사는 "중국의 변호사 시장은 결코 녹록치 않다. 유능한 변호사로 소문이 나야 먹고 사는 데 지장이 없다. 그러려면 재판에서 유리한 판결을 이끌어내는 것이 필수이다. 당연히 판사나 검사와 은밀한 접촉이 필요하다. 당국에서는 이런 불법을 눈을 부라리고 감시하고 있으나 당사자들의 접촉이 워낙 은밀하게 이뤄져 단속이 쉽지 않다."면서 법조계 주변의 첸구이쩌가 만만하지 않다고 설명했다.

　첸구이쩌가 범람한다는 것은 사회가 원칙보다는 변칙적으로 돌아간다는 말이다. 반칙이 횡행하면 피해를 보는 쪽이 반드시 생기게 된다. 사회 전체의 발전이 저해되는 것은 기본이다. 궁극적으로는 국가의 발전에도 브레이크가 걸릴 수 있다. 그래서 일부 양식 있는 중국인들은 첸구이쩌를 미풍양속이 아닌 암 덩어리로 규정, 비판한다. 그렇다면 중국 당국이 해야 할 일은 분명하다. 과감히 수술대에 올려 완벽하게 도려내야 한다. 그렇지 않을 경우 사회 전체가 황당무계하기 이를 데 없는 첸구이쩌에 발목을 잡혀 땅을 치고 통탄할 일이 언젠가는 생길 수도 있다.

2장

국민성과 국격

★

일류 국가 위한
업그레이드 시급

중국인들은 국민성에 강점이 상당히 많다. 무엇보다 관용을 중시하는 사회 분위기 탓인지 사람에 대한 평가가 대체적으로 관대하다. 그래서인지는 몰라도 가능하면 상대방의 단점보다는 장점을 봐주려고 노력하는 경향도 강하다. 이러니 '욱'하는 기질이 강한 한국인들과는 반대로 좀처럼 화를 내지 않는다. 하지만 국민의 수준과 불가분의 관계에 있는 단점도 상당히 많다. 조금 비판적으로 말하면 일류 국가로 도약하기 어렵지 않느냐는 생각을 하게 만들 정도로 형편없는 케이스도 있다.

경제 규모가 크다고 선진국이 될 수는 없다. 국민들이 세계인들로부터 존경받지 못하는 나라는 진정한 의미의 선진국이 아니라고 해야 한다. 이 점에서 볼 경우 중국은 선진국이 되기에는 아직 국민의 생활이나 문화 수준이 멀었다. 진정한 일류 국가가 되려면 지금부터라도 국민의 수준과 국민성을 업그레이드시키는 노력을 기울여야 한다.

8.

맹목적 애국주의

'국뽕'이라는 말 들어도 할 말 없는
반중 정서의 온상

이웃사촌이라는 말이 있다. 개인주의가 극대화된 요즘에는 다소 머쓱한 말이기는 하나 솔직히 가까운 이웃이 멀리 있는 친척보다 나을 수 있다. 하지만 국가라면 얘기가 달라진다.

이웃 나라끼리 관계가 좋았던 사례는 정말 드물다는 사실을 역사가 보여준다. 이란과 이라크, 인도와 파키스탄, 그리스와 터키 등의 관계를 보면 잘 알 수 있다. 피비린내 나는 전쟁을 치른 이웃들이다. 그렇지 않은 국가들은 한때 거의 한 나라나 다름없이 사이좋게 지낸 스칸디나비아 3국 정도가 아닐까.

독일과 프랑스도 무시하기 어렵다. 지금은 서로 협력하면서 유럽연합EU을 주도하지만 마음속에는 상대에 대한 증오의 감정이 여전히 남아 있다. 말만 봐도 그렇다. '바퀴벌레'라는 의미를 가지고 있는 '프란췌지쉐 피쉬'라는 독일어는 프랑스인들을 비하하는 데 종종 쓰인다. 프랑스인들도 독일인

국기 투척 사건으로 매도됐던 여성 마라토너 허인리

들을 '돼지'라고 부르는 것을 주저하지 않는다.

일의대수一衣帶水(한 줄기의 띠처럼 좁은 냇물이나 강물 하나를 사이에 둔 것과 같이 매우 가까운 거리에 있는 것을 비유하는 말)로 불리는 한국과 중국의 관계도 크게 다르지 않다. 아직까지 완전히 해소되지 않고 있는 사드 사태의 갈등만 봐도 잘 알 수 있다.

사실 한국인들과 중국인들은 기질적으로 많이 다르다. 요즘 말로 케미(화학적 궁합)가 좋다고 하기 어렵다. 이런 현실에서 요즘 비등하는 중국인들의 애국주의가 사드 사태를 만나면서 불타올랐다. 인터넷 등에서는 한국인들을 비하하는 별칭인 가오리방쯔高麗棒子(고려 몽둥이)라는 말까지 난무하기에 이르렀다. 중국 당국의 한한령限韓令(한국 문화 금지령) 발동은 당연할 수밖에 없었다.

빗나간 애국주의로 한국뿐만 아니라
베트남, 필리핀 등과도 사사건건 충돌

국수주의와 거의 동의어라고 해도 틀리지 않는 애국주의가 무조건 나쁘다고 하기는 어렵다. 하지만 너무 심하면 부작용이 엄청나다. 독일 나치의 자행과 유사한 세계적 비극을 부르지 말라는 법도 없다. 더군다나 국제사회의 초강대국을 지향하는 국가에 유행해서는 곤란하다. 그러나 현실은 정반대로 나타나고 있다. 가히 애국주의 열풍이라고 해도 과언이 아니다. 빗나간 애국주의로 한국과 베트남 등 이웃 국가와 사사건건 충돌하는 것은 기본일 뿐 아니라 각급 학교의 국뽕 교육도 상상을 초월할 지경이다.

이런 상황이니 중국인들이 한국인들을 내심 한 수 아래로 내려다보는 것은 전혀 이상할 게 없다. 심지어 "한반도는 중국의 일부였다."라고 주장하면서 이를 무슨 불후의 진리로 생각하는 경우도 적지 않다. 평범한 중국인들도 사적 대화에서는 안색조차 바꾸지 않은 채 당연하다는 듯 "한국과 베트남이 지금은 독립 국가이나 과거 중국의 일부였다. 역사가 증명한다."고 말할 정도다.

일반인만 그런 것이 아니다. 최고 지도자까지 이런 인식을 가지고 있다. 때는 2017년 4월 7일, 미국 플로리다 주 팜비치 마라라고 리조트였다. 시진핑 주석은 이날 도널드 트럼프 대통령과 정상회담을 개최, 북핵 문제를 비롯한 국제적 현안을 논의했다. 바로 이때 시진핑은 트럼프 대통령에게 "한반도는 중국의 일부였다."라는 말을 건넸다. 이에 대해서는 중국 외교부도 부인하지 않았다. 4월 19일 시진핑의 발언 내용이 대내외에 알려져 한국 내 분위기가 예사롭지 않자 정례 브리핑에서 "한국인들의 생각을 이해한다. 그러나 그에 대해 우려할 필요는 없다."는 구렁이 담 넘어가는 듯한 답변을 내놓았다. 기가 찰 답이었으나 시진핑의 말이 사실이라는 것은 확인해준 셈이다.

한국인들에게 모욕감을 주는 중국인들의 이런 한반도관은 어제오늘의 일이 아니다. 일본이 한반도 남쪽 일부를 지배했다는 임나일본부설이 그렇듯, 1950년대 이후부터 중국인들이 꾸준히 공유해온 의도적인 그릇된 인식이다. 이에 대해 익명을 요구한 지린성吉林省 옌볜대延邊大의 K모 교수는 이렇게 설명한다.

"중국은 1949년 공산혁명을 통해 새 정권이 들어서기 전까지 100년 가까운 세월 동안 치욕의 역사를 경험했다. 동아시아의 병자라는 비아냥까지 들었다. 이런 상황에서 국가와 국민이 자존심을 회복하려면 국수주의, 대국주의 관점에서 역사를 봐야 했다. 이후 이런 역사 인식이 정부 주도로 자리 잡아 요즘은 완전히 요지부동의 진리가 됐다. 애국주의 고취 역사는 상당히 길다고 봐야 한다."

이처럼 국뽕 냄새가 물씬 풍기는 중국인들의 애국주의적 인식은 연원이 깊다. 당송唐宋 시기에 애국주의와 직결되는 '중화'中華라는 단어가 폭넓게 쓰이면서 한반도가 소중화小中華로 불렸던 역사만 봐도 알 수 있다. 전통적 화이관華夷觀(중국을 중화, 주변 지역의 소수민족을 동이東夷, 서융西戎, 남만南蠻, 북적北狄으로 구분하는 것) 역시 작용했다. 중화사상의 근간인 이 이념은 나중에 오랑캐도 하나의 중화민족으로 융화시켜 중국사를 만들었다. 이에 따라 중국인들은 동이의 한 지파로 여겨지는 한민족의 역사도 중국에 편입시켰다. 사실 이런 '하나의 중화민족' 인식을 가지지 않고 한족만의 역사를 강조하면 중국사는 완전히 반토막이 나게 된다. 많은 영웅이 중국사 밖으로 튀어나가게 된다. 한국계인 경우만 봐도 인민해방군 군가를 작곡한 음악가 정율성, 지금도 중국의 영화 황제로 불리는 불멸의 스타 김염金焰, 록 가수 최건 등은 중국인이 아닌 외국인이 된다. 최건의 아버지인 고 최웅제 씨는 생전에 이와 관련, 다음과 같은 말을 남긴 바 있다.

"우리 조선족 1세대만 해도 정말 민족의식이 강했다. 누구도 자신을 중국인이라고 생각하지 않았다. 중국 국적을 취득하지 않은 채 무국적으로 생활하던 사람도 많았다. 조교朝僑(북한 국적의 조선조)들도 상당수 있었다. 심지어 일부는 귀국할 때를 기다리다 한·중 수교도 못 보고 생을 마감했다. 나도 70 평생 중국이 아닌 한국을 조국이라고 여겼다. 하지만 내 아들은 어릴 때부터 많이 달랐다. 학교에서 무슨 교육을 받았는지 늘 자신은 한국과 별 관계가 없다는 생각을 하고는 했다. 모국어인 한국어도 적극적으로 배우지 않았다. 이 때문에 부자간에 충돌이 생겼다. 어떨 때는 심하게 싸웠다. 지금도 나는 아들을 이해하지 못하겠다. 철저히 동화됐다고 생각한다. 정말 가슴이 아프다."

이른바 '동북공정'은
허구의 논리를 갖다 붙인 억지 주장

중국인들은 조선의 조공을 '한반도는 중국의 일부'라는 주장의 근거로도 삼고 있는 듯하다. 그러나 봉건시대 조공은 국제무역의 한 방식이었다. 영국도 1840년 아편전쟁을 일으키기 전까지는 청나라에 대한 조공 실현을 위해 노력했다. 만약 중국인들이 자국에 조공하는 국가를 속국으로 생각한다면 영국도 중국의 일부가 돼야 한다.

한사군이나 기자조선이 한반도에 있었다는 내용의, 완벽하게 검증되지 않은 학설도 '한반도는 중국의 일부'라는 주장에 활용한다. "한반도 일부가 과거 우리 땅이었으니 지금도 그렇다."는 논리가 아닐까 싶다. 이럴 경우 한국도 고구려가 지배한 만주 일대에 대해 한국의 일부였다고 공식적으로 주장할 수 있다. 중국은 그에 대해 일사양용一史兩用(한 역사를 두 나라가 공유하는 것)이라는 억지 학설로 피해간다. "고구려사가 한국사이면서 중국 지방 정권의 역사이다."라고 주장하는 이른바 동북공정은 바로 이 일사양용의 연장선상에 있다. '내가 하면 로맨스, 남이 하면 불륜'이라는 허구의 논리라고 해야 한다. 애국주의에 과몰입된 자세라고 할 수 있다.

사회 전체가 이런 분위기인 만큼 반대의 논리는 용납되지 않는다. 특히 사드와 남중국해 문제 등 안보, 영토 이슈와 관련한 비주류의 목소리는 반역자의 잠꼬대쯤으로 치부되는 경우가 많다. 당연히 내셔널리즘 광풍의 기세에 눌려 찍소리를 내는 양심적 지신인도 드물다. 설사 내더라도 욕을 바가지로 먹고 사회적으로 매장되는 것은 양반이다. 재수 없으면 감옥행도 각오해야 한다. 심지어 간첩이라는 끔찍한 주홍글씨를 안은 채 비극적 최후를 맞기도 한다.

토착왜구가 제 세상 만난 듯 준동하는 한국과는 확연히 다른 사례를 살펴볼 수도 있다. 주한 대사를 지낸 L씨, 김정일 전 북한 국방위원장이 중국을 방문할 때마다 수행한 것으로 유명했던 주북한 대사관의 전직 참사관 Z씨, 〈신화통신〉 고위 간부였던 Y씨 등의 행보를 대표적으로 꼽을 수 있다. 이들은 하나같이 중국 주류 사회의 일원이었으나 내셔널리즘과 다소 다른 입장을 보였다가 인생이 완전히 망가졌다. 특히 Z씨는 고위 간부가 될 S급 인재라는 평가까지 받았으나 간첩 협의를 쓴 채 형장의 이슬로 사라져야 했다. 이에 대해서는 중국인 변호사 반班모 씨의 말을 들어볼 필요가 있을 것 같다.

"중국 사회는 다양한 언로가 막혀 있다. 개개인의 의견을 절대로 수용하지 않는다. 중국 관련 국제 현안이 많이 터지는 요즘 들어서는 더욱 그렇다. 정부의 기본 입장이나 대중의 정서에 반하는 발언을 하면 '만고의 역적'

이 된다. 그 다음은 불행해지는 일만 남게 된다."

각론으로 들어가면 애국주의가 예사롭지 않다는 사실을 더욱 확실하게 알 수 있다. 무엇보다 미·중 무역전쟁으로 뿔이 난 중국인들의 미국 제품 불매와 국산품 구매 장려 운동 분위기를 꼽아야 할 것 같다. 2019년 초부터 본격화하기 시작하더니 완전히 연중무휴 유행이 돼버렸다. 미국 제품을 사는 중국인은 매국노라는 글들이 SNS를 도배하기까지 했다. 무역전쟁이 완전히 끝나기 전까지는 이런 분위기가 계속될 것 같다. 사드 사태와 별반 다를 게 없다.

SNS에서 더욱 활개치는
극단적 내셔널리즘

비슷한 전례들도 없지 않았다. 2016년 7월, 네덜란드 헤이그의 국제상설중재재판소가 중국과 필리핀이 벌인 남중국해 영유권 분쟁 판결에서 필리핀의 손을 들어줬을 때였다. 남중국해의 영유권에 대해서는 단호하기 이를 데 없었던 중국 입장에서는 이 판결에 분노할 수밖에 없었다. 중국인들은도 즉각 행동에 나설 조짐을 보였다. 이후 중국 전역에서는 문자 그대로 '극단적' 내셔널리즘이 들끓었다. 필리핀을 지원하는 미국의 상징이라는 이유로 햄버거 체인 KFC가 가장 먼저 타깃이 됐다. 전국의 매장들이 "KFC 패스트푸드를 먹으면 조상 볼 면목이 없다."는 요지의 플래카드를 든 채 시위를 벌인 중국인들에 의해 큰 낭패를 보았다. 일부 손님들은 매장 안으로 진입한 시위대에게 심한 욕을 먹기도 했다.

SNS에서는 훨씬 정도가 심했다. 미국과 필리핀 등 동남아 여행 보이콧 같은 국수주의 주장이 판을 쳤다. 당시 애플의 아이폰을 부수는 동영상은 누리꾼들에게 큰 인기를 끌기도 했다. 이런 장면은 2013년 댜오위다오^{釣魚島}(일본명 센카쿠^{尖閣}열도) 분쟁이 격화됐을 때도 벌어졌다. 마치 사전에 계획이라도 한 듯 전국에서 일본 제품 불매운동이 파도처럼 일어났다. 일부 성난 시위대는 도요타 자동차를 부수는 광경을 연출하기도 했다.

2018년 11월 18일, 장쑤성 쑤저우^{蘇州}에서 열린 국제마라톤 경기의 막바지에 벌어진 웃지 못할 해프닝 역시 거론해야 할 것 같다. 당시 여자부 경기에 출전한 허인리^{何引麗} 선수는 우승을 향한 마지막 피치를 올리고 있었다. 그녀의 손에는 우승 축하용으로 준비한 국기 오성홍기^{五星紅旗}가 들려 있었다. 그러나 곧 그녀의 손에서 국기가 떨어졌다. 아마도 전력을 다하는데 국기가 장애물이 됐을 수도 있었을 터였다. 그런데 이 모습은 짧은 동영상으로 편집돼 인터넷에 공개됐다. 영상을 올린 누리꾼은 "국기보다 경기 성적이 중요하냐? 국기를 버리게!"라는 비난의 글도 함께 실었다. 그러자 순식간에 수많은 누리꾼들이 "어떻게 국기를 버릴 수 있느냐?"면서 동조했다. 나중에는 오성홍기를 보위하지 못한 책임을 물었다. 급기야 허 선수는 "던진 것은 아니다. 국기가 젖어 있었다. 팔이 뻣뻣해지면서 미끄러져 떨어뜨린 것이다."라고 해명하면서 머리를 숙여야 했다.

2018년 초 일본 호쿠리쿠^{北陸} 지방에서 폭설로 고립된 중국 관광객들이 보여준 행태도 비슷한 케이스에 해당한다. 당시 이들은 집으로 보내달라면서 공항에서 큰 소리로 국가를 부르다 경찰까지 출동했다고 한다. 이 정도 되면 애국주의가 아니라 완전 민폐다.

중국 당국은 현재 국뽕 애국주의 광풍의 심각성을 잘 모르는 듯하다. 아니 오히려 부족한 것으로 생각하지 않나 싶다. 극단적 민족주의를 주창하는 것으로 유명한 〈환추스바오〉^{環球時報} 등의 매체를 통해 거의 매일이다시피 애국심을 고취하는 모습을 보면 정말 그런 것 같다.

2019년 5월 말의 보도를 대표적으로 하나 꼽을 수 있다. 당시 시진핑 주석은 장시성江西省 위두현于都縣의 장정長征 출발 기념관을 둘러본 후 나오는 중이었다. 순간 주위의 관람객들이 그에게 큰 소리로 외치기 시작했다.

"시 주석, 힘내세요. 시 주석, 고생이 많으세요."

시진핑은 이때 기다렸다는 듯이 이들에게 화답했다. "현재 우리는 사회주의 현대화 국가 건설을 위한 새로운 길 위에 다시 섰다. 선대의 업적을 계승해 다시 출발하자." 이어 "새 장정의 길 위에서 대내외의 각종 위험과 도전을 이겨내고 중국 특색 사회주의의 승리를 쟁취하자."면서 목소리를 높였다고 보도하고 있다. 당시 보도가 전하는 메시지는 분명했다. 미·중 무역전쟁이 장기화될 양상을 보임에 따라 체제 결속을 위한 애국주의를 더욱 적극 선양할 필요가 있다는 사실을 말하고자 한 것이다.

애국주의를 고취하는 수단은 언론 이외에도 많다. 각급 학교에서의 교육을 대표적으로 꼽을 수 있다. 초등학교 아이들의 입에서 질리도록 '하나의 중국', '위대한 중화민족'이라는 말이 줄줄 나오는 현실은 교육의 힘이라고 해야 한다. 이에 대해 익명을 요구한 베이징 충원구崇文區의 한 초등학교 교사 린林모 씨는 "애국주의 교육이 내가 초등학교를 다니던 지난 세기 80년대 말보다 더 강화된 것 같다. 세계화를 부르짖는 시대에 이건 아니지 않나 하는 생각이 들기는 하지만 위에서 지시가 내려오니 어떻게 하겠는가?"라면서 고개를 저었다.

2019년 초부터 더욱 본격화하고 있는 각종 종교에 대한 탄압 역시 거론해 볼 필요가 있다. 헌법 36조에 보장된 종교의 자유를 더 이상 광범위하게 인정했다가는 애국주의 확산에 걸림돌이 될 수 있다는 판단을 한 듯 거세게 몰아치고 있는 것이 현실이다. 아마도 종교를 악마화시킨 후 믿을 것은 애국주의밖에 없다는 생각을 심겠다는 계획이 아닌가 싶다.

사실 중국은 요즘 그 어느 때보다 국내외적 위기에 내몰려 있다. 무엇보다 경제가 급속도로 추락할 조짐을 보이고 있다. 홍콩 시위 사태와 대만 문제도 발목을 잡고 있다. 이 상황에서 애국주의 광풍은 포기하기 어려운 매력적인 카드일 것이다. 조금씩 흔들리는 양상을 보이는 시진핑 주석의 리더십을 강화하는 것이 가능하다. 여기에 각종 현안들을 상당히 오랜 기간 수면 하에 잠들게 할 수도 있다.

도를 넘는 애국주의에 대한
국제사회의 역풍도 만만치 않아

그러나 중국인들의 애국주의가 도를 넘을 경우 역풍도 만만치 않을 것이다. 우선 이웃 나라와의 갈등이나 충돌이 더욱더 크게 불거질 것이다. 무엇보다 중국을 별로 두려워하지 않는 결기의 베트남과의 관계가 그럴 수 있다. 1년에 몇 차례씩 불거지는 남중국해 영유권 분쟁이 다시 터졌을 때 중국인들이 애국주의를 내세우면서 도발을 감행한다면 베트남인들은 '맞장'을 피하지 않을 수 있다. 사드 사태 역시 해결이 어렵다. 설사 한·중 당국자 간에 사태의 종결에 합의하더라도 양 국민 간 감정의 골은 되돌리기 어려울 만큼 깊어질 수 있다. 실제로 한국인들의 경우는 사드 사태 갈등과 "한국 서해안의 물고기들은 치어 때부터 중국 해역에 있던 것들이다. 우리의 수산 자원이라고 할 수 있다", "국제법에 따르면 우리의 200해리 배타적 경제수역은 한국의 동해안까지 이른다"라는 코미디 같은 말이 난무했던 2000년대 초 한·중 어업협정 당시 중국의 억지로 인해 아직까지도 혐중 감정이 남아 있다.

반중 정서가 전 세계에 확산될 위험성 역시 없지 않다. 역사적인 교훈을 봐도 알 수 있다. 게다가 세계에서 가장 친중적인 아프리카 일부 국가에서 수년 전부터 부쩍 중국인들에 대한 혐오 정서가 만연하면서 반중 시위가 이어지기도 한다.

과유불급^{過猶不及}이라는 말이 있다. 지나치면 미치지 못하는 것보다 못하다. 이런 진리를 안다면 중국인들은 이제 국제사회에서 자국의 입장만 옳다고 강변하는 애국주의를 지양해야 하지 않을까 싶다. 중국 당국 역시 어느 정도 제동을 걸 필요가 있다. 평균적 중국인들이 이성적인 세계 시민으로 돌아올 때 일류 국가의 길은 자연스럽게 열릴 것이다.

9.

패배의식

계급사회 고착화를 바라보기만 하는
저항정신의 부족

중국은 사회주의 세계의 종주국이다. 그렇다면 만인이 평등해야 한다는 기본 이념이 구현돼야 한다. 인간을 신분으로 확실하게 줄 세우는 봉건 사회의 전유물인 계급이 최소한 눈에 띄지는 않는 사회가 돼 있어야 한다는 얘기다. 한마디로 "왕후장상의 씨가 따로 있는 것이 아니다."라는 말이 현실로 구현되어야 하는 것이다. 하지만 현실은 별로 그렇지 않은 것 같다. "왕후장상의 씨가 확실히 따로 있다."라는 말이 훨씬 더 설득력이 있는 것이 현실이다. 심지어 사회 현실에 비판적인 허신라자훠何新老家伙 같은 SNS 스타들은 아예 이 계급이 대략 9개 정도로 나눠져 있다고 주장하기까지 한다. 다소 장황해도 이 황당한 계급론을 살펴보지 않을 수 없다.

봉건시대의 황제나 왕에 해당할 최상위 계급은 역시 당정 최고위 관리들과 가족들이다. 거의 대대로 세습된다고 봐도 무방하다. 크게 노력하지 않아도 경제적으로 평생 걱정을 하지 않는 계급에 속한다. 본인들이 마음

먹기에 따라서는 막강한 권력을 이용, 황제나 왕처럼 생활하는 것도 가능하다. 단 남의 눈을 의식하지 않고 너무 티가 나게 살 경우 인생에 조종이 울릴 수는 있다.

당정 부장조리(차관보)급이나 사장(국장)급 관리들, 상당액의 자산을 가진 자본가들은 두 번째 계급에 해당한다. 귀족 개념으로 보면 되지 않을까 싶다. 역시 먹고 사는 문제는 전혀 걱정하지 않는다. 그럼에도 마음 한구석에는 뭔가 공허한 부분이 늘 있다. 자신들이 최상위 계층에는 들어가지 못한다는 일종의 상실감이 아닐까 싶다. 그래서 최상위 계급의 사람들과 어떻게든 엮이려는 노력을 하게 된다.

당정의 중견 관리들을 비롯해 전국 주요 대도시의 교수들, 변호사 등의 전문 직업인들, 중소 규모의 자본가들은 세 번째 계급에 만족해야 할 것 같다. 세상을 살아가는 데는 어려움이 없으나 늘 아래보다는 위를 쳐다보면서 열등감을 안고 살아간다. 어떻게든 상류사회에 진입하기 위한 노력이 가히 필사적이다. 수단과 방법을 가리지 않는 것은 기본이다.

네 번째부터 여섯 번째 계급까지는 이른바 중산층이라고 할 수 있다. 하지만 상류층보다는 하류층에 더 가까운 계급이다. 현재의 계급이나마 유지하려면 절대로 한눈을 팔지 말아야 한다. 임금 생활자, 소규모 자영업자, 만년 당정 하급 관리, 비교적 여유가 있는 농민 등의 부류가 이에 속한다고 보면 된다.

일곱 번째부터 아홉 번째 계급으로는 가난한 농민들과 육체노동자, 도시 빈민 등이 꼽힌다. 현재도 미래도 희망이 별로 없는 계급이라고 할 수 있다. 아이러니하게도 공산혁명 초창기 때는 주류로 손꼽히던 계층이다. 실제로 혁명 시기에는 선두에 서서 지금의 이른바 신중국 건국의 기틀을 마련하는 데 큰 역할을 하기도 했다. 굳이 비교하자면 죽지 못해 사는 노예 전

다이아몬드수저로 불리는 홍얼다이들의 회합. 보시라이(두 번째 줄 가운데)가 낙마하기 전 모습

단계의 계층이라고 해도 무리는 없다. 혁명 당시 주역들의 자손이 이후 사회의 주류로 등장, 큰소리 떵떵 치는 것과는 완전 딴판이다.

사회주의 원칙과는 완전히 다른
계급사회 고착화

수년 전부터 언론과 사이버 공간에서 본격적으로 쓰이기 시작한 유행어들만 살펴봐도 중국이 사회주의 원칙과는 완전히 다른 확고한 계급사회로 접어들었다는 사실을 알 수 있다. 우선 홍얼다이紅二代를 꼽아야 한다. 혁명 원로 자손들을 뜻하는 다이아몬드수저들을 일컫는다. 홍얼다이라고 통칭되기는 하나 대체로 혁명 원로의 손자, 증손자 그룹으로 봐야 한다. 따라서 홍싼다이紅三代, 홍쓰다이紅四代라 불러도 무방하다. 이른바 당정 최고 지도

부 진입이 거의 떼놓은 당상인 태자당太子黨으로도 불린다. 장쩌민 전 주석, 2019년 7월 말 91세로 타계한 리펑李鵬 전 총리 등이 바로 이 다이아몬드수저 그룹의 원로 세대에 속한다. 본인들이 하고 싶은 일이 있으면 하지 못하는 경우는 거의 없다. 범법 행위를 하더라도 경우에 따라서는 처벌의 정도가 대폭 줄어들기도 한다.

푸얼다이富二代도 홍얼다이와 개념이 크게 다르지 않다. 말 그대로 부유층 자제들을 의미한다. 어릴 때부터 아무 걱정 없이 자란 금수저들로, 이른바 '얼다이 현상'의 한 축을 담당한다. 간혹 철없는 돈질을 의미하는 차이다치추財大氣粗나 후이휘우두揮霍無度(돈을 물 쓰듯 씀) 행태를 자행하다 언론과 양식 있는 이들의 질타를 받는 경우가 적지 않다. 이외에 수입 면에서는 단연타 직종의 추종을 불허하는 연예계 스타들의 2세를 의미하는 싱얼다이星二代, 고위 관리 자제들을 부르는 관얼다이官二代 역시 대체로 같은 부류로 볼 수 있다. 이중 상당수의 싱얼다이는 기본적으로 푸얼다이에도 속한다. 또 홍얼다이와 정서적으로 통하는 관얼다이는 중국에서 관리의 권한이 막강하다는 사실을 감안하면 언제든지 푸얼다이로 변신이 가능하다.

다이아몬드수저나 금수저와 완전히 다른 흙수저 얼다이도 당연히 존재한다. 다이아몬드수저와 금수저가 인구의 1%도 채 되지 않는 만큼 중국 청장년들의 대부분이 이에 속한다고 봐야 한다. 충얼다이窮二代(가난한 이들의 자제), 눙얼다이農二代(농민들의 자제), 눙민궁얼다이農民工二代(농촌 출신 도시 노동자들의 자제) 등을 꼽을 수 있다. 가슴 속에 품은 신분 상승에 대한 야심이 있어도 처음의 출발선이 다른 탓에 웬만해서는 꿈을 이루기가 쉽지 않은 그룹이다. 이들의 주변에서는 그래서 출신 성분에 대한 한탄만 가득하다.

사회 전반이 이처럼 너무나도 뚜렷하게 신분이 고착된 계급사회로 흘러가면 당연히 이에 대한 반감이 생겨야 한다. 개선을 위한 각계각층의 노력이 수반되어야 한다. 사회주의의 기본적 이념에 충실하다면 그래야 한다. 하지만 어쩐 일인지 그런 분위기는 별로 보이지 않는다. 한국 같으면 난리가 났을 것이라는 생각에 이르면 정말 이상하다고 하지 않을 수 없다. 베이징대학의 진징이金景一 교수가 "중국인들은 사회주의 국가에 살고 있다. 그러나 생각은 정말 자본주의적이다. 원래 인간 사회가 불평등한 것이라고 생각한다. 때문에 현실에 순응한다. 순한 양 같다고 해도 과언이 아니다. 반면 한국인들은 자본주의 국가에 살고 있음에도 평등이나 사회 정의를 부르짖는 행동이나 생각을 한다. 지난 세기 80년대에 극에 달했던 민주화 운동을 보면 분명히 느끼게 된다. 그걸 보면 국민성이 사회주의 원칙에 딱 부합한 것 같다. 정말 차이가 나도 너무 난다."라고 지적한 것은 정말 정곡을 찌른 분석이다.

저항정신과는 거리가 먼 민족성,
이민족 지배를 받으면서도 굴종적 자세 보여

대부분의 중국인들이 말도 안 되는 현실에 순응하는 근본적인 이유는 이외에도 더 있다. 무엇보다 저항정신과는 거리가 다소 먼 민족성 자체를 거론해야 할 것 같다. 한족이 주류를 형성하는 중국인들은 5,000여 년 역사를 살아오는 동안 여러 차례 이민족 왕조의 지배를 받은 경험이 있다. 그러나 그때마다 격렬한 저항을 통해 이민족 왕조를 뒤엎거나 몰아낼 생각을 별로 하지 않았다. 그저 2, 3등 백성으로 사는 것도 감지덕지하면서 굴종의 세월을 보냈다. 이 과정에서 비굴한 태도가 자연스럽게 몸에 익게 됐다.

원元나라 쿠빌라이 칸 시대의 야사 하나를 살펴보면 이해하기 쉬울 것이다. 당시 막 지금의 베이징인 대도大都를 수도로 정한 쿠빌라이 칸은 피정복 민족인 한족이 정말 마음에 들지 않았다고 한다. 하나같이 너무 굴종적인 데다 기병 중심인 자신들의 왕조에는 많은 인구도 별로 소용이 없다고 생각했던 탓이다. 그는 급기야 신하들에게 "한족들은 아무 필요도 없는 인간들 아닌가? 거추장스럽기만 하다. 하나도 살려두지 말아야 할 것 같다." 라는 끔찍한 말을 꺼냈다. 그러자 한 신하가 용감하게 나서서 "그래도 한족들이 없으면 안 됩니다. 일은 누가 하고 세금은 누가 바칩니까?"라면서 그래서는 안 된다고 진언했다. 쿠빌라이 칸은 그의 말에 무릎을 탁 치고는 "맞는 말이군. 없는 얘기로 하겠네."라고 말한 후 껄껄 웃었다고 한다.

이 에피소드가 괜한 게 아니라는 사실은 대문호 루쉰魯迅이 자국민의 국민성을 한탄하면서 토로한 유명한 말만 봐도 잘 알 수 있다. "오래 무릎을 꿇고 앉아 있는 민족은 일어서자마자 고소공포증을 느낀다. 그들에게는 꿇어 앉아 있을 1만 가지의 이유가 있다. 그러나 돈과 관련된 얘기가 나오면 눈이 바로 둥그렇게 커진다. 남녀 간의 성적인 문제가 화제가 되면 바로 흥분한다. 민생과 정의 등의 문제에는 벙어리가 된 채 내 일이 아니라고 흥미를 가지지 않는다." 이 말은 "노예가 되기를 원하는 민족은 바로 부림을 당하게 된다."라는 러시아 대문호 도스토예프스키의 명언과 다를 바 없는 준엄한 자민족에 대한 혹독한 비판이라고 해야 할 것 같다. 이에 대해서는 회족回族 출신의 덩鄧모 씨도 중국인들의 생래적으로 치열하지 못한 저항정신에 아쉬움을 피력했다. "나는 지금도 1937년 일본제국주의 군대에 의해 자행된 난징南京 대학살이 이해가 되지 않는다. 어떻게 30만 명이나 되는 사람들이 제대로 저항조차 하지 못하고 비참하게 학살될 수 있나? 어차피 죽을 목숨이라는 사실을 안다면 너 죽고 나 죽자는 식으로 나서야 하지 않나? 집에 있는 도끼나 낫이라도 들고 나와 저항할 수 있는 것 아닌가 말이다. 그랬다면 일본군도 많은 희생을 치렀을 것이다. 감히 마음 놓고 학살도 하지 못했을 것으로 생각한다.”

　당국의 감시나 단속의 눈초리 때문에 감히 사회 부조리를 혁파하려는 생각조차 하지 못하는 것도 현실이다. 사실 틀린 말은 아니다. 공산당 창당 100주년인 2021년을 코앞에 두고 있는 중국에게 향후 몇 년은 정말 중요한 기간이다. 성대하게 1세기 생일을 맞이할 다양한 거국적 행사들을 대대적으로 준비하는 것만 봐도 그렇다. 이런 상태에서 체제는 말할 것도 없고 국정 전반이 흔들리는 조짐을 보여서는 절대 안 된다. 적극적으로 사회 전반에 대한 통제를 대거 강화하는 것은 당연한 수순이다. 그 어느 때보다 혹독한 인터넷과 SNS 등에 대한 감시의 눈길만 봐도 알 수 있다. 계급사회의 고착화에 대한 불만을 토로하거나 시정을 위한 목소리를 높일 경우 당장이라도 당국의 눈 밖에 날 상황이다. 자칫하면 상상 이상으로 피곤해질 수도 있다. 불만이 있더라도 일단은 몸을 사리는 것이 중국인들의 입장에서는 옳다고 봐야 한다.

다소 불만이 있더라도
일단 몸부터 사리고 보는 중국인

　또, 툭 하면 입에 올리는 단어인 메이판파沒辦法에서 알 수 있듯이 중국인들의 머릿속에는 해봤자 안 된다는 패배의식이 팽배해 있다. 갈수록 고착화될 계급사회의 존재를 받아들일 수밖에 없는 결정적 요인이 그것일 것이다. “중국인들은 대국 기질이 강해서 그런지 느긋하다. 전반적으로 끈기가 부족한 감도 없지 않다. 끝까지 해보자는 투지도 약간은 부족하다. 이게 궁극적으로는 빨리 패배나 실패를 자인하는 경향으로 나타나는 경우가 많다.”는 런민대 마샹우馬相武 교수의 말은 바로 이 현실을 비교적 잘 설명하지 않나 싶다.

여기에 메이판파와 궁극적으로 통하는 차부둬^{差不多}(별 차이 없음)와 부관타^{不管他}(남 상관하지 않음) 내지 부리타^{不理他}(남 신경 쓰지 않음) 등의 말까지 더할 경우 중국인들이 왜 계급사회 고착화라는 현실의 타파에 적극적이지 않은지 그 이유를 어느 정도 알 수 있다. 특히 이 경우에는 아Q의 정신승리라는 고질병마저 읽힌다고 해도 틀리지 않는다. 중국인들은 확실히 한국인과는 달리 사회주의 이념과는 맞지 않는다고 볼 수 있는 것이다. 계급사회 타파가 실현 요원한 구두선으로 남을 가능성이 농후하다.

그러나 이 현상을 그대로 방치하면 문제가 심각해진다. 부작용이 불 보듯 뻔하다. 무엇보다 출발선이 다른 그들만의 리그를 발판으로 한 기득권층의 정경유착, 다시 말해 그렇지 않아도 심각한 상태인 취안구이자본주의가 더욱 판을 칠 가능성이 높다. 견제 받지 않는 특권층이 국가를 말아먹는다는 말이다. 사례들을 들어보면 충분히 그럴 수 있다고 생각하게 될 것이다.

2019년 7월 말 세상을 떠난 리펑 전 총리 집안은 전형적인 다이아몬드 수저 가문이라고 할 수 있다. 대표적인 홍얼다이인 리 전 총리 본인의 출신 성분이 워낙 좋았던 만큼 권력과 명예만 누리는 길을 걸었다면 집안 전체가 주변의 존경을 받을 수 있을 터였다. 그러나 총리 자리가 떼놓은 당상이 된 1980년대 후반 이후부터 작심이라도 한 듯 그러지를 못했다. 막강한 가문의 권력을 이용해, 본인을 비롯한 자녀 3남매가 상당한 거액을 축재하는 길로 들어선 것이다. 미국 〈뉴욕타임스〉가 2019년 7월 말 보도한 바에 따르면 해외로 빼돌린 돈만 해도 최소 수백억 위안, 달러로는 수십억 달러에 이른다는 것이 정설이다.

부정축재 재산이 5000억 달러에 이른다는 소문이 파다한 장쩌민 전 주석 가문의 경우도 장난이 아니다. 리 전 총리 집안의 행태를 새 발의 피로 보이게 만든다. 현재 그의 가문은 이 천문학적 자금을 사모펀드인 보위^{Boyu} 투자컨설팅을 운영하는 집안의 장손자 장즈청^{江志成}을 통해 굴리는 것으로 알려졌다. 이 정도 되면 크로니 캐피털리즘으로 나라가 거의 망했다고 봐도 좋은 필리핀의 그림자가 대륙에 와서 어른거린다고 할 수도 있다. 이런 마당에 국가 경쟁력의 강화를 기대하는 것은 어불성설이다.

계급사회의 고착 현상은 경제의 허리인 중산층의 붕괴를 가져올 위험성도 커지게 한다. 상류사회의 최고 기득권층이 1%에 불과한 현실을 보면 충분히 추측 가능한 비극적 시나리오다. 이와 관련, 광둥성 경제특구 선전^{深圳}의 유력지 〈선전터취바오〉^{深圳特區報}의 쉬즈화^{許志華} 국장은 현실에 대한 우려를 숨기지 않았다. "미국은 향후 G1의 위상을 확고하게 하기 위해 최대 라이벌인 중국의 부상을 제어할 온갖 방법을 동원할 것으로 보인다. 이 경우 글로벌 경제에서의 파이를 키우는 전략으로 G1 경제대국이 되고자 하는 중국의 전략은 차질을 빚을 수밖에 없다. 그렇다면 대안은 세계 최대 잠재력을 가진 내수시장을 키우는 것이 될 수 있다. 그러려면 중산층이 튼튼해야 한다. 하지만 현실은 중산층의 체력이 상당히 허약하다는 사실을 적나라하게 보여준다. 붕괴를 걱정하는 것은 괜한 기우가 아니다."

상상을 초월하는 혁명 원로의 후손들인
'다이아몬드수저'들의 축재

사회 곳곳에 넘쳐나는 애국주의를 바탕으로 상당히 굳건하게 다져 놓은 듯한 국가 통합도 문제가 되지 말라는 법이 없다. 대부분의 중국인들은 부관타^{不管他}, 부리타^{不理他} 성향에서 알 수 있듯이 확실히 남들이 어떻게 사는지에는 별로 신경을 쓰지 않는다. 하지만 그렇다고 질투의 감정이 전혀 없을 수는 없다. 1%들이 자신들과는 너무 확연하게 다른 별세계에서 산다는 사실이 눈에 들어올 때 예상 외로 감정이 터질 수 있다. 게다가 중국인들의 고질병 중에 홍옌빙紅眼病(눈이 빨개지는 병이라는 뜻으로, 질투의 화신이라는 뉘앙스)이라는 게 있다는 사실에서 알 수 있듯이 한번 질투의 감정에 빠지면 걷잡을 수 없게 된다. 게다가 너무 극단적 현실에 좌절하게 되면 일반적인 사람들은 국가고 뭐고 안중에도 없게 된다. 급기야 국가 통합은 고사하고 분열의 원인으로 작용하게 되고, 심지어 폭동의 기폭제가 되지 말라는 법도 없다. 그렇게 되면 '중국몽' 실현은 장담하기 어려워진다.

중국인들이 자주 쓰는 교훈적인 말 중에 "사람의 위에 가 있을 때 다른 사람을 우습게보지 말라. 사람의 밑에 가서도 자신을 하찮게 생각하지 말라."라는 것이 있다. 사람은 모두 평등하다는 말이 아닐까 싶다. 더구나 '왕후장상의 씨' 운운의 말은 저작권이 진秦나라 말기의 농민 반란군 지도자인 진승陳勝에게 있지 않은가. 기본적으로 중국인들에게도 한국인들과 비슷한 DNA가 전혀 없지는 않은 것이다. 이 사실을 깨닫는다면 이제부터라도 사회 발전에 전혀 도움이 안 되는 계급사회의 타파에 앞장서야 하지 않을까 싶다. 아Q의 정신승리가 아무 짝에도 쓸모없는 굴종적 패배의식을 대변해줄 뿐이라는 사실이 자국의 대문호 루쉰에 의해 확실하게 검증됐다면 정말 그래야 할 것이다.

10.

★

허풍기질

누가 뭐래도 나는 달라,
경제까지 망치는 허세 심리

중국인들은 평균적으로 실사구시實事求是를 추구한다고 알려져 있다. 외면적인 화려함보다는 내실에 충실한 것을 더 좋아한다. 믿기 어렵다는 혹자들에게는 중국인들의 집을 한번 방문해보길 권한다. 집 밖 외관은 후줄근한데 안은 완전히 아방궁이 따로 없는 경우가 허다하다. 그러나 극과 극은 통한다는 말처럼 중국인들은 허세와 과장에도 나름 일가견이 있다. 역사와 전통을 자랑한다. 실사구시도 사실은 과장과 허세를 극대화하기 위해 이용하는 가장 효율적인 장치라는 말이 있을 정도다.

역사적으로 확실한 증명이 필요하다면 우선 시선詩仙 이백의 시 〈추포가〉秋浦歌에 나오는 '백발삼천장'白髮三千丈을 볼 필요가 있다. 근심으로 허옇게 센 머리카락 길이가 지금 단위로 10킬로미터 가깝다고 했으니 과장도 이런 과장이 없다. 시간을 훨씬 거슬러 초한전쟁 시대로 올라가도 크게 다르지 않다. 항우가 자신의 절명시絶命詩 〈해하가〉垓下歌에서 읊은 '역발산기개세'力拔山

젊은이들의 부자놀이 모습

氣蓋世의 대목은 '백발삼천장'과 별로 다를 게 없다. 아무리 최후의 순간에 단기필마로 유방의 수많은 병사들과 대적한 천하장사라도 그렇지 어떻게 힘이 산을 뽑고 기운이 세상을 덮겠는가 말이다. 이 정도 되면 허세나 과장이 민족성이라고 해도 괜찮을 듯하다.

중국인들의 허풍 기질은 현대에 들어와서도 크게 달라지지 않았다. 간단하게 중국의 주당들이 잘 쓰는 술자리 용어만 살펴봐도 알 수 있다. 바로 술 잘 마시는 사람의 주량을 표현할 때 쓰는 하이량海量이 그것이다. 직역하면 바다와 같은 주량이라는 뜻으로, 한국의 술고래와 비슷하다고 보면 된다. 고래에 머문 한국인들과는 비교 자체가 불가하다.

중국인들의 허풍이 심하다는 사실을 증명해주는 생활 언어는 이외에도 많다. 대충만 꼽아 봐도 덩샤오핑이 사망했을 때 방송에서 수없이 나왔던 융추이부슈永垂不朽(영원히 썩지 않음)를 비롯해 이부덩톈一步登天(벼락출세를 함), 스완바첸리十萬八千里(먼 거리를 의미) 등 한둘이 아니다. 《장자》莊子 〈소요유〉逍遙遊 편을 통해 "북쪽의 바다에 사는 물고기 곤鯤의 크기는 몇 천 리나 되는지 알 수 없다. 그것이 변해 새가 된 것이 붕鵬으로, 등의 넓이가 몇 천 리나 되는지 알 수 없다."는 요지의 허풍을 친 선조가 부끄러워 하지 않을 후손답다.

역사와 전통을 자랑하는
중국인들의 허세와 허풍 기질

기본적으로 말이나 생각은 은연중에 행동에도 영향을 미칠 수밖에 없다. 중국인들의 행동 역시 과장이나 허세와 무관하지 않다. 이 사실에 대해서는 중국인들 역시 상당 부분 인정하고 있다. 나는 일반 사람과는 다르다면서 "잡을 수 있는 폼은 다 잡는다"는 의미를 가진 쫭비裝逼라는 일상 생활 용어가 유행하는 현실을 보면 알 수 있다.

이 쫭비는 대략 세 부류로 나눠진다. 자신이 주변으로부터 선망의 대상이 돼야 한다고 생각하면서 하는 행동으로 드러나는 허세가 첫 번째다. 이 경우에는 애교를 떠다거나 예쁜 척하는 행동을 의미하는 싸자오撒嬌, 마이멍賣萌 역시 광범위하게 같은 부류의 허세로 분류돼야 하지 않을까 싶다.

역시 실제 사례를 살펴봐야 이해가 쉽다. 베이징의 한 명문 대학 졸업생으로, 외국인 회사에 다니는 30대 중반의 이른바 골드미스인 주자링朱嘉齡 씨는 연 수입이 20만 위안 중반에 이른다. 또래의 친구들에 비해서는 많이 버는 편에 속한다. 그러나 그녀의 씀씀이는 아무리 연봉이 많다 해도 조금 지나친 감이 있다. 우선 독일 세단 BMW를 몰고 다니는 것은 기본에 속한다. 치장도 요란하다. 구찌 백과 루이비통 지갑, 디올 구두 같은 명품이 없는 경우가 드물다. 가끔은 누가 보는 것도 아닌데 속옷까지 명품으로 입는다. 식사 역시 늘 그럴 듯한 서양식 레스토랑에서 스테이크로 할 때가 많다. 모르는 사람이 보면 연봉이 100만 위안쯤 되는 슈퍼 커리어 우먼인 줄 착각할 수 있다. 아니면 국영 기업체에서 중견 간부로 퇴직한 부모가 엄청난 부호라고 생각할지도 모른다.

실상은 실소가 나올 만큼 어처구니가 없다. 그녀의 애마 BMW의 정체가 우선 그렇다. 결론적으로 그녀의 차가 아니다. 집이나 회사 근처의 BMW 공유자동차 회사에서 저렴한 가격으로 빌려 타는 것이다. 시간 당 요금이 택시비보다 조금 비싸긴 하지만 그녀의 연봉으로는 충분히 감내할 수 있다. 덜컥 구매했다가 몇 년은 고생해야 하는 것에 비한다면 백배는 낫다.

명품들도 크게 다르지 않다. 대부분 가격이 다소 높은 특급 짝퉁, 중국어로는 '산자이'山寨들이라고 보면 된다. 베이징의 유명 짝퉁 시장인 슈수이제秀水街나 홍차오虹橋 같은 곳에서 얼마든지 구입이 가능하다. 당연히 그녀는 그곳의 손꼽히는 단골로 유명하다. 매주 주말에는 두 곳 중의 한 곳으로 반드시 달려가 한보따리씩 싸들고 오는 쇼핑의 즐거움을 만끽한다. 또 매년 휴가나 명절 때는 홍콩의 짝퉁 시장인 몽콕旺角의 레이디스마켓 등으로 관광 겸 쇼핑을 가는 것도 잊지 않는다. 좋은 짝퉁을 잘 구입할 경우 비행기 값이 아니라 의외의 횡재도 가능하다. 식사 역시 절묘한 방법으로 해결한다. 잡지 등에 붙어 있는 할인쿠폰을 이용, 비슷한 처지의 친구들과 공동 구매한 회원권으로 결제할 경우 별로 부담이 없다.

이에 대해 그녀는 "나나 내 주변의 친구들은 부모 세대와는 달리 크게 어려움 없이 자랐다. 남과는 다른 우리들만의 럭셔리한 생활에 대한 동경이 강하다. 허세라고 하면 할 말이 없지만 포기할 수는 없다."면서 앞으로도 라이프스타일을 바꿀 생각이 없다고 단언했다. 프랑스 작가 기 드 모파상의 단편소설 〈목걸이〉의 주인공인 마틸드 르와젤의 허영심이 물씬 묻어나는 주 씨 같은 여성들을 부르는 용어가 있다. 누리꾼들의 SNS 용어로 널리 알려진 바이진뉘拜金女나 샤오즈샤오제小資小姐다. 남성은 바이진난拜金男이 된다. 한국의 된장녀, 된장남 등과 별로 다를 게 없다. 중국 전역에 최소한 수천만 명은 존재한다고 봐도 무방하다.

회장 명함 새기고 다니는 구멍가게 주인, 중앙부처 고위 관료라고 자처하는 지방대 교수

자기 잘난 맛에 남과 다르게 폼 나게 살고 싶은 허세 욕망은 남에게 폐를 끼치지 않으면 바람직스럽지는 않더라도 크게 문제가 된다고 보기는 어렵다. 그러나 문제가 될 경우의 폐해는 상상을 불허한다. 본인이 패가망신하는 것은 말할 것도 없고 국가나 사회에 악영향을 초래한다. 대표적인 케이스가 있다. 한때 대륙의 대표적 된장녀로 유명했던, 2019년 7월 말 형기 5년을 마치고 출감한 궈메이메이郭美美가 주인공이다.

그녀는 10대 후반에 인터넷 블로거로 처음 사회생활을 시작했다. 나름 능력이 있어 유명세도 탔다. 그로 인해 전공인 연기에도 발을 들여놓을 수 있었다. 이후 정말 잘나갔다. 자신의 통장에 재산이 51억 위안이 있다고 자랑할 정도였다. 그러나 2011년부터 고급 스포츠카와 별장, 명품 가방 등의 사진을 블로그에 게재하면서 추락하기 시작했다. 네티즌들의 엄청난 비난에 시달려야 했던 것이다. 이 과정에서 51억 위안 주장도 완전 허풍이었다는 사실이 밝혀졌다. 그러다 2014년 7월 축구 도박 혐의로 경찰에 체포되었다. 더욱 기가 막힌 것은 경찰의 수사를 받다 성매매를 한 죄가 드러났다는 사실이었다. 그것도 체포되기 직전까지 2~3년 동안 무려 50여 차례나 한 것으로 조사됐다. 화대는 최소 2만 위안에서 수십만 위안까지 다양했다고 한다. 그녀는 결국 폼 나게 살아 보려다가 인생에서 가장 소중한 꽃다운 젊은 청춘을 감옥에서 보냈다.

자신의 위치를 말도 안 되는 수준처럼 어떻게든 주위에 과시하려는 행동도 창비, 즉 허세의 한 형태로 전혀 부족함이 없다. 이런 경우는 셀 수 없을 만큼 많다. 이를테면 직원이 2~3명에 불과한 구멍가게 주인이 회장 겸 사장이라는 직위를 새긴 명함을 가지고 다닌다거나, 지방의 별 볼 일 없는 대학의 교수가 말끝마다 "내 직위는 중앙 정부 부처의 부부장(차관)급이다."라는 허풍을 치는 것 등을 꼽을 수 있다. 후자의 경우 명문 대학의 유력 교수들은 부부장을 넘어 부장 대우까지 받는 현실을 인지하고 하는 허풍이 아닐까 싶다. 그러나 이 정도는 주변에 전혀 피해를 주지 않을 뿐 아니라 오히려 웃음까지 주게 되는 만큼 애교로 봐줘도 괜찮을 것 같다.

자신의 인맥을 과도하게 과시하면서 주변 사람들을 속인다면 범죄까지는 아니더라도 바람직스럽지 못한 허세에 해당한다. 이 경우는 이른바 관시關係 문화의 폐해와도 어느 정도 통한다고 볼 수 있다. 사례를 들어보자.

40대 초반의 중년인 상하이의 판范모 씨는 대학 시절부터 인맥 하나는 대단하다는 소리를 들었던 사업가로 널리 알려져 있다. 그의 사무실이 중국의 당정 고위층은 말할 것도 없고 외국의 저명인사들과 찍은 엄청난 양의 사진들로 도배돼 있다면 더 이상 설명은 필요 없지 않나 싶다. 판모 씨와 약간의 안면이 있는 한국인 사업가 이모 씨는 이 사실이 늘 뇌리에 박혀 있었다. 언젠가는 그의 인맥이 필요할 것이라는 생각이 들었던 탓이었다. 그날은 2019년 이른 가을에 찾아왔다. 사업에 필요한 로비를 상하이 정부에 해야 하는데 인맥이 막강한 그의 도움이 필요하게 된 것이다. 이모 씨는 즉각 판모 씨를 상하이 번화가 난징루南京路의 한 고급식당으로 불러냈다. 이어 사정을 설명한 후 만만치 않은 금액이 들어 있는 봉투를 슬며시 내밀었다. 일이 잘 될 거라는 생각을 한 것은 물론이다. 그러나 일은 바로 해결되지 않은 채 차일피일 미뤄지고 있었다. 이모 씨는 화가 치밀었다. 나중에는 더 이상 참지 못하고 판모 씨와 비교적 가깝게 지낸다는 지인 저우邪모 씨에게 일이 도대체 어떻게 됐는지를 알아보기 위해 연락을 취했다.

"그분에게 직접 연락하기 뭣해서 먼저 전화를 드렸습니다. 제가 무슨 부탁을 했는데 가타부타 연락이 없네요."

"아, 그렇습니까? 혹시 돈을 건넸는지요?"

"예, 성의는 표시했습니다. 적지 않은 돈입니다."

"아이고, 그 전에 저에게 미리 말씀을 하시지 그랬어요?"

"그랬어야 했나요? 그 정도 인맥이면 일을 잘 해결해줄 걸로 믿었는데."

"일은 아마 진행 중일 겁니다. 우편으로 민원을 넣었을 거예요. 그만한 일에 적지 않은 돈을 건네시다니."

"그게 무슨 말씀이시죠? 그분은 엄청난 인맥이 있지 않습니까? 직접 책임자를 만나 부탁을 할 줄 알았는데요."

"그 친구는 그 정도 인맥까지는 없어요."

"그러면 중국 내외의 유력 인사들과 찍은 사진은 뭡니까?"

"그 사진들의 태반은 편집한 겁니다. 물론 진짜도 있기는 합니다만. 뭐 진짜도 대부분 어쩌다 한 번 만나 사진 같이 찍자고 애걸복걸해 찍은 것이지만 말이죠. 그 친구 젊었을 때부터 그런 허세 부리기를 좋아했어요."

이모 씨는 전화를 끊자마자 자신도 모르게 허탈한 웃음이 터져 나오는 것을 어쩌지 못했다. 어느새 화도 가라앉고 있었다. 판모 씨의 허세를 진지하게 받아들인 순진한 자신을 탓할 수밖에 없었다.

유명인과의 식사 이벤트에 거액 쏟아붓고,
온라인상에서는 졸부놀이 유행

중국인들의 허세는 별로 바람직하지 않은 유행을 만들기도 한다. 대표적인 것이 졸부들이 자신의 부를 과시하기 위해 유명인들과 식사를 같이 하는 이른바 판쥐飯局(식사 이벤트)일 것이다. 대체로 연예인들을 대상으로 하고 있으며 졸부들 사이에서는 마치 전염병처럼 유행하고 있다. 그러나 대가는 장난이 아니다. 웬만한 국영기업체 최고경영자CEO의 연봉보다 많은 수백만 위안이 드는 경우도 적지 않다. 가장 인기 있는 상대는 2019년 상반기만 해도 중국에서의 인기가 만만치 않았던 대만의 린즈링林志玲이었다. 2015년에 모 중국 재벌과 식사를 하면서 250만 위안을 받았다고 한다. 이 정도 되면 웬만한 드라마 출연료나 광고료보다도 많다고 해야 하지 않을까 싶다. 그녀에게 '레스토랑 퀸'이라는 별칭이 붙은 것은 이로 보면 별로 이상할 것도 없다. 그러나 그녀는 2019년 6월 일본 댄스그룹인 에그자일의 멤버 아키라와 결혼하면서 인기가 폭락했다. 판쥐의 목적이 뭔가 다른 데 있지 않았나 하는 생각을 지우기 어렵다.

환주거거環主格格, 즉 황제의 딸이라는 별명으로 불리는 유명 배우 겸 감독인 자오웨이趙薇 역시 액수 면에서는 만만치 않다. 아예 본인의 입으로 자신이 판쥐에 응할 수 있는 최저 가격이 80만 위안이라고 공언하고 있다. 그러나 유부녀에 자녀까지 있는 그녀에게 같이 밥을 먹자고 신청을 하는 정신 나간 졸부들은 그렇게 많지 않다고 한다. 하지만 젊고 매력 넘치는 미혼 여성 연예인들은 얘기가 달라진다. 졸부들이 줄을 선다는 것이 신참 배우

장린린江琳琳 씨의 설명이다.

그러다 보니 중국인들의 허세 심리를 이용한 산업도 번창일로를 달리고 있다. 급기야 얼마 전부터는 쉬안야오炫耀(부를 자랑하는 허세) 산업이라는 이름으로도 불리고 있다. 각론으로 들어가면 더욱 알기 쉽다. 가장 눈에 띄는 것이 온라인상에서의 졸부 놀이가 아닌가 싶다. 알리바바 계열의 전자상거래 사이트 타오바오淘寶가 제공하는 것이 가장 대표적이다. 6위안만 내면 할 수 있는 게임 비슷한 것으로 람보르기니, 페라리 등의 럭셔리카를 몰면서 졸부 흉내를 내는 것이 가능하다. 대저택에서 드라이브를 하거나 금고 속의 어마어마한 돈을 만져보는 일도 할 수 있다. 사진을 찍어 보관하는 것 역시 가능하다. 30대 초반의 베이징 시민 장민張敏 씨는 이에 대해 "6위안을 내고 억만장자 흉내를 내는 것이 부질없는 짓인 것 같아도 아주 잠깐은 할 만하다. 스트레스도 풀린다. 증명사진도 찍으니 나중에 사정을 잘 모르는 친구들에게 자랑도 할 수 있다."면서 종종 타오바오의 놀이를 이용한다고 말했다. 사이버 럭셔리 관광 상품도 비슷한 개념이다. 평균 20위안만 내면 웬만한 외국의 럭셔리 여행지를 온라인에서 다녀볼 수 있다. 예컨대 영국의 유명 레스토랑에서 아침 식사를 하고, 오후에는 하와이 해변에서 수영을 즐기는 것이 몇 분 사이에 가능하다. 이 경우는 스트레스 해소에도 도움이 돼 이용자가 폭발한다고 한다. BMW를 비롯한 최고급 럭셔리 카 공유 서비스가 수년 전부터 크게 유행하기 시작한 것은 이로 보면 너무 당연하다.

경제성장률 등 각종 통계도 뻥튀기,
그대로 믿을 수 없는 중국 통계

허세는 경제에도 좋지 않은 영향을 미친다. 주지하다시피 중국은 땅덩어리가 엄청나게 크다. 그래서 중앙 정부가 완벽하게 전국을 컨트롤하기 어렵다. 자연스럽게 지방 정부의 자치를 광범위하게 인정해주는 정책을 쓸 수밖에 없다. 나름 바람직하다. 그러나 지방 정부의 수장들이 허세 경향이 있거나 자신의 행정 능력을 과신하려 하면 그때부터 문제가 생긴다. 경제성장률을 비롯한 각종 통계를 뻥튀기하는 케이스가 적지 않은 것이다. 중국 통계는 고무줄이라 믿을 수 없다는 외신들의 보도가 종종 나오는 것은 바로 이런 현실과 무관하지 않다. 지방은 말할 것도 없고 중국 전체 경제에도 좋을 까닭이 없다.

중국은 불과 몇 년 전까지만 해도 실력을 숨기는 이른바 도광양회韜光養晦의 외교정책을 원칙으로 했다. 그러나 수년 전부터는 완전히 변했다. 필요할 때 역할을 마다하지 않는다는 유소작위有所作爲로 바꿨다. 더불어 '중국몽'과 '강국몽'을 부르짖고 있다. 기술과 산업 분야에서 선진국으로 올라서겠다는 프로젝트인 '중국 제조 2025' 역시 공공연하게 외치고 있다. 한마디로 미국을 제치고 질적으로도 세계 최고 국가가 되려는 야심을 본격적으로 드러내고 있다. 그러다 미국으로부터 칼을 맞고 무역전쟁의 늪으로 끌려들어가고 말았다. 그동안 DNA 속에 면면이 흐르던 허세와 과장 본능을 숨기지 못하다 역풍을 맞았다고 봐도 크게 무리는 없다. 앞으로 미국으로부터 계속 괴롭힘을 당할 가능성도 높다. 그렇다면 시진핑 주석을 비롯한 중국인들이 취해야 할 대책은 하나밖에 없다. 허세와 과장 본능을 최대한 억제하면서 이전처럼 다시 내부적으로 힘을 기르는 것이다. 허세 본능이 경제까지 망치는 부작용을 유발하는 만큼 반드시 그래야 하지 않을까 싶다. 이 경우 바람직하지 않은 사회 전반의 허세 폭발 현상 역시 다소 수그러들 수 있다.

모럴헤저드

노블레스 오블리주는 쓰레기통에,
사회 전반에 만연한 도덕 불감증

사람에게 인격人格이 있듯이 나라에는 국격國格이 있다. 이 국격이 높지 않으면 아무리 경제력이 막강해도 선진국이라고 하기 어렵다. 또 설사 어렵사리 선진국 대우를 받더라도 세계인들로부터 마음에서 우러나오는 존경을 받지 못한다. 국격이 높은 대표적인 나라는 아마도 북유럽의 스웨덴과 핀란드, 노르웨이 등이 아닐까 싶다. 하나같이 국격의 지표가 될 노블레스 오블리주noblesse oblige(사회적 지위에 상응하는 도덕적 의무)를 아예 국가 정책으로 표방하고 있다면 더 이상의 설명은 필요 없다.

어느 정도인지는 스웨덴만 봐도 좋다. 이 나라에서는 고위 공직자가 법인카드 같은 것을 사적인 용도로 사용하면 공직에서 물러나는 것이 하나도 이상하게 여겨지지 않는다. 국회의원이나 장관들이 자전거로 출퇴근하는 것 역시 마찬가지다. 너무나도 당연한 일로 여겨지고 있다. 이러니 "생활은 서민처럼, 기부는 귀족처럼"이라는 구호를 가훈으로 삼는 명문가인 발

렌베리 가문이 탄생한 것도 아주 자연스러운 일이 아니었나 싶다.

노블레스 오블리주가 화제로 떠오를 때마다 가장 먼저 거론되는 사례가 있다. 14세기와 15세기에 걸쳐 일어난 영국과의 백년전쟁 때 프랑스 칼레의 귀족 7명이 보여준 희생정신이 그렇다. 전승국인 영국이 칼레의 시민들을 살려주는 조건으로 6명의 교수형을 제안하자 한 명 더 많은 7명이 기꺼이 목숨을 내놓겠다고 자원한 것이다. 모든 것을 다 가진 귀족들이 하찮은 시민들을 위해 흔쾌히 죽겠다는 것이 결코 쉬운 일이 아니라는 사실을 감안하면 노블레스 오블리주를 실천한 전형적 사례라고 할 수 있다. 영화 〈타이타닉〉에서도 잘 그려진 미국과 유럽의 사회 지도층 인사들의 의연한 죽음 역시 마찬가지다. 이들은 사고 당일인 1912년 4월 14일, 영화에 나오는 장면 그대로 노약자와 부녀자들을 위해 기꺼이 구명정 탑승을 양보한 후 정장을 입은 채 품위 있게 죽음을 받아들였다.

노블레스 오블리주와는 거리가 먼
지도층 인사들의 부정부패

장쩌민 전 주석은 아마도 이 장면에 큰 감동을 받았던 듯 싶다. 2001년 초 당정 고위 간부들에게 "동지들도 이 영화를 반드시 보라. 느낄 것이 많다."라고 한 것을 보면 말이다. 그러나 정작 중국의 당정 고위 간부를 비롯한 사회 지도층 인사들은 노블레스 오블리주와는 상당히 거리가 있다. 무엇보다 부패에 물드는 경우가 적지 않다. 일일이 사례를 열거할 필요도 없다. 시진핑 주석이 지난 2012년 11월 집권 이후 당정 고위급들을 대상으로 줄기차게 전개해온 부패와의 전쟁에서 무려 200여 명 전후의 당정 부장급 호랑이(고위직 부패 관료)들이 부패로 낙마한 사실만 봐도 알 수 있다. 금세기 초까지 거슬러 올라가면 이 수는 거의 500여 명을 가볍게 넘어선다. 털어서 먼지 안 나는 청렴한 당정 지도층 인사는 없다고 봐도 무방할 것이다. 신중국 건국 이후의 최대 비리 대마왕으로 불리는 저융캉 전 상무위원 겸 정법위원회 서기의 장남인 저우빈周濱과 후처 자샤오예賈曉曄가 아버지와 남편의 재직 시절 둘이 공모해 무려 900억 위안의 부정축재를 했다는 사실은 그다지 놀랄 일도 아니다.

당정 고위 관리들이나 가족들만 청렴과 거리가 먼 것이 아니다. 기업인이나 저명한 학자 및 언론인, 문화예술인 등의 사회 지도층 인사들 역시 크게 다르지 않다. 특히 기업인들은 뒷배가 될 만한 당정 유력 인사들과 어울리면서 각종 청탁을 일삼는 것이 일상이라고 봐도 좋다. 당연히 이럴 때마다 거액의 뇌물이 오간다. 실권이 막강한 공직을 일컫는 페이췌肥缺를 한번 꿰차면 직위가 높지 않아도 당대발복當代發福(선대의 도움 없이 자신의 대에서 성공함)의 신화 창조가 가능하다는 믿음이 중국 관가官街에 팽배한 것은 다 까닭이 있다. 뇌물을 써서라도 어떻게든 이 자리들을 차지하기 위한 대소大小 관리들의 치열한 노력 역시 마찬가지다.

공금 등으로 흥청망청 먹고 마시는 행태 역시 거론하지 않을 수 없다. 이로 인해 낭비되는 음식 쓰레기만 2018년 말을 기준으로 연 1억 톤에 가깝다. 전국의 극빈 인구가 5000만에 이른다는 사실을 상기해 보라. 중국의 외식산업 규모가 2018년 베트남 GDP의 두 배 가까운 4조 위안을 넘어 5조 위안을 향해 달려가는 것도 정상이 아닌 듯하다.

부정적인 이성 관계를 당연하게 생각하는 모럴해저드 역시 노블레스 오블리주가 중국에서는 쓰레기통 속에나 들어가 있는 덕목이라는 사실을 말해주기에 부족함이 없다. 낙마하는 호랑이나 파리(하위직 부패 관료) 등의 배후에는 늘 얼나이二奶(첩을 의미함)나 샤오싼小三(두 번째 첩을 의미함)으로 불

한 여자를 두고 삼각관계였던 완칭량(오른쪽 위)과 천훙핑(오른쪽 아래), 그리고 둘 공동의 정부 쉬추린(왼쪽 사진)

리는 내연녀의 그림자가 어른거리는 게 현실이다. 이 경우는 기가 막히는 사례들도 너무 많다.

2016년 5월 재판을 통해 백일하에 드러난 광둥성 광저우의 완칭량萬慶良 전 서기와 인근 도시 제양揭陽의 천훙핑陳弘平 전 서기 사건을 대표적으로 꼽아야 할 것 같다. 둘은 광둥성 제양의 서기 자리의 전임자와 후임자로, 서로 잘 아는 사이였다. 그러나 나이 차이가 있었던 만큼 크게 친밀한 사이는 아니었다. 본인들 역시 그렇게 생각했다. 그러나 나중에 그게 아니라는 사실이 밝혀졌다. 본인들은 몰랐으나 공동의 연인인 쉬추린許秋琳이라는 여성과 번갈아가면서 밀회를 즐긴 너무나도 가까운 사이였던 것이다.

둘 중 먼저 그녀와 부적절한 관계를 맺은 사람은 한때 정계의 젊은 피로 주목을 모으기도 한 완칭량 전 서기였다. 제양 서기로 일하던 2000년대 중반 당시 의류회사 경영자로 네 자녀의 어머니였던 유부녀 쉬 씨를 만나

깊은 관계를 맺었다고 한다. 은밀하게 아이도 하나 낳아 길렀다. 다음 타자는 당시 시장이었다가 바로 완 전 서기 후임으로 제양을 책임지게 된 천홍핑 전 서기였다. 그 역시 완 전 서기와 마치 판박이처럼 쉬 씨에게 아이를 출산하게 만들었다. 쉬 씨 입장에서는 모두 6명의 자식을 낳은 셈이었다. 당연히 완 전 서기와 천 전 서기는 쉬 씨의 양다리 걸치기 불륜에 의해 자신들이 웬만한 형제보다 가까운 사이가 됐다는 사실을 전혀 몰랐다.

하지만 꼬리가 길면 잡힌다는 말이 있듯, 영원히 묻힐 뻔한 세 사람의 비밀은 완칭량 전 서기가 2014년, 천홍핑 서기가 2015년, 부패 혐의로 각각 낙마하면서 만천하에 드러났다. 광둥성 기율위 당국이 두 사람에 대한 수사를 진행하다 기가 막힌 비밀을 밝혀낸 것이다. 당연히 세 사람은 모두 법정에 서게 됐다. 가장 먼저 단죄를 받은 사람은 남편을 바보로 만들고 두 남자 사이를 날다람쥐처럼 오간 줄타기의 달인 쉬 씨였다. 2016년 5월 열린 재판에서 뇌물수수죄 등의 죄목으로 징역 6년을 선고받았다. 본인도 모르게 황당하게 얽힌 둘 역시 각각 무기징역 등으로 단죄된 다음 노블레스 오블리주를 망각한 죗값을 단단히 치르고 있다.

당정 최고 지도부의 '공동의 연인'이라는
소문에 휩싸였던 여가수 스캔들

비슷한 케이스는 이외에도 많다. 당정 최고 지도부의 '공동의 연인'이라는 소문이 파다했던 인기 가수 탕찬唐燦의 스캔들이 대표적이다. 지난 세기 말인 1996년 21세의 나이에 〈CCTV〉가 주최한 가요경연대회에 입상해 연예계에 데뷔한 그녀는 이후 15년여 동안 정말 잘 나갔다. 그러다 2011년 말 홀연히 대중의 시야에서 사라졌다. 이후 소문들이 무성했다. 가장 확실한 설은 입에 담아서는 곤란한 말을 흘린 탓에 괘씸죄에 걸렸다는 것이었다. 실제로 그녀는 주변 사람들에게 늘 "내가 누군지 아는가? 단순히 유명 가수가 아니다. 그렇게 보면 큰코다친다. 나는 당정 최고위층과 모두 친하다. 모두들 언제나 나를 원한다."면서 자신의 신분을 과시하고 다녔다고 한다. 한마디로 역린逆鱗을 건드렸다고 할 수 있다. 그녀는 이후 열린 재판에서 징역 15년 형을 선고받았으나 출소했다는 소문도 있다. 출소설이 사실일 경우 뒤가 켕긴 유력자가 은밀하게 힘을 써 줬을 확률이 높다.

비교적 자유분방한 연예계는 성에 관한 한 노블레스 오블리주라는 말을 들먹이는 자체가 민망한 곳이다. 국민배우로 불리는 우슈보吳秀波의 일탈만 봐도 잘 알 수 있다. 그는 20대 초반에 데뷔한 이후 30여 년 가까운 세월 동안 큰 기복 없이 대중들의 사랑을 받은 배우로 유명했다. 경제적으로도 굉장히 풍족한 삶을 살았다. 이 정도 되면 일탈을 할 법도 했으나 해외 부동산 투기 문제로 한두 번 이름이 오르내렸을 뿐 특별한 스캔들도 없었다. 하지만 실상은 전혀 그렇지 않았다. 20년이나 연하인 중견 여성 배우 겸 가수 천위린陳昱霖과 무려 7년 동안이나 은밀한 관계를 유지하면서 즐긴 것이 2018년 말에 완전히 까발려진 것이다. 문제는 중국 연예계에는 인간쓰레기라는 비난을 받는, 그와 비슷한 스타들이 적지 않다는 사실이다. 아닌 사람을 꼽는 것이 훨씬 더 어렵다고 한다.

시진핑 주석을 비롯한 당정 최고 지도부 역시 성과 관련한 노블레스 오블리주는 실현되기 불가능한 덕목이라는 사실을 너무나 잘 알고 있다. 바로 자신들의 코앞에서 황당한 일들이 거의 다반사로 반복되고 있으므로, 모른다는 것은 말도 안 된다고 해야 한다. 시 주석이 기회 있을 때마다 "공복을 비롯한 사회 지도층 인사들은 미녀의 관문에 갇혀 있어서는 안 된다. 가볍게 돌파해야 한다."라는 말을 입버릇처럼 되풀이하는 것은 이런 사실을 여실히 대변하는 것이다.

하지만 현실은 개선될 조짐이 별로 보이지 않는다. 오히려 갈수록 악화되고 있다. 여성들까지 권력과 성을 은밀하게 거래하는 이른바 권색교역權色交易에 적극적이 되었다. 당정 고위급 사모님들의 '공공의 정부'라는 별명으로 불린 남성판 탕찬인 〈CCTV〉 전 앵커 루이청강의 활약과 관련한 케이스들을 굳이 꼽을 필요도 없다. 쑤룽蘇榮 전 정협 부주석의 부인 위리팡于麗芳, 바이언페이白恩培 전 원난성雲南省 서기의 부인 장후이칭張慧淸, 저우융캉 전 상무위원 겸 서기의 두 번째 부인 자샤오예 등의 일탈만 사례로 들어봐도 바로 알 수 있다. 하나같이 남편보다 더한 무소불위의 권력을 휘두르면서 눈에 드는 남성들과의 밀회를 즐긴 것으로 알려졌다. 이 정도 되면 루이청강에게만 만족하지 못해 베이징 중관춘의 젊고 잘 생긴 정보통신기술ICT 인재들을 마구 후렸다는 소문이 무성한 구리펑의 활약이 전혀 무색하지 않다. 중국의 누리꾼들이 이들을 뭉뚱그려 야쯔鴨子(오리라는 말로, 호스트의 의미가 있음) 사냥꾼으로 부르는 것은 다 까닭이 있다고 하겠다. 그렇다고 해서 당정의 다른 조용한 고관 부인들이 털어서 먼지가 안 나는 것은 아니다. 오히려 음성적으로 더 기가 막히는 행각을 벌인다는 사실을 알 만한 사람들은 다 안다. 이는 베이징을 비롯한 전국 주요 도시에 상류층 사모님들을 고객으로 보유한 회원제 야뎬鴨店, 이른바 호스트바가 적지 않은 현실이 잘 말해준다.

상류층 사모님들을 고객으로 보유한
회원제 호스트바의 성행

이처럼 윗물이 맑지 않으니 아랫물이 맑을 수가 없다. 미남의 관문에 갇혀 헤매는 당정 각급 기관의 중하위직 여성 관리들이 적지 않다는 말이다.

2018년 이후 언론에까지 보도된 기가 막히는 뉴스만 살펴봐도 대략 10여 건 가까이에 이른다. 이들 중에는 심지어 아들 뻘의 젊은 내연남을 두고 부패를 일삼아온 50대 후반의 지방 정부 청장廳長(중앙 정부의 과장)급 간부도 있다고 한다. 일부 도시에서 단체로 야뎬에 출입했다 적발된 중장년 여성 관리들이 처벌을 받은 사례가 항간에 회자되는 것은 크게 이상할 것도 없다.

이와 관련해서는 앞으로도 길이 기억될 전설적 케이스도 있다. 2011년 5월 산시성山西省의 소도시 가오핑高平의 시장 겸 부서기로 전격 발탁되어 중앙 언론의 주목까지 받은 양샤오보楊曉波라는 여성이 주인공이다. 고작 30대 후반에 시장에 오른 그녀는 큰 키에 뛰어난 미모, 날씬한 몸매 등 외모도 대단했다. 미래의 산시성 성장 재목이라는 찬사까지 받았을 정도였다. 그러나 그녀의 진면목은 3년이 겨우 지난 2014년 12월에 완전히 드러나고 말았다. 독직과 뇌물수수 등의 혐의로 조사를 받다 무수한 남성 상사들과 잠자리를 같이 한 전력이 드러난 것이다. 고속 승진의 배경은 그녀의 이른바 '몸 로비'였다고 할 수 있었다. 더구나 그녀는 상사들에게 스트레스를 받아 그랬는지 부정축재한 돈으로 여성 부하들이나 주변 지인들과 성매매까지 자주 즐긴 것으로 확인됐다. 노블레스 오블리주와는 완전히 담을 쌓은 최악의 케이스라고 할 수 있다.

노블레스 오블리주가 하찮게 인식되는 나라는 국격이 높을 수가 없다. 일반 국민들의 인격이 훌륭하다면 오히려 이상하다고 할 것이다. 중국은 이런 면에서 그다지 바람직하지 않은 것으로 나타나고 있다. 무엇보다 측은지심의 발로인 기부 문화가 정착돼 있지 않다. 이런 단정은 수치에서 확인할 수 있다. 영국 자산지원재단CFA이 해마다 발표하는 세계기부지수World Giving Index 보고서를 보자. 지수가 고작 11에 불과하다. 세계 최빈국 중 하나인 미얀마의 70, 한국의 33에 훨씬 못 미친다. 글로벌 순위가 G2인 국가답지 않게 꼴찌다.

이에 대해 랴오닝성 다롄大連 시민 첸한장錢漢江 씨는 타인에 대한 측은지심이 부족한 중국인들의 성향에 대해 안타까워했다. "중국인들이 기부에 인색한 것은 다 이유가 있다. 무엇보다 주변의 다른사람은 쳐다보지도 않는 개인주의적 성향과 무관하지 않다. 여기에 지난 세기에 겪었던 여러 차례의 대기근, 돈에 악착같은 국민성도 무시하기 어렵다. 하지만 가장 결정적인 것은 역시 보고 배운 적이 없기 때문이라고 할 수 있다. 사회 지도층 인사들이 노블레스 오블리주를 실천하지 않는데 어떻게 기부를 생활화할 수 있겠는가? 앞으로도 상당 기간 바뀌지 않을 가능성이 높다."

사회 전반에 퍼진 노블레스 오블리주에 대한 불감증은 금세기 들어 부쩍 문제가 되는 런싱任性, 이른바 저급한 갑질 문화의 확산에도 불을 지피면서 부정적으로 작용하고 있다. 2019년 7월 말 충칭重慶에서 발생한 황당한 사건 하나를 살펴보자.

주인공은 시내에서 고급 스포츠카를 몰던 한 여성 운전자였다. 그녀는 당시 도로 한복판에서 자신의 차를 막았다면서 앞 차 남성 운전자의 따귀를 때렸다고 한다. 유턴 금지 구역에서 앞 차 때문에 유턴을 하지 못했다는 것이 이유였다. 그녀는 따귀를 때리면서 "거지같은 차를 몰면서 어디 감히 스포츠카 앞을 막고 방해하는 거야!"라는 욕도 잊지 않았다고 한다. 그러나 그녀의 갑질 대가는 혹독했다. 우선 앞 차 운전자로부터 모자가 날아갈 정도로 도로 따귀를 얻어맞았다. 카메라에 찍힌 해당 사건의 영상이 SNS와 온라인 커뮤니티에 퍼진 다음에는 네티즌들로부터 욕도 엄청나게 먹었다. 이게 끝이 아니었다. 경찰로부터는 교통법규 위반 혐의로 벌금을 부과받기도 했다.

무질서한 도덕, 인명경시 풍조 등은
부실공사로 이어져

악명 높기로 유명한 중국인들의 무질서한 공중도덕과 인간에 대한 예의 부족, 인명 경시 풍조, 사회 지도층 인사들의 해외 재산 도피 현상 역시 노블레스 오블리주가 부족한 현실과 무관하지 않아 보인다. 특히 인명 경시 풍조의 만연은 심각한 정도를 넘어섰다. 역사와 전통을 자랑하는 부실공사를 뜻하는 '더우푸자궁청'豆腐渣工程(두부찌꺼기 공사)이라는 단어가 여전히 살아 있는 현실이 이런 상황을 잘 표현해준다. 이에 대해 작가 천페이훙陳飛鴻 씨는 "노블레스 오블리주의 존재 이유는 누가 뭐라고 해도 사람이라고 할 수 있다. 노블레스 오블리주가 자연스럽게 받아들여지는 사회는 사람이 모든 것에 우선한다. 반면 그렇지 않은 사회에서는 사람이 후순위가 된다. 두부찌꺼기보다 하나 나을 게 없는 건축 자재를 사용한 공사들이 전국 곳곳에서 자행되면서 사람 목숨을 위협하는 것은 바로 이 때문이다. 2019년 8월 중순 산둥성 일대에 상륙한 태풍 레끼마에 속절없이 쓰러진 건물들이 급류에 휩쓸려 둥둥 떠내려간 것이 말이 되는가?"라고 개탄한 후 "이제는 달라져야 한다. 민도를 한 단계 업그레이드시켜야 한다. 그러기 위해서는 사회 전반의 천박함을 일소하지 않으면 안 된다."고 주장했다.

중국은 현재의 국격만 놓고 볼 때 G2에 부합한다고 하기 어렵다. 어떻게 해서든 국격을 높일 필요가 있다. 그러려면 역시 모럴해저드와 갑질 등의 천박함보다는 노블레스 오블리주가 중요한 덕목으로 받아들여지는 사회를 만들기 위해 노력해야 한다. 당연히 갈 길은 멀다. 하지만 그 길이 험난하다고 해서 망설인다면 미래는 더욱 어두울 것이라고 단언한다.

12.

★

보복심리

중국인의 잔인한 복수 기질과
국격에 어울리지 않는 막무가내 조치

중국인들은 일반적으로 보면 흥분을 잘 하지 않는다. 자신의 감정을 별로 드러내지도 않는다. 얼굴은 말할 것도 없고 말에서도 감정이 고스란히 나타나는 대부분의 한국인들과는 정말 달라도 너무 다르다. 이 점에서 볼 때 중국인들은 한국인들보다는 혼네本音(속마음)와 다테마에建前(겉마음)로 유명한 일본인들과 기질이 훨씬 비슷하다고 해야 하지 않을까 싶다.

중국에 대해 잘 모르는 외국인들의 눈에는 중국인들의 이 성향이 굉장히 관용적으로 비칠 수 있다. 하기야 중국이라는 나라가 사회 전반적으로 관용이라는 덕목을 유독 강조하는 나라이므로 이렇게 믿어도 크게 본질을 벗어났다고 하기는 어렵다. 여기에 중국인들이 대인배 기질을 의미하는 다팡大方이라는 말을 입에 달고 사는 사람들이다 보니 더욱 그렇다.

하지만 깊이 들어가 보면 중국인들이 관용적일 것이라고 보는 것도 100% 정확한 시각이라고 하기는 어렵다. 다팡을 강조하는 심리의 이면에도사린 샤오치^{小氣}, 즉 쩨쩨하고 소인배적인 기질이 중국인들의 DNA에 전혀 존재하지 않는다고 볼 수도 없는 탓이다. 이에 대해서는 유명 사회학자인 사오다오성^{邵道勝} 전 중국사회과학원 연구원도 어느 정도 시인한 바 있기도 하다. 심지어 대문호 루쉰의 경우는 죽어도 고치지 못할 기질이라고 악담을 퍼붓기까지 했다. 한마디로 외견적으로는 관용적이고 대범한 척하는 많은 중국인들이 사실은 완전 반대의 사람일 수 있다고 봐도 무방한 것이다. 이런 사람들은 대인관계에서 불만이나 악감정, 불화가 생길 때도 대체로 참는 경향이 많다. 그러나 절대로 잊지는 않는다. 꽁하고 가슴에 깊이 묻어둔다. 언제인가는 당한 것의 몇 배를 시원하게 돌려준다는 각오를 뇌리에 단단히 새긴 채 말이다. 나중에는 뒤끝 작렬의 막무가내 복수도 한다. 그것도 잔인하기 이를 데가 없다.

대인배 기질 속에 감추어진
쩨쩨한 소인배적 기질

그럴 리가? 하고 의심하는 혹자들을 위해 베이징 왕징에 사는 한국인 벤처사업가 곽^郭모 씨의 횡액을 먼저 소개해야 할 것 같다. 베이징 생활이 20년이 넘는 그는 주변 중국인 지인들에게까지도 인정받는 대단한 중국통으로 통한다. 그러나 2019년 9월 이후부터는 그런 칭찬의 말이 나오면 고개를 절레절레 흔드는 버릇이 생겼다. 자신이 중국인들을 몰라도 너무 몰랐다는 자괴감을 너무나도 절실히 느낀 나머지 중국통이라는 호칭이 부끄러워졌기 때문이 아닐까 싶다.

가족과 떨어져 오피스텔에서 혼자 살던 그는 2019년 8월 말에 아래층 입주자의 예고 없는 방문을 받았다. 방문자는 바로 "댁의 욕실이 새는 것 같네요. 우리 집으로 물이 뚝뚝 떨어집니다. 빨리 수리를 하셔야겠어요."라는 요지의 말을 꺼냈다. 그는 즉각 오피스텔 주인에게 연락을 했다. 주인은 별 말 없이 알겠다고 하면서 공사를 할 인부들을 보냈다. 공사는 욕실과 화장실을 완전히 갈아엎을 정도의 대규모였다. 평소 결벽증 기질이 다소 있었던 그는 불편했으나 어쩔 수 없었다. 공사 기간인 1주일 내내 오피스텔 근처의 사우나에서 살다시피 하면서 생리현상 등을 해결하기도 했다. 공사는 잘 마무리된 것처럼 보였다.

그러나 그게 아니었다. 9월 하순에 다시 물이 샌다는 연락이 아래층 사람에게서 온 것이다. 그는 화가 치밀었다. 다시 오피스텔 주인에게 전화를 걸어 "어떻게 공사를 했는데 이러는가?"라면서 짜증을 조금 냈다. 주인은 이번에는 달랐다. 덩달아 화를 내면서 "어떻게 관리했기에 그렇게 됐는가?"라고 반문하면서 그에게 탓을 했다. 두 사람의 언쟁은 급기야 감정싸움으로 번졌다. 주인은 이후 어느 날 저녁 작정한 듯 폭력배들까지 데리고 와서는 계약 기간이 남아 있는데도 방을 비우라는 협박을 했다. 집 안의 모든 집기의 상태까지 트집 잡으면서 상당한 액수의 손해배상까지 요구했다. 그는 기가 찼다. 요구를 거절한 것은 당연한 일이었다.

그때 돈을 주기 전까지는 이 집에서 나가지 않겠노라는 거친 말이 폭력배들의 입에서 나왔다. 기겁한 그는 즉각 대사관에 도움을 요청한 다음 인근 파출소의 경찰들도 불렀다. 친한 후배인 조선족 변호사 한 명에게도 도움을 부탁했다. 그러나 대사관의 경찰청 파견 영사 두 명과 파출소에서 달려온 8명의 중국인 경찰, 변호사도 오피스텔 주인의 막무가내 앞에서는 다 소용이 없었다. 주인은 아예 자고 가겠다면서 드러눕기까지 했다. 마침 부인도 남편 얼굴을 보기 위해 서울에서 찾아온 터라 그는 정말 난감했다. 다시 한 번 나이 지긋해 보이는 경찰에게 중재를 요청하는 수밖에 없었다. 곧 돌아온 대답은 가관이었다.

"선생이 저 사람에게 화를 좀 냈나요? 그에 대한 보복에 그런다는군요. 이제 방법이 없습니다. 저렇게 작정하고 나오면 선생이 당해내지 못합니다. 선생이 된통 걸린 거예요. 부인도 오셨으니 저 사람이 원하는 돈을 다 주고 내일 나가겠다고 하세요. 부인도 주무셔야 할 것 아닙니까? 저 사람 성격 보니까 여기서 진짜 자고 갈 것 같네요. 나도 중국인이지만 저런 사람들 보면 정말 짜증나요."

곽모 씨는 눈물을 머금고 자정이 다 된 시간에 부랴부랴 거액을 마련하지 않을 수 없었다. 중국인들의 막무가내 뒤끝 작렬의 보복 행태에 치를 떨면서 서둘러 인근에 집을 구한 다음에는 뒤도 돌아보지 않고 바로 옮겨버렸다.

20년 전 자신을 체벌한 교사에게 폭력을 휘두른 황당한 케이스도 중국인들의 보복 기질을 잘 보여주는 사례일 것이다. 폭행 사건의 주역은 허난성河南省 뤄양洛陽의 롼촨현欒川縣에 사는 30대 초반의 창常모 씨, 피해자는 그의 중학 시절 은사인 장張모 씨였다. 사건의 단초는 1998년으로 거슬러 올라간다. 당시 롼촨실험중학 학생이었던 13세의 창모 씨는 집안이 무척이나 가난했다고 한다. 학교생활을 제대로 할 처지가 아니었다. 그러나 영어 교사였던 담임 장모 씨는 그를 이해하지 못했다. 따뜻한 마음으로 감싸주지도 않았다. 툭하면 무릎을 꿇리거나 발로 차는 체벌을 가했다. 이 모욕적 체벌은 창모 씨에게는 억울한 기억으로 남았다. 언제인가는 반드시 복수를 할 것이라고 다짐을 수없이 했다.

하지만 기회는 잘 오지 않았다. 학교를 떠난 장모 씨를 찾는 것이 쉽지 않았다. 그러다 2018년 7월에 그는 드디어 장모 씨를 찾아낼 수 있었다. 이어 거사 D-데이를 잡았다. 그런 다음 7월의 어느 날 롼촨현의 한 도로에서 전기 자전거를 타고 지나가던 50대의 은사를 막아섰다. 장모 씨는 흠칫했으나 그를 알아보지도 못했다. 그는 하지만 개의치 않았다. "나를 기억하지 못하는 거야? 나는 당신을 똑똑히 기억해. 당신이 그러고도 선생이야?"라고 고함을 지르면서 장모 씨의 얼굴을 무차별로 구타했다. 가슴과 팔 역시 가격했다.

이 모습은 창모 씨가 친구에게 건넨 휴대폰에 그대로 찍혔다. 복수를 했다는 것을 스스로에게 증명하기 위해 찍은 이 영상은 그러나 나중에 독이 되어 돌아왔다. 그가 2019년 7월 중순 폭행죄로 기소된 후 1년 6개월 형을 선고받을 때 결정적 증거가 된 것이다. 그는 하지만 옥중에서도 20년 만에 실현한 복수에 대해 몹시 뿌듯해했다고 한다. 이 정도 되면 "군자의 복수는 10년이 흐른 다음에도 늦지 않다."는 중국인들의 복수와 관련한 항간의 명언이 영 무색해진다고 해야 할 것 같다. 그는 무려 20년이나 벼린 복수의 칼을 사용했으니까 말이다.

군자의 복수는
10년이 흐른 다음에 해도 늦지 않다?

이 보복 기질은 종종 죽음까지 불러오는 비극을 낳기도 한다. 대표적인 끔찍한 사례를 소개해 보겠다. 때는 2003년 1월 22일 오전이었다. 후난성湖南省 대도시 화이화懷化의 신황현新晃縣에 소재한 신황1중학의 교사 덩스핑鄧世平은 방학 중임에도 여느 때처럼 가벼운 마음으로 학교로 들어서고 있었다. 교무실에서는 교사와 직원들 몇 명이 바둑을 두고 있었다. 그 역시 딱히 할 일이 없던 터라 총무처 직원 한 명과 바둑판을 마주했다. 그때 학교에 새로 운동장을 조성하는 공사를 맡은 두사오캉杜少康이라는 조폭이 그를 불러냈다. 그는 다녀와서 바둑을 계속 두자는 말을 남긴 채 자리를 떴다. 그러나 자신의 말을 지키지는 못했다. 그대로 실종이 된 탓이다. 이후 그의 가족은

덩스핑이 암매장된 사건 현장인 운동장

사이가 유독 나빴던 두사오캉을 의심했다. 경찰에 수사도 의뢰했다. 하지만 수사는 웬일인지 잘 진행되지 않았다.

당시 이 학교는 현에서도 손꼽히는 명문 '중점 중학'이 되기 위해 운동장에 400미터 트랙이 필요했다고 한다. 공사는 웬일인지 교장인 황빙쑹黃炳松의 외조카로 알려진 두사오캉이 수의 계약으로 수주했다. 당연히 공사의 비용은 당초 예상인 80만 위안에서 140만 위안으로 훌쩍 뛰었다. 공사 역시 날림으로 진행되었다. 공사 감독 담당인 덩 교사는 평소 바른 말 잘 하는 그답게 즉각 두사오캉과 황 교장의 비리 사실을 현 교육국에 신고했다. 두사오캉으로서는 충분히 앙심을 품을 만했다. 결국 사건 당일 살해해 자신이 공사한 운동장에 암매장한 것으로 밝혀졌다.

이 사건은 영구 미제 사건으로 그대로 묻힐 뻔했다. 그러나 2019년 6월 신황현 공안 당국이 가라오케 운영 등 위법 활동을 일삼던 두사오캉을 붙

잡아 조사하는 과정에서 범죄 일체에 대한 자백을 받아내면서 16년 만에 해결될 수 있었다. 끔찍한 보복 살인을 당한 덩 교사의 시신은 이후 운동장에서 발굴돼 유족에게 인도됐다.

허베이성 한단邯鄲 페이샹현肥鄉縣에서 1990년 6월 16일 밤에 발생한 살인 사건 역시 비슷한 비극이 아닌가 싶다. 피해자는 페이샹현의 당 간부로 일하다 1982년 선거 부정을 폭로해 일약 반부패 영웅으로 떠오른 바 있는 궈젠민郭建民(2015년 82세로 사망)의 딸 궈구이팡郭桂芳으로, 역시 보복 살인을 당한 후 암매장됐으나 남동생의 노력으로 시신이 2019년 6월 말 발굴됐다. 범인이 누구인지는 밝혀지지 않았으나 짐작은 간다는 것이 언론의 지적이다. 아버지와 함께 부정 선거를 규탄하는 글을 쓴 그녀가 선거 부정에 연루된 수많은 현지 당 간부들과 주변 사람들로부터 미운 털이 박혔으니까 말이다.

이 사건들에 비하면 2019년 6월 중순 허난성의 대도시 저우커우周口의 한 마라탕麻辣燙 식당에서 벌어진 일은 그저 실소만 자아낼 수준이라고 해야 할 것 같다. 당시 이 식당에서는 임산부 런任모 씨가 남편과 식사를 하러 와서는 무슨 일로 심하게 다퉜다고 한다. 임신 6~7개월이었다고 하니 신경이 곤두설 수 있었다. 급기야 일도 벌어졌다. 옆 테이블에 있는 한 살 가량의 여자 아이가 숟가락으로 테이블을 두드리면서 소란스럽게 굴자 화가 나서 아이 엄마와 말다툼을 벌인 것이다.

다행히 런모 씨는 남편과 식당 점원의 설득으로 아이 엄마와의 언쟁을 멈추고 밖으로 나갔다. 그러나 화가 풀리지 않았는지 바로 식당 안으로 다시 들어와 뜨거운 마라탕 국물을 아이와 아이 엄마에게 투척했다. 아이와 아이 엄마는 이 황당한 사건으로 심한 화상을 입었다. 런모 씨 역시 법의 심판을 피하지 못했다. 구류 15일과 500위안 벌금형을 선고받았다. 그러나 임산부인 사실이 반영돼 구류 처분은 유예됐다. 임신 중이었다는 것이 천만다행이었던 셈이다.

국가적 차원에서도 치졸한 보복 가하는 중국, 한한령이 대표적

중국인들의 대범하지 못한 보복 기질을 증명해주는 사례들을 들자면 정말 끝도 한도 없다. 부관참시剖棺斬屍라는 말을 만들어낸 나라가 중국이 아닌가. 국민들이 이러니 국가가 치졸한 보복을 해도 전혀 이상할 것이 없다. 사드 배치에 따른 보복으로 한국에게 가한 한한령을 우선 살펴봐도 좋다. 말할 것도 없이 중국 당국은 한한령限韓令을 인정하지 않고 있다. 경솽耿爽 외교부 대변인을 비롯한 당국자들도 기회만 있으면 "그에 대한 말을 들어본 적이 없다."면서 한한령은 말도 안 되는 소리라고 부정한다. 하지만 여러 정황을 보면 한한령은 분명히 존재한다.

경북 성주의 골프장을 사드 부지로 제공한 롯데가 온갖 괴롭힘을 당하다 중국시장에서 철수한 것 등 증거는 차고도 넘친다. 여기에 칸 영화제 황금종려상 수상작의 영광에 빛나는 영화 〈기생충〉이 2019년 7월 말 칭하이성青海省의 성도 시닝西寧에서 열린 시닝 퍼스트 청년영화제의 폐막작으로 상영될 예정이었다가 끝내 스크린에 걸리지 못한 사실까지 더할 경우 한한령의 존재는 더욱 확연해진다. 사드 사태 발발 이후 매년 8월 24일의 한·중 수교 기념행사를 한·중 양국이 따로 개최하는 것은 이로 보면 크게 이상할 것도 없다.

댜오위다오의 영유권과 관련한 분쟁이 한참이던 2010년 일본에게 가했던 보복 조치 역시 거론할 필요가 있다. 희토류 수출 금지를 통해 일본을 압박, 상당한 성과를 거뒀다. 같은 해 반체제 인사 류샤오보가 노벨평화상을 수상했을 때도 중국의 이 보복 기질은 확실하게 발휘됐다. 노르웨이가 중국의 끊임없는 압박에도 불구하고 그에게 상을 주자 연어 수입을 전격적으로 막은 것이다. 노르웨이로서는 기가 찰 노릇이었으나 대응할 마땅한 카드가 없었다. 전혀 예상 못한 중국의 몽니에 한동안 적지 않은 고생을 하지 않으면 안 됐다.

"중국인은 중국인을 때리지 않는다."라는 말이 있다. 마오쩌둥이 1936년 제2차 국공합작을 성사시키기 직전에 내세운 구호로 시진핑 주석이 2019년 1월 2일 〈대만 동포에게 고하는 서신〉 발표 40주년 기념식에서 언급하면서 주목을 받은 바 있다. 중국과 대만은 같은 동포이니 전쟁을 하지 않는다는 얘기라고 보면 된다. 하지만 이 구호도 중국의 보복 기질과 만날 경우 완전 무용지물이 된다.

2016년 1월로 거슬러 올라가 보면 정말 그렇다는 사실을 알 수 있다. 당시 대만인들은 '대만 독립'을 주창하는 민주진보당의 차이잉원蔡英文 후보를 압도적으로 밀어줘 신임 총통으로 선출했다. 예상대로 차이 총통은 취임 후 '하나의 중국, 하나의 대만' 원칙을 굽히지 않았다. 중국은 즉각 "중국인은 중국인을 때리지 않는다."라는 말이 무색하게 시 주석의 주도하에 보복 카드를 꺼내들었다.

우선 대만으로 향하는 관광객을 대폭 줄였다. 대륙에서 활동하는 대만 기업들에 대한 옥죄기에도 적극 나섰다. 대륙에서 공부한 대만 유학생들의 취업 역시 제한했다. 이로 인해 대만의 관광산업 종사자들이 잇달아 자살하는 등 충격적인 사건이 연이어 벌어졌으나 중국 당국은 눈조차 깜짝하지 않았다.

세계 최강대국 미국과의 무역전쟁도
뒤끝 작렬의 국가적 차원 보복

미·중 무역전쟁의 격화로 대만의 대미 관계가 상대적으로 좋아지기 시작한 2019년 7월 이후의 보복 조치 역시 거론해야 한다. 대만이 이 기회를 놓치지 않고 22억 달러 상당의 최신형 미국제 무기를 구입하기로 결정하자 기다렸다는 듯 자국민의 대만 관광 전면 금지라는 보복 조치를 실시했다. 이뿐만이 아니다. 이후에는 끊임없이 대만해협 주변에서 전투기와 항공모함을 동원한 무력시위까지 진행하고 있다. 분위기로 보면 대만 총통 선거 당일인 2020년 1월 11일까지 이어질 가능성이 높다. 이 정도 되면 앞으로는 "중국인은 중국인도 때린다."라는 말을 써도 무방하지 않을까 싶다.

세계 최강대국 미국이라고 보복에서 자유로울 수는 없다. 양국 무역전쟁이 격화된 2019년 8월 이후 중국이 희토류의 대미 수출을 금지한 것이나 위안화의 환율을 대폭 평가절하한 사실만 봐도 그렇다. 미국이 가장 우려하는 카드를 통해 보복의 칼을 들이밀었다고 봐야 할 것 같다.

대국은 대국다워야 한다. 그러려면 대국다운 품위를 지켜야 한다. 그렇지 못할 경우 주변국은 말할 것도 없고 세계 모든 국가들로부터 존경을 받지 못한다. 중국은 이 점에서는 상당히 아쉬움이 많다. 이 단정은 뒤끝 작렬의 보복 기질을 마음껏 발휘한 그동안의 행태만 봐도 틀렸다고 하기 어려울 것이다.

이에 대해 베이징대학 정치학과의 김인규 박사는 "중국은 19세기 말엽 이후 거의 1세기 이상 글로벌 대국으로서 위상을 잃고 있었다. 이 기간 동안 어떻게 대국의 풍모를 가져야 하는가에 대한 학습이 전혀 되어 있지 않았다. 그러다 불쑥 금세기 들어와 국력이 커지면서 대국으로 자리매김하게 됐다. 그러나 아직 대국이라는 호칭에 어울리는 풍모를 보여주지 못하고 있

다. 그게 분명한 한계라고 할 수 있다. 앞으로 개선될 것이라고 보기도 어렵
다."면서 중국이 보여주는 국가 차원의 뒤끝 작렬의 보복 기질을 안타까워
했다.

　국민성이나 기질 자체가 그렇다는 사실을 떠올리면 전혀 놀라운 것은
아니다. 반드시 짚고 넘어가야 미래가 있다는 말을 잔소리로만 치부해서는
안 될 듯하다.

3장

차이나 파워

--- ★

중국에 대한 오해와 편견,
그리고 진실

★ ──────────────────────────

중국이 G1으로 우뚝 서기 위해서는 확실히 아직 가야 할 길
이 멀다. 정치, 사회 등을 비롯한 여러 분야에서 G2 국가에
합당한 국제적 수준의 차이니스 스탠더드를 확립할 필요도
있다. 민도 등 역시 개선할 부분이 많다. 그러나 저력 면에서
는 누가 뭐래도 막강한 경쟁력을 자랑한다. 차이니스 스탠더
드 확립과 민도 개선 등에 대한 노력도 기울이고 있다고 봐야
한다. 그렇게 볼 때 G1 등극이 완전히 불가능한 일은 아니다.
그럼에도 현재 2% 부족한 여러 요인들 탓인지 차이나 파워
에 대한 오해와 편견, 나아가 아무 근거 없는 선입견들이 지구
촌에 난무하고 있다. 서구 언론에서는 거의 홍수에 가깝다는
표현조차 과하지 않을 정도로 다뤄지고 있다. 근거가 전혀 없
는 억측은 아니지만 한국 언론이나 오피니언 리더들 역시 이
에 동조하는 분위기다.

부언하건대 이웃나라의 불행을 원하는 듯한 이런 자세는 국
익에 별로 도움이 되지 않는다. 지금부터라도 직시하지 않으
면 안 될 차이나 파워의 실체를 알아볼 필요가 있을 것 같다.

13.

중국 붕괴론

서구 세계의 희망 사항인가, 2보 전진을 위한 1보 후퇴인가!

　카를 마르크스의 《자본론》에 의하면 약 2세기 전 공산주의라는 유령이 유럽을 떠돈 적이 있었다. 지난 세기 미국에서도 예외는 아니었다. 1950~1954년에 미국을 휩쓴 일련의 반공산주의 마녀사냥을 의미했던 매카시즘만 봐도 유령은 분명히 존재했던 것 같다. 그렇다면 지금은 이런 유령이 없을까 하는 의문이 들 수 있다. 중국을 주제로 놓고 한정한다면 바로 '중국 붕괴론'이 그것이라고 할 것이다. 과거의 유령은 대상이 막연한 공포였다면 지금은 그랬으면 좋겠다는 미국을 비롯한 서구 세계의 바람을 담은 것이 다르기는 하지만.

　지금 이 붕괴론은 주로 중국의 저력을 부정적으로 보는 미국의 매파들과 주요 외신들의 뇌리에서 배회하고 있지 않나 싶다. 특히 미국 외신들은 잊힐 만하면 중국에 대한 부정적인 기사들을 내보내면서 붕괴론을 부채질하고 있다. 빈도로만 볼 경우 마치 "늑대가 나타났다!"는 양치기 소년의 외

중국 경제 비관론자인 샹쑹쭤 런민대 교수. 방송 출연 모습

침과 별로 다를 바가 없는 듯하다.

중국 붕괴론은 원래 지난 세기 말 미국의 의회도서관을 이용해 연구를 하던 일부 보수적 오피니언 리더들에 의해 불이 지펴진 이론이었다. 처음에는 중국이 최대 아킬레스건인 55개 소수민족 문제 등을 제대로 관리하지 못해 4, 5개의 정권으로 쪼개진다는 분열론으로 출발했다. 그러다 2008년 미국의 금융위기 이후에는 경제 경착륙 이론으로 진화했다. 헤지펀드계의 세계적 거물 조지 소로스와 닥터 둠(경제 전망 비관론자)으로 불리는 누리엘 루비니 미국 뉴욕대 교수 등이 미국의 위기 여파로 중국도 어려움에 봉착, 부동산 버블과 성장률 하락이라는 위기를 겪으면서 경제적으로 몰락한다는 시나리오를 주장한 것이다. 극단적으로는 망하기 직전의 구소련 꼴이 날 수도 있다는 시나리오였다. 그러나 이 주장은 4조 위안 규모의 자금을 경기부양책으로 쏟아 붓는, 무모할 정도로 적극적인 중국의 선제대응 노력

을 통해 가볍게 잠재워졌다. 소로스와 루비니 교수는 머쓱해질 수밖에 없었다.

미국 매파들이
중국 붕괴론을 주장하는 이유

하지만 양치기 소년들의 생명력은 끈질겼다. 이후에도 중국 경제가 굳건한 모습을 보였음에도 부정적 입장을 피력하는 것을 멈추지 않았다. 그러다 드디어 2018년 3월부터 본격적인 미·중 무역전쟁이 발발했다. 이어 중국 경제가 휘청거리기 시작했다. 중국 경착륙 이론은 이제 한 술 더 떠 붕괴론으로 진화하기에 이르렀다. 미국은 자국에 영원히 도전하지 못하도록 단단히 벼르고 있으며 경제에 뒤이어 정치, 사회도 완전 박살날 것이라고 보고 있다. 베네수엘라 사태에서 보듯 경제가 모래성처럼 와르르 무너지면 도미노 현상으로 정치나 사회도 극도의 혼란에 빠질 수 있는 만큼 나름 충분히 가능한 시나리오라고 볼 수 있다.

중국 붕괴론은 어느 날 하늘에서 뚝 떨어진 전혀 뜬금없는 주장만은 아니다. 이전과는 비교하기 어려운 경제 상황을 각론으로 살펴보면 어느 정도 수긍이 가기는 한다. 우선 경기를 나타내주는 바로미터인 경제성장률에 눈을 돌려야 할 것 같다.

중국은 지난 세기 직후부터 최근 10여 년 전까지만 해도 대체로 평균 10% 전후의 성장률을 기록한 바 있다. 아무리 대내외의 악조건 등으로 헤매더라도 8% 전후의 성장을 달성하는 기염을 토했다. 사실 질적으로 중진국 문턱에 겨우 진입한 중국으로서는 이 정도 성장은 해야 14억 명 인구를 그나마 먹여 살릴 수 있었다. 언론에 이른바 바오바保八(성장률 8% 사수)라는 단어가 얼마 전까지도 자주 등장한 것은 그만한 이유가 있었던 것이다.

그러나 미·중 무역전쟁이 발발한 이후부터는 확연히 달라졌다. 2019년 3분기 경제성장률이 6.0%로, 27년 만에 최저를 기록했다. 2019년 전체로 봐도 6% 이하로 떨어질 가능성이 거론됐을 만큼 이후 전망도 어둡다. 당연히 2020년 이후부터는 더 떨어질 수도 있다. 심지어 일부 붕괴론을 은근히 옹호하는 비관적 글로벌 싱크탱크들은 5% 이하까지 예상하고 있다.

비관적 전망은 놀랍게도 중국 내의 오피니언 리더의 입에서도 나오고 있다. 최근 한 강연에서 "진실을 말하는 것은 학자가 가져야 할 최소한의 양심이다. 나는 죽을 각오가 돼 있다."고 하면서 성장률이 뻥튀기됐다고 주장한 런민대 샹쑹쭤向松祚 교수가 이런 과감한 입장을 밝히는 주인공이다. 그의 주장에 따르면 중국의 2018년 성장률은 고작 1.67%에 불과했다고 한다. 그렇다면 2019년에도 이 수준을 넘어설 수 없다는 것이다. 조금 의아한 수치이기는 하나 그가 목숨을 걸겠다고 한 만큼 완전히 말도 안 된다고 하기도 어렵다. 이로 보면 현실 경제가 확실히 좋지 않은 것만은 사실인 듯하다.

언제든지 폭발을 일으킬 수 있는 경제의 뇌관이라고 해도 좋을 부채 문제도 간과해서는 곤란하다. 미국의 〈블룸버그통신〉을 비롯한 유력 매체들의 보도를 종합하면 2019년 3분기 기준으로 가계, 기업, 정부 등이 지고 있는 트리플 부채 총규모가 국내총생산GDP 대비 270% 전후에 이르는 것으로 추산된다. 이 정도만 해도 엄청난 규모다. 하지만 숨겨진 지방 정부와 기업들의 부채를 합치면 아마 상상을 초월할 수도 있다. 총리를 지낸 주룽지朱鎔基의 아들인 주윈라이朱雲來 전 중국국제금융공사 회장이 2018년 11월 말 비공개 포럼에서 총부채가 이미 600조 위안을 넘었다는 주장을 편 사실만 봐도 그렇다. 만약 진실이라면 GDP 대비 부채비율이 무려 700% 가까이에 이른다고 보아야 한다. 중국 경제의 덩치가 아무리 크다 해도 감당이 안 되는 수준에 해당한다. 아마도 경제 주체들에게 정신 차리라는 의미의 경종을 들려주기 위해 조금 무리한 입장을 피력한 것이 아닌가 싶다.

서민들의 피눈물을 초래하는 부동산 버블은 그러나 이제 경종을 들려줘도 해결이 쉽지 않은 현실로 내몰리는 양상이다. 굳이 다른 사례를 들 필요조차 없다. 전국에 빈집이 무려 6500만여 채에 이른다는 통계만 봐도 그렇다. 여기에 도시 전체가 텅텅 빈 구이청鬼城(유령 도시)이 50곳이 넘는다면 부동산 버블이 어느 정도인지는 더 이상의 설명이 필요 없을 것이다.

그럼에도 대도시의 살인적인 집값은 부동산 버블이 예상보다 훨씬 더 심각하다는 사실을 너무나도 잘 말해준다. 역시 수도 베이징의 사례를 살펴봐야 알기 쉽다. 2019년 10월 기준으로 베이징에는 대략 730만 채의 주택이 있는 것으로 추산된다. 역시 빈집이 많다. 전체의 15%가 비어 있다고 계산하면 규모는 110만 채에 이른다. 경제학의 수요, 공급의 법칙으로 보면 가격이 내려가야 정상이다. 그러나 그렇지 않다. 오히려 슬금슬금 올라가는 것이 현실이다. 이렇게 오른 것이 최근 들어서는 웬만한 대기업 직장인이 50년 동안 한 푼도 쓰지 않고 모아도 사지 못할 수준에 이르렀다. 베이징 집값이 홍콩이나 뉴욕보다는 못해도 서울 강남이나 도쿄의 그것을 우습게 안다는 우스갯소리는 절대 괜한 게 아니다.

엄청난 국가부채, 부동산 버블,
파산 위기에 내몰린 기업, 고용 불안……

얼핏 봐도 경제가 총체적 난국인 상황에서 실물 체감 경기가 좋은 모습이어도 이상하다. 실제로 당정 최고 지도부까지 나서서 위기의식을 강조할 정도로 좋지 않다. 부도로 내몰리는 기업들이 부지기수인 데다 자금난에 내몰릴 경우 기댈 곳이 마땅치 않은 민영기업들의 현실은 더욱 심각해 보인다. 수년 전부터 국진민퇴國進民退(국영기업은 승승장구하나 민영기업은 쇠락함)라는 말이 유행하는 사실이 현실을 잘 표현해준다. 2019년 말을 기준으로 도산해 사라졌거나 파산에 임박한 기업들이 700만여 개에 이른다는 추산은 나름의 근거가 있다.

최악의 상황에 직면한 대표적인 업체들을 꼽아보면 상황이 일목요연하게 이해될 것이다. 중국의 넷플릭스로 불리는 러스왕樂視網의 모기업인 러에코LeEco를 가장 먼저 거론해야 할 것 같다. 2004년 설립된 러스왕의 성공을 바탕으로 스마트폰과 전기자동차를 비롯한 TV, 가상현실VR 장비, 클라우드 등 다양한 분야에 묻지 마 투자식으로 진출하면서 거침없이 몸집을 키웠으나 급기야 크게 탈이 나고 말았다. 신용경색 탈출을 위한 돌려막기로 회사 명맥을 이어가고 있기는 해도 말 그대로 생불여사生不如死 상황에 직면해 있다. 한때 부호 순위가 열 손가락 안에 들기도 한 러에코의 공동 창업자 자웨팅賈躍亭 최고경영자CEO가 대표 자리에서 물러나 미국에서 파산보호 신청을 한 것은 바로 이 때문이다.

대표적인 소형 중저가 토종 브랜드 샤리夏利의 히트로 얼마 전까지만 해도 대세 자동차회사로까지 불렸던 톈진天津 이치샤리一汽夏利의 상황도 별반 다를 게 없다. 2013년부터 5년 연속 적자로 파산 위기에 직면해 있다. 랴오닝성遼寧省을 대표하는 대기업 중 하나로 유명한 후이산輝山유업의 처지는 더욱 비참하다. 채권자 측인 영국 대형은행 HSBC로부터 디폴트(채무 불이행)를 통보받고 사실상 회사 간판을 내린 형편이다.

당연히 고용 사정이 나쁠 수밖에 없다. 실제로 규모에 관계없이 거의 모든 기업에 감원 열풍이 불고 있다. 근래 들어 실적이 급속도로 나빠진 자동차 업체들의 감원 움직임이 무엇보다 두드러진다. 미국 회사인 포드와 현지

국영 업체 창안^{長安}자동차의 합작사인 충칭^{重慶} 창안포드의 행보가 대표적이다. 2019년 2월 말에 1,000명 가까운 인력을 내보낸 것도 모자라 지속적 감원에 나서고 있다. 사드 사태 이후 불거진 험한 정서로 인해 판매난에 시달리는 북경현대 역시 마찬가지다. 창안포드보다 훨씬 많은 인력을 정리했다는 소문이 파다하다.

전통적 제조업보다 훨씬 사정이 나은 스타트업이라고 해서 예외는 아니다. 부동의 차량공유 업계 1위인 디디추싱^{滴滴出行}이 대표적인 케이스에 해당한다. 2019년에 들어서자마자 전체 인력의 15% 정리해고 방침을 확정하면서 감원 열풍 대열에 합류했다. 글로벌 업체의 협력회사도 경기 하강의 유탄을 피하지 못하고 있다. 비운의 주인공은 애플의 협력사인 광둥^{廣東} 후이저우시^{惠州市}의 보언^{伯恩}광학으로, 무려 8,000명이 일자리를 잃었다.

이른바 '훠샤취'^{活下去}(생존)가 너 나 할 것 없이 기업들의 최고 화두인 상황에서 향후에도 분위기가 나아질 가능성은 희박하다. 최대 전자상거래 업체 중 하나로 꼽히는 징둥^{京東}을 비롯해 라이벌 기업인 알리바바, 바이두^{百度}, 텅쉰^{騰訊}(영문명 텐센트) 등 초우량 기업들이 선제적 감원 카드를 만지작거리는 것을 보면 그렇다고 단언해도 괜찮다.

중국 경제가 위기 국면이라는 사실은 이제 더 이상의 설명이 필요 없을 것 같다. 이의 여파로 정치, 사회 분위기도 뒤숭숭해지면서 전체 중국이 붕괴 국면에 진입할 것이라는 설을 말도 안 되는 궤변이라고 하기는 힘들 듯하다.

**14조 달러에 이르는 거대한 경제 규모에 비하면
현재 성장률 나쁘지 않아**

그러나 동전에 양면이 있듯, 모든 현상에는 어두운 면과 밝은 면이 있다. 밝은 면만 보려는 것도 곤란하지만 반대의 경우 역시 별로 바람직하지 못하다. 중국의 미래 전망에 대한 견해 역시 마찬가지다. 부정적인 측면만 보려고 하면 한없이 어두운 것만 보인다. 불과 수년 전만 해도 떠들썩했던 중국 세기론이나 굴기론은 완전히 자취를 감춰버리고 만다. 도대체 어떻게 이렇게 단 몇 년 만에 '팍스 시니카'라는 말까지 만들어낸 중국 긍정론이 정반대로 회색빛으로 바뀌었단 말인가. 반론이 없다면 이상할 것이다.

부정적인 전망에 반대의견을 주장하는 사람들도 많다. 붕괴론이 고개를 쳐들었다 하면 쌍수를 들고 반박하는 루사예盧沙野 주프랑스 대사나 후안 강胡鞍鋼 칭화대 교수 같은 중국인들은 제외하더라도 그렇다. 앤드류 네이션 컬럼비아대 교수, 미래학자 존 나이츠비츠 등 미국의 오피니언 리더들이 대표적이다.

주장의 근거도 확실하다. 붕괴론의 가장 큰 단초를 제공하는 성장률부터 살펴봐야 할 것 같다. 질적으로는 중진국 문턱에 걸터앉은 수준인 중국의 입장에서 6%대의 성장률은 확실히 매우 불만족스러운 것이 사실이다. 그러나 이제는 GDP가 2019년 말 기준 100조 위안(1경 7000조 원), 달러로는 14조 달러에 근접한 거대 경제체라는 사실을 직시하면 얘기는 달라진다. 아쉽기는 해도 앞으로는 7~8%, 나아가 10%대의 성장을 할 것이라는 기대는 아예 하지 말아야 한다는 뜻이다. 이에 대해 상하이上海 선물시장에서 투자 사업을 하고 있는 양영빈 씨는 "10%대 성장률은 중국이 후진국, 경제 규모가 크지 않았을 때나 가능했던 수준이다. 이제는 도저히 그럴 수가 없다. 만약 앞으로도 그렇게 된다면 나중에는 감당하기 어려운 과잉 성장으로 인해 심각한 부작용에 시달리게 된다."면서 현재 상황이 오히려 정상적인 것이라고 강조했다. 6%대의 성장을 두고 붕괴론을 들먹이며 호들갑을

떨 일이 아니라는 분석이다.

트리플 부채도 우려되는 대목인 것은 맞다. 그러나 이로 인해 최악의 위기에 직면, 국제통화기금IMF에 구제금융을 신청하게 될 것이라는 전망은 너무 과한 측면이 있다. 또 이 구제금융 제공 때문에 IMF까지 파산할 것이라는 극단적 분석 역시 마찬가지다. 게다가 버블 경제 붕괴 이후 잃어버린 20년을 경험한 일본의 현재 부채 규모가 GDP 대비 400%를 넘는다는 사실을 생각해 보면 중국은 오히려 양호하다는 결론에 이르게 된다. 이뿐만이 아니다. 외환보유고가 늘 3조 1000억 달러 전후 규모를 유지하는 현실도 간과하지 말아야 한다. 최악의 상황에 내몰려 IMF 구제금융을 신청할 것이라는 전망은 완전 말도 안 되는 소리다. 더불어 아무리 부채가 많더라도 내부적으로 해결이 가능한 중국 특유의 사회주의 금융 시스템과 정부 당국이 현실을 잘 알고 대비하고 있다는 사실을 감안하면 과도한 부채에 따른 위기론은 기우에 지나지 않는다.

"붕괴 현상이 나타날 수는 있다.
그러나 이는 성장을 위한 과정일 뿐이다."

부동산 버블 우려가 불거지는 것 역시 괜한 것은 아니다. 다 나름의 충분한 논리적 이유가 있다. 장기적으로는 경제의 발목을 잡을 요인이기도 하다. 하지만 버블 경제의 폐해를 가장 적나라하게 보여준 국가인 일본과 연관시켜 생각한다면 조금 과한 반응이다. 이 단정은 아직 부동산 버블과 직결되는 가계 부채가 GDP 대비 50% 전후로, 국가 경제의 근간을 뒤흔들 만큼 그렇게 어마어마한 규모가 아니기 때문이다. 여기에 부동산 버블에 관한 한 중국이 아무리 용을 써도 추월하지 못할 수준의 홍콩과 비교할 경우 아직 양반인 현실도 적시할 필요가 있다. "붕괴 현상이 나타날 수는 있을 것이다. 그러나 이는 전체적으로 경제 성장을 위한 과정일 수 있다. 이 과정을 겪으면 이후 더욱 견고하게 될 수 있다."면서 중국의 버블 경제에 대해 비교적 낙관적으로 전망한 미국 록펠러재단의 주장도 새겨들을 필요가 있다.

경제학적 관점에서 볼 때 거의 허리케인 속도로 진행되고 있는 파산이나 부도, 감원 등의 현상도 반드시 부정적으로만 볼 필요는 없다. 뒤로 자빠져도 코가 깨지는 지지리도 재수 나쁜 케이스가 있듯, 아무리 경제가 호황이더라도 파산은 늘 일어나니까 말이다. 비교적 호황인 미국에서도 2018년 이후부터 백화점 체인을 비롯한 도, 소매업 업체들의 잇따른 파산이 이어지는 것만 봐도 그렇다. 이로 인해 세계 최대 쇼핑가인 뉴욕 맨해튼이 썰렁해지면서 오피스 공실률이 20% 이상을 기록해도 미국 경제가 위기라는 분석은 전혀 나오지 않는다. 미국 붕괴론은 더 말할 필요조차 없다.

더 나은 미래를 위해서는 창조적 파괴도 바람직하다는 불후의 진리도 되새겨봐야 할 필요가 있다. 괜히 산소호흡기를 단 채 연명하면서 주위에 피해를 주느니 깨끗이 산화한 후 새롭게 태어나는 것도 나쁘지는 않다는 말이 된다. 시진핑 주석이 좋아하는 '봉황열반, 욕화중생'鳳凰涅槃, 浴化重生(봉황은 자신의 몸을 불살라 다시 태어난다)이라는 고사성어에서 볼 수 있는 화끈한 자세가 더 나은 것이다. 이로 보면 중국 당국이 최소 2만여 개, 최대 10만여 개로 추산되는 좀비 기업들을 강제로 문을 닫게 하려는 것은 다 까닭이 있다고 보아야 한다. 실제로 현재 중국 재계에서는 파산이나 도산, 감원 못지않게 4차 산업혁명 관련 기업들이 대거 발흥하고 있을 뿐 아니라 창업의 열기도 뜨겁다. 오히려 장기적으로 보면 현재 상황이 '신의 한 수'일 수도 있다.

그럼에도 부언하건대 총체적으로 중국 경제가 장밋빛 전망 일색이던 과거에 비해 어려운 것은 솔직히 사실이다. 하지만 앞서 언급한 여러 정황이나 데이터들은 아직 최악의 상황에 직면했다고 하기에는 이르다는 사실을 분명히 말해주고 있다. 조금 더 낙관적으로 분석한다면 2보 전진을 위해 기꺼이 1보를 후퇴하는 어려움을 스스로 감내하는 중이라고도 볼 수 있다. 역시 진정한 경제 강국으로 거듭나기 위한 성장통을 겪고 있다는 표현이 현재의 상황을 잘 대변한다고 하겠다. 정치, 사회 분야 역시 크게 다르지 않다. 위기라는 말을 쓰기에는 다소 과하다. 중국 붕괴론은 누가 뭐래도 역시 미국을 비롯한 서구 세계의 희망사항인 중국 흔들기로 인한 실체가 모호한 주장이라고 해야 할 것 같다. 중국이 G2를 넘어 G1을 향해 달려가는 행보 역시 미래의 어느 시점에서는 결실이 드러날 수 있는, 나름 인정받아야 할 노력이라고 할 것이다.

붕괴론과 일란성 쌍둥이인 분열론의 허와 실

　맹자孟子는 일찍이 천하의 흥망성쇠 사이클을 이른바 일치일란一治一亂으로 규정한 바 있다. 한 번 태평성대가 있으면 다음에는 반드시 어지러운 시대가 올 뿐 아니라 이것이 주기적으로 반복된다고 주장한 것이다. 소설《삼국연의》첫머리의 "천하가 오래 통합돼 있으면 분열이 오고, 오래 분열돼 있으면 통합이 온다."라는 말과 같은 뜻으로,《맹자》〈등문공하〉滕文公下에 나온다.

　이 말은 고대에서부터 현대까지의 중국 역사를 개괄해 볼 때 불후의 진리라고 해야 한다. 우선 하夏나라에서 출발해 은殷(상商나라라고도 함)과 주周나라를 거쳐 춘추전국春秋戰國 시대에 이르기까지가 그랬다. 진秦나라와 한漢나라를 거친 이후에도 이 일치일란의 사이클은 지긋지긋하게 중국 역사에 등장했다. 근대에 들어서는 군벌의 난립과 국공내전을 겪으며 일치일란이 중국 역사의 지긋지긋한 징크스라는 사실을 확실하게 증명했다.

중국 분열론의 뇌관으로 인식되는 55개 소수민족들. 사진은 2019년 열린 소수민족 전국체전 모습

1949년 10월 1일, 30여 년 가까운 국공내전을 승리로 이끌면서 난세를 치세로 만든 사회주의 중국으로 들어와서도 크게 다를 것이 없었다. 국가가 사라지는 최악의 상황이 도래하지는 않았으나 길다면 길고 짧다면 짧은 70년 남짓한 기간 동안 일치일란의 이론이 얼마나 절묘하게 맞아떨어지는 것인지 확실하게 증명됐다. 대약진운동과 문화대혁명에 뒤이은 개혁, 개방 선언, 톈안먼 사태 등만 봐도 잘 알 수 있다.

중국 미래 비관론자들의 일관된 레퍼토리인
분열론 시나리오

주지하다시피 중국은 지난 40여 년 동안에 걸친 개혁, 개방 정책으로 눈부신 경제 발전을 이룩했다. 경제 호황의 과실은 무척 달콤했다. 무엇보다 일치일란 사이클이 작동하지 못하도록 만들었다. 21세기의 대명천지 하에서 공산당 1당 독재 체제에 대한 중국인들의 호감은 덤이었다. 이뿐만이 아니었다. 공산당 정권이 톈안먼 사태에서 최대 1만 명에 이르는 수많은 인명을 희생시키면서 얻은 값비싼 학습을 통해 확실하게 터득한 자국민 컨트롤 노하우는 일치일란이 고개를 쳐드는 것조차 원천봉쇄했다.

그러나 미중 무역전쟁과 이에 따른 급속도의 경기 하강은 지난 30여 년 동안 이어져온 치세의 판도를 여지없이 흔들어버렸다. 곧 지난 세기 한참 시끄럽다가 잠잠해졌던 중국 분열론이 마치 기다렸다는 듯 붕괴론과 함께 머리를 내밀었다. 이 분위기에 힘입어 21세기의 노스트라다무스라는 무시무시한 별칭으로 불리는, 조지 프리드먼이 《100년 후》라는 저서에서 주장한 관련 내용도 광범위하게 퍼져나갔다. 지난 30여 년 동안의 국내외 여러 불안 요인들에도 불구하고 잘 버텨왔던 중국이 마침내 한계에 봉착, 2020년부터 급격히 국력이 기운 후 본격적인 난세 국면으로 접어들면서 분열된다는 것이 주된 내용이다.

프리드먼을 비롯한 중국 미래 비관론자들의 일관된 레퍼토리인 분열론이 얼핏 봐도 붕괴론과 거의 일란성 쌍둥이라는 사실을 알 수 있다. 사회, 정치, 경제, 소수민족 등의 현안들이 해결되지 않은 채 곪아터지는 것이 문제가 된다는 점에서 분명히 그렇다. 물론 분열론은 가장 큰 요인이 소수민족 문제라는 점에서 붕괴론과 다소 다르기는 하다. 또 크게 망하든 적게 망하든 그래도 사회주의체제 하의 정권은 유지할 것이라는 붕괴론에 비하면 분열론이 훨씬 더 비관적인 시나리오라고 하겠다.

현재 서구 세계를 중심으로 유포되는 분열론 버전은 여러 가지가 있다. 우선 빈부 격차 및 지역 갈등에 따른 대륙 동서부와 남북부의 분열, 황허黃河와 창장長江을 경계로 해 4~5개로 찢어지는 시나리오 등이 있다. 하지만 가장 많이 회자되는 시나리오는 역시 55개에 이르는 소수민족들이 중국으로부터 독립, 분열한다는 것이다. 단순히 산술적으로 계산할 경우 지난 70년 동안 유지되어 온 하나의 중국이 최대 56개 국가나 정부로 나눠진다는 계산이 나온다. 구소련이 분열하는 과정을 '인종의 용광로'인 중국도 그대로 답습한다는 말이다. 먀오족苗族 소수민족인 베이징의 40대 요식업자 왕더푸王德夫 씨의 설명을 들으면 보다 알기가 쉽다.

"나는 베이징에서 10년째 먀오족 전통 음식을 파는 식당을 경영하고 있다. 전 중국의 거의 모든 민족 출신들이 손님이라고 보면 된다. 식당을 하기 전에는 과연 나 같은 소수민족이 많을까 하는 의문을 가졌으나 진짜 그렇더라. 더욱 중요한 것은 소수민족이 상당히 한족에 동화되기는 했으나 기본적으로는 정말 많이 다르다는 사실이다. 별 문제 없이 70년 동안 같이 살고 있는 것이 신기할 정도다. 세상일은 아무도 모른다는 말처럼 앞으로도 그럴 수 있을지는 장담하기 어려울 것 같다."

55개 소수민족 규모만 1억 2000만 명, 전체 인구의 8.5% 차지

한족을 포함해 56개 민족이 조화롭게 살면서 전체 중국인을 이룬다는 당국의 입장과는 많이 달라 보이는 왕 씨의 소회대로 중국 내 소수민족의 규모는 상상을 초월한다. 2019년 5월 기준으로 전체 인구의 대략 8.5%인 1억 2000만 명을 헤아린다. '인종의 용광로'라는 말이 과언이 아니다. 이 사람들이 도대체 왜 중국 땅에 살고 있는지 고개가 갸웃거려지는 독특한 소수민족들도 아주 많다. 우선 인종적으로는 슬라브계에 더 가까운 카자흐족, 우즈벡족, 러시아족을 꼽을 수 있다. 총 200여 만 명 정도로 추산된다.

당연히 러시아어를 비롯, 인도유럽어에 더 가까운 언어를 쓴다. 태국을 필두로 하는 동남아에 뿌리를 둔 타이족傣族, 이슬람교를 믿는 후이족回族, 전체 인구가 5,000명도 채 안 되는 가오산족高山族 역시 크게 다르지 않다. 카자흐족 등에 못지않은 이색적인 민족들이다. 문화나 풍습, 종교는 말할 필요도 없다. 자신들의 정체성을 중국과 연결시켜 생각하는 것이 신기할 정도다. 그럼에도 법적으로는 중국인으로 살고 있다.

이런 현실 속에서 일반적으로 중국인이라고 통칭되는 한족들과의 갈등이 없다면 이상하다고 해야 한다. 일부 소수민족 거주지에서는 언어, 문화, 종교적 차이에서 오는 갈등이 대단히 심각하다. 이 때문에 일부 민족들은 독립까지 부르짖는 결사항전에 나서기도 한다. 굳이 다른 사례를 거론할 필요도 없다. 흔히 티베트인으로 불리는 쨩족藏族, 중세 시대 돌궐족突厥族의 후예로 터키와 같은 민족인 위구르족과의 갈등을 살펴보자. 1949년 공산 통일 이후 거의 연일 시쨩西藏자치구로 불리는 티베트와 신장위구르자치구에서 한족 정부에 저항하는 분신자살과 테러가 발생하고 있다. 주로 분신자살로 자신들의 자치나 독립에 대한 의지를 불태우는 티베트인들과는 달리 신장위구르자치구의 위구르인들은 테러 일변도의 투쟁을 통해 저항하고 있다.

복수에 대한 집념이 유난히 강한 것으로 유명한 한족 중심의 중국이 이를 가만히 두고 볼 리가 없다. 최대 골칫거리 소수민족인 위구르족에 대해 가하는 강력한 압박의 수단을 살펴보면 알 수 있다. 체제에 위협이 되는 인사들에게 가해지는 가차 없는 투옥 및 부당한 대우, 수시로 행해지는 예비 검속, 자택연금 등이 이에 속한다. 테러를 저지르거나 단속에 저항하는 극단적인 경우에는 사살도 서슴지 않는다.

최근까지 서구 세계의 거센 비난을 받은 직업훈련소의 존재를 살펴보면 보다 더 확연해진다. 중국 정부의 공식 발표에 의하면 이 훈련소는 극단주의 테러리스트들을 교화한다는 명목으로 설립돼 운영됐다고 한다. 그러나 서구 언론과 국제 인권기구의 주장은 완전 판이하다. 감옥이나 다름없는 대형 강제수용소라는 것이다. 이들의 주장이 맞는다면 위구르 전체 인구의 10%에 가까운 100만 명이 수용돼 있다고 한다.

티베트와 신장위구르자치구의 케이스만 놓고 볼 때 중국은 언제 터질지 모를 시한폭탄을 안고 있다. 천하대란이 도래한 다음 중국을 분열시킬지 모른다는 가정이 실제 현실로 나타나더라도 이상하지 않다. 중국에게 절대 패권을 내놓으려고 하지 않는 미국으로서는 은근히 바라는 일일 것이다. 하지만 역시 한쪽 면만 봐서는 곤란하다. 반대의 분위기도 살펴봐야 한다. 이 경우 분열론이 현실로 나타나기 어렵다고 판단할 요인도 상당히 많다.

티베트와 신장위구르자치구를 제외한
소수민족들은 독립 생각 별로 없어

우선 짱족이나 위구르족을 제외한 나머지 소수민족들이 독립에 대한 생각이 별로 없다는 사실을 꼽아야 할 것 같다. 굳이 다른 사례를 들 필요도 없다. 아직까지 전통적인 모계사회의 풍속을 고집스럽게 지키는 윈난성 일대의 소수민족인 나시족納西族 30만여 명의 생활을 살펴보자.

오랫동안 모계사회에서 살아온 이들의 세상에서 가정을 이끌어가는 주체는 당연히 여성이다. 따라서 남성이 할 일은 별로 많지 않다. 굳이 꼽으라면 딱 세 가지가 있다고 한다. 첫 번째는 나름 그럴싸하다. 별로 써먹을 곳은 없으나 책을 읽으면서 공부로 세월을 낚는 것이다. 두 번째 역시 이해는 가는 대목이다. 바로 부인을 지극정성으로 사랑하면서 어떻게든 자식을 보게 하는 것이다. 집안 대소사를 여성이 다 챙기는 만큼 사실 이 일에 대해서는 남편이 각고의 노력을 기울일 필요가 있지 않나 싶기도 하다. 그러나 마지막은 조금 어처구니가 없다. 할 일이 없으니 좋은 장소에 나가서 햇볕을 쬐는 것이라고 한다.

나시족의 일파로 알려진 약 1만여 명 인구의 모쒀족^{摩梭族}도 흥미롭다. 55개 소수민족에조차 속하지 않는 이들은 언어와 풍속도 나시족과 거의 같다. 그러나 민족의 전통을 확실하게 지키면서 가모장^{家母長} 제도를 버리지 않고 있다는 점에서는 확연히 다르다. 어느 정도인지 살펴볼 필요가 있을 것 같다. 원래 이들은 민족의 전통을 지키는 것을 목숨처럼 여기는 것으로 유명하다. 그래서 지금도 한족은 상상도 하지 못할 13세의 나이에 성인식을 치르고 성인이 된다. 그러나 결혼이라는 제도는 없다. 그렇다고 아이를 낳지 않는 것은 아니다. 어떻게 가능할까. 역시 사례를 들어야 알기 쉽다. 어느 마을에 미모와 고운 심성을 다 갖춘 과년한 여성이 있다고 치자. 당연히 주변의 남성들은 그녀에게 혹할 수밖에 없다. 그러나 이 여성은 자신이 원하는 남성만 집으로 찾아오도록 허락한다. 그 이후는 뻔하다. 종족 보존을 위한 사랑을 나누지 않는다면 남성이 찾아갈 이유도 없으니까 말이다.

그러나 모쒀족의 전통에 따르면 이런 사랑에도 원칙이 있다. 우선 아침이면 남성이 무조건 여성의 집에서 나와야 한다. 또 여성은 자신이 받아들인 남성과 관계를 유지하는 한 양다리를 걸쳐서는 안 된다. 남성은 아이가 태어나도 혹시 내 자식이 아닌가 하는 생각을 가져서도 곤란하다. 당연히 아이는 여성의 가족이 키운다. 그렇다고 모쒀족 남성의 역할이 전혀 없는 것은 아니다. 누나나 여동생이 낳은 아이에 대해 아버지 대신 교육을 통해 인생을 가르친다. 한 집안에서 이어오는 혈통과 계보인 대^代는 할머니에서 시작해 어머니를 거쳐 딸로만 이어진다. 남성은 그저 가부장제의 여성처럼 가족의 일원일 뿐이다.

모쒀족들의 이런 결혼 없는 전통적 사랑은 일반적으로 저우훈走婚으로 불린다. 나시족과 별로 다를 것 없는 이런 이들의 입장에서 독립이라는 단어가 과연 가당키나 하겠는가? 답은 전혀 아니다. 대부분의 다른 소수민족들 역시 크게 다르지 않다. 정도의 차이는 있겠으나 분열론의 전제가 될 독립이나 자치를 위한 노력과 투쟁을 염두에 두는 경우는 거의 없다.

55개 소수민족들의 능력 역시 중국을 분열시키기에는 터무니없이 부족하다. 어느 한 민족이 타민족의 압제와 억압에서 벗어나려면 힘이 있어야 한다. 강력한 군사력까지는 아니더라도 소련 해체 이후 독립을 위해 극렬히 투쟁해온 체첸인들처럼 최소한 어느 정도의 무장 능력은 필요한 것이다. 그러나 이 분야에 있어서는 독립 투쟁에 나서는 짱족이나 위구르족의 일부 강경분자들도 할 말이 별로 없을 듯하다. 1949년 신중국 건국 이후 무장을 갖춘 채 한족 군대나 경찰과 교전한 사례가 거의 없다고 해도 좋으니까 말이다. 이런 면에서 볼 때 중국 정부의 눈엣가시인 달라이 라마 14세가 최근 기회 있을 때마다 "우리는 독립을 원하는 것이 절대 아니다. 중국 당국이 최소한의 자치만 부여한다고 해도 받아들이겠다."라는 입장을 공공연히 피력하는 것은 다 이유가 있다.

100% 허구의 주장은 아니지만
현실이 될 가능성은 없어

당국의 소수민족에 대한 동화책이나 우대책 역시 분열론이 현실화되기 어렵다는 것을 말해주는 요인이다. 굳이 다른 사례를 들지 않아도 된다. 사회에 대한 영향력이 절대적인 분야에서 소수민족 인재들을 꽉꽉 밀어주면서 한족과 같이 섞여 살도록 하는 것만 봐도 잘 알 수 있다. 정치 분야에서는 후이족 출신인 후이량위回良玉 전 정치국 위원이자 부총리를 들 수 있다. 소수민족 입장에서는 언감생심이라고 해도 좋을 25명 정원의 정치국원이 돼 후이족들의 프라이드를 한껏 드높인 인물로 손꼽힌다. 위구르족 출신으로는 2019년 3월 낙마하기는 했으나 상당한 고위직인 국가발전개혁위원회 부주임 겸 국가능원(에너지)국 국장으로 일한 바 있는 누얼 바이커리努爾白克力 전 신장위구르자치구 주석이 손에 꼽힌다. 조선족 역시 거론해야 할 것 같다. 민족과종교위원회 전철수全哲洙 부주임이 가장 대표적 인물이다. 비록 최고 요직은 아니나 부장(장관)급이라는 사실을 굳이 외면할 이유는 없다. 외교부 부부장(차관)을 지낸 공현우孔鉉佑 주일 대사 역시 간단치 않다. 외교부 내 손꼽히는 일본통으로, 최장기 주일 대사 기록을 노리는 것으로 알려지고 있다.

연예 분야는 아예 소수민족의 놀이터라고 해야 한다. 지난 수십여 년에 걸친 당국의 지원과 배려 덕에 인구 비율로 따지면 소수민족이 압도적으로 활개를 치는 곳이 돼버렸다. 2018년 북한 공연에까지 나선 탓에 한국인들에게도 잘 알려진 배우 퉁리야佟麗婭가 가장 두드러지는 스타이다. 시보족錫伯族 출신으로 웬만한 한족 A급 스타들보다 개런티가 높다. 같은 위구르족 출신인 배우 디리러바迪麗熱巴와 구리나자古力娜扎도 명함을 내놓을 만하다.

가수 쑹쭈잉宋祖英은 먀오족 출신의 가장 성공한 연예인으로 널리 알려진 케이스다. 너무 유명세를 타는 탓에 당정 최고위층 지도자들과 스캔들이 있다는 소문도 파다하다. 이 소문의 주인공은 바로 장쩌민 전 주석과 쩡칭훙曾慶紅 전 부주석으로, 내용도 상당히 구체적이다. 때는 지난 세기 말의 어느 날이었다. 당시 문화부의 부부장급 명예직인 특별순시원으로 재임하면서 중화권 연예계에 막강한 영향력을 행사하던 쩡칭훙의 동생 쩡칭화이曾慶淮는 전국 규모의 연예 행사 하나를 주최한 바 있었다. 그때 그의 눈에 당시 30대의 매력 넘치는 미인이었던 출연자 쑹쭈잉이 들어왔다. 그는 즉각 유부녀이던 그녀를 형인 쩡칭훙에게 상납했다. 이렇게 둘의 내연관계가 시작됐다고 한다. 그러다 쩡칭훙이 모종의 부패 사건에 연루돼 코너에 몰리게 됐다. 살기 위해서는 어떻게든 탈출구를 모색하지 않으면 안 됐다. 순간 그는 권력의 정점에 있던 장쩌민 전 주석이 미인을 마다하지 않는다는 사실을 떠올렸다. 다음 수순은 어렵지 않게 이어졌다. 자신과 부적절한 관계인 쑹쭈잉을 다시 장 전 주석에게 상납한 것이다. 이렇게 해서 둘은 이른바 한 여성을 공유하는 기막힌 관계가 되었다. 이 소문은 신빙성에 다소 의심이 간다. 그러나 전혀 아니라고 하기에는 내용이 너무 구체적이다. 소수민족 먀오족인 쑹쭈잉이 당국의 배려로 얼마나 연예계의 거물로 성장했는지를 증명하는 사례라고 할 수 있을 것이다.

조선족이라고 해서 연예계를 좌지우지할 스타로 키워지지 않을 까닭이 없다. 바로 중국의 '빅토르 최'로 불리는 록 가수 최건을 꼽을 수 있다. 처음에는 중국 청년들의 저항가요인 〈일무소유〉一無所有(아무 것도 가진 게 없네)를 불러 혼자 큰 것으로 보이지만 나중에는 확실히 당국의 배려가 있었다고 봐야 한다.

당근을 주면서 다른 한편으로는 채찍을 휘두르는 중국의 강경책 역시 분열론이 미국을 비롯한 서구 세계의 희망사항이 공리공담이라는 사실을 증명하기에 전혀 부족함이 없다. 대표적인 것은 이이제이以夷制夷(오랑캐로 오랑캐를 제압함)라는 불후의 진리를 떠올리게 하는 행보이다. 티베트와 신장위구르자치구의 경찰이나 치안 병력의 상당수를 현지인으로 구성하는 전략이 그것인데, 현지에서 만에 하나 불상사가 발생하더라도 서구 세계의 비난에 대처할 여지도 있다. 신장위구르자치구에 소재한 직업훈련소의 존재에서도 보듯 무자비하게 몰아붙이는 전략 역시 같은 맥락이라고 할 수 있다. 최후의 방법이기는 하나 가장 효과가 높다는 점에서 중국 당국이 늘 유혹을 느끼는 전략으로 손꼽힌다.

결론적으로 중국 분열론이 전혀 말이 안 되는 100% 허구의 주장은 아니지만 현실로 비화하기에는 추동력이 많이 약한 것도 사실이다. 게다가 중국이 2중, 3중의 안전판을 설치한 채 1년 365일 만일의 사태에 대비한다는 사실을 감안하면 역시 분열론은 현실과는 거리가 멀다고 보는 것이 맞을 것 같다.

15.

중국 위협론

미국의 이익 지키는 차원에서 개발된
중국 때리기 위한 논리

서양인의 동양인이나 흑인에 대한 우월감은 상상을 초월한다. 아돌프 히틀러가 제2차 세계대전을 통해 유대인과 집시들을 대상으로 자행한 인종청소는 이런 편견과 선입견이 작용한 엄청난 죄악이었다. 19세기를 전후한 시기에 서구 열강이 아무런 죄책감 없이 아프리카나 아시아에 대한 식민지배에 나선 것도 어떻게 보면 이런 선입관 탓이 아니었나 싶다. 물론 이런 서양인들의 생각은 인권 등이 강조되는 21세기에 들어오면서 외견적으로는 많이 개선되기는 했다. 하지만 아직도 완전히 사라지지는 않았다.

그렇다면 서양인의 동양인에 대한 우월감은 생래적인 것일까 하는 의문이 든다. 오히려 반대일 수도 있는 것이, 역사를 거슬러 올라가서 살펴보면 분명해진다. 때는 4세기 중엽이었다. 당시 몽골 초원과 중앙아시아에 웅거하고 있던 용맹한 유목 기마민족인 흉노족匈奴族은 인접한 대제국인 한나라를 괴롭힐 수준의 막강한 힘을 과시하고 있었다. 그러나 시간이 지나면

중국 위협론을 단적으로 보여주는 만평

서 정착에 실패하고 서서히 한나라에 밀리기 시작, 급기야 서진에 나서지 않으면 안 되게 됐다. 태어나자마자 말 타는 것부터 배운다는 소문이 지금도 자자한 이들의 위력은 대단했다. 그 용맹하다는 유럽의 백기사들도 막기 힘들 정도였다. 나중에는 현지에서 훈족으로 불린 이들에 밀린 게르만족의 대이동까지 이뤄지게 됐다. 서양인들의 가슴 깊숙한 곳에는 동양인들에 대한 공포가 자리 잡지 않을 수 없었다.

서양인의 동양인에 대한 공포증과
중국 위협론

칭기즈칸을 비롯한 여러 칸汗들이 지휘한 원나라 몽골군의 유럽 정벌은 흉노족 때와는 차원이 달랐다. 가는 곳마다 약탈과 살육이 자행되면서 유럽인들을 엄청난 공포로 몰아넣었다. 이때의 참상이 지금 유럽 각국의 역사 교과서에 나온다면 더 이상 설명은 사족일 것이다. 그나마 다행인 것은 당시 대제국의 영토가 차고 넘쳐서 원나라가 유럽을 확실하게 정복하지 않았다는 사실이었다. 원나라 병사들이 만약 당시 유럽에 계속 주둔했다면 아마도 역사가 달라졌을지 모를 일이다. 그랬다면 서양인의 동양인에 대한 포비아^{Phobia}(공포증)는 아마 고황膏肓의 병이 됐을 수도 있다.

그러나 이후 서양인의 동양인에 대한 포비아는 수면 하에 가라앉았다. 대항해와 제국주의 시대는 그야말로 유럽의 독무대라고 해도 좋았던 만큼 그럴 수밖에 없었다. 그러다 19세기 후반부터 메이지유신明治維新을 통해 일본제국주의가 세계적 강국으로 부상하자 잠재돼 있던 서양인의 동양인에 대한 공포가 다시 서서히 모습을 드러냈다. 더불어 유럽 문명을 위협하는 황색인종을 경계해야 한다는 독일 빌헬름 2세의 황화론黃禍論도 유럽을 배회하기 시작했다.

서양인들에게는 다행히도 이 황화론이라는 유령은 일본제국주의의 멸망과 오랫동안 세계 초강대국으로 군림한 중국의 쇠락으로 조용히 사라졌다. 다시 나타날 것 같지도 않았다. 하지만 이번에는 개혁, 개방 정책을 통해 엄청나게 힘을 기른 사회주의국가 중국이 나타났다. 유령의 이름도 바뀌었다. 바로 중국 위협론이다. 마이크 폼페이오 미국 국무장관이 2019년 2월 동유럽 순방 시 주창했듯이 주로 중국의 굴기에 위협을 느낀 미국의 조야에서 적극 주장하고 있다.

중국에게 이 위협론은 솔직히 말해 먹기도 그렇고 버리기도 아까운 계륵과도 같은 존재라고 해야 한다. 달리 말하면 양날의 칼이 아닌가 싶다. 그럴 수밖에 없다. 붕괴론이나 분열론보다는 자존심이 상하지 않는 이론인 위협론을 받아들이자니 감당하기 쉽지 않은 글로벌 공공의 적이 될 가능성이 높고, 무슨 소리냐고 펄쩍 뛰자니 내심으로는 기분이 조금 상하는 탓이다. 물론 외면적으로는 줄곧 위협론은 말이 안 될 뿐 아니라 그럴 생각도 없다는 입장을 견지하고는 있다.

중국몽, 일대일로…… 등에 위협을 느끼는
서구 세계

그러나 여러 정황으로 볼 때 이 위협론 역시 나름 일리가 있다고 봐야 한다. 무엇보다 시진핑 주석이 자주 입에 올리는 슬로건들이 예사롭지 않다. 중국몽을 비롯해 강국몽, 강군몽 등 패권을 지향하는 의미가 가득 묻어나는 '몽'夢자가 들어가는 것들이 한둘이 아니다. 21세기 스타일의 실크로드인 일대일로一帶一路(육상 및 해상 실크로드) 구축 프로젝트에 목을 매는 현실 역시 주변의 의구심을 자아내는 행보로 부족하지 않다. 이는 무슨 일만 있다 하면 일대일로를 가져다 붙여야 직성이 풀리는 모든 분야 당정 기관들의 적극적인 자세에서 여실히 나타난다. 2019년 3월 말 당 기관지 〈런민르바오〉人民日報로부터 묘한 연락을 받았다는 한국 모 신문 특파원인 양모 기자의 얘기를 들어보면 이런 분위기의 이해에 도움이 될 듯하다.

"중국은 언론 분야에서의 일대일로도 기획하고 있는 것이 확실하다. 최근 〈런민르바오〉로부터 글로벌 뉴스 교류를 위한 일대일로 사업에 참여할 의향이 있느냐는 연락을 받았다. 이미 한참 진행이 돼 있는 것 같았다. 게다가 〈런민르바오〉는 거사적으로 이 사업에 베팅을 하는 듯 보였다. 당정 최고위층에 잘 보여야 하는 경영진의 압박감이 이 사업을 추진하는 배경인 듯 싶다."

항공모함 대국이 되려는 노력이나 항공우주 개발 사업에 매진하기 위해 안간힘을 다하는 모습도 같은 맥락으로 읽을 수 있다. 특히 2019년 5월 현재 2척에서 2025년 6척을 목표로 한다는 항공모함 보유 계획은 주변국 뿐 아니라 미국도 수수방관할 수 없는 분명한 행보로 읽힌다. 여기에 전 세계 곳곳에 설립돼 있는 공자학원까지 더할 경우 중국은 군사, 정치, 경제에서 그치지 않고 문화, 예술 등의 분야에서도 글로벌 패권을 쥐려고 하지 않나 하는 외부로부터의 의구심 어린 눈초리에서 자유롭기 어렵다.

공인이든 개인이든 자국이 많이 컸다고 국제사회에서 오버하는 개별 중국인들의 행태도 기가 막힌다. 사례는 그야말로 바닷가의 모래알처럼 많다. 2018년 11월 오스트레일리아 옆에 바로 붙어 있는 파푸아뉴기니에서 열린 아시아·태평양경제협력체[APEC] 정상회의 도중 발생한 씁쓸한 해프닝을 우선 살펴봐야 할 것 같다. 당시 개최국 파푸아뉴기니의 림빈크 파토 외교부 장관은 자신의 집무실에서 APEC 실무진과 함께 폐막 직전에 발표할 공동성명 초안을 마무리하는 작업을 하고 있었다고 한다. 그런데 바로 이때 중국 외교관 4명이 갑자기 외교부 장관실로 다급하게 달려왔다. 이어 파토 장관에게 2분만 시간을 달라면서 막무가내로 들어오려고 했다. 당연히 파토 장관은 이들의 요구를 거부했다. 즉각 경찰도 불렀다. 이들이 파토 장관의 집무실로 달려가 무례한 행동을 한 것은 이유가 있었다. "우리는 모든 불공정한 무역 관행 등을 포함해 보호무역주의와 싸우는 데 동의했다."는 공동성명 초안의 문장 중 '불공정한 무역 관행'이라는 대목에 불만을 품은 탓이었다. 실제로 중국은 회의 기간 내내 그 표현이 미국이 자신들을 겨냥, 사용한 것이라고 주장하면서 공동성명 채택에 반대했다. 결국 채택은 중국의 도를 넘는 훼방 탓에 무산됐다.

이보다 앞선 2018년 5월 오스트레일리아 퍼스에서 열린 국제회의 '킴벌리 프로세스'[Kimberley Process] 개막식에서도 볼썽사나운 광경이 연출되었다. 줄리 비숍 오스트레일리아 외교부 장관이 소개된 후 이어진 원주민 스타일의 환영행사가 진행되려 할 때 갑자기 중국 대표단이 자신들의 앞자리에 놓인 마이크를 이용, 회의 진행을 가로막은 것이다. 대만 대표단이 옵서버로 참석한 사실을 겨냥한 시위였다. 순간 회의장 분위기는 얼어붙었다. 게다가 차이나 머니의 유혹을 이기지 못한 아프리카 국가 대표들까지 중국 입장을 지지하면서 대만 대표단의 참석을 문제 삼자 회의는 차질을 빚었고 행사역시 엉망이 되고 말았다.

자국의 국력에 한껏 고무된 듯한 개인의 오버도 없지 않았다. 외교관 출신으로 중국 쿼터로 유엔 경제, 사회 담당 사무차장으로 일한 바 있는 사쭈캉沙祖康이 그 주인공이다. 때는 반기문 사무총장 재임 시절인 2010년 9월이었다. 그는 오스트리아 휴양지 알프바흐에서 진행된 한 만찬 행사장에 귀빈 자격으로 참석했다. 만취하기 전까지는 별 문제가 없었다. 그러나 참석자들이 건배를 드는 순간 반 총장과 행사 관계자들에게 15분 동안 막말을 내뱉었다. 분위기가 싸늘해진 것은 당연한 일이었다.

정확히 8년 후인 2018년 9월에는 관영매체의 한 기자가 사쭈캉과 비슷한 추태를 재현했다. 주인공은 〈CCTV〉 쿵린린孔琳琳 런던특파원이었다. 당시 그는 런던 버밍햄 국제컨벤션센터에서 열린 '홍콩의 자유, 법제, 자치의 약화'라는 주제의 토론회를 취재하고 있었다. 이때까지만 해도 그는 중국을 대표하는 얌전한 엘리트 기자였다. 그러나 한 토론자가 "중국은 홍콩 주권 인수 때 약속한 일국양제一國兩制(한 국가 두 체제)를 준수해야 한다."라는 발언을 하자 언제 그랬냐는 듯 완전히 야수로 돌변했다.

그는 당장 자리에서 벌떡 일어나 "당신은 거짓말쟁이, 반중反中분자가 분명하다. 당신은 중국의 분열을 바란다."면서 소리를 질렀다. 갑작스런 그의 말에 당황한 사회자는 즉각 퇴장을 요구했다. 하지만 그는 "당신들은 (나를 퇴장시킬) 권리가 없다. 영국에는 민주주의가 없다."라는 등의 주장을 하면서 퇴장을 거부했다. 이어 자신을 데리고 나가려는 인사들을 폭행하기까지 했다. 즉각 경찰에 의해 현장에서 체포돼 기소된 것은 당연한 수순이었다. 더욱 가관인 것은 그 다음이었다. 중국 측이 행사 주최 측의 공식 사과를 요구한 것이다. 완전히 적반하장이라고 할 수 있었다. 중국 위협론이 괜한 게 아니라는 사실을 어느 정도 보여주는 일화라고 해도 좋을 듯하다.

군사력 면에서 미국과는 엄청난 차이,
실체 없는 허구

그러나 위협론이 분명한 실체로, 그리고 현실로 나타나려면 모든 것이 맞아떨어져야 한다. 맹자가 자신의 왕도론王道論을 거론하면서 무슨 일이 잘되기 위해서는 '천시'天時(하늘이 주는 기회), '지리'地利(지리적 이점)', '인화'人和(사람의 화합)가 절대적으로 필요하다는 사실을 언급했듯이 말이다. 하지만 지금 중국 주변의 형세들을 살펴볼 경우 별로 그렇다는 느낌을 받기 어렵다. 중국 역시 내심으로는 어떤지 몰라도 위협론이 대두할 때마다 펄쩍 뛰면서 말도 안 되는 소리라고 공식적으로 부인하고 있다. 이와 관련해서는 국방부 대변인을 지낸 바 있는 대교大校(대령과 준장 사이 계급) 출신의 양위쥔楊宇軍 전매대학 매체공공사무연구원 원장이 2019년 3월 말 한 포럼에서 토로한 발언이 가장 와 닿는다.

"(나는) 국방부 대변인으로 일하는 동안 거의 매일 같이 외신 기자와 학자, 업계 종사자들과 함께 군사적 문제에 대해 의견을 교환했다. 그들은 틈만 나면 항공모함 건조 상황과 젠殲-20 스텔스 전투기의 시험 비행 결과 등을 물었다. 정보를 제공하지 않으면 불투명하다고, 정보를 제공하면 군사력 선전이라는 이유로 위협적이라는 평가를 내렸다. 또 선진 무기에 대해 설명하면 군사적 발전이 너무 빨라 역시 위협적이라고 규정했다. 그들이 탄 열차는 어느 역에서 승차하든 (중국 위협론이라는) 유일한 종점을 향해 달렸다. 결국 중국 포비아라는 히스테리로부터 그들을 구해 내지 못했다."

중국은 자국을 대변하는 외교부를 통해서도 위협론은 말도 안 되는 소리라고 강조하고 있다. 그것도 외교 수장인 왕이王毅 국무위원 겸 외교부장의 입을 통해 잇따라 강조하면서 신뢰감을 주기 위해 안간힘을 다하고 있다. 2018년 9월 말 미국외교협회CFR에서 행한 그의 연설을 보자. 당시 그는 "중국은 미국이 될 수 있다고 생각하지 않는다. 미국에 도전하지 않을 것이다. 더군다나 미국의 역할을 대신하지도 않을 생각이다."라고 밝히면서 위협론을 가볍게 일축했다. 2019년 2월 말 베이징에서도 그의 입에서는 위협론이 실체가 없는 허구라는 주장이 나왔다. "중국도 미국처럼 발전할 권리가 있다. 미국은 중국의 발전이 전 세계 및 미국의 이익에도 부합한다는 점을 인식해야 한다. 중화 문명은 결코 확장을 원하지 않는다. 중국은 국강필패國强必覇(국가가 강대해지면 반드시 패권을 도모한다)와는 전혀 다른 길을 걷고 있다."고 강조하면서 중국 위협론의 전제가 되는 패권을 추구할 의사가 없다는 사실을 거듭 강조한 것이다. 스티븐 해들리 전 미국 백악관 국가안보보좌관, 샬린 바셰프스키 전 미국 무역대표부USTR 대표 등을 만난 자리에서였다.

언론의 논조 역시 당국의 입장과 크게 차이가 나지 않는다. 최고의 국뽕 신문으로 불리는 〈환추스바오〉의 2019년 1월 30일자 사설만 살펴봐도 알기 쉽다.

"요즘 '미국이 중국을 비롯해 러시아, 이란, 조선(북한) 등 국가들의 엄중한 위협에 직면하고 있다.'라는 요지의 뉴스가 하급관리부터 상원의원에 이르기까지 광범위한 미국인들에 의해 끝없이 흘러나오고 있다. 미국 국가 정보국장 댄 코츠는 심지어 중국이 러시아와 함께 기존의 규범을 침식할 뿐 아니라 국제질서 체계의 재편을 시도하고 있다고 주장한다. 또 미국 상원 군사위원회 제임스 인호프 의원은 중국이 남중국해에서 전개하는 건설 사업을 '제3차 세계대전을 준비하기 위한 것 같다'고 지적했다. 우리는 확실히 워싱턴에 충고하고자 한다. 미국이 중국의 공격을 받을 가능성은 소멸해가는 소행성이 미국에 명중할 확률보다 훨씬 적고도 적다. 만약 미국이 소멸해가는 소행성을 차단할 시스템을 구축하려고 생각한다면 그것은 눈먼 돈만 낭비하는 것이 된다. 중국의 미사일 체계를 방어한다는 것은 더욱 황당한 것이다. ……중국의 역량이 발전하기 시작한 탓에 미국이 걱정하는 것을 이해할 수는 있다. 그러나 이런 우려는 히스테리 같은 미친 생각으로 변했다. 이런 일체의 일들은 과학과 이성의 반대편으로 가는 것이다. 미국의 중국 위협론은 일부 사교화邪教化되기 시작했다고 말하지 않을 수 없다. ……중국 위협론은 많은 미국 엘리트들의 이익 추구에 의해 끊임없이 확대되는 술수와 속임수이다. 이 거품은 하도 커서 실사구시에서 벗어난 미국 체제의 비뚤어진 실상과 유사하다."

중국의 군사력을 비롯한 각 분야의 능력 역시 위협론이 실체와는 다소 거리가 있다는 사실을 말해준다. 역시 군사력을 현미경으로 들여다보듯 해야 명확한 이해가 될 것 같다. 국민당과의 내전 당시 공군과 해군 병력이 전무한, 이른바 거지군대였던 인민해방군은 현재 환골탈태나 상전벽해라는 말이 과언이 아닐 만큼 괄목할 만한 성장을 하기는 했다. 하지만 아직 전체 전력에서 미국은 말할 것도 없고 러시아에도 많이 뒤진다. 2019년 국방비도 1조 1900억 위안(1750억 달러)으로, 사우디아라비아를 저 멀리 내려다보는 세계 2위라고는 하지만, 그래도 미국의 7170억 달러에 비하면 훨씬 뒤쳐져 있다. 고작 4분의 1에도 미치지 못한다. 그렇다고 국경을 맞대고 있는 인도와 베트남 정도는 손에 쥐고 흔들 정도로 힘이 있다고 하기도 어렵다.

중국 위협론은 미국의 이익과
맥락을 같이 하는 '중국 때리기'

우선 인도의 현재 군사력을 살펴보면 그렇다는 사실을 알 수 있다. 인도는 1962년 중국과 국경 분쟁으로 촉발된 전쟁을 했다가 일방적으로 깨진 경험이 있다. 당시의 전력에서 크게 나아지지 않았다면 지금도 중국에 고개를 숙여야 한다. 하지만 절대 그렇지 않다. 무엇보다 핵탄두를 200개나 넘게 보유하고 있다. 게다가 2019년 3월에는 국방연구개발기구DRDO가 '미션 샤크티'Mission Shakti라 불리는 위성요격ASAT 미사일 시험에도 성공한 바 있다. 니르말라 시타라만 국방장관을 비롯한 인도의 정부 인사들이 중국과 트러블이 생길 때마다 "우리는 1962년의 인도가 아니다."라는 엄포를 놓는 데는 다 이유가 있다.

베트남도 인도와는 다소 거리가 있으나 지구촌에서 유일하게 미국과 싸워 이긴 국가라는 자존심이 군사력에 플러스 알파가 되는 특별한 경우에 속한다. 게다가 1979년 발발한 중국과의 전쟁에서도 사실상 이긴 자랑스러운 기억을 보유하고 있다. 중국이 절대 가볍게 봐서는 안 되는 존재다. 중국과 비교적 우호적인 관계에 있는 필리핀 역시 군사력은 비교조차 되지 않으나 기개 면에서는 베트남 못지않다. 2019년 5월 초 로드리고 두테르테 대통령이 자국이 실효 지배하는 스프래틀리제도 티투섬(필리핀 이름 파가사섬, 중국 이름 중예다오中業島)에 중국 선박들이 대거 출현해 실력 행사를 벌이자 "나는 중국에 호소하거나 간청하는 게 아니다. 그저 파가사섬에서 중국이 손을 떼라고 말하고 싶다."면서 "우리는 그 섬에 군인이 있다. 당신(중국)이 그 섬을 건드리면 우리 군인에게 자살 임무를 명령할 것이다."라는 요지의 강경 발언을 한 것만 봐도 알 수 있다. 이런 현실을 보면 솔직히 현재 중국은 군사력으로도 필리핀에 일방적인 압박을 가하기 어려운 형편이라고 할 수 있지 않나 싶다. 위협론은 언감생심인 듯하다.

수많은 지구촌 국가들이 중국을 위협보다는 협력의 대상으로 인식하면서 러브콜을 보내는 현실도 위협론이 논리가 빈약한 허구에 가깝다는 사실을 웅변해준다. 우선 중국이 해외에 건설하는 군사기지에 부지를 제공하거나 제공하려는 국가들을 살펴봐야 할 것 같다. 아프리카의 지부티를 비롯해 남태평양의 바누아투, 아프가니스탄, 파키스탄 등이 이들 국가들로, 하나같이 먼저 손을 내민 경우이다. 여기에 이탈리아와 그리스가 2019년 3월 말 중국의 일대일로 프로젝트 참여 요청을 흔쾌히 승낙한 것이나 공자학원 설립을 원하는 국가들이 지천이라는 사실을 상기하면 위협론은 아주 머쓱해지게 된다. 94세의 마하티르 모하메드 말레이시아 총리는 2019년 3월 홍콩 〈사우스차이나모닝포스트〉와의 회견에서 "변덕스러운 미국보다 말레이시아에 경제적 이익을 가져다주는 중국의 편에 서겠다. 말레이시아는 우리의 이익에 따라 중국의 굴기에 대응할 것이다. 새로운 중국 위협론을 내걸고 있는 서구세력에 부화뇌동하지 않겠다."고 말했다. 따라서 중국 위협론이 러시아와 함께 패권 국가인 자국에 그나마 "노!"라고 말할 능력을 보유한 중국을 어떻게든 제어해보자는 미국의 의도적인 전략이 아니냐 하는 결론이 나온다. 달리 말해 중국 위협론은 중국 때리기 내지는 죽이기를 위한 미국의 국가적 이익과 맥락을 같이 한다고 단언해도 크게 무리는 없을 듯하다.

16.

부패와의 전쟁

민관 가리지 않고 부정부패 만연,
그리고 사정 당국의 서슬 퍼런 칼날

중국은 부정부패에 관한 한 유구한 역사와 전통을 자랑한다. 중국사가 5000년 역사인 만큼 사례는 '오거서'五車書(다섯 수레)에 가득 찰 수 있을 정도로 많다.

최초의 통일 왕조인 진나라 시황제의 아버지라는 설이 있는 여불위呂不韋를 우선 살펴봐야 할 것 같다. 무소불위인 황제의 권력을 등에 업고 무차별적 축재로 상상을 초월하는 부를 쌓은 것으로 유명하다. 한나라 때는 한국 정치권에서도 자주 그 이름이 거명되는 영제靈帝 시기의 환관 그룹인 십상시十常侍가 빛나는 전통을 계승했다. 명나라 때의 대부호 심만삼沈萬三, 청나라 때의 화신和珅도 거론해야 한다. 각각 태조 주원장朱元璋과 건륭제의 권력을 등에 업고 축재한 엄청난 부는 지금도 전설처럼 전해져 내려오고 있다.

30년에 걸친 국공내전이 대륙을 휩쓴 20세기 들어서도 상황은 크게 달라지지 않았다. 특히 국민당의 경우는 장제스^{蔣介石}를 필두로 하는 이른바 4대 가문이 대륙 경제를 마치 자신들 주머니의 용돈을 꺼내 쓰듯 했다. 그나마 다행인 것은 1949년 신중국 건국 이후 일정 기간 동안은 과거의 적폐가 많이 사라졌다는 사실이다. 이는 절대 권력을 자랑하던 마오쩌둥과 영원한 넘버 2 저우언라이^{周恩來} 등 혁명세대들이 타계한 후 남긴 재산이 약속이나 한 듯 별로였다는 것을 보면 증명이 된다.

하지만 1978년 고고의 성을 울린 개혁, 개방 정책은 구시대의 유물을 되살리는 엉뚱한 역할을 하게 되었다. 경제의 쾌속 발전으로 모두들 돈맛을 알게 되자 부정부패의 악령이 되살아나게 된 것이다. 지금은 거의 최악의 상황이라고 해도 좋다. 사업에 성공하려면 시장^{市場}이 아닌 시장^{市長}을 찾으라는 우스갯소리가 널리 회자된다면 상황은 뻔하다고 할 수 있다.

부정부패의 종류가 다양한 것은 당연지사라고 해야 한다. 대체로 권력과 이런저런 연계가 없을 수가 없겠으나 크게 볼 경우 누가 주체냐에 따라 민다오^{民倒}(민간의 부패. 쓰다오^{私倒}로도 불림), 관다오^{官倒}(관리 부패), 쥔다오^{軍倒}(군대 부패) 등으로 분류가 가능하다. 사례들을 그저 몇 건만 소개해도 상황이 어느 정도인지 파악하는 것이 어렵지 않다.

'구악'을 찜쩌 먹을
'산악'으로 손꼽히는 민간의 부패

우선 민다오의 사례부터 살펴보자. 주인공으로는 구악^{舊惡}을 찜 쩌 먹을 신악^{新惡}으로 손꼽히면서 지난 세기 전설적 사기꾼이자 밀수업자인 라이창싱^{賴昌星} 전 위안화^{遠華}그룹 회장보다 몇 수 위라는 소리를 듣는, 부동산 재벌 궈원구이^{郭文貴} 정취안^{政泉}홀딩스 회장이다. 캐나다로 도피했다 압송돼 무기

징역을 선고받은 라이 전 회장과는 달리 아직도 2014년에 정착한 망명지인 미국에서 중국 당국의 약을 살살 올리고 있는 그는 30대 중반까지는 대륙 곳곳을 전전하면서 이런저런 돈벌이를 하던 평범한 상인에 불과했다. 그러나 2002년 베이징에 진출한 이후 인생이 완전히 달라졌다. 타고난 사교술을 바탕으로 수많은 당정 고위 권력자들과 밀착, 부동산 사업으로 큰돈을 벌게 된 것이다. 당연히 이 과정에서 자행한 온갖 비리는 나중에 꼬리가 잡혔다.

그는 그러나 체포 직전 극적으로 미국 도피에 성공, 한숨을 돌렸다. 이후 미국 정보기관의 비호를 등에 업은 채 사업을 하면서 알게 된 권력층의 비리를 까밝혔다. 대표적인 것이 2017년 가을까지 중앙기율검사위원회 서기로 사정 총 책임자 역할을 자임한 바 있는, 시진핑 주석의 오른팔인 왕치산王岐山 국가부주석과 최고 여성 스타 판빙빙范冰冰 간의 불륜 폭로가 아닌가 싶다. 심지어 그는 둘의 모습이 담긴 동영상까지 봤다는 주장을 하고 있다. 유튜브에 떠돌고 있는 그의 주장의 요지를 옮겨볼 필요가 있을 것 같다.

"판빙빙은 재력깨나 있는 사람들과 돈을 받고 함께 점심을 먹는 이른바 판쥐飯局(식사 이벤트)를 많이 하는 것으로 유명하다. 그런데 판빙빙은 어느 날 판쥐의 상대가 왕 서기라고 하자 대번에 '아, 그러면 공짜!'라고 말했다고 한다. 이후 둘은 연인 사이로 발전했다. 나는 둘이 어우러진 동영상도 봤다. 절대 거짓말이 아니다."

각종 예술단체나 협회의 수장들이 부부장(차관)급에 준하는 막강한 지위를 이용, 작품을 비싼 값에 파는 수법으로 특급 연예인 뺨치는 엄청난 수입을 올리는 것 역시 전형적인 민다오라고 할 수 있다. 통칭 미협으로 불리는 미술가협회 주석이나 부주석의 평균 작품 값은 시장에서 보통 5000만 위안 전후를 호가하는 것으로 알려져 있다. 2019년 3월 중순 베이징의 모 유력지가 2008년부터 10년 동안 미협 주석으로 있던 류다웨이劉大爲 화백이 100억 위안 대의 부호라고 폭로한 것은 결코 과장된 게 아니다.

미술 분야만 그런 것이 아니다. 문학, 서예, 음악 분야의 단체와 협회의 수장들도 정도의 차이는 있을지 몰라도 현관現官 예우를 통해 상당한 축재를 한다는 것이 통설이다. 중국 최대 문인단체인 작가협회의 주석으로 활동할 경우를 예로 들어보면 원고료나 인세가 일반 작가와는 완전 급이 다르다. 조금 심할 경우는 주변에서 작업을 통해 작품을 베스트셀러 반열에 올라가도록 만드는 경우도 있다고 한다. 사정 당국이 조만간 문화 분야 쪽을 향해 칼을 겨눌 수도 있다는 소문이 나도는 이유다.

민간의 부패와는 차원이 다르게
심각한 관료사회의 비리

관다오는 아예 민다오와는 비교조차 안 될 만큼 심각하다. 부정부패로 낙마한 천량위陳良宇 전 상하이 서기, 보시라이와 쑨정차이孫政才 두 전 충칭 서기 등의 사례를 굳이 꼽을 필요도 없다. 차세대 당정 최고 지도부 반열에 오를 후보자로 평가받았던 천강陳剛 전 베이징 부시장의 부패 행태만 봐도 잘 알 수 있다. 알짜배기 업무인 토지와 주택 및 도시계획, 철도교통 등의 분야를 관장하는 부시장으로 2017년 2월까지 무려 10여 년 동안 재임하면서 상상을 초월하는 비리를 자행했다. 2019년 1월 초 압수수색을 당한 자택에서 무려 1648억 위안의 현금과 60여 건의 부동산 문서, 20톤의 금괴 등이 나왔다는 소문이다. 게다가 그는 아들 명의의 부동산 207채를 비롯해 다수의 호화 자동차와 헬리콥터, 초고가의 그림 및 골동품 2,000여 점을 보유하고 있었다고 한다.

중국 역사상 최초로 당 정치국 상무위원에서 낙마해 재판을 받고 있는 저우융캉

엽기적인 사례도 없지 않다. 주인공은 국영 화룽華融자산관리유한공사의 라이샤오민賴小民 전 회장으로, 홍콩과 대만 연예인 출신들까지 망라한 무려 100여 명의 애첩들을 통해 2억 7000만 위안을 부정축재한 죄로 2018년 말 사정 당국의 칼날에 횡액을 당했다. 언론 보도에 의하면 집에 감춰놓은 검은 돈의 무게만도 3톤에 달했다고 한다. 이 정도 되면 400여 명의 정부를 둔 탓에 백계왕百鷄王(무수한 정부를 거느린 인물)으로 불린 신중국 역사상 최고위 부패 관리 저우융캉 전 상무위원 겸 중앙정법위원회 서기, 월드스타 장쯔이에게 성상납을 받았다는 소문이 무성한 보시라이 전 충칭 서기 못지않다고 해야 한다.

군인들이 자행하는 쥔다오는 자질구레한 설명이 필요 없다. 시진핑 주석이 집권한 2012년 가을부터 2019년 5월까지 장군들 총 160여 명이 낙마한 사실만 봐도 알 수 있다. 이들 중 장양張陽 중앙군사위 정치공작부 주임을 비롯한 8명의 최고위급 장성들은 자살로 생을 마감하기도 했다. 이로 볼 때 "장쩌민, 후진타오 두 전 주석 측근의 최고위급 장군들은 대부분 비리 등의 혐의로 낙마했다고 보면 된다. 완전 씨가 말랐다."는 육군 대교 출신 더우젠보無健波 씨의 술회는 과장된 것이라고 하기 어렵다.

역사와 전통, 현재 상황을 놓고 보면 관료 사회를 비롯한 전 분야의 고질병이 된 부정부패를 타파한다는 것은 솔직히 불가능에 가까운 것처럼 느껴진다. 하지만 부패 타파를 위한 모든 주체들의 피눈물 나는 행보나 노력을 보면 반드시 그렇지만은 않을 것 같다.

우선 행동으로 이어지는 시민들의 깨어 있고자 하는 의식이다. 사실 대부분의 중국인들은 불과 얼마 전까지만 해도 '권력＝돈'이라는 등식을 너무나도 당연시했다. 심지어 엄청난 권력을 가지고 있으면서도 청빈하게 사는 것을 한심하기 그지없는 충광단窮光蛋(가난뱅이) 같은 짓이라고 생각했다고 해도 과언이 아니었다. 하지만 1인당 국민소득이 늘어나고 민도가 높아지면서 상황이 변하지 않을 수 없었다. 부패에 눈감았다가는 나라가 망한다는 자각을 비로소 하게 된 것이다. 급기야 부정부패를 적극적으로 감시하는 '워치 독' 역할을 자임하는 것도 마다하지 않았다.

이들이 이렇게 할 수 있는 방법이나 수단도 많다. 우선 SNS를 꼽을 수 있다. 대체로 익명성이 보장되는 덕분에 널리 이용되고 있는 것이 현실이다. 이외에 아예 신팡信訪(투서나 기관 방문을 통한 민원)을 통해 당국에 대놓고 신고하거나 익명으로 언론에 제보하는 사례도 많다.

"호랑이든 파리든 보이면 때려잡겠다"는
사정 당국의 강력한 의지

본심이 어떤지는 몰라도 부패와 연루될 위험성을 늘 안고 있는 관리들의 행태도 달라졌다고 한다. 이에 대해서는 상하이시 민항구 구베이에서 한식당을 경영하는 P씨의 토로를 들어보면 실감이 날 것이다.

"얼마 전만 해도 관내의 경찰 및 위생, 소방 담당 직원들은 요식업에 종사하는 자영업자들에게는 갑甲 중의 갑이었다. 이들이 떴다 하면 책 같은 것에 돈 봉투를 넣어 건네는 것이 오랜 관행이었다. 그러나 요즘은 변했다. 혹시 남의 눈이 두려워 그러나 싶어 위챗(웨이신微信이라고도 부르는 중국 카카오톡. 송금 기능도 있음)을 통해 보내겠다고 제안해도 손을 내젓더라. 심지어 뇌물 수수의 증거를 인멸하기 위해 민원인을 사우나에서 홀딱 벗고 만나는 유별난 짓도 이제 하지 않는다. 받지 않겠다는 의지가 생겼다. 하나같이 '괜히 뇌물 잘못 먹고 감옥에 가느니 공무원 생활을 오래 하겠다'는 생각을 하는 듯하다."

판푸창롄反腐倡廉(부패를 타파하고 청렴을 제창함)이라는 구호에서도 알 수 있듯 호랑이든 파리든 보이면 때려잡겠다는 사정 당국의 강력한 의지와 노력 역시 꼽아야 한다. 방법이나 수단도 부지기수로 많다. 당연하다고 해야 하는 강력한 처벌만 봐도 좋다. 최소 10여 년 전후, 조금 심하다 싶으면 여지없이 사형을 선고한다. 중국법정대학 출신으로 베이징 하이뎬구海淀區 인민검찰원에서 검사 생활을 한 바 있는 가오치원高啓文 씨의 설명을 들어봐야 할 것 같다.

"중국은 원래 혹형으로 유명하다. 명나라 때까지 일부 시행된 형벌들을 보면 알 수 있다. 얼굴에 문신을 새기는 묵墨, 코와 아킬레스건을 자르는 의劓와 월刖, 생식기를 거세하는 궁宮, 생명을 뺏는 대벽大辟 등의 오형五刑이 바로 그것들이다. 고전에 다 기록돼 있다. 가장 발군의 희생자도 있다. 명나라 무종武宗 때 환관 유근劉瑾이 주인공이다. 중국 역사상 최고의 슈퍼리치 중 한 명으로 꼽히는 것에서도 알 수 있듯, 부정축재를 일삼다 무려 2,000번 가까이나 도륙이 되는 형벌을 받고 세상을 하직했다. 요즘도 중국인들이 파출소에 끌려가기만 해도 엉엉 우는 것은 다 이유가 있다. 혹독하게 당할 것을 염두에 두고 있다고 봐야 한다."

가장 최전선에서 부패와의 전쟁을 벌이는 주역인 경찰까지 못 믿는 의심의 눈초리도 사회 전반의 부정부패를 뿌리 뽑겠다는 사정 당국의 노력 및 의지와 맥락을 같이 한다. 이 경우는 징페이이자警匪一家(경찰과 도둑은 한 가족)라는 항간의 오랜 격언을 거론해야 이해가 쉽다. 경찰에게는 치욕적인 말이기는 하지만 이 격언에 입각해 이뤄지는 사정 행보들이 적지 않다. 딱 하나만 꼽으라면 수사 상피제相避制다. 내용은 간단하다. 예를 들어 베이징 차오양구 소재의 모 유흥업소가 법적으로 문제가 되는 매매춘, 마약 상습 복용의 온상이 되고 있다는 사실을 경찰 당국에서 인지하고 수사에 착수하려 한다고 치자. 원칙대로 하면 관내의 차오양경찰서에서 범죄 현장을 불시에 기습해야 한다. 하지만 이러면 정보가 샐 위험성이 있다. 그래서 쥐도 새도 모르게 차오양구와는 아무 이해관계가 없는 저 멀리 허베이성 바오딩保定 같은 지방의 경찰을 동원하는 고육책을 쓴다. 당연히 효과는 만점이어서 해당 유흥업소는 꼼짝 못하고 철퇴를 맞고 만다. 공안부 부부장까지 지낸 멍훙웨이孟宏偉 전 국제형사경찰기구(인터폴) 총재를 2018년 9월 수뢰 혐의로 체포했을 때 그와는 일면식도 없는 경찰 병력을 동원했던 것 역시 같은 방식이었다.

기기묘묘한 사정 당국의 의지와 노력을 보여주는 경우는 이외에도 수두룩하다. 부패의 온상이 되고 있는 최고급 비밀 사교클럽을 지정해 1년 365일 감시하는 시스템 구축이 우선 눈길을 끈다. 2019년 5월 기준으로 대륙 곳곳의 수십여 개 클럽이 지정된 것으로 알려지고 있다.

이중 가장 유명한 곳은 부동산 재벌그룹인 비구이위안이 광둥성 광저우 판위番禺에 조성한 호화별장 내의 클럽이 아닐까 싶다. 내부에 수영장을 비롯해 사우나, 식당, 보석전시실 등을 갖춘 초호화 클럽으로, 고관들이 자주 찾는 곳으로 유명하다. 이외에 광저우의 또 다른 클럽인 바이윈산白雲山풍경구의 핀윈쭤品雲座, 같은 광둥성인 주하이珠海의 화파華發회관과 환추진룽중신環球金融中心 37층, 베이징의 자오스푸쯔趙氏父子클럽, 톈진의 수이리팡水立坊 등도 사정 당국에 찍혀 수시로 집중단속을 당하는 부패 온상의 사교클럽으로 손색이 없다.

빅데이터를 활용할 정도로 엄중한
감시 체계 작동

빅데이터를 활용하는 경우는 아주 이색적인 방법에 속한다. 후베이성 사정 당국이 2014년부터 2019년 5월까지 그동안 축적해놓은 각종 자료 등으로 빈곤층 보조금 집행 규정을 위반한 당 간부 등 수만 명을 처벌한 케이스가 대표적이다. 베이징과 상하이 등의 대도시들이 적극적으로 벤치마킹하는 방법이다.

아예 당정 권력 기관의 간부들을 공개하는 고육책은 신선하기까지 하다. 대표적인 곳으로 외교부를 꼽을 수 있다. 부처 홈페이지에 간부들의 신상 정보를 시원시원하다고 해도 좋을 만큼 완벽하게 공개하고 있다. 생년월일이나 고향, 학력은 말할 것도 없고, 결혼 유무와 자녀 현황까지 다 올라와 있다. 이 정도 되면 탈탈 털렸다고 봐도 좋다. 비리를 저지르고 싶어도 엄두가 나지 않을 것 같다.

그러나 역시 가장 확실한 방법은 뇌물 수수에 곧잘 이용되는 사치품들의 거래를 매의 눈으로 관찰, 비리 사건을 파헤치는 것이 아닌가 싶다. 이 경우 일반인의 상상을 초월하는 최고급 술, 담배, 금, '히말라야 비아그라'로 불리는 동충하초^{冬蟲夏草}(겨울에는 벌레였다 여름에는 풀로 변하는 버섯의 일종) 등의 거래가 종종 스크린의 대상이 된다. 사정 담당자가 거래를 추적하다 개가를 올린 사례들이 많다.

횡액을 당한 대표적인 주인공으로 중스젠^{鍾世堅} 전 광둥성 기율검사위 부서기를 대표적으로 꼽을 수 있다. 그는 직함에서 알 수 있듯 광둥성 최고 사정 담당 기관의 2인자로, 청렴의 모범을 보여야 했으나 전혀 그렇지 않았다. 오히려 생선가게를 지키는 고양이가 되기로 아예 작정하고 절묘한 방법으로 뇌물을 열심히 수집했다. 그가 주목한 것은 칭하이^{靑海} 비롯해 쓰촨^{四川}, 윈난^{雲南}, 간쑤^{甘肅} 성과 티베트 등지에서 나는 황금 풀인 동충하초였다. 웬만한 정력제와는 비교하기도 힘들 '히말리야 비아그라'가 그의 눈에 들어온 이유는 간단했다. 1그램에 평균 300위안에 이를 정도로 금보다 비싼 데다 무게도 가벼워 뇌물로 쉽게 주고받을 수 있기 때문이었다. 그러나 온갖 잔머리를 굴렸음에도 꼬리가 너무 길었던지 지난 2015년 4월 사정 당국의 칼을 피하지 못했다. 당시 그의 집에서는 고급 자동차를 200대 살 수 있는 동충하초 200킬로그램이 발견되었다고 한다. 액수로는 6000만 위안에 해당했다고 한다.

옥상옥^{屋上屋}이라는 말을 듣기는 하지만 사정 기관을 2중, 3중으로 마련해 호랑이나 파리들이 빠져나갈 틈을 주지 않으려 노력하는 당국의 자세도 간과해서는 안 될 것 같다. 사정의 주역이나 기관들을 간단하게 살펴보면 알기 쉽다.

아무리 '징페이이자'라는 말이 있다고 해도 역시 경찰을 우선 꼽아야 한다. 총 200여 만 명에 이르는 인력이 한국과는 달리 수사권까지 가진 채 눈에 불을 켜고 잠재적 부패분자들의 일거수일투족을 감시하고 있다. 인민 검찰원도 있다. 경찰에 밀리는 듯한 느낌이 없지는 않으나 그래도 부패로

물들어가는 대륙을 청정하게 만드는 데 일익을 담당하고 있다. 국무원 사법부가 관할하고 있다. 심계서와 당 중앙정법위, 중앙기율검사위 등도 마찬가지라고 해야 한다.

국가감찰위원회 창설로 부정부패와의 전쟁에 나선
시진핑 주석의 의지

그러나 단연 최고로 두드러지는 조직은 역시 국무원 감찰부, 국가예방부패국, 인민검찰원 반부패 조직을 통합해 2018년 3월 창설한 국가감찰위원회가 아닌가 싶다. 시진핑 주석이 직접 나서서 창설을 주도한 사실을 보면 명실상부한 반부패 투쟁의 컨트롤타워라고 불러도 좋다. 유방 부대의 총사령관인 한신韓信이 항우를 상대로 펼친 '사면초가'나 '십면매복' 전략이 무색하지 않을 이런 안전판의 존재만 외관상으로 놓고 볼 경우 중국이 세계에서 가장 청렴한 국가가 되지 못하고 있는 현실이 이상할 정도다.

중국어 속담에 '스런난바오이쩨이'十人難保一賊이라는 말이 있다. '열 사람이 한 도둑을 막지 못한다'는 말이다. 아무리 중국 사정 당국의 의지가 강력하다 한들 그게 과연 빛을 발할 것인가 하는 의문이 생길 수 있다. 여기에 "즈쉬저우관팡훠, 부쉬바이싱뎬덩"只許州官放火, 不許百姓点燈, 즉 '관료들은 불을 질러도 되지만 백성들은 등을 켜서도 안 된다'라는 또 다른 속담에서 보듯 중국의 당정 최고 지도부 일가가 재산의 해외도피를 일삼으면서까지 축재에 나서는 '내로남불'의 분명한 현실까지 더하면 전망은 더욱 어두워진다.

하지만 우공이산愚公移山이라는 말이 있는 것처럼 당국을 비롯해 사회 각 분야의 주체들이 우직한 직진 본능을 발휘해 죽어라 노력을 하면 상황은 충분히 달라질 수 있다. 비록 현실은 불만족스러우나 앞으로 부정부패와의 전쟁에 승리가 불가능하지만은 않다는 결론을 조심스럽게 내려도 좋을 것 같다. 무엇보다 현재의 중국은 그 어느 나라 못지않게 저력이 있기 때문이다.

17.

차이나 로드

차이나 러시든 엑소더스든, 모든 길은 중국으로 통한다

중국어로 '탸오탸오다루퉁왕뤄마'條條大路通往羅馬인 '모든 길은 로마로 통한다'라는 말은 정말이지 불후의 명언이다. 그렇다면 지난 세기 말부터 불과 얼마 전까지 세계의 공장이자 시장으로 내로라하는 글로벌 기업들이 다투어 몰려들었던 중국과 관련해서도 비슷한 조어가 가능하지 않을까 싶다. '탸오탸오다루퉁왕중궈'라는 말이 될 것이다. 하지만 지금은 완전히 상전벽해라는 말처럼 달라졌다. 노동자 임금의 대폭 인상 같은 경영 악재들이 잇따라 봇물처럼 터지면서 기업이나 자영업자들의 차이나 러시가 차이나 엑소더스로 180도 변했다고 해도 과언이 아니다. 불행히도 차이나 엑소더스의 경우 영화 〈영광의 탈출〉의 주제가 〈하바나킬라〉(우리 기뻐하자)와는 전혀 반대되는 분위기지만 말이다.

중국에서 철수하는 글로벌 기업들의 면면을 살펴보면 정말 차이나 엑소더스라는 말이 괜한 호들갑이 아니라는 사실을 알 수 있다. 우선 가장 발

차이나 엑소더스의 진화에 나선 리커창 총리는 2019년 10월 중순 산시성 시안의 삼성반도체를 방문했다.

이 빠른 기업으로는 미국의 하드드라이브 제조 대기업인 시게이트와 건축
자재 유통회사 홈데포 및 화장품업체 레블론, 영국계 유통업체 테스코, 의
류 브랜드인 막스앤드스펜서 등을 대표적으로 꼽을 수 있다. 그야말로 뒤
도 한 번 돌아보지 않고 속전속결로 빠져나갔다.

중국 시장에서 속속 철수하는 글로벌 기업들, 토종 기업도 동참

자존심과 체면 때문에라도 끝까지 버텨보려 했으나 두 손을 든 철수 직
전의 글로벌 기업들은 헤아리기조차 어렵다. 이 경우는 영화 제작사 파라
마운트 픽처스와 음악 채널 MTV, 어린이 채널 니켈로디언 등을 보유한 글
로벌 미디어 기업인 비아콤을 먼저 꼽아야 한다. 1990년대 중반 중국에 진

출, 한때는 2005년 국유기업인 상하이미디어그룹과의 합작투자를 통해 외국 기업으로는 처음으로 현지 미디어 기업의 지분 49%를 소유하는 개가를 올렸으나 규제에 막혀 결국엔 두 손을 들었다. 현재 추진하고 있는 지분 매각이 원활하게 끝나면 언제라도 철수한다는 입장인 것으로 알려지고 있다. 맥도날드와 휴렛패커드^HP 역시 대동소이하다. 합작법인 지분 매각을 위한 협상을 진행 중이다. 맥도날드는 이미 2017년 합작법인 지분 80%를 중국 중신中信그룹과 미국 사모펀드 칼라일에 각각 52%와 28%를 넘겼다.

정보통신기술^ICT 분야의 공룡 엡슨과 오라클, 아마존, 구글 등이라고 해서 용빼는 재주는 없었다. 조만간 철수하는 것이 거의 기정사실화돼 있다. 엡슨은 광둥성의 경제특구 선전深圳 사업, 오라클은 베이징과 선전의 연구개발 센터의 철수를 진작 결정한 것으로 알려졌다. 구글은 스마트홈 기기인 네스트 온도계 및 서버 등 하드웨어 생산시설 일부를 대만과 말레이시아 등으로 이전할 예정이다.

일본 기업들 역시 한계를 느낀 것으로 보인다. 닌텐도와 샤프, 일본전산과 파나소닉 등이 이미 철수를 결정하고 대미 수출기지를 멕시코와 동남아시아 등으로 이전할 계획이라고 한다.

중국 토종 기업들도 예외는 아니다. 중국 1위, 세계 2위의 자동차유리 생산업체인 푸젠성의 푸야오福耀부터 살펴보자. 이미 수년 전 창업자인 차오더왕曹德旺 회장이 "중국이 투자 낙원이라는 것은 옛날 얘기다. 인건비를 제외한 모든 면에서 미국의 생산원가가 중국보다 싸다."라는 명언을 남기면서 미국에 10억 달러를 투자했다. 가전 대기업인 TCL그룹은 멕시코로 공장을 이전한 케이스에 속한다. 현지에서의 액정TV 생산을 대폭 늘려 중국에서의 수출을 대체하고 있다. 폴리에스테르 주요 생산업체인 저장하이리더浙江海利得 신재료는 최근 자사 첫 해외 생산 거점으로 베트남을 낙점했다.

2020년대 중반에 공장을 신설할 예정이다.

업종별로도 차이나 엑소더스의 분위기가 고루 퍼져있다. 세계 최대 시장에서 최근까지 호황을 누렸던 자동차 업계를 먼저 살펴보자. 가장 먼저 백기투항을 한 업체로는 세계 10위의 완성차 업체인 일본의 스즈키^{Suzuki}다. 합작 법인 지분 50%를 현지 파트너인 창안자동차에 모두 넘기고 엑소더스를 단행했다. 이외에 한국의 현대자동차, 유럽의 푸조시트로앵그룹^{PSA}, 재규어랜드로바 등을 비롯한 다른 업체들 역시 완전 철수는 하지 않았으나 사실상 카운트다운에 들어갔다고 해야 한다.

유통 분야 역시 내 코가 석 자라고 볼 수 있다. 이 분야의 글로벌 업체들은 '유통은 왕'이라는 중국 재계의 불후의 진리에 혹해 경쟁적으로 중국에 진출했었다. 지난 십 수 년 동안은 '황금알을 낳는 거위'로 불린 시장에서 대박을 터뜨리기도 했다. 하지만 세월은 흘렀고 세상도 변했다. 중국 토종 유통업체들도 그동안 어깨 너머로 배운 노하우를 바탕으로 힘을 키웠다. 지금은 유통업계에 '토종은 왕'이라는 신조어를 만들어내면서 글로벌 업체들을 몰아내기 시작했다. 유럽 최대 유통업체 까르푸, 독일의 메트로, 일본의 식품 프랜차이즈 기업인 미스터 도넛 등이 철수 용단을 내렸다.

롯데를 비롯해 CJ, LG, 삼성 등
한국의 일부 기업들도 철수 대열 합류

이런 상황에서 한국 기업들만 독야청청하다면 그것도 이상할 것이다. 사드 보복에 가장 큰 피해를 입은 기업인 롯데를 대표적으로 꼽을 수 있다. 그러나 중국을 제2의 국내 시장으로 인식, 묻지 마 진출을 시도했던 CJ푸드빌이 발 빠르게 움직이는 것은 다소 의외가 아닌가 싶다. 철수의 주체는 계열사인 CJ푸드빌로, 베이징 차오양구 리두麗都호텔 인근에서 운영해온 외식 사업 브랜드 빕스 매장을 2019년 3월 말에 정리했다. CJ푸드빌은 이외에도 자사 외식 브랜드인 비비고, 뚜레쥬르, 투썸플레이스 등도 상황이 여의치 않을 경우 즉각 철수시킬 것이라고 한다.

설사 한류韓流가 죽더라도 영원히 살아남을 것 같던 뷰티, 패션업계도 크게 다르지 않다. 우선 LG생활건강이 화장품 로드숍 브랜드 더페이스샵과 편집매장 네이처컬렉션의 현지 오프라인 매장 130여 곳에서 철수했다. 또 화장품 로드숍 브랜드인 네이처리퍼블릭과 토니모리 등은 현지 매장 숫자를 줄이면서 철수 시기를 저울질하고 있다. 패션업계의 경우는 삼성물산, 패션그룹 형지 등이 철수 대열에 전격 합류했다. 한때는 글로벌 브랜드 못지 않은 인기를 끌었으나 너무나도 달라진 현지의 기업경영 환경에 두 손을 들고 말았다. ICT 업계에서는 하청업체인 푸스캉富士康(팍스콘) 공장 상당 부분을 인도로 옮길 예정인 애플처럼 톈진과 광둥성 후이저우 휴대폰 공장 가동을 중단한 삼성전자가 대표적이다.

한국 기업들과 자영업자들의 차이나 엑소더스는 당연히 중국의 교민 사회를 완전 쑥대밭으로 만들고 있다. 지난 1992년 한·중 수교와 함께 서서히 커지기 시작한 한인 커뮤니티는 불과 얼마 전까지만 해도 미국에 버금가는 교민 사회였다고 해도 과언이 아니었다. 대륙 곳곳에 코리아타운이 형성되는 것은 아주 자연스러운 현상이었다. 대표적으로 베이징 차오양구 왕징을 비롯해 랴오닝성 선양瀋陽의 시타西塔, 산둥성 칭다오青島의 청양城陽, 상하이 민항구閔行區의 훙취안루虹泉路와 구베이古北 등을 들 수 있다. 한때는 80만 명을 헤아리는 교민들이 살던 곳이다. 그러나 현재는 몰락이라는 표현이 딱 들어맞을 만큼 소슬하기만 하다.

한국 커뮤니티의 쇠락 현상을 일으킨 차이나 엑소더스의 원인은 일일이 열거하기 어려울 정도로 많다. 역시 가장 첫번째 요인은 투자처로서의 초특급 매력이었던 저렴한 임금이 천정부지로 치솟은 것이다. 이 부분은 광둥성 둥관東莞의 한 전자 대기업의 하청업체 사장으로 있다 파산 위기에 직면한 대만 출신인 천자밍陳嘉銘 씨의 실패담을 들어 보면 실감이 난다.

"중국 노동자들의 임금은 올라도 너무 올랐다. 처음 진출했을 때와 비교하면 2배 이상 상승했다고 봐야 한다. 여기에 5대 보험(한국의 4대 보험과 같음) 부담금까지 상당한 수준으로 올랐다. 전체적으로 보면 대만보다 오히려 더 비싸다. 이제 더 이상 있으면 도산은 불가피하다. 그래도 아직 완전히 망하지는 않았으니 동남아나 대만 이전 결단을 내리겠다."

천 씨의 한숨 섞인 말은 대만 중소기업들이 많이 진출한 둥관이나 인근 후이저우의 공장 지대를 거닐다 보면 바로 이해가 된다. 늦으면 죽는다는 자각이 일깨워준 엑소더스 경쟁 탓에 "눈에 보이는 것은 주인 잃은 개와 다를 바 없는 대만 기업인들의 내연녀들이 일거리를 찾아 배회하는 모습뿐이다."라는 어느 대만 언론의 르포처럼 거리는 썰렁하기만 하다.

황금알을 낳는 거위에서 외국 기업들의 무덤이 되다!
차이나 엑소더스의 진짜 이유

미국에 필적할 수준으로 경제 규모가 커져버린 중국의 오만에 가까운 자신감 역시 차이나 엑소더스의 이유로 거론될 수 있다. 중국의 상당 부분 기업들은 불과 얼마 전까지만 해도 과거 한국이나 일본이 그랬듯 카피캣(짝퉁의 의미) 정도만 만들었다. 그러나 지금은 엄청나게 달라졌다. 미국에서도 보기 어려운 첨단 제품들까지 선을 보이고 있다. 그러니 기업이나 당국에서는 우리도 이제 기술이나 돈을 뽑아먹을 만큼 먹고 덩치를 키웠으니 더 이상 외국 기업들에게 '볼일'이 없다고 생각할 수 있다. 막말로 "갈 테면 가라"는 자세라고 해도 좋다. 베이징에서 작지만 알찬 자동차 유리막 코팅 업체를 경영하고 있는 60세 중반의 일본인 개인 사업가 H씨의 분노 섞인 불만 토로는 이런 현실을 어느 정도 대변하지 않나 싶다.

"중국은 우리 기술을 조금씩 익혀가면서 서서히 변해갔다. 얼마 전부터 는 61세 이상에게는 비자를 주지 않는다면서 거부를 하더라. 항의를 했더 니 방법이 있다고 했다. 그동안의 중국에 대한 공헌도, 세금 납부 현황 등 을 적어 내라는 것이었다. 그것들을 점수로 환산해 100점 만점에 60점을 넘기면 비자를 준다고 했다. 결과는 60점에서 조금 모자랐다. 그러자 이번 에는 중국의 토플에 해당하는 한어수평고시^{HSK}를 보라고 했다. 최고 등급 에 합격하면 5점을 주니 60점을 넘을 수 있다고 했다. 그래서 시험에 합격 해 겨우 비자 획득 가능한 점수 60점을 넘겼다. 이번에는 그냥 넘어갔으나 다음에도 이런 식이라면 사업을 접고 귀국을 할 생각이다."

당국의 전폭적인 지원과 중국인들의 애국적 소비 습관으로 인해 경쟁 력이 강화된 토종 기업들의 승승장구가 차이나 엑소더스를 촉진시키는 것 도 두말하면 잔소리에 속한다. 지난 세기 말까지만 해도 '짝퉁 대국'이라는 오명을 벗을 수 없었으나 이제는 대륙 곳곳에 최첨단 유니콘 기업(기업 가치 가 10억 달러 이상인 스타트업 업체)들이 넘쳐나는 현실이다.

중국을 황금알을 낳는 거위에서 외국 기업이나 자영업자들의 무덤으로 만들어버리는 차이나 엑소더스를 촉발시키는 이유는 이 외에도 많다. 대표 적인 것들만 꼽아 봐도 토지를 비롯한 부동산 가격의 폭등, 과거에는 상상 도 못한 강력한 규제, 신기루처럼 사라진 각종 특혜 등을 거론할 수 있다. 중국 당국이 자본 유출 방지를 위해 단행한 과실 송금의 제한은 더 말할 필요조차 없다. 기업 활동을 통해 벌어들인 정당한 돈에 규제를 가하는 상황에서 외국 기업들은 더 이상 미련을 둘 이유가 없는 것이다.

내로라하는 글로벌 기업들도 버티지 못하고 떠나는 현실을 보면 차이나 엑소더스라는 말은 분명히 뚜렷한 실체가 존재하는 현실이다. 그러나 가는 사람이 있으면 오는 사람도 있는 법이다. 또 썰물이 있으면 밀물이 있을 수밖에 없는 자연계의 이치를 떠올리면 얘기는 다소 달라진다. 차이나 엑소더스가 괜한 기우라고 단언하기는 어려우나 다소 과한 호들갑일 수도 있다. 마치 탈중국을 비웃듯 신규 진출에 나서거나 투자를 늘리면서 차이나 러시에 천착하는 글로벌 기업들의 행보를 보면 그렇다.

대표적으로 전기자동차 분야의 지구 최강자인 테슬라의 적극적인 행보를 꼽을 수 있다. 2018년 7월 상하이시와 '기가팩토리 3'로 불리는 전기자동차 공장 설립을 위한 협약을 맺은 데 이어 이듬해 1월에는 린강^{臨港}산업구에서 테슬라 기가팩토리(테슬라의 전기차 및 부품 공장)의 착공식을 열었다. 향후 총 70억 달러 전후의 자금을 투자해 모델 3 등 연간 최대 50만 대의 전기차를 생산할 예정이다. 사업의 안정적 추진을 위해 자본금 3000만 달러 규모의 '테슬라 금융리스유한회사'를 설립한 것까지 더하면 중국 사업에 올인한다고 봐도 무리는 아니다.

2010년 중국 사업에서 철수한 구글과 14억 고객에 대한 매력에 침을 흘리는 페이스북의 행보도 비슷하다. 특히 페이스북은 마크 저커버그 최고경영자가 자주 중국을 방문하면서 사업 허가를 얻기 위한 구애를 당국에 아예 대놓고 하는 중이다. 중국어를 열심히 배운다거나 칭화대 자문위원회의 멤버로 이름을 올려놓은 행보만 봐도 그렇다. 2016년 7월 건강에 치명적인 스모그가 자욱한 톈안먼 광장에서 마라톤을 강행한 것도 같은 맥락이다.

코카콜라를 비롯한 다수 글로벌 음료기업들의 행보 역시 중국이 엑소더스의 현장이라기보다는 블루오션의 대양^{大洋}일 가능성이 높다는 사실을 말해주는 것 같다. 2019년 상반기부터 경쟁적으로 중국 투자를 늘린다거나 공장을 증설하는 계획들을 속속 내놓고 있다.

차이나 엑소더스 못지않은 차이나 러시,
한국 기업들도 투자에 나서

롯데와 정반대의 길을 걷는 한국 기업들도 한둘이 아니다. 베이징이나 상하이에서 하루가 멀다 하고 진출 계획을 발표하면서 세계 최대 시장을 포기하지 않겠다는 열망을 불태우고 있다. 대표적인 기업으로 CJ대한통운을 꼽을 수 있다. 2020년 상반기까지 600억 원을 투자해 통합물류센터와 글로벌택배 물류설비 등을 확충하는 계획을 마무리할 예정이다. 삼성바이오에피스의 행보도 크게 다르지 않다. 2019년 초부터 바이오의약품 시장 본격 진출을 통해 중국 시장에 대한 기대감을 키우고 있다. 산시성陝西省 시안西安의 반도체 공장에 대한 대대적 투자 증액에 나선 삼성전자, 1500억 위안 생수 시장 진출을 결정한 농심과 오리온, 최대 온라인 상거래업체 알리바바와 전격 손잡은 이랜드의 행보도 눈여겨 볼 필요가 있다.

중국이 아직 완전한 레드오션이 아니라는 사실은 세계적 기업인들이 여전히 대륙 시장을 중시하는 것에서도 잘 드러난다. 중국에 완전히 올인한 마크 저커버그 페이스북 CEO 외에도 팀 쿡 애플 CEO의 행보만 봐도 알기 쉽다. 그는 2019년 3월 말 베이징에서 열린 중국개발포럼에 이례적으로 직접 참석, "우리는 경제 개방이 모든 잠재력을 발휘하고자 하는 중국뿐 아니라 세계의 번영에도 필수적이라고 생각한다."고 강조하면서 중국 시장에 대한 공격적인 입장을 분명히 했다. 자주 중국을 방문, 당정 최고 지도자들과 인연 쌓기를 좋아하는 순다 피차이 구글 CEO의 행보도 같은 맥락으로 읽힌다. 구글이 중국 당국의 입맛에 맞는 검색 엔진을 출시할 것이라는 소문이나 도널드 트럼프 미국 대통령이 2019년 3월 말 그를 직접 불러 "(2017년 베이징에 인공지능센터의 문을 연) 구글의 중국 사업이 간접적으로 중국군을 돕고 있다."면서 화를 낸 것은 결코 억지가 아니라고 할 수 있다.

중국 당국의 노력 역시 차이나 엑소더스라는 부정적인 말이 기우에 가깝다는 사실을 말해주지 않나 싶다. 리커창 총리가 2019년 1월 초 70억 달러의 통 큰 투자를 결정한 일론 머스크 테슬라 CEO와 나눈 대화가 그 사실을 웅변하지 않나 싶다. 당시 리 총리는 내, 외빈 접견 장소인 중난하이의 쯔광거紫光閣에서 머스크 CEO가 "저는 중국을 열렬히 사랑합니다. 여기 자주 오고 싶습니다."라고 말하자 그 자리에서 즉시 영주권을 주겠다는 파격적인 약속을 했다. 영주권이 노벨상 수상자나 전 NBA 농구 스타 스테픈 마버리 같은 걸출한 인사들에게만 주는 특권이라는 점을 상기하면 중국이 아직도 외국 글로벌 기업의 투자를 환영한다는 점을 잘 알 수 있다.

중국 당국의 노력은 외자 기업에 대한 각종 규제를 완화하겠다는 적극적 입장에서도 잘 드러난다. 눈에 두드러진 행보 역시 나타나고 있다. 이를테면 한국의 감사원 격에 해당하는 중앙 정부기관 심계서審計署가 2019년 5월 초 외국기업에 부당한 수수료를 부과하거나 사업면허 발급을 지연시키는 등 법규를 위반한 45개 지방정부의 명단을 전격 공개한 것이 그것이다. 이에 화들짝 놀랐는지 2019년 상반기 들어서면서부터 광둥성을 비롯한 전국 대부분의 지방 정부들은 앞을 다퉈 규제 완화 원칙을 강조하고 있다. 중국에 투지한 외국 자동차 기업으로서는 사상 처음으로 테슬라가 현지 법인의 100% 지분을 보유하게 된 것만 봐도 현실을 잘 알 수 있다.

전국인민대표대회(전인대)가 외국인 투자기업의 지식재산권 보호, 기술이전 강요 금지, 외국인 기업의 내국민 대우 등을 핵심 내용으로 하는 외상 투자법(외국인 투자법)을 통과시킨 것은 더욱 고무적이다. 2020년부터 본격적으로 실시되는 만큼 차이나 엑소더스의 물결을 다시 러시로 바꿀 견인차로 작용할 가능성이 상당하다. 아무래도 법조문으로 명문화되면 외국 기업이나 자영업자들이 한결 수월하게 사업에 종사하게 될 것은 당연할 테니 말이다. 동시에 절대로 돌아오지 않겠다고 굳게 다짐하고 떠난 엑소더스의 주인공들까지 다시 불러 모으지 말라는 법도 없다.

확실히 중국은 이제 과거처럼 땅 짚고 헤엄치기 식으로, 날 것을 그냥 먹는 나라는 절대 아니다. 뛰어난 기술이나 아이디어가 없으면 쪽박을 차도 여러 번을 찰 수 있는 곳으로 확실히 변했다. 그러나 패러다임을 바꿔 반대로 생각하면 여전히 14억 명의 시장은 충분히 매력적인 투자 천국이 될 수 있다. 차이나 엑소더스 못지않게 차이나 러시 역시 분명한 현실이라고 단언해도 틀리지 않을 것 같다.

(4장)

차이나 이노베이션

★ ──────────────────────── ★

혁신으로 무장한
4차 산업혁명의 성지

중국은 극단적으로 부정적 시각을 버리고 보면 여러 방면에서 가능성이 무궁무진하다. 충분히 미국에 도전장을 내밀 만하다. 중국몽, 강국몽을 부르짖는 것이 완전히 허황된 생각만은 아니라는 말이다. 여기에 혁신으로 무장한 4차 산업혁명의 성지로 떠오르는 최근의 상황까지 더할 경우 더욱 그렇다고 해도 좋다. 미국이 무역전쟁 발동을 통해 중국의 굴기를 견제하려는 것은 그만한 이유가 있다. 말할 것도 없이 4차 산업혁명의 성지라는 별명은 거저 얻은 것이 아니다. 원래 중국은 약 10여 년 전까지만 해도 좋은 말로 카피캣, 속된 말로 짝퉁의 천국이라 해도 과언이 아니었다. 저임금을 기반으로 한 대량생산 능력 하나만으로도 전 세계의 공장이 되기에 충분했으니 혁신적 제품과 서비스를 통해 시장을 주도하려고 굳이 애쓸 필요가 없었다. 하지만 근래 들어서는 완전히 달라졌다. 모바일 결제를 비롯해 인공지능AI 기술과 드론, 로봇 등 4차 산업혁명의 핵심기술 분야를 언급할 때면 중국 주요 기업들의 이름이 빠지지 않는다. 중국이 짝퉁 대국에서 중국몽과 강국몽의 실현을 가능케 할 ICT 강국으로의 변신에 완전히 성공했다는 것은 이제 부인하기 어려운 현실이다.

18. ⎯⎯⎯⎯⎯⎯⎯⎯⎯⎯⎯⎯⎯⎯⎯⎯ ★

모바일 결제 시대

현금 없는 사회로 진입,
적선도 화대도 모바일 결제로!

중국인들은 돈을 좋아하는 것에 있어서만큼은 세계 최고이다. 그런데 이상하게도 자국 지폐인 인민폐를 깨끗하게 쓰지는 않는다. 강력한 세제를 이용한 세탁이 필요한 수준이라고 해도 좋다. 조금 심하게 말하면 돈을 만지다 치명적인 병으로 진행될 세균 감염을 걱정해야 할 수준이다. 아마 그러다 보니 불과 얼마 전까지만 해도 은행이나 상점 같은 곳의 직원들이 고객들에게 지폐를 건네줄 때 마치 더러운 물건 대하듯 휙휙 집어던지지 않았나 싶다.

이뿐만이 아니다. 인민폐는 크기도 한국 원화나 미국 달러화에 비해 크다. 관리하기가 쉽지 않다. 어느 정도였는지는 수년 전까지만 해도 모 자동차 회사의 1차 벤더(협력사) 사장으로 큰돈을 만진 경험이 있는 한국인 이모 씨의 소회가 잘 말해준다.

"사업을 하면서 문제가 되지 않을 접대를 정말 많이 했다. 그때마다 100

위안짜리 100장인 1만 위안의 돈 뭉치를 작은 손가방에 넣어 들고 다녀야 했다. 중국은 한국과 달리 신용카드를 잘 사용하지 않기 때문에 유흥업소 같은 곳에서도 현금을 사용해야 했다. 그런데 간혹 돈 가방을 챙기지 못할 때가 있었다. 그럴 때면 주머니에 넣고 다녀야 했는데 여간 불편한 게 아니었다. 더욱 큰 문제는 인민폐가 상당히 지저분하다는 사실이었다. 다소 결벽증이 있는 집사람은 그래서 돈 만지는 것을 너무 싫어했다. 돈을 써야 할 일이 있으면 꼭 신용카드를 받는 곳만 찾아다녔다. 그러나 지금은 이런 불편을 겪지 않는다. 스마트폰으로 QR코드를 찍어 돈을 주고받는 모바일 결제가 보편화된 덕택이다. 나도 그렇지만 집사람은 이 사실을 너무나 만족해하고 있다."

중국인들 10명 중 1명만 현금 가지고 다녀, 스마트폰만 있으면 OK!

지저분한 인민폐에 대한 트라우마가 상당했던 이모 사장의 말은 모바일 결제 보편화와는 아직 거리가 먼 한국 입장에서 보면 다소 이상할 것이다. 짝퉁을 만들던 나라가 결제 혁신을 정착시켰다는 사실이 도무지 믿기지 않을 수 있는 것이다. 그러나 현실이다. 무현금 사회로 가고 있다. 더구나 이렇게 된 것이 아주 최근의 일도 아니다.

중국 ICT 대기업인 텅쉰과 프랑스의 시장조사기관 입소스가 지난 2017년 7월 말 공동 발간한 〈2017 스마트 생활지수〉 보고서 내용만 살펴봐도 알 수 있다. 주요 도시에 거주하는 성인 남녀 6,500명을 대상으로 실시한 설문조사 결과를 분석한 이 보고서에 따르면 당시 응답자의 52%는 월간 소비액의 20%만을 현금으로 사용하는 것으로 나타났다. 현금 없이 스마트

모바일 결제로 동냥을 하는 중국의 걸인

폰만 있으면 외출할 때 전혀 불편하지 않다는 응답자도 무려 84%에 이르렀다.

2019년 10월을 기점으로 보면 더하다. 중국인들 10명 중 1명만 현금을 가지고 다니는 것으로 추산되고 있다. 설사 가지고 다니더라도 100위안 이하의 소액만 들고 다닌다고 한다. 현금을 들고 다니다 생기는 사고나 지폐의 세균에 의해 혹시라도 당할 수 있는 감염은 원천 봉쇄되었다고 하겠다.

상황이 이러니 웃지 못할 기가 막히는 일도 많이 있다. 먼저 걸인이 스마트폰을 이용해 동냥을 하는 케이스를 꼽아야 할 것 같다. 설마 그럴까 생각할지 모르나 이런 유형의 걸인들이 대륙 전역에 지천으로 널려 있다. 유흥업소에서의 팁이나 화대는 말할 필요조차 없다. 현금으로 주고받는 경우가 아예 없다시피 하다. 장쑤성의 농촌 출신으로 베이징의 한 대학에 재학 중인 20대 중반의 여대생 퉁佟모 씨의 회고를 들어보면 알기 쉽다.

"농촌에서 베이징에 유학을 온 탓에 사정이 여의치 못하다. 그래서 1학년 때부터 아르바이트를 했다. 그러나 말처럼 쉽지 않았다. 할 수 없이 휴학과 복학을 반복하다가 2년 전부터 유흥업소에 나가게 됐다. 나는 처음 가본 그곳에서 깜짝 놀랐다. 유흥업소 특유의 끈적끈적한 분위기 때문이 아니었다. 팁이나 화대를 스마트폰을 통해 주고받는 모습이 너무나 신기했던 것이다. 그러나 곧 적응이 됐다. 나중에는 가뭄에 콩 나듯 현금을 주는 손님이 이상하게 생각되기도 했다. 나 역시 마담 언니에게 주는 쭤타이페이坐臺費(손님 테이블에 앉게 해주는 대가)를 현금보다는 스마트폰 결제로 해결했으니까."

모바일 결제가 대세로 자리 잡은 현실에서 시장이 폭발적으로 커지지 않으면 그것도 이상하다. 역시 통계가 상황을 잘 말해준다. 시장조사기관인 첸옌前瞻산업연구원의 2019년 3월 말 발표에 의하면 2018년 모바일 결제 시장 규모가 동기대비 68% 증가한 171조 5000억 위안에 이른 것으로 추산됐다. 2019년과 2020년에는 각각 250조 위안, 355조 위안에 달할 것으로 보인다.

모바일 결제 선두 앱인
알리페이 사용자만 7억 명 넘어

이 시장의 최강자는 단연 즈푸바오至付寶로도 불리는 알리바바 계열의 알리페이Alipay다. 2019년 상반기를 기준으로 무려 7억 명의 가입자를 보유하면서 시장의 53.78%를 장악하고 있다. 중국인 절반을 고객으로 두고 있다는 말이 된다. 텅쉰금융 산하의 위챗(웨이신)페이는 시장 점유율 38.87%로 2위를 유지한 채 선두를 바짝 추격하고 있다. 이외에 몇몇 군소업체들이 나머지 시장을 놓고 도토리 키 재기를 하면서 피 터지는 경쟁을 하고 있지만 두 업체의 점유율 92.65%를 보면 별로 의미가 없다.

엄청난 시장을 장악하는데 기업 규모가 커지지 않을 수 없다. 알리페이를 운영하는 알리바바의 경우 산하 금융회사의 투자상품 잔고만 봐도 알수 있다. 2019년 10월 기준 무려 3조 5000억 위안에 달한다. 이 상품은 알리페이와 연동돼 있어 스마트폰에서 쉽게 입출금하는 것이 가능하다. 수익률 역시 정기예금보다 훨씬 높다. 텅쉰의 승승장구 역시 놀랍기만 하다. 모바일 결제 시장에서는 알리바바에게 뒤지고 있으나 위챗페이의 히트로 덩치는 더 키웠다. 2019년 10월 기준 알리바바를 제치고 아시아 시총 1위 자리에 올라 있다.

게다가 모바일 결제가 빠른 속도로 진화하고 있다. 사실을 증명하는 사례들은 그야말로 무궁무진하다. 스마트폰이 판매시점관리^{POS} 기기를 대체하는 이른바 '모바일 POS' 시대의 도래를 우선 대표적으로 꼽아야 할 것 같다. 개념이 상당히 어려운 것 같으나 쉽게 생각하면 또 충분히 이해가 될수 있다. 주요 스마트폰에서 POS 기능을 가진 앱(애플리케이션)을 지원하는 것이라고 보면 된다. 서비스 주체는 유니온페이^{UnionPay}(중국의 88개 은행이 공동 출자해 2002년 설립한 국영 독점 신용카드 회사)와 대형 은행들로 삼성전자를 비롯해 화웨이, 샤오미, 오포 등 주요 모바일 브랜드들이 참여하고 있다. 스마트폰 POS 사용을 원하는 상인 등 판매자들도 어렵게 생각할 필요가 없다. 스마트폰에서 'POS 주문 앱'과 '지갑 앱'을 다운로드 받아 온라인에서 등록과 심사를 거쳐 개통하면 된다. 이후 유니온페이 IC카드 퀵패스^{Quick Pass}, 유니온페이 휴대전화 퀵패스, QR코드 지불 등 다양한 방식으로 주문결제를 받을 수 있다. 이 서비스는 스마트폰에 내장된 각종 소프트웨어와 하드웨어 보안 기술을 통해 안전을 보장받는 것도 가능하다. 주로 작은 규모의 업체를 운영하는 소상공인의 결제를 편하게 도와줄 것으로 전망한다.

모바일 대출 서비스도 거론하지 않으면 섭섭하다. 이 분야에서는 알리페이가 단연 독보적이다. 화베이花唄, 제베이借唄라는 이름의 상품을 운영하고 있다. 특히 제베이는 은행 소액대출과 유사한 모바일 대출 상품으로 급전이 필요한 이들에게 인기가 높다. 최소 1,000위안에서 최대 30만 위안에 달하는 금액을 모바일 결제를 통해 간편하게 대출 받는 것이 가능하다. 한국의 카카오뱅크나 케이뱅크의 서비스를 생각하면 크게 무리가 없다.

진화의 대열에 스마트폰의 글로벌 절대 지존인 애플도 슬머시 끼어들고 있다. 제품의 판매 확대를 위해 알리페이와 제휴해, 2019년 3월부터 자사 온라인 지점에서 아이폰을 구매하는 고객들에게 최대 2년 무이자 할부 혜택 프로그램을 실시하고 있다. 이벤트 기간이 지나도 가격이 4,000위안 이상인 제품을 구입할 경우 최장 1년 동안 무이자 할부 서비스도 받을 수 있다. 시장 참여 후발주자인 삼성페이와 함께 애플페이로 알리페이와 위챗페이에 대놓고 도전장을 내밀고 있다. 하지만 2019년 10월 기준으로 아직 유저가 1억 명 전후인 탓에 시장 3위 업체인 가입자 2억 1000만 명의 미국 페이팔에도 밀리고 있는 것이 현실이다. 말할 것도 없이 결제액으로 따질 경우에는 명함도 내밀지 못한다. 두 극강의 선두주자인 알리페이와 위챗페이를 추격하는 것이 만리장성 넘는 것만큼이나 버겁다고 할 것이다.

모바일 결제의 보편화는
유통 혁명으로 이어져

시간이 갈수록 가속화되는 유통 혁명 역시 모바일 결제의 보편화에 따른 새로운 진화 현상으로 볼 수 있다. 유통 혁명을 혁신적으로 선도한다는 평가를 듣는 신선식품 전문 매장인 허마셴성盒馬鲜生의 성공신화를 살펴보면 확연해진다. 이 회사는 베이징보다 훨씬 더 자본주의적인 상하이에서 2016년 1월 작은 슈퍼마켓 규모로 출범했다가 곧바로 전국으로 퍼져나갔다. 2019년 10월 기준으로 전국에 160여 개의 점포가 영업을 하고 있으나 수년 내에 두 배로 늘릴 예정이라고 한다. 베이징에도 세 개의 매장이 있다. 당연히 상징적 의미가 있는 수도의 매장 수로는 말도 안 되게 적다. 2019년 초 허마셴성 경영진이 2020년까지 50개 이상의 점포 개점을 목표로 한다는 공식 입장을 발표한 것은 바로 이 때문이다. 2017년 7월 알리바바로부터 대규모 전략적 투자를 유치한 것이 이런 성장을 위한 발판을 마련했다고 할 수 있다.

수산물, 채소, 과일 등 생산지 직송 식품들이 가득한 허마셴성 매장은 겉모습만 봐서는 우메이物美, 월마트 등 다른 대형 마트와 별로 다른 점이 없다. 그러나 고객과 직원들의 움직임이 확실히 뭔가 다르다. 우선 고객은 직원들을 상대할 필요 없이 그저 본인이 필요로 하는 상품을 골라 QR코드로 찍으면 된다. 이어 모바일 장바구니에 담아 주문을 한다. 직원들 역시 손바닥 안의 스마트 기기만 확인하면 된다. 고객을 직접 상대하는 법이 없다. 주문을 파악한 다음에는 천장의 레일을 따라다니는 '움직이는 장바구니'에 담아 계산대로 보내면 된다. 고객의 거주지가 3킬로미터 미만일 때는 30분 이내에 배달까지 해준다. 고객이 매장을 찾지 않을 수도 있다. 스마트폰 앱으로 주문하는 것도 충분히 가능하기 때문이다. 모바일 결제를 통해 유통 혁명을 일으키고 있다는 말이 결코 과장이 아니다.

모바일 결제가 14억 명 중국인들의 생활에 혁명을 일으키고는 있으나 옥에도 티가 있듯 다 좋은 것은 아니다. 반드시 필요한 것이 아닌 한 문명의 이기를 사용하지 않겠다는 생활신조를 가진 광둥성 선전의 언론인 쉬자오민許焦敏 씨가 겪는 불편을 사례로 꼽을 수 있다. 40대 중반인 그는 어릴 때 자연주의자인 미국 경제학자 스콧 니어링의 《조화로운 삶》을 읽고 완전히 매료됐다고 한다. 대학 졸업 후에는 진짜 자연으로 돌아가 니어링이 주창한 삶을 직접 실천하려고도 했다. 하지만 자신이 떠나고 나면 경제적 곤란을 겪을 가족이 마음에 걸렸다. 할 수 없이 그는 선전의 한 유력 언론사에 취업하는 타협의 길을 택했으나 인생관은 바꾸지 않았다. 조금 덜 쓰고 유유자적하는 삶은 40대 중반까지는 그럭저럭 유지됐다. 하지만 모바일 결제가 보편화되기 시작하면서 그의 고민은 시작됐다.

그는 마음은 자연인이기는 하나 가끔은 현장을 누벼야 하는 숙명의 언론인이다. 선전 이외의 지역으로 달려가야 할 때도 많다. 당연히 누구보다 기동력이 있어야 한다. 하지만 자가용은 평소 신념에 따라 구입할 생각조차 하지 않았다. 그렇다면 최후의 수단은 택시를 타는 것이다. 문제는 중국의 상당수 지역의 택시들이 중국판 우버인 디디추싱滴滴出行처럼 스마트폰으로 호출하고 결제하는 시스템을 갖췄다는 것이다. 4차 산업혁명의 총본산으로 불리는 선전은 더 말할 것이 없었다. 기자인 그가 기본적으로 택시를 타기가 어렵게 된 것이다. 잘 모르는 사람들은 그게 뭐 어렵냐고 할지 모르나 그의 휴대전화는 이른바 똑딱이 폰이다. 꼭 연락할 곳이 있거나 비상시에만 쓰는 비장의 무기라고 할 수 있다. 그는 최근 택시를 타야 하는 외근 기자 생활을 포기할 것이냐, 아니면 스마트폰을 구입하느냐의 선택의 길에서 심각하게 고민하고 있다.

60대 중반인 베이징 시청구西城區의 주부 추이룽메이崔蓉梅 씨가 하루가 멀다 하고 겪는 불편 역시 거론해야 할 것 같다. 40대를 바라보는 과년한 딸이 출가하지 않아 남편과 함께 거두고 있는 그녀는 할 수 없이 결혼 이후 늘 그랬듯 거의 매일 장을 본다. 그런데 최근 들어서는 스트레스가 장난이 아니다. 자주 이용하는 대형 마트들이 마치 약속이나 한 듯 모바일 결제를 도입, 자신 같은 '폰맹' 노인들을 골탕 먹이는 탓이다. 그녀의 호소를 들어 보면 이해가 된다.

"내가 가는 대부분의 마트들은 하나같이 모바일 결제 시스템을 경쟁적으로 도입했다. 그러다 보니 현금으로 물건을 사야 하는 고객들이 갈 수 있는 결제 창구는 하나나 둘 정도밖에 없다. 시간이 엄청나게 걸린다. 70을 바라보는 나 같은 노인들은 정말 죽을 맛이다. 지금 와서 스마트폰을 사서 새로 공부를 할 수도 없는 것 아닌가. 혹시나 해서 집 주위의 작은 마트에 갔더니 더하더라. 아예 현금은 받지도 않는다."

2022년까지 전면적인 무현금 실현을
목표로 제시한 중국 당국

모바일 결제는 현금을 사용하는 것보다는 안전하다고 하나 사고로부터 100% 자유롭다고 하기도 어렵다. 사례를 들어보면 분명히 알 수 있다. 때는 2019년 5월 초, 장소는 저장성 닝보寧波 시내에 소재한 대형 레스토랑의 기숙사였다. 황당한 사고의 주인공은 이 레스토랑에서 아르바이트 보조를 하면서 겨우 생계를 이어오던 50대 중반의 남성 위안袁 씨로, 속담 그대로 아닌 밤중에 날벼락을 맞았다. 잠든 사이에 자신의 스마트폰에서 엄청난 거액인 1만 위안이 인출된 것이다. 자신이 이체하지 않은 거금이 빠져나간 사실을 이상하게 여긴 그는 바로 해당 지역 관할 경찰서에 사건을 신고했다. 위안 씨와 같은 기숙사에 거주 중인 류劉 씨와 양楊 씨가 공모해 범행을 저지른 것이라는 경찰의 조사 결과가 나왔다.

두 사람이 범행을 저지른 방법은 의외로 간단했다. 위안 씨가 잠이 든 사이 그의 휴대폰의 얼굴인식 기능을 사용, 모바일 결제 방식으로 해당 금액을 인출한 것이다. 피해자 위안 씨는 평소 자신이 사용하는 모바일 결제 방식에 '얼굴 인식' 등 간편 기능을 활용해온 탓에 꼼짝 못하고 피해를 입었다는 것이 언론의 전언이다.

디디추싱의 기사들에게 고객들이 살인과 성폭행을 당하는 사건이 빈발하는 현실 역시 간과해서는 안 된다. 특히 이 경우는 여성들이 주요 타깃이 되는 것으로 알려져 모바일 결제 시스템에 대한 전반적 불신으로도 이어지고 있다. 이에 대해 〈징지르바오〉經濟日報의 구진쥔顧金俊 기자는 "디디추싱에 가입한 운전기사들 중에는 염불보다는 잿밥에 더 마음이 있는 경우도 없지 않다. 이들은 택시를 부르는 고객이 젊은 여성이면 어떻게 해서든 태우려고 한다. 그러다 사고가 발생한다."면서 모바일 결제 시스템을 채택한 대표적 차량공유 업체인 디디추싱을 이용하는 것이 결코 안전하지 않다고 강조했다.

개인이나 기업, 기관들이 직면할 보안정보 유출 위험 가능성, 일부 기업의 독과점 등 각종 부작용 역시 고려해야 한다. 당국을 비롯해 시장을 리드하는 알리바바와 텅쉰이 보완책을 강구해야 할 것이다.

하지만 중국 속담에도 "구더기 무서워 장 못 담글까?"라는 의미의 "파성취부쭤장"怕生蛆不做醬이라는 것이 있듯 분위기는 직진 본능이 확실하게 대세로 자리 잡았다. 2015년부터 매년 8월 1~8일을 '현금 없는 날'로 정한 텅쉰의 행보만 봐도 잘 알 수 있다. 이 기간 전국 주요 도시의 오프라인 매장에서 자사 모바일 결제 시스템인 위챗페이를 이용할 경우 할인 혜택을 부여하는 행사를 절찬리에 진행하는데, 행사 참여 매장이 2015년 8만여 개에 이를 정도로 폭발적이었다. 이듬해에는 70만여 개로 늘어났다. 2017년과 2018년에는 아예 핵폭탄 터지듯 늘어나 각각 500만 개, 800만 개 이상의 매장이 참여한 것으로 집계되었다. 이제는 완전히 연례행사로 정착되었다.

알리페이를 운영하고 있는 알리바바 역시 마찬가지다. 2017년부터 저장성 항저우杭州를 비롯해 후베이성 우한武漢, 톈진 등에서 '무현금 도시 주간'을 개최하고 있다. 기간은 텅쉰과 마찬가지로 8월 1~8일이다. 알리바바는 2017년 7월 웨이보微博(중국판 트위터) 계정을 통해 "무현금 사회가 ***일 남았다."라는 슬로건을 공개하면서 2022년 전면적인 무현금 사회 실현을 목표로 제시했다. 2019년 11월 11일의 광군제光棍節(솔로데이. 미국의 블랙프라이데이처럼 최고의 쇼핑 명절을 의미. 알리바바가 주도함.) 때 모바일 결제 비율이 90%를 웃돈 것은 다 이유가 있었다.

중국의 신용카드 시장은 까다로운 발급 기준과 빈번한 불법복제로 거의 정체 상태에 있다. 앞으로도 신용카드 사용이 늘어날 확률은 솔직히 희박하다고 하겠다. 알리바바의 자신감처럼 스마트폰 보급과 IT기술 발전에 힘입어 모바일 결제가 완벽하게 현금을 대체할 가능성이 높다.

긍정적인 면도 많다. 무현금 거래 비중이 10% 늘면 GDP가 최대 0.8% 성장한다는 분석까지 나오고 있는 것이 현실이다. 정부 당국이 무현금 사회 실현을 중장기 목표로 내건 채 관련 업계를 적극 지원하는 것은 이 때문이다. 더구나 이로 인해 돈의 흐름이 투명해지면서 탈세나 자본 유출 문제 등도 일정 부분 해결이 가능해졌다. 한마디로 일석다조一石多鳥라고 하겠다. 지금 중국은 정부와 기업이 직, 간접적으로 연계해 미래 먹거리인 금융 생태계의 기반을 확고히 다져가고 있다고 해도 과언이 아니다.

19.

★

공유경제

GDP의 10%에 이르는 규모,
이성 친구도 공유 가능하다는 말이 있을 정도

자본주의 국가인 한국은 너무 사회주의적이고, 사회주의 국가인 중국은 너무 자본주의적이라는 말을 많이 한다. 돈 좋아하고 개인주의 경향이 강한 중국인들과 그와는 다소 반대인 한국인들을 가만히 보고 있으면 별로 틀린 말은 아닌 듯하다. 이 단정은 마오쩌둥이 공산 혁명을 꿈꾸면서 "중국인들은 바닷가의 모래알과 같다. 너무 개인주의적이라 단결을 하지 못한다. 사회주의로 뭉치게 해야 한다."는 한탄을 한 사실만 봐도 어느 정도 증명이 되지 않을까 싶다. 당연히 내 것이나 네 것의 구분이 확실하다. 아니 더하다고 해도 괜찮다. "내 것은 당연히 내 것, 네 것도 원래는 내 것이다." 라는 우스갯소리가 있듯이 재물에 과도한 욕심을 내는 사람들이 한둘이 아니다.

이런 사람들에게 공산당의 이념과 비슷한 '공유'公有라는 개념은 어울리지 않는다고 할 수 있을지 모른다. 하지만 현실은 완전히 반대로 흘러가고

베이징의 한 공유 아파트 YOU+

있다. 제품을 소유하는 것이 아니라 나눠 쓰는 협업 소비의 개념인 공유경제가 미국에서 도입돼 중국 대륙에서 활짝 꽃을 피우고 있다. 통계가 모든 것을 잘 설명한다. 우산은 말할 것도 없고 명품 핸드백까지 공유해 쓰는 서비스 이용자 수가 2019년 10월 기준 무려 7억 5000만 명 전후에 이른다. 이성 친구도 공유하는 시대가 올 것이라는 시중의 농담이 괜한 허언으로 들리지 않는다.

2019년 10월 기준 공유 서비스 이용자 수
7억 5000만 명

시장 규모도 놀랍다. 2018년에는 전년 대비 41.6% 늘어난 2조 9420억 위안에 이르렀다고 한다. GDP의 4% 가까운 규모였다. 베트남을 비롯한 웬만한 동남아 국가의 GDP를 능가한다. 향후 전망 역시 '쾌청'이라는 표현이 딱 알맞다. 3년 동안 평균 30% 이상의 고속 성장세를 보일 것이 확실시된다. 이 경우 공유경제 규모는 2020년 GDP의 10%를 넘어 2025년에는 20%까지 늘어날 수 있다. 앞으로는 중국 시장을 공유경제의 프리즘으로 봐야 한다는 결론이 나온다.

역시 사례를 살펴봐야 공유경제가 얼마나 중국인들의 생활에 깊이 파고들었는지 잘 알 수 있다. 베이징에서 작은 유통 사업을 하는 50대 초반의 장샹타오江翔濤 씨는 업종의 특성상 지방 출장이 잦다. 아직 중년이기는 하나 자주 지방을 오가다 보면 피곤이나 불편을 느낄 법도 하다. 그러나 공유경제 마니아인 20대 중반 아들의 영향으로 어느 정도 디지털화 되어 있는 그는 별로 그렇지 않다. 우선 공항을 오갈 때는 몇 번 실수를 하기는 했지만 차량공유 업체인 디디추싱의 택시를 부르는 것에 성공한 후 아주 편안하게 이동한다. 이어 목적지 근처에서는 건강을 위해 종종 공유 자전거도 이용한다. 비가 많은 대륙 남부 지방에서 갑자기 소나기를 만나도 크게 걱정할 것은 없다. 공유 우산이 있으니까. 잠자리도 만사 오케이다. 일회용 침구와 가재도구 등을 갖춘 공유 숙박시설을 언제든지 이용할 수 있다. QR코드로 스캔만 하면 바로 들어가서 잘 수 있다. 음식이 맞지 않으면 필요한 식자재를 구매해 공유 주방에서 해결할 수도 있다. 그가 지방 출장 때마다 아들에게 고마운 마음을 가지는 이유다.

이러니 성공하는 유니콘 기업이 속출하는 것은 너무나 당연하다. 대표적으로 디디추싱이 꼽힌다. 2012년에 설립돼 알리바바와 텅쉰, 애플 등의 투자를 받는 기염을 토하면서 성공가도를 달리고 있다. 시장 점유율 90% 이상을 차지하고 우버차이나까지 인수하는 기백을 보여주고 있다. 이 기세를 몰아 2019년 7월 말에는 일본 자동차 제조사인 도요타TOYOTA로부터 6억 달러의 신규 투자를 유치하는 개가도 올렸다.

치열한 경쟁 탓에 파산의 위험도 안고 있지만 모바이크摩拜, 오포ofo 등 공유 자전거 서비스 업체들의 성장세 역시 놀랍다. 2019년 5월 기준으로 20여 개 이상의 업체들이 각축을 벌이고 있다. 50여 개에 이르는 대륙 도시 곳곳을 굴러다니는 자전거만 300만 대 이상에 이른다. 이런 상황에서 이용자 본인이 직접 운전할 수 있는 공유 자동차 임대 사업이 태동하는 것은 당연한 이치다. 2015년 이후부터 우후죽순처럼 생겨난 공유 자동차 업체에는 때에 따라서는 BMW, 벤츠 등 럭셔리한 차종도 구비되어 있다.

다양한 형태의 공유 모델이 등장하는 것 역시 마찬가지다. 9억 명을 바라보는 핸드폰 사용자들을 대상으로 언제 어디서나 쉽게 충전할 수 있도록 해주는 보조배터리 공유 서비스를 가장 먼저 꼽아야 할 것 같다. 사실 그럴 만도 하다. 무엇보다 보조 배터리는 자전거보다 잠재적 사용자나 사용 횟수가 훨씬 많다. 게다가 원가가 상대적으로 낮아 수익성이 훨씬 높다.

보조배터리 공유 서비스도 아주 어렵지는 않다. 우선 스마트폰으로 위치를 검색한 다음 QR코드로 접근한다. 이어 알리페이나 위챗페이로 간편하게 결제하면 된다. 보조배터리를 빌리는 곳과 반납하는 장소가 달라도 괜찮다. 충전 비용은 서비스마다 다르다. 대체로 보증금 100위안에 시간당 10위안 전후 정도로 생각하면 된다.

보조배터리 공유 서비스는 두 가지 유형으로 나눌 수 있다. 하나는 카페, 식당 등 테이블에 붙은 충전기에 직접 충전이 가능한 테이블 거치식이다. 또 하나는 쇼핑몰, 지하철역 등 공공장소에 마련된 자판기에서 보조배터리를 빌려 사용한 다음 반납하는 자판기 대여식이다. 전자의 모델 업체로는 2016년 12월에 사업을 시작한 샤오뎬小電을 꼽을 수 있다. 2019년 6월 기준으로 전국 최대 규모를 자랑한다. 대륙 전역에 2만 개 이상의 점포와 가맹 계약을 맺었다고 한다. 후자의 대표 모델 업체로는 제뎬街電과 라이뎬來電 등을 꼽을 수 있다.

주목할 만한 사실은 알리바바와 텅쉰 등의 그림자가 이 시장에도 어른거린다는 점이다. 우선 알리바바의 경우 계열사인 마이진푸螞蟻金服(앤트파이낸셜)와 함께 라이뎬을 지원하고 있다. 또 텅쉰은 샤오뎬에 지속적으로 투자를 하고 있다. 이외에 글로벌 자본인 IDG캐피털이나 세콰이어캐피털 등역시 뒤쳐질 새라 공격적 행보를 보인다. 상황이 이러니 업체들이 짧은 시간 내에 대규모로 투자를 유치, 성공하는 것은 일도 아니다. 2020년 서비스 이용자가 1억 명을 돌파할 것으로 예상되는 만큼 블루오션으로 불러도 좋다.

화장실휴지, 보조배터리부터 자동차, 아파트까지
그야말로 공유 서비스 천국

말할 것도 없이 더 유망한 블루오션도 있다. 조금 지저분한 느낌이 없지 않으나 마구잡이식 무분별한 사용을 막기 위한 화장실휴지 공유 서비스가 있다. 이 아이디어를 현실로 옮긴 업체는 이름부터가 화장실 분위기를 물씬 풍기는 선전의 쮀샹坐享스마트과학기술유한회사로, QR코드를 통해 스캔을 할 경우 최장 1미터 길이의 휴지를 무료로 내보내는 기계장치인 공익 스마트 휴지기를 개발, 사용자들로부터 예상 외의 폭발적 반응을 얻고 있다. 2019년 10월 기준으로 베이징 하이뎬구 진위안옌사金源燕莎 쇼핑센터를 비롯한 전국 1,000여 개 업소들의 화장실에 기기를 공급했다고 한다. 기술을 개발한 업체는 돈을 벌고 업소들은 자원 낭비를 막는 효과가 있으니 누이 좋고 매부 좋은 공유 서비스에 해당한다. 이에 대해 베이징 왕부징王府井에 소재한 한 쇼핑몰의 환경 담당 직원인 톈田 씨는 "모바일 인터넷과 사물인 터넷IoT 기술을 활용한 기기의 도입으로 매장 화장실의 휴지를 효과적으로 관리하는 것이 가능해졌다. 무엇보다 고객들의 호응이 좋다. 휴지 관리에 드는 비용을 대폭 절감하게 된 우리는 더 말할 필요가 없다. 초기의 기기 도입 비용을 생각하더라도 1년에 100만 위안 이상씩 절감하게 됐다. 주변 마트나 업소 등에도 적극 사용을 권장하고 있다. 거부 반응이 전혀 없다."면 서 만족감을 표시했다.

공유경제는 청년 창업자들에게 공동의 주거를 저렴하게 제공하는 역할 도 한다. 샤오미의 레이쥔雷軍 회장이 2011년 1억 위안을 투자해 만든 공유 아파트인 '유플러스'YOU+의 존재가 이 현실을 잘 말해준다. 레이 회장이 각 별히 신경을 쓴 탓에 '샤오미 아파트'로도 불리는데, 2019년 10월 기준으로 대륙 9개 지역에 6,000여 개의 공유 거주 공간을 확보하고 있다. 2020년에 는 총 4만 5,000여 개의 공간을 확보, 청년 창업자들을 끌어 모으는 공간 으로 기능하게 할 예정이다. 실리콘밸리의 투자 귀재 유리 밀러가 이끄는 디지털스카이테크놀로지DST와 미국 유명 사모펀드 콜로니Colony캐피털이 추 가로 투자한 곳인 만큼 미래는 밝다고 할 것이다.

말할 것도 없이 45세 이하의 예비 창업자들과 학생들만 입주하는 이곳 에서는 주거만 공유되는 것이 아니다. 예컨대 각종 사업 아이디어의 경우 헬스장을 비롯한 사무실, 네트워킹룸, 커피숍, 회의실 등 다양한 공간 및 각 종 커뮤니티 활동을 통해 자연스럽게 공유된다. 3개월에 한 번 커뮤니티 활동을 공유하지 않으면 퇴실 조치가 뒤따르는 강제 규정이 있는 것은 이 런 분위기를 촉진시키기 위해서다.

성공 사례도 많이 나왔다. 전자칠판처럼 쓰는 TV를 개발한 맥스허브 역시 유플러스에서 창업에 성공, 유니콘을 향한 담대한 도전에 나서고 있다. 9세 때 베이징으로 건너와 30년 동안 생활하고 있는 사업가 송광우 씨의 설명을 들어볼 필요가 있을 것 같다.

"내 중국인 친구들은 창업에 도전하기 위해 베이징 하이뎬구 소재의 유플러스에 많이 거주하고 있다. 2,500~5,000위안이면 월 임대료도 별로 비싸지 않다. 입주 경쟁률이 무려 20대 1이나 하는 것은 다 그만큼 가치가 있기 때문이다. 이곳은 절대 폐쇄적인 공간이 아니다. 이웃과 아파트를 함께 쓰듯 모든 것을 공유해야 한다. 소소한 아이디어도 마찬가지다. 입주자들이 창업에 성공할 확률이 높을 수밖에 없다."

중국 경제의 대표적 블루오션이지만
가장 경쟁이 치열한 분야이기도 해

공유경제는 이처럼 중국 경제의 대표적 블루오션이라고 해야 하지만, 사업이 그저 땅 짚고 헤엄치기인 것만은 아니다. 업체 간의 경쟁 역시 치열하고, 방심했다가는 아차! 하는 순간 언제라도 실패할 수 있다.

차량 공유 업계의 현상을 살펴보면 잘 알 수 있다. 현재 이 시장은 디디추싱이 거의 독주하고 있다. 사용자가 6억 명에 하루 3500만 건 이상의 거래가 이뤄지고 있다. 그러나 경영은 공유 자전거 업체들이 그런 것처럼 적자를 벗어나지 못하고 있다. 살인과 강간 사건이 일어난 것에서 보듯 승객안전 문제도 현안이 되고 있다. 상황을 타개할 반전 카드를 내놓아야 한다. 이 와중에 강력한 대항마도 나타났다. 주인공은 중궈이치中国一汽·FAW와 둥펑東風자동차, 창안長安자동차 등 국영 3사가 설립을 주도한 합작 모빌리티 기업 T3이다. T3는 'TOP 3'라는 뜻으로 회사를 설립한 3사를 의미한다. T3에는 자동차 3사만 참여한 것이 아니다. 쑤닝蘇寧을 비롯해 알리바바, 텅쉰

등 12개 인터넷 기업 역시 장쑤성 난징南京에 본사를 둔 이 연합군에 동참
하는 것을 마다하지 않았다. 무엇보다 자체 제작한 5,000여 대의 차량으로
영업을 시작하는 것이 강점으로 꼽힌다. 2020년부터는 전 대륙으로 서비
스를 확장할 예정이다. 향후에는 자율주행이 가미된 스마트자동차 서비스
까지 제공한다는 청사진을 가지고 있다.

디디추싱의 경쟁자는 T3 외에도 많다. 상하이자동차와 지리吉利자동차
역시 칼을 갈고 단독으로 차량 공유 서비스를 출시, 시장에 참여하고 있다.
벤츠, BMW, GM 등도 자동차 판매만으로는 성이 차지 않는지 시장 진출
프로그램을 만지작거리고 있다.

차량 공유 이외의 분야 역시 크게 다르지 않다. 이론적으로는 이성 친
구도 공유하는 것이 가능한데, 돈 냄새에 관한 한 동물적인 감각이 있는 중
국인들이 시장을 가만히 놔둘 리가 없다. 무엇이든 공유 간판만 붙이면 될
정도라고 한다. 공유경제 관련 부문에서 일하는 인력이 5000만 명을 넘어
수년 내에 1억 명을 돌파할 것이라는 전망은 크게 틀리지 않을 것이다. 리
커창 총리가 기회 있을 때마다 "공유경제 서비스가 국가의 핵심 성장전략
이다."라고 주장하는 것 역시 마찬가지가 아닐까 싶다.

그렇다면 중국은 어떻게 공유경제의 천국이 됐을까 하는 의문이 든다.
여러 요인이 복합적으로 작용했다고 보면 될 듯하다. 우선 "공유경제 서비
스는 주로 임대와 협업 소비가 핵심이다. 그런데 물품의 공동 구입과 협업
소비, 여행과 오락, 주거와 식사, 차량 이용 등은 모두 스마트폰 앱으로 쉽게
해결된다."는 베이징의 ICT 평론가 저우잉周穎 씨의 말대로 모바일 플랫폼의
편리성을 꼽을 수 있다.

중국인들의 특이한 문화적 코드 역시 거론할 필요가 있다. 중국인들은
서비스에서 친절과 예의를 따지는 한국인들과는 달리 실용성과 편의성을

우선시 한다. 중국이 한국에 비해 불친절하기는 해도 실용적 편의성에서만큼은 훨씬 앞선 것은 이런 현실과 맥이 닿아 있다. 실제로 중국인들은 높은 가격의 자동차도 브랜드보다는 기능의 편의성을 중시한다.

지역적인 문화의 차이도 살펴볼 필요가 있다. 예컨대 대륙의 북방 사람들은 공동 구매를 통해 절약 가능한 상업적 서비스를 선호한다. 반면 남방 사람들은 개인적인 즐거움을 주는 소비문화를 더 즐긴다. 창의적인 공유 서비스 모델이 남방에서 다양하게 실험되는 것은 바로 이 때문이다. 북방이든 남방이든 공유경제가 정착되지 않을 수가 없다.

정책을 지역별로 순차적으로 적용한 후 제도적 보완을 하는 중국 특유의 스타일도 큰 몫을 한다. 이 때문에 '우선 허용, 나중 규제'라는 시스템이 작동하게 된다. 문제가 될 경우 나중에 행정지도로 단속하면 된다고 보는 것이다. 이러니 공유경제의 기본인 창의성이 발휘되는 것이다.

'우선 허용, 나중 규제'라는 정책 시스템, 공유경제 기본인 창의성 발휘 원동력

지난 세기 80, 90년대에 출생한 이른바 바링허우八零後(80년대 출생자)와 주링허우九零後(90년대 출생자) 젊은이들이 소비의 주역이 된 시점과 디지털 문화에 친숙한 것 역시 공유경제가 폭풍 확산된 이유로 꼽을 수 있다. 상하이의 가장 평균치 청년 직장인인 31세 여성 장밍바오張明寶 씨의 일상만 살펴봐도 알 수 있다. 출퇴근 때는 거의 예외 없이 디디추싱이나 오포를 이용하는 그녀는 점심은 동료들과 음식배달 앱 메이투안美團에서 각자 먹고 싶은 음식을 골라 함께 배달시켜 해결한다. 가끔은 데이터 셰어링 앱으로 집에 설치된 공유기의 와이파이를 연결해 남는 데이터를 유료로 판매하기도 한다. 저녁 약속 장소에 일찍 도착하면 스마트폰 앱을 이용해 근처의 미니 KTV(노래방)를 찾아 노래를 부르면서 시간을 보낸다. 이뿐만이 아니다. 그녀는 최근 집 근처 광장에 설치된 공유 세탁기를 이용해서 겨울이불 빨래를 한다. 2019년 10월 1일 국경절 연휴 때 하이난海南을 여행하면서 숙박공유 앱 투자途家를 이용해 숙소 문제를 손쉽게 해결했던 것은 딱히 특별한 경험이라고 할 수도 없다. 그녀의 주변에서 그렇지 않은 청년들을 찾는 것이 더 어려운 일이다.

심지어 이들에게는 "자원 방치는 낭비다. 사용하되 구입하지 않는다."는 텅쉰 마화텅馬化騰 회장의 말이 무슨 진리처럼 여겨지는 것 같다. 베이징 하이뎬구 중관춘의 원룸에서 생활하는 20대 중반의 대학생 친스밍秦時明 씨의 집안 살림살이를 살펴보면 흐름을 알 수 있다. 자전거와 우산, 양산에서 시작해 농구공, 배드민턴과 탁구라켓 같은 운동기구, 배터리 충전기에 이르기까지 그가 돈을 주고 산 것은 거의 없다. 냉장고와 세탁기 역시 1년 동안 빌린 것들이다. 그가 최근 들어 대학가에서 폭발적인 인기를 누리는 지식공유 앱 펀다分答의 마니아가 된 것은 전혀 이상하지 않다.

중국 정부는 2014년부터 공유경제를 신성장 동력의 한 축으로 삼기 시작했다. 경제성장 둔화에 따라 기존 산업구조 내에서는 매년 시장에 쏟아지는 800여 만 명의 신규 대졸자를 감당하기 어렵다는 판단에 따라 ICT 분야를 중심으로 한 창업과 공유경제 시스템 구축에 힘을 쏟고 있는 것이다. 공유경제의 확산이 앞으로는 대륙의 모습을 더욱 크게 바꿀 것이라는 말이다. 한국인들보다 더 자본주의적인 중국인들이 소비에 관한 한 공산당의 금과옥조에 더 가까이 다가가고 있는 듯하다.

20.
온라인 굴기

글로벌 인터넷기업 시가총액
상위 20개사 중 7개사가 중국 기업

중국은 지난 세기 말까지만 해도 정보화와는 거리가 멀었다. 인터넷이라는 말이 뭔지도 모르는 중국인들이 태반이었다. 그러나 지금은 웬만한 걸인도 스마트폰으로 웹 서핑을 할 정도가 됐다. 2018년 말 중국인들의 60%가 누리꾼이었다는 통계가 나왔다. 이 정도 되면 2020년 말 경에는 10억 명이 온라인 세상에서 헤엄을 치게 될 것이라는 전망도 꿈이 아닐 수 있다. 한마디로 중국인들이 입에 올리기 좋아하는 굴기가 온라인에서도 실현됐다고 해도 틀린 말은 아니다.

온라인 굴기는 인터넷 기업들의 무서운 성장세만 봐도 여실히 확인된다. 대륙 내 상위 100대 기업의 매출액이 2020년 2조 위안 전후를 기록할 것이라는 전망이 실현 가능한 현실이 될 정도다. 이러니 중국이 글로벌 인터넷기업 시가총액 상위 20개사 중 7개사를 차지하는 것은 지극히 정상이라고 해야 한다. 텅쉰을 비롯해 알리바바, 검색엔진 업체로 유명한 바이두

^度 등이 우선 10위권에 들어 있다. 이어 알리바바 계열 금융회사 마이진푸, 전자상거래 2위 업체인 징둥닷컴, 디디추싱, 샤오미 등도 20위권에 보란 듯이 이름을 올리고 있다.

중국의 온라인 굴기를 주도하는
바이두, 알리바바, 텅쉰의 독보적인 위상

온라인 굴기를 주도하는 주역은 역시 중국을 대표하는 BAT(바이두와 알리바바, 텅쉰)라고 해야 한다. 특히 셋 중 텅쉰과 알리바바의 위상은 그야말로 독보적이다. 양사의 합계 매출과 순이익이 100대 기업 총매출액과 순이익의 28%, 83%에 육박한다. 입이 다물어지지 않을 정도다.

각 업체들의 활약상을 구체적으로 살펴보면 더욱 경악스럽다. 우선 메신저 앱인 위챗이 시장을 장악하고 있는 텅쉰이 그렇다. 게임, 핀테크^{FinTech}, 인공지능^{AI} 등의 분야에서 "안 되는 사업이 없다. 텅쉰이 하면 다 된다. 마이더스의 손이라고 봐도 무방하다."는 말을 들을 만큼 다양한 분야에서 눈부시게 활약하고 있다. 거의 매년 매출액과 순이익 증가율이 50% 이상을 기록하고 있다. QQ와 위챗 등을 운영하고 있는 소셜미디어와 모바일 결제 서비스인 위챗페이, 폭발적 인기를 끄는 모바일 게임 '왕저룽야오'^{王者榮耀}(영광의 왕) 등이 골고루 인기를 얻은 덕분이다. 이에 힘입어 텅쉰은 주가 상승률 부분에서 미국 페이스북을 종종 앞지르고 있다.

알리바바 역시 '투자의 귀재' 워런 버핏 미국 버크셔 해서웨이 회장이 주식을 사지 않은 것이 실수라고 인정했을 정도로 눈에 띄는 성장세를 구가하고 있다. 당초 전자상거래를 주력 업종으로 해 출발했으나 빅데이터, 클라우드 컴퓨팅 등을 바탕으로 미래를 준비하는 외에도 택배와 온라인 결제 및 금융, 문화, 엔터테인먼트 등의 분야로 사업을 확장, 자사만의 독특한 생태계 구축에 힘을 쏟고 있다.

주가 역시 하루가 멀다 하고 최고 기록을 갈아치우면서 고공 행진을 거듭하고 있다. 앨릭스 야오 JP모건 애널리스트가 2017년에 "알리바바의 사업 확장은 시장조사, 브랜드 인지도, 고객서비스 등과 같은 비거래 부문까지 진입할 것이다. 지속적인 매출과 성장을 가져올 수밖에 없다."는 평가를 내린 것은 근거가 충분한 것이다.

바이두는 텅쉰과 알리바바의 그늘에 가려 있으나 사실 굉장한 기업이라고 해야 한다. 검색할 때마다 뜨는 곰 발바닥 탓에 "굼뜨고 느리다"라는 이미지가 연상되지만 혁신에서는 세계 최고 소리를 듣는다. 바이두의 시작은 그러나 앞선 글로벌 기업을 따라 한다는 이른바 '카피캣'이라는 말을 들었을 정도로 미미했다. 그럼에도 이제는 '중국의 구글'이 아니라 '세계를 지배할 플랫폼 회사'를 꿈꾸는 기업으로 발돋움했다.

바이두는 2019년 이후 온라인을 넘어 다른 분야로 시각을 넓히고 있다. 따라서 머지않은 장래에 인터넷 기업보다 자동차 및 인공지능, 헬스케어 회사로 더 깊게 각인될 가능성이 높다. 바이두의 자율주행용 인식기술 정확도가 세계 최고 수준인 92.65%에 이르는 것만 봐도 이 전망은 충분히 설득력이 있다.

대륙의 온라인 굴기는 중국인들의 쇼핑 습관까지 바꿔놓았다. 물건이 거래되는 장소가 오프라인에서 온라인이 된 것이다. 달리 말하면 쇼핑몰이 온라인으로 들어왔다고 할 수 있다. 어느 정도인지는 알리바바 계열의 대표적 인터넷 전자상거래 C2C(소비자 대 소비자) 사이트 타오바오의 행보가 잘 말해준다.

"팔지 못할 것은 없다.

세상에 없다면 지옥에서라도 가져와 판다"

알리바바 산하 업체답게 타오바오 사이트의 모토는 분명하다. "팔지 못할 것은 없다. 세상에 없다면 지옥에서라도 가져와 판다."는 것이다. 실제로 여러 사례를 통해 그 사실을 분명히 보여주기도 했다. 2017년 11월에 초대형 항공기를 판매해, 누리꾼들을 경악시킨 사실을 대표적으로 꼽아야 할 것 같다. 타오바오에서 판매된 항공기는 보잉747 화물 수송기로, 광둥성 선전시 중급인민법원의 경매를 통해서 이뤄진 것으로 알려졌다. 이 수송기는 원래 제이드카고 인터내셔널이라는 회사의 소유였다고 한다. 그러나 2013년 9월 이 회사가 파산을 신청하면서 선전 법원이 이를 압류했다. 법원은 2015년 10월부터 6회에 걸쳐 오프라인 경매를 진행했다. 그러나 새 주인을 찾는 데 번번이 실패했다. 결국 당초 예정가보다 70% 낮은 가격에 화물기 세 대를 인터넷 경매 시장에 내놓게 됐다. 그러자 중국 최대 민영 택배회사인 순펑順豊의 자회사 순펑항공이 이 중 두 대를 총 3억 2200만 위안에 낙찰받았다. 당시 제트기에 대한 온라인 경매는 중국뿐만 아니라 전 세계에서도 처음이었다. 경매 과정을 참관한 네티즌이 80만 명을 넘어설 정도로 열기가 뜨거웠다.

타오바오에서 팔린 물건이 화제가 된 것은 이번이 처음은 아니다. 2014년 4월로 돌아가 볼 필요가 있다. 당시 허난성의 한 법원은 매물로 나온 주유소를 경매 사이트에 올렸다. 이후 이 물건은 280번의 가격 입찰과 33번의 지연을 거쳐 최종적으로 689만 위안에 낙찰됐다. 이듬해 3월에는 영국령 버진아일랜드와 피지, 캐나다, 그리스에 소재한 섬 4곳에 대한 경매가 실시된 적도 있다. 당시 그리스의 작은 섬 리틀 레스보스는 620만 위안에 팔렸다. 구조조정 과정에서 매물로 나온 부실자산이 거래되는 일은 더욱 잦다. 그 시작은 타오바오가 2015년 5월 중국의 4대 배드뱅크 중 하나인 신다新達자산관리공사와 업무 제휴를 맺었을 때였다. 이후 2019년 6월까지 200억 위안 규모의 부실채권 등이 경매에 붙여져 40% 가량이 낙찰되었다고 한다.

타오바오에서 이처럼 기상천외한 물품들의 판매가 가능한 것은 우선 온라인 쇼핑몰의 인프라가 탄탄하기 때문이다. 여기에 온라인 법원 경매가 활성화돼 있다는 사실 역시 중요하다. 실제로 중국 사법부는 경매 투명성 확보를 위해 2012년부터 타오바오를 비롯한 대형 온라인 쇼핑몰을 활용하고 있다. 2018년까지 약 1,000여 곳의 지방법원들이 이에 동참하고 있다.

사실 과거만 해도 항공기를 비롯한 특수한 물품들의 온라인 판매는 꿈도 꾸지 못할 일이었다. 거래의 투명성과 제품의 품질에 대한 확신이 전제된다는 것이 쉬운 일이 아닌 탓이었다. 그러나 결과는 긍정적이었다. 중국 온라인 쇼핑업계의 인프라와 신뢰도가 대중의 검증을 통해 크게 제고됐다고 볼 수 있다.

온라인 굴기는 누리꾼의 쇼핑과 직결되는 광고 시장에도 지각변동을 가져왔다. 스마트폰의 광범위한 보급과 온라인 쇼핑의 유행이 맞물리면서 모바일 광고 시장이 대세로 자리잡게 된 것이다. 특히 고가 사치 품인 자동차의 광고 비중이 20%에 육박한다는 사실은 산업계의 관심이 이미 TV에서 모바일로 이동했다는 사실을 여실히 보여준다. 5G 시대가 열릴 앞으로는 더욱 그럴 것이다.

시장조사기관 e마케터eMarketer에 따르면 2018년 중국 온라인광고 시장의 규모는 전년 대비 30.7% 성장한 3330억 위안에 이르렀다고 한다. 이 중 약 80% 이상인 2700억 위안 전후가 모바일 광고 시장의 매출일 것으로 분석되고 있다. 모바일 광고 시장이 2018년 약 6800억 위안 정도로 추산되는 전체 광고 시장의 40%에 육박한다는 계산이 가볍게 나온다. 2013년에 매출액 50억 위안에 불과했던 모바일 광고 시장이 불과 5년 만에 50배 이상이나 커진 셈이다. 이에 반해 광고 시장의 전통적 강자인 TV 광고(케이블TV 포함)의 점유율은 17.5%에 그쳤다.

이 시장 역시 BAT가 장악한다고 봐야 한다. 거의 독점이라고 해도 좋다. 구글과 페이스북 등 글로벌 온라인 기업의 중국 진출이 쉽지 않은 상황이 이들에게 어부지리를 주고 있다고 봐도 무방하다. 그러나 실제 광고 액수 규모에서는 알리바바가 단연 앞서 있다. 2020년에는 알리바바 한 곳만의 모바일 광고 매출액이 전체 TV 광고 매출액보다 2배를 넘어설 것이라고 한다.

전체 TV 광고 매출액보다 2배 많은
온라인 광고 매출액

모바일 광고 시장의 급속한 팽창은 무엇보다 중국인들의 모바일 이용 습관과 맥락을 같이 한다. 중국인터넷정보센터[CNNIC]의 2018년 자료에 따르면, 모바일 이용자의 78%가 평소에 모바일 광고를 클릭하는 것으로 나타났다. 이는 영국과 미국의 33%, 22% 등에 비해 월등히 높은 것이다. 더구나 중국인들의 하루 평균 핸드폰 이용 시간은 무려 170분이 넘는다. 광고주들이 이런 현실을 외면할 리가 없다. 이외에도 중국인들의 개인 정보 수집이 상대적으로 용이하다는 사실 역시 기업들이 모바일 광고를 선호하는 이유다.

중국이 온라인 굴기로 매진하는 현실은 인터넷의 급속한 확산과 모바일 결제 확대에 따라 자신이 필요로 하는 지식을 사이버 세상에서 구매하는 소비자가 폭발적으로 늘어나는 사실에서도 알 수 있다. 중국 국가정보센터가 거의 매년 발표하는 〈중국 공유경제 발전 보고서〉를 살펴보면 알기 쉽다. 이에 따르면 2018년 온라인에서 지식 분야와 관련해 이뤄진 거래 규모는 1500억 위안으로, 전년에 비해 무려 205% 이상이나 늘었다. 사용자 수는 약 6억 명이었다. 누리꾼 3명 중 2명 이상이 온라인상에서 지식을 구매하기 위해 기꺼이 비용을 지불하고 있다는 말이 된다. 종종 온라인상에서 필요한 지식을 구매한다는 30대 초반 베이징 직장인 둥젠쥔董建俊 씨의 말이 확실한 참고가 될 것 같다.

"무엇보다 온라인에서 구매한 지식의 양이 엄청나게 늘었다. 나도 처음 들어보는 정보들이 차고 넘치기 때문이다. 이게 일단 흥미를 끌었다. 여기에 도시화의 진전과 피곤해진 개인의 삶, 불규칙한 생활 리듬 등도 온라인 지식에 대한 관심을 촉발시키는 데 한몫을 했다. 너 나 할 것 없이 광범위한 지식 습득을 위한 체계적인 학습이 쉽지 않게 된 상황에서는 그럴 수밖에 없었다. 게다가 지식 서비스 업체들도 이를 집요하게 파고들었다. 전문가와 누리꾼 사이의 정보 교류 플랫폼을 구축해 양질의 콘텐츠를 제공했다. 사업이 안 될 까닭이 없다. 말할 것도 없이 이게 가능하게 된 것은 10여 년 전부터 본격화한 ICT의 급격한 발전과 청년층의 창업 열풍이 큰 역할을 했다고 본다."

이 서비스 사업을 처음 시작한 선구자는 즈후知乎라는 업체로, 미국의 지식공유 사이트 쿼라Quora를 벤치마킹해 2011년 설립됐다. 처음에는 문답형 지식공유 서비스로 조출하게 출발했으나 8년이 지난 지금은 업계의 공룡이 되어 있다. 확보 회원만 1억 명을 바라보고 있다. 2017년에는 텅쉰을 포함한 여러 투자기관으로부터 7억 위안 가까운 투자 유치에 성공하면서 사업 잠재력을 인정받기도 했다. 벌어놓은 지식 콘텐츠 사업도 유료 컨설팅

지식 플랫폼 더다오의 한 프로그램 홍보 자료

과 온라인 강연, 전자책 서점 등 다양하다. 간혹 집단 토론이 열리는 것도 특징이라면 특징이다.

지식을 공유하는 방법은 간단하다. 원하는 지식을 필요로 하는 구매자가 특정 주제의 방에 들어가 질문을 하면 실시간으로 이른바 전문가라는 사람들의 대답을 들을 수 있다. 이로 인해 짬짤하게 부수입을 올리는 이들도 적지 않다. '스타트업의 대부'로 불리는 리카이푸李開復 창신궁창創新工場·Innovation Works 회장을 주인공으로 꼽을 수 있다. 한번은 즈후에 들어가 대답한 대가로 10만 위안의 수익을 올린 것으로 화제가 되기도 했다. 대학원에서 중국사 박사과정까지 마친 왕王모 씨의 자랑이 비슷한 케이스가 될 듯하다.

"중국사는 모든 사람이 많이들 아는 것 같으나 전혀 그렇지 않다. 무궁무진한 사료들에 나오는 온갖 에피소드나 역사적 사실 중 항간에 알려진 것은 빙산의 일각에 불과하다. 사서 속에 감춰져 있는 양은 방대하기 그지없다. 우리 전공자들은 사서 등을 찾아서 바로 그런 알려지지 않은 사실 등을 찾아내는 능력이 탁월하다. 최근에는 이런 지식을 원하는 사람들이 많다. 별로 어렵지 않게 찾아주고 용돈벌이도 한다. 그래서 설사 대학에 자리가 난다 하더라도 쥐꼬리만 한 월급을 받는 교수로는 가지 않을 생각이다. 지금으로 봐서는 교수 연봉보다 훨씬 많이 벌 가능성이 높다. 앞으로 아예 전문적인 직업으로 삼으려고 한다."

더다오得到도 거론해야 한다. 간단하게 말해 모바일 지식 플랫폼으로 보면 된다. 처음에는 유명 방송MC 뤄전위羅振宇에 의해 2015년 오디오북 개념의 서비스 업체로 출발했으나 차츰 영역을 넓히고 있다. 특히 자투리 시간의 활용을 통해 자기계발을 하려는 젊은 직장인들의 욕구를 적극적으로 공략, 호평을 받고 있다. 히트 상품인 '데일리 오디오북' 서비스는 항간의 화제로 떠오르는 책의 내용을 요약 정리한 음성 콘텐츠로 큰 인기를 끌고 있다. 2019년 6월 기준 모바일 앱 회원이 900만 명을 넘었다. 매일 활성 이용자 수는 70만 명에 이른다는 것이 더다오 마니아들의 주장이다.

중국 최대 모바일 음성 콘텐츠 플랫폼 히말라야FM喜馬拉雅FM 역시 빼놓으면 섭섭하다. 2019년 6월 기준 무려 3억 5000만 명의 회원을 보유하고 있다. 2016년 음성강좌 콘텐츠 '하오하오쉬화'好好說話를 유료화하면서 본격적인 상업화의 걸음을 내디뎠다. 이 업체의 경우 콘텐츠 제작에 관여하는 각 분야 전문가들이 7,000여 명이나 된다. 재테크를 비롯해 외국어, 음악, 교육, 오디오북 등 400여 개 분야에 걸쳐 2500만 개에 육박하는 어마어마한 음성 콘텐츠 자원도 확보해 놓고 있다.

대학가에서는 지식공유 앱 펀다分答가 폭발적 인기를 누리고 있다. 인기의 비결은 1위안만 지불하면 타인의 질문과 답변이 확인 가능한 '훔쳐듣기'

기능의 존재를 꼽을 수 있다. 대박이라는 표현이 무색할 지경이다. "CEO들의 노하우를 판매한다. 이를 공유하는 사람들은 모두가 CEO가 될 수 있다."고 선언한 자이항在行도 주목할 만하다. 이용자가 원하는 전문가를 온, 오프라인으로 연결해주는 맞춤형 컨설팅 플랫폼으로, 창업 2년 만에 각계 전문가 3만여 명을 입주시키는 기염을 토한 바 있다.

IoT와 결합해 4차 산업혁명을 선도하는
온라인 굴기

온라인 굴기는 가장 오래 된 오프라인 중 하나인 전체 길이 13만 킬로미터에 이르는 철도의 모습도 변화시키고 있다. 특히 3만 킬로미터에 가까운 고속철도의 상전벽해는 거의 경악할 수준이다. 무엇보다 모바일과 인터넷의 보급 확대로 2018년 말을 기준으로 온라인 티켓 예약 비중이 80%를 넘어섰다. 알리페이나 위챗페이를 이용한 모바일 결제 비중은 무려 93%에 이른다. 오프라인인 역으로 나가도 크게 다르지 않다. 셀프 검표는 너무나도 당연하다. 심지어 장거리를 가는 승객의 경우 온라인으로 식사를 주문해 놓으면 자기 좌석에서 음식을 제공받을 수 있다.

고속철도 차량은 사물인터넷IoT과 센서 네트워크 기술을 활용해 스스로 운행과 유지 및 보수 정보를 수집하고 분석하는 기능도 강화해 나가고 있다. 차량이 운행 중에 셀프 진단을 한 디지털 정보를 통제실에 전송하면 전문가들이 이를 분석해 위험요소를 미리 차단하는 원리라고 보면 된다. 이를 통하면 부수적으로 적정 수송물량의 결정도 가능해진다. 또 춘제春節(구정) 연휴 등 승객이 집중되는 시기의 배차 간격 역시 어렵지 않게 조정할 수 있다. 베이징을 비롯한 전국 대도시의 지하철이 한국 못지않게 자동화된 것은 크게 이상할 것도 없다.

지난 세기 말 한국에는 "산업화는 늦었지만 정보화는 앞서 가자."라는 구호가 유행한 적이 있었다. 이 구호를 중국에 적용하면 "정보화는 늦었지만 4차 산업혁명은 앞서 가자."라는 말로 패러디가 가능할 것 같다. 그리고 중국은 온라인 굴기로 표현이 가능한 이 일을 잘 해내고 있는 듯하다. BAT 같은 공룡들의 존재, 온라인에 흘러 다니는 엄청난 자금과 넘쳐나는 콘텐츠들을 보면 정말 그렇다고 단언할 수 있다.

21. ━━━━━━━━━━━━━━━━━━━━━━━━━━━━━━━━━━━ ★

AI와 로봇 기술

인공지능 기술을 바탕으로
로봇 기술까지 선두로 뛰어오르다

　어떤 상품이나 아이디어를 그대로 베낀 카피캣은 좋게 말해서 제2의 창조라는 말로 미화할 수 있다. 하지만 약간의 혁신도 없이 똑같이 따라 하기만 하면 그 제품이나 기술은 짝퉁이라는 오명을 면치 못한다. 중국어로는 '산자이'山寨라고 한다. 중국은 지난 수십 년 동안 이 산자이의 본거지라고 해도 좋았다. "엄마 빼고는 모든 것이 다 가짜!"라는 말이 불과 얼마 전까지만 해도 유행했다면 더 이상의 설명은 필요 없다. 5000년 역사의 프라이드에 빛나는 중국에게 이런 말은 수치 그 자체였다. 정부나 기업에서도 굴욕을 벗어나기 위한 노력을 많이 기울였다. 2015년 3월, 리커창 총리가 도널드 트럼프 대통령이 이끄는 미국의 주요 공격 타깃이 된 '중국 제조 2025' 프로젝트를 제창한 것은 이런 고심의 결과라고 할 수 있다.

　이 노력들은 대성공을 거두고 있다고 해도 과언이 아니다. 중국이 언제 글로벌 짝퉁 국가였는지를 의심케 할 만큼 대륙 전역이 4차 산업혁명 관련

최신 인공지능 설비로 무장한 베이징 다싱공항의 모습

혁신 기술의 메카이자 현장이 되고 있기 때문이다. 조금 심하게 말하면 혁신에 필요한 모든 기술이 중국에서는 구현 가능하다고 단언해도 무리는 아니다. 각론으로 들어가면 정말 그렇다는 사실을 알 수 있다.

중국에서는 혁신에 필요한
모든 기술의 구현이 가능하다!

핵심 중의 핵심인 인공지능^{AI} 기술을 가장 먼저 꼽아야 할 것 같다. 사실 중국의 일반인들은 자국 프로 바둑기사 커제柯潔가 2017년 한국의 이세돌처럼 인공지능과 반상 대결을 벌일 때만 해도 AI 분야에 대해서는 잘 알지 못했다. 심지어 자국의 관련 기술이 걸음마 단계일 것이라고 생각했다.

그러나 전혀 그렇지 않았다. 이미 이때부터 중국 정부는 AI 분야에 나름 독보적인 기술을 축적해놓고 있었던 듯하다. 발전 전략 역시 추진하고 있었다. 구이저우성貴州省 구이양貴陽에 구축한 국가빅데이터센터의 모든 정보를 BAT를 비롯한 유력 ICT 기업들과 이미 공유하고 있다는 얘기가 나올 정도였다.

청사진은 대담하고도 거창했다. 2017년 7월 20일 국무원이 발표한 '차세대 AI 발전 계획'이 무엇보다 이를 잘 말해준다. 이는 향후 자국을 AI 중심 국가로 발돋움시키겠다고 천명한 프로젝트로, 2030년에는 미국을 뛰어넘으려는 의지를 반영하고 있다. 국무원은 행동으로도 나섰다. 우선 전국의 초중고 교육과정에 AI 과목을 추가했다. 이어 주요 대학에 AI 관련 대학 및 전공학과를 신설하는 등의 중장기 전문인력 양성 계획까지 내놓았다. 2017년 9월 대표적 싱크탱크 중 하나인 중국과학원대학UCAS이 AI대학 개설 계획을 발표한 후 2018년 9월 첫 입학생을 뽑은 것은 그 시작이라고 할 수 있다. 후베이성 우한을 비롯한 전국 10여 곳에 국가급 AI 산업단지가 조성된 현실 역시 같은 맥락으로 볼 수 있다.

어떻게 보면 자신들의 생사가 미래 AI 기술에 걸렸다고 해도 좋을 기업들의 행보는 파격에 가깝다. 엄청난 조건을 제시하는 인재 채용 현실도 그렇다. 베이징과 상하이의 대졸 초임자 평균 연봉이 5만 위안인 데 반해 BAT와 화웨이 등 기업들이 AI 분야 인재들에게 제시하는 연봉은 평균 30만 위안에 달한다. 2년 이상 경력자에게 50만~60만 위안의 스톡옵션까지 얹어주는 경우도 다반사에 속한다.

경쟁업체 인력 빼가기 현상은 아예 비일비재하다. 2017년 12월 알리바바의 계열사 알리클라우드가 보여준 행보를 보면 상황이 어떤지 잘 알 수 있다. 당시 이 회사는 광둥성 광저우에 연구개발센터의 문을 열면서 1,000여 명의 클라우드 컴퓨팅 및 AI 엔지니어를 채용하기로 계획했었다. 문제는 이 과정에서 라이벌 업체인 텅쉰의 직원 10여 명을 한꺼번에 스카우트했다는 사실이었다. 말할 것도 없이 두 회사 사이에는 동업자 의식과는 전혀 무관한 거친 설전이 오갔다. 이러니 미국 실리콘밸리 출신의 이른바 귀하신 분들의 몸값은 부르는 게 값일 수밖에 없다.

미국으로부터 글로벌 공공의 적으로 규정되면서 동네북이 되고 있는 5G 선두주자 화웨이의 경우는 회사의 운명을 걸었다는 생각이 들 정도로 연구에 전력투구한다. 광둥성 선전 소재의 화웨이 본사 캠퍼스를 살펴보자. 이곳에 2012년 선구자적 안목으로 창설한 AI 연구소인 '노아의 방주'가 있는 곳이다.

노아의 방주는 향후 홍수처럼 넘쳐날 데이터 중 필요한 정보만 걸러 전달해야 한다는 사실을 너무나 잘 아는 런정페이任正非 창업자의 지시로 만들어진 연구소로, 선전과 홍콩 등 11개 도시에 300여 명의 연구원이 있다. 이들을 통해 우선 기본적으로 컴퓨터 비전을 비롯해 자연어 처리 및 서치(검색)와 인식, 디자인 메이킹 등을 연구한다. 글로벌 대학 순위 상위 100개 대학 및 30개국 이상의 국가연구기관 학자들과 협력도 하고 있다.

개발 과제는 연구소의 규모만큼이나 무척 다양하다. 우선 빅데이터와 AI를 활용한 통신장비 에너지 예측 시스템을 들 수 있다. 또 통신장비의 설치나 고장 여부를 원격 클라우드에서 이미지 체킹으로 관리하는 시스템이나 폭스바겐과 공동 개발 중인 자율주행차 관련 기술 등도 연구한다. 자체 AI 플랫폼을 만드는 프로그램 역시 진행 중에 있다. 조만간 첫 번째 버전이 출시될 가능성도 높다. 상업화될 경우 바로 AI 스피커에 아마존 알렉사 대신 화웨이 AI 플랫폼이 들어갈 것으로 전망되고 있다. 미국이 거의 전 국력을 경주해 화웨이를 견제하는 데는 이런 까닭이 있다.

미국이 5G 선두업체 화웨이를
집중 견제하는 이유는?

AI 분야에서 세계 최고가 되려는 정부와 기업의 다급한 행보는 빛나는 결실로 나타나고 있다. 2016년 9월, 미국 샌프란시스코에서 열린 제4회 국제음성분리 및 식별대회에서 중국 기업 커다쉰페이科大迅飛가 3관왕을 차지한 사실이 대표적이다. 음성인식 오차율이 경쟁업체들의 3분의 1 수준인 2.24%에 불과했으니 수상은 당연했다. 스마트폰 등에서 이 기술을 사용하는 중국인들은 2019년 10월 기준 무려 6억 5000만 명에 육박한다. 커다쉰페이의 영어통역 서비스는 정상급으로 평가받는다.

관영 〈신화통신〉이 사람의 표정과 몸짓까지 모방한 AI 합성 남성 및 여성 앵커를 2018년 11월과 이듬해 3월 각각 데뷔시킨 사실도 같은 맥락이다. 이 중 나중 데뷔한 여성 앵커 신샤오멍新小萌은 실제 뉴스 진행자인 취밍屈萌이 모델로, 〈신화통신〉과 검색 포털인 써우거우搜狗가 공동 개발한 작품이다. 음성이 사람과는 다소 차이가 있으나 입 모양도 어색하지 않고 뉴스를 전달할 때 고개의 움직임과 눈 깜박임도 자연스러웠다는 것이 당시 시청자들의 중평이었다. 방송 시간은 1분에 불과했으나 "뉴스를 보고 깜짝 놀랐다. 신샤오멍은 원래 앵커 취밍과 별 차이가 없었다. AI 기술이 정말 대단하다는 것을 실감했다."라는 직장인 시청자 야오쉬광姚旭光 씨의 평가에서도 알 수 있듯, 반응은 가히 대륙을 들었다 났다 했을 만큼 폭발적이라고 할 수 있었다.

이런 기술이 산업 현장에서 상품화되지 않을 까닭이 없다. 이 분야에서는 BAT의 일원인 바이두가 페이스북이나 구글보다 한발 앞서 AI를 발전의 핵심 엔진으로 정의한 기업답게 가장 빠른 것 같다. 이름만 들어도 결연한 느낌이 드는 '올인 AI'All in AI 프로젝트도 추진하고 있다. 2013년 설립한 딥러

닝테스트연구소가 이러한 의지를 잘 반영한다. 바이두는 이를 통해 개량된 검색엔진으로, 월 약 15억 위안의 짭짤한 수익을 올리고 있다. 더불어 오픈소스 머신러닝 플랫폼인 '패들패들'PaddlePaddle과 자율주행차 플랫폼 '아폴로'Apollo를 선보이면서 AI 시장 발전 기반까지 제공하고 있다.

알리바바는 기존 인터넷 상거래 사업과 AI 기술의 결합에 초점을 맞추고 있다. 2016년 온라인 딥러닝을 통해 사용자 클릭 수를 10~20% 늘린 것은 이런 노력의 결과라고 할 수 있다. 나아가 클라우드 지불 사업에도 AI를 접목, 아시아 최초로 100만 사용자를 확보한 바도 있다. 이밖에 AI를 사용한 무인판매 모델을 개발, 무인 슈퍼마켓 사업에 진출하기도 했다

텅쉰의 경우는 당장에 올릴 수익보다는 화웨이처럼 일단 전략적 장기투자에 집중하고 있다. 압도적인 AI 기술을 보유한 5개의 미국 벤처기업에 투자한 것은 바로 이를 위한 선택이었다. 이 외에 기술력 확보를 목표로 중국과 미국 시애틀에 설립한 AI 테스트랩에 박사급 인력 50여 명과 엔지니어 200여 명을 유치한 것도 같은 맥락이라고 할 수 있다. 곧 연구가 본격화되면 대대적 수익으로 이어질 게 확실하다는 것이 텅쉰 경영진의 판단이다.

AI 기술의 활용도는 무궁무진,
10년 후에는 170조 원 규모로 늘어날 것

기술이 산업 현장에서 활성화되는 현실은 통계로도 나타나고 있다. 2016년부터 4년여 동안 AI 관련 기업이 1500여 개 가까이 탄생한 것이 우선 그렇다. 시장 규모 역시 2019년 말까지 350억 위안 규모로 크게 성장할 것으로 전망된다. 향후 전망은 더욱 낙관적이다. 2030년에 1500억 위안 규모로 커질 것으로 분석되고 있다. 연관 산업까지 합치면 1조 위안을 훌쩍

넘을 가능성도 없지 않다.

미국과 선두 다툼을 벌인다는 평가까지 듣는 AI 기술은 중국의 안면인식 시스템 시장을 빅뱅으로 이끌고 있다. 2010년에는 거의 미미했던 시장 규모가 2018년에 30억 위안 규모에 이르렀다.

응용되는 분야는 그야말로 지천이라는 표현이 과하지 않다. 우선 각급 기숙사 출입 및 기업들의 출퇴근용으로 쓰인다. 전철과 마트는 말할 것도 없고 ATM기 등에서 안면인식 결제 서비스를 이용할 때도 필요하다. 또 공원과 세무서에 가거나 시청 등에서 여권 발급을 신청할 때 역시 이용 가능하다. 범죄자를 색출, 검거하는 등의 공안 분야에 이용되는 것은 말할 필요조차 없다. 출입이 엄격히 통제되는 중앙 및 지방 정부 청사나 대학, 병원 등의 공공건물을 출입할 때 카메라를 보고 한번 싱긋 웃어주는 민원인의 모습이 대륙의 흔한 일상이다.

아무래도 사례를 살펴봐야 피부로 느낄 수 있을 것이다. 마카오와 맞닿아 있는 광둥성 주하이珠海 궁베이拱北 세관은 예나 지금이나 대륙 내에서도 무척이나 혼잡한 곳에 속한다. 하루 평균 40만 명의 마카오 관광객들이 드나드는 탓이다. 하지만 세관 직원은 달랑 12명밖에 안 된다. 특별한 방법이 없으면 직원들이 격무를 감당하기 어려울 정도다. 당연히 방법은 있다. 상하이의 이투커지依圖科技가 개발한 안면인식 AI 기술을 채용한 감시 카메라를 동원하면 된다. 이 경우 카메라는 모든 관광객들의 얼굴을 찍은 후 불과 3초 내에 당국이 관리하는 14억 명의 데이터베이스와 일일이 대조한다. 그런 다음 가볍게 잠재적 우범자들을 가려낸다. 12명이 엄청나게 몰려드는 관광객들 사이에서도 밀수꾼이나 탈세범을 색출해내는 것은 일도 아니다. 짝퉁 대국 중국의 기술력을 의심하는 혹자들은 반신반의할 수도 있다. 그러나 이 기술이 테러 위험에 노출된 유럽과 아프리카, 중앙아시아로 수출

되는 인기 품목이라는 사실을 알게 되면 의구심이 가라앉지 않을까 싶다.

이런 마당에 AI 기술이 의료 현장에서 배제될 리가 없다. 실제로 널리 쓰일 준비가 이뤄지고 있다. 국가적 과제로 지난 2107년 말 시동을 건 AI 의사 연구개발 프로젝트인 '화타'華佗·Dr.Hwa를 살펴보면 잘 알 수 있다. 난징 소재의 국가건강의료빅데이터센터가 연구 총본산인 프로젝트로, 1800년 전의 전설적 명의 화타를 되살린다는 야심을 담고 있다. 요체는 이 프로젝트의 이름 중 마지막 단어인 'Hwa'에 숨어 있다. 이는 화타의 성이기도 하지만 'Healthcare With AI'(AI와 함께 하는 건강)라는 말의 줄임말이기도 하다. 2020년 연구를 완료한다는 목표 하에 장쑤성 우시無錫 소재의 국가슈퍼컴퓨터센터를 비롯해 베이징대, 칭화대 등 8개 대학과 전문가, 학자 및 연구기구, 유명 기업들이 참여하고 있다. 프로젝트가 성공할 경우 평균적으로 낮은 의사들의 수준 등으로 인해 열악하기 그지없는 중국 의학계에 혁명적인 사건이 될 것이다. 이론상으로는 AI 판사, AI 작가 등의 출현도 머지않았다.

ICT 인프라와 빅데이터 발판 삼아
로봇 기술 선도국으로 도약

중국을 미국에 못지않은 AI 기술의 선도국으로 이끈 원동력은 누가 뭐라고 해도 경쟁력 높은 ICT 인프라를 먼저 꼽아야 한다. 어마어마한 인구로부터 쏟아져 나오는 정보의 양 역시 거론해야 한다. AI 구축의 핵심인 빅데이터 형성에서부터 월등한 경쟁력으로 작용할 수밖에 없다. 골드만삭스가 오는 2020년까지 지구촌 전체의 데이터에서 차지하는 중국의 생산 비중이 대략 20~25% 정도로 늘어날 것으로 전망하는 것은 그런 이유가 있다. AI 대국 중국의 미래는 이미 코앞에 와 있다고 봐야 할 것 같다.

　중국이 이제는 짝퉁 국가가 아니라 지구촌에 존재하는 모든 혁신 기술을 구현하는 국가라는 사실은 로봇 기술의 진격에서도 엿볼 수 있다. 역시 현장이 가장 잘 증명해준다. 장소는 바로 2019년 9월 말 문을 연 베이징 다싱^{大興}국제공항이다. 포화 상태가 된 기존의 국제공항인 서우두^{首都}의 기능을 상당 부분 대체하게 된 이곳은 말 그대로 미래 공항의 모습을 여실히 보여주는 첨단 기술의 현장으로 손색이 없다. 5,000대 가까운 차량을 수용하는 공항 주차장이 대표적이다. 중국에서는 사상 처음으로 '주차 로봇'이 '발레파킹'을 하는 장소가 된 것이다. 지하 1층, 지상 3층 규모인 이 주차장의 일부 주차를 책임질 로봇 부대는 일단 두 대로 무척 단출하다. 그러나 기능은 눈이 휘둥그레질 정도로 대단하다. 우선 고객이 입구에 정차를 하면 기다렸다는 듯 즉각 차량을 빈 주차 공간으로 옮겨 놓는다. 마치 숙련된 주차 요원이 따로 없다. 또 고객이 스마트폰 앱에서 '취처'^{取車}(차를 찾음)를 선택하면 출구까지 차를 다시 가져다 놓는다. 뒤셀도르프 공항을 비롯한 유럽의 일부 공항에서나 볼 수 있는 풍경이 중국에서도 펼쳐지고 있다.

　주차까지 하는 로봇이 요리를 못할 까닭이 없다. 광둥성 포산^{佛山} 소재 순더^{順德}로봇밸리에 소재한 보즈린^{博智林}로봇이 바로 요리 로봇을 개발한 주역이다. 2018년 7월 설립된 이후 광둥 스타일인 '위빙'^{魚餅}을 비롯한 각종 요리를 자유자재로 하는 로봇을 개발하는 등 단연 이 방면에서 두각을 나타내고 있다. 사람을 태운 채 계단을 오르내리는 휠체어 로봇 역시 같은 맥락으로 봐야 한다. 저장성 항저우 바이타링^{白塔嶺} 소재 후바이쑤이^{護佰歲} 양로서비스센터가 2019년 5월 중순 도입, 활용함으로써 입주 노인들에게 생활의 질을 높여주고 있다.

　로봇은 사람과의 두뇌대결도 불사한다. 바이두가 만든 신병기인 샤오두

小度가 바로 주인공이다. 태어난 지 네 돌 정도 되는 아기 로봇인 샤오두는 지난 2017년 1월 인기 TV 프로그램인 '최강 두뇌'最强大腦에 출연, 극강의 존재감을 과시한 바 있다. 대륙 내 최고 신동들이 나와 누구의 '뇌'가 더 우수한지 겨루는 프로그램인 이 '최강 두뇌'에서 샤오두는 어린이 암기왕 왕위형王昱珩 군과 맞대결을 펼쳤다. 왕위형은 1시간 내 2,280개 숫자를 암기하는 신동이었으나 결과는 샤오두의 2대0 완승이었다. 바이두의 로봇 제작 역량을 여실히 보여준 대표적 사례로 전혀 부족함이 없다.

이런 상황에서 연구개발의 산실인 대학이 발 빠르게 움직이지 않을 리가 없다. 톈진대가 그 어느 곳보다 기민해 보인다. 2019년 초에는 '먀오서우'妙手 최소절개 수술로봇팀이 영국의 런던대 등과 함께 사상 최초로 '촉각 기능 무흉터 내시경 수술 플랫폼'Natural Orifice Transluminal Endoscopic Surgery(약칭 NOTES)을 개발하는 개가를 올렸다. 신체 조직의 파괴를 최소화하면서 인체 피부의 흉터를 줄여주는 로봇을 개발한 셈이다. 헤이룽장성 하얼빈공대의 행보도 만만치 않다. 역시 사상 처음으로 해양로봇 전공 과정을 개설했다. 최근 수년 동안 중국이 잠수 안전 검사, 해양 엔지니어링, 과학 조사, 군사 해양로봇 등의 영역에 광범위하게 투입할 인재 육성이 필요했다는 사실을 생각하면 적절한 조치라고 할 수 있다.

최고 로봇 기술을 가졌다고 자부하는 기업들의 활약도 눈부시다. 산업용 로봇 제조 부문의 공룡 기업으로 통하는 어푸터埃夫特가 대표적이다. 2019년 초까지 해외에서의 활발한 인수합병을 통해 전 세계에 13개의 자회사를 두는 등의 활약을 해온 데 이어 자국 내 자본시장 상장까지 준비하고 있다. 하이엔드 핵심 부품부터 로봇 본체, 시스템 통합에 이르는 수직적 공급 시스템을 마련하고 있다.

중국이 짝퉁 국가의 이미지를 완전히 벗어났다고 하기는 어렵다. 여전히 세계 최대의 짝퉁 대국은 중국이다. 하지만 AI와 로봇 기술 등을 통해 혁신에 눈을 돌리는 것을 보면 조만간 오명을 벗어날 날이 올 것 같다. 그 정도로 지금 중국의 기술 혁신은 놀랍기만 하다.

22.

드론과 미래차 기술

미국 유망 기업이 폐업할 정도로 앞서나가는 글로벌 원톱

  짝퉁 대국의 오명을 벗어나 혁신의 아이콘 국가로 거듭나려는 중국의 노력은 드론(무인기) 기술 분야에서도 단연 돋보인다. 미국을 제치고 그야말로 극강의 글로벌 원톱으로 군림하고 있다. 이 단정을 확실하게 증명하기 위해서는 대략 두 가지 팩트만 거론해도 충분하다. 하나는 대륙 내 최대인 다장촹신大疆創新·DJI을 필두로 하는 기업들이 세계 민간용 드론 시장의 70%를 장악하고 있다는 것이다. 다른 하나는 미국의 드론 유망 기업인 에어웨어가 DJI에 밀려 눈물을 머금고 폐업했다는 사실이다. 중국이 2014년부터 5년 동안 세계 13개국에 153대의 군사 무기용 드론을 판매, 최대 글로벌 수출국 자리를 차지하고 있기 때문이다. 이룽翼龍 등의 브랜드가 중동에까지 수출돼 리비아 군벌들과 예멘 반군의 손에 들어간 것 역시 마찬가지다. 2019년 9월 예멘 반군이 드론을 이용해 사우디아라비아 정유 시설을 파괴한 사건에는 이런 배경이 있다.

농사에 이용되는 중국 농촌의 한 무인기

　중국이 드론 분야에서도 발군의 능력을 발휘하는 데는 몇 가지 이유가 있다. 세계에서 최초로 연鳶을 전쟁에 이용했듯이 뭔가를 하늘로 날려 보내는 DNA가 내려오고 있다는 것이다. 송나라 때 고승高承이 펴낸 《사물기원》 事物紀原의 기록만 봐도 알 수 있다.

　"한 고조高祖가 진희陳豨를 공격할 때였다. 한신이 적의 동정을 살피기 위해 연을 만들어 띄웠다. 미앙궁未央宮의 거리를 측정한 후 땅을 뚫고 궁중으로 들어가려고 했다. 양梁나라 태청太淸(양 무제武帝의 연호. 547~549) 시기에는 후경候景이라는 사람이 대성臺城을 공격해 포위하자 양간羊侃이 어린아이를 가르쳐 종이 연을 만들게 했다. 이어 연에 문서를 매달아 바람에 날려 연락을 취했다. 그렇게 해서 구원병을 부를 수 있었다."

　정부의 적극적 정책 지원과 대대적인 연구 및 개발 투자, 빠른 속도로 증가하는 시장 수요 역시 거론해야 한다. 시장의 경우 2019년 300억 위안

전후 규모로 추산되고 있다. 2020년에는 최소한 465억 위안 정도가 될 전
망이다. 중국이 세계 드론 시장의 70% 전후를 장악하는 것은 당연하다는
생각이 든다.

세계 드론 시장의 70%를 장악한
중국 드론 기업들

당연히 질적으로도 우수하다. 저렴한 원가에 비하면 높은 안정성과 기
동성을 자랑한다는 국제적 평가가 이 사실을 잘 증명해준다. 응용 분야도
광범위하다. 농업과 임업에서부터 전력설비 관리, 인공강우, 항공 원격조정,
재난재해 구조, 의료 구호, 환경보호, 삼림화재 방지 등의 분야에 이르기까
지 이루 헤아릴 수 없이 많다.

드론을 이용한 배송 시대가 활짝 열렸다는 현실만 살펴봐도 확실히 알
수 있다. 이 분야에서 가장 앞서 있는 기업은 단연 최초의 상업용 드론 운
항을 허가받은 택배업체 순평쑤윈順豊速運이다. 2017년 6월 항공기의 운항
공간인 공역空域·airspace의 운항을 승인받자마자 드론을 통한 물품 배송에 성
공하는 개가를 올린 바 있다. 이후 본격적인 드론 배송 시대를 열었다. 이로
인해 당시 선전 증시에서 순평쑤윈의 주가는 5%나 수직 상승한 바 있다.
추쉐젠儲雪儉 상하이대 교수는 이에 대해 "공역은 군 당국이 엄격하게 관리
한다. 순평쑤윈의 상업용 드론 운항은 걸음마 단계인 드론 배달에 중대한
진전을 이뤘다."면서 높은 평가를 내렸다.

징둥닷컴도 만만치 않다. 주로 배송 시스템이 열악한 농촌 지역을 대상
으로 서비스를 실시하고 있다. 쓰촨성 량산凉山의 이족彝族자치주의 경우를
보면 어느 정도인지 바로 파악이 가능하다. 이곳은 벼랑 위에 있는 학교에

가기 위해 나무 사다리 하나에 의지한 채 아찔한 벼랑길을 꼬박 두 시간씩 오르내려야 하는 오지 중의 오지로, 100가구가 채 안 되는 주민들이 거주하고 있다. 편리한 생활과는 완전히 담을 쌓은 곳이라고 해도 틀린 말은 아니다. 그러나 최근 이 작은 마을에 징둥닷컴의 드론 배송이 시작되면서 세상이 완전히 바뀌었다. 징둥닷컴에 물건을 주문할 경우 마을에서 가장 가까운 물류센터가 소형 드론을 띄우는 덕분에 늦어도 10분 내에 받을 수 있게 된 것이다.

징둥닷컴은 2018년부터 쓰촨을 비롯해 장쑤, 산시陝西, 광둥, 칭하이, 하이난 등의 6개 성에서 15~30킬로그램 중량 소형화물 배송에 드론을 활용하고 있다. 이미 1,000번 이상 이륙해 30만 킬로미터를 비행하는 개가를 올리고 있다. 심지어 2018년 11월에는 시속 200~300킬로미터 속도로 비행하는 항공기 모양의 대형 드론의 시범 비행도 성공한 바 있다. 이 드론이 상용화되면 물류창고 하나가 커버하는 배송 면적은 반경 120킬로미터에서 무려 600~800킬로미터까지 넓어질 수 있다. 500개에 달하는 물류창고 수를 줄이면서 재고 소진율을 획기적으로 높이는 것 역시 가능하다.

단연 발군의 글로벌 활약을 하는 기업도 일일이 헤아리기가 어려울 만큼 많다. 역시 DJI가 대표적인 업체다. 3차원 내비게이션을 이용해 유럽 등의 세계적 주요 공항을 보호하는 시스템인 'GEO 2.0'을 구축해 주가를 올리고 있다. 2019년 10월 기준 32개 유럽 국가에서 사용되고 있다.

농업용 드론 전문업체인 지페이極飛과학기술 역시 반드시 꼽아야 한다. 2014년 8월 신장위구르자치구의 한 면화농장에서 오차 범위 1~2㎝인 초정밀 드론 3,000대를 일제히 띄운 회사로 유명하다. 당시 두 달 동안의 드론 비행을 통해 효과적 농약 살포를 위한 다양한 시험을 했다고 알려져 있다. 이때의 성공이 큰 기폭제가 된 듯 이 회사의 농업용 드론은 2019년 10

월 기준으로 무려 3만여 대 가까이나 수출돼 한국과 일본, 오스트레일리아 등을 비롯한 세계 20여 개 국가에서 사용되고 있다. 연구개발 인력만 1,400여 명 이상에 이른다고 한다. 단연 세계 최대의 규모이다.

2014년 광둥성 광저우에서 출범한 이항億航 역시 거론해야 한다. DJI에 뒤이은 시장 2위의 기업이지만 세계 최초로 사람을 태운 드론을 개발하는 등의 뛰어난 기술력은 상상을 초월한다. 유인 드론 택시의 출현이 현실이 될 경우 가장 먼저 사업에 뛰어들 능력을 갖추고 있다. 프랑스 리옹에 첫 번째 유럽 스마트 연구개발센터를 짓기 위한 프로젝트도 추진하고 있다. 이 센터는 주로 유인 드론과 물류 드론의 연구개발 및 시범운행, 상업화 등에 주력할 예정이다.

DJI와 이항 외에도 주목할 만한 업체들이 많다. 경찰용 드론 제작 전문 업체인 이뎬커지一電科技, 중대형 드론과 치안 감시 드론 제작에 중점을 둔 링두零度 드론, 전자비행 제어 등 드론 6대 핵심기술을 확보한 이와터易瓦特, 농업 식물보호 드론 개발에 총력을 기울이는 진퀀金騅 등이 꼽히고 있다.

이런 드론 기업들의 성지로는 단연 광둥성 선전이 첫 손가락에 꼽힌다. 무려 600여 개의 업체들이 생산기지를 두고 있다. 협력 업체들까지 계산하면 2,000여 개 기업을 헤아린다. 선전이 시장의 50% 이상을 차지한다고 봐도 크게 무리가 없다. 무인기산업협회까지 창설돼 활발한 활동을 하는 것은 너무나 당연하지 않나 싶다. "선전의 대다수 드론 업체들은 아침에 디자인을 하면 오후에는 공장에 가서 시제품을 만든다. 아이디어가 제품으로 연결되는 시간이 하루가 채 안 될 때도 많다."라는 선전의 언론인 자오샤오디趙小棣 씨의 말이 결코 허풍으로 들리지 않는다. 대륙 드론 산업을 대표하는 선전의 기세가 앞으로는 중국의 기술을 추월하려는 미국의 노력조차 무용지물로 만들 것이라는 단정 역시 마찬가지다.

내연기관 자동차 뛰어넘어
곧장 미래자동차 생산국으로 떠오른 중국

미래자동차 산업 기술 역시 빼놓을 수 없다. 전기차를 비롯해 자율주행차, 수소차, 커넥티드카 등의 관련 기술이 미국에 필적할 만큼 하루가 다르게 발전하고 있다. 내연기관 자동차 제조국으로는 명함도 내밀기 어려운 처지라는 사실을 보면 너무나 이색적인 현실이다. 그런데 놀랍고도 아이러니하게 이게 오히려 미래차 기술 발전에 장점이 되고 있다. 2019년부터 본격적인 중국 진출을 통해 미래차 시대의 극강 공룡이 되고자 하는 테슬라의 야심과 속내를 살펴보면 어느 정도 고개가 끄덕여지지 않을까 싶다. 테슬라는 내연기관 엔진 개발에 상당한 투자를 하는 벤츠, 도요타, 현대 등 전통적 자동차 기업들과는 태생부터가 다르다. 전기차를 비롯한 미래차에 집중하게 될 경우 그동안 투자한 것이 아까울 수 있는 벤츠 등과는 달리 몸이 무척 가볍다. 내연기관 엔진과는 아예 인연도, 기술에 대한 자부심도 전무한 상황이므로 전기차에 올인을 해도 투자금이 전혀 아깝지 않을 수 있는 것이다. 중국 업체들 역시 완전히 똑같다고는 할 수 없어도 상당히 비슷하다. 전화위복이라는 말은 아마도 이럴 때 써야 할 것 같다.

내연기관 자동차가 아닌 미래차 강국이 되겠다는 정부 당국의 야심과 전폭적 지원 역시 무시해서는 곤란하다. 여기에 BAT 등을 비롯한 ICT 기업들이 미래자동차를 새로운 먹거리로 생각하면서 경쟁적으로 진출하는 것까지 더하면 중국이 미래차 기술 강국으로 떠오를 것은 확실해 보인다.

우선 전기차 기술 분야를 살펴보면 알기 쉽다. 기술을 보유한 업체들이 경쟁적으로 생산을 본격화한 탓에 이미 세계 최대의 전기차 시장이 되었다. 매년 50%씩 시장이 커지더니 2018년에는 급기야 100만 대 이상의 생산 및 판매를 가볍게 기록한 것으로 추산되고 있다. 이는 미국 내 판매량의

3배에 이르는 규모이다. 나머지 국가들의 전체 판매량보다 많다. 2020년에는 200만 대 이상의 판매를 기대해도 무리가 아닐 것이다.

거리 곳곳에 전기차 충전소가 눈에 많이 띄는 베이징과 상하이, 광둥성 선전 같은 대도시 등의 현장 분위기도 예사롭지 않다. 자동차 하면 전기차를 떠올릴 정도로 보편화돼 있다. 전기차 예찬론자인 베이징 신정강辛正剛 변호사의 말만 들어봐도 그렇다는 사실을 알 수 있다. "냄새 나고 구조가 복잡한 휘발유 자동차를 살 생각은 이제 없다. 앞으로 판매가 금지될 것이라는 소식도 들었다. 초기 구매가격이 더 비싸기는 하지만 유지비용이 휘발유 자동차의 5분의 1 수준인 전기차가 정말 마음에 든다. 주변에 나 같은 사람이 엄청나게 많다. 수년 내에 전 대륙에 전기차가 휘발유 자동차만큼 넘쳐날 것으로 확신한다."

물 들어올 때 노 젓는다는 말도 있듯, 분위기에 편승해 경쟁력이 막강해진 토종 기업들도 세계 최대의 전기차 회사 비야디比亞迪·BYD를 비롯해 헤아릴 수 없이 많다. 베이치北汽, 장화이江淮, 룽웨이榮威, 중타이衆泰, 치루이, 창안자동차 등의 경쟁력이 특히 눈에 띈다. 이 업체들이 2019년 말 기준으로 전체 판매량의 50% 이상을 생산해낸 것으로 추산되고 있다. 유난히 눈에 띄는 행보를 보여주는 기업이 있는데 바로 창안자동차로, 2025년까지 화석연료 자동차 생산을 완전히 내리고 21종의 순수 전기차와 12종의 플러그인 하이브리드 모델만 생산할 예정인 것으로 알려지고 있다. 이를 위해 1000억 위안을 기술 개발에 투자한다는 방침도 세웠다. 프로젝트명이 밝은 미래를 약속한다는 상징적 의미를 가진 '샹그릴라'(낙원)이다. 기업의 자신감이 물씬 풍긴다. 수년 전부터 한국 내에 중국산 전기차가 많이 굴러다니는 것은 어쩔 수 없는 현실이라고 해야 할 듯하다.

AI 기술을 활용한
자율주행자동차 서비스 시범 도입

바늘 가는 데 실 간다고, 전기차 있는 곳에 자율주행차가 없다는 것도 말이 안 된다. 매킨지가 지구 최강인 구글의 자율주행차 웨이모의 존재를 이유로 들면서 "중국의 자율주행 기술은 미국에 비해 2~3년 뒤처져 있다."고 주장하기는 하지만 역시 대세의 기술로 확고하게 자리를 잡고 있다. 2018년 2월 베이징 하이뎬구 베이안허루北安河路에 자율주행 시스템 개발을 위한 시험장인 '국가 스마트자동차 및 교통 시범단지'를 개장한 사실만 봐도 알 수 있다. 13만 3,000제곱미터(4만여 평)의 부지에 도시와 농촌의 다양한 도로 환경과 함께 100여 개 종류의 정태적, 동태적 교통 환경을 갖춘 이 시험장은 시설 차원에서는 거의 완벽하다. 일반 차량과 모의 행인은 말할 것도 없고 교통설비, 정류장, 도로공사 현장 등도 모두 구비하고 있다. 도로에는 인터넷 설비 역시 구축돼 있다. 인공지능AI을 활용한 자율주행 기술, 인터넷 접속이 가능한 커넥티드카 기술 등을 얼마든지 시험해 볼 수 있다. 이용하는 기업도 부지기수다. AI 기술의 지존을 꿈꾸는 바이두를 비롯해 베이치와 베이치신녕위안新能源, 베이치푸톈福田자동차, 허뒤커지禾多科技 등 일일이 열거하기조차 어렵다.

아무리 그래도 이 분야에서는 역시 바이두의 독주가 단연 눈부시다. 2017년에 리옌훙李彦宏 CEO가 자사의 자율주행 차량을 타고 베이징 시내 외곽 우환五環(제5순환도로)을 달리다 벌금을 문 사실이 논란거리로 등장했다면 더 이상 할말이 없지 않은가. 괜히 바이두가 '자율주행차 기술의 아이콘'으로 불리는 것이 아니다. 경쟁사인 알리바바와 텅쉰이 각각 전자상거래, SNS 및 게임으로 엄청난 돈을 벌어들이는 동안 AI와 자율주행차 연구에 매달렸던 것이 이제 빛을 보게 됐다고 할 수 있다. 그동안 기술 개발에 투자한 자금만도 200억 위안을 웃돈다고 한다.

바이두는 2018년 7월에는 버스 제조업체인 진룽커처金龍客車와 공동으로 L4등급 자율주행 버스 아보룽阿波龍을 양산하는 성과를 올리기도 했다. 대부분 기업들이 2020년 생산 돌입을 목표로 한다는 사실을 감안하면 2년씩이나 앞당겨 양산 체제에 진입한 셈이다. 2020년까지는 장화이, 베이치, 치루이자동차 등과 함께 승용차 역시 대량 생산할 계획이다.

이른바 자율주행차 플랫폼인 아폴로 프로젝트의 존재도 살펴봐야 한다. 수도 없이 많은 중국 업체들을 포함해 마이크로소프트, 엔비디아, 현대차 등 총 1,700여 개 업체들이 참여하고 있다. 아폴로 플랫폼을 이용 중인 업체는 무려 7,000여 개에 이른다.

바이두는 또한 관련 서비스 개발에도 적극 나서고 있다. 대표적인 것으로는 자율주행차 호출 서비스를 꼽을 수 있다. 이를 위해 이미 100명의 AI 라이더를 모집, 특별 훈련을 거친 후 차량의 안전 운행 실험을 진행하기도 했다. 친환경차 렌탈 서비스 업체인 판다융처盼達用車 등과 제휴한 것은 당연한 수순일 것이다. 〈징지르바오〉를 비롯한 언론이 소개한 가오위高鈺 판다융처 CEO의 호언장담은 바로 바이두가 추진하는 이 사업의 현실을 잘 표현해주는 듯하다.

"(이 기술과 서비스가 상용화될 경우) 손님은 그저 집 밖에 나가 스마트 기기를 통해 호출한 차량을 기다리기만 하면 된다. 차에 오른 후에도 길 찾기나 사고의 위험 등에 대해 신경을 쓸 필요가 없다. 자동차가 스스로 막히지 않는 길을 찾아서 달리고 손님을 목적지까지 안전하게 모셔다 준다. 목적지에 도착하면 주차 문제를 신경 쓸 필요도 없다. 손님은 차 문만 닫고 떠나면 끝이다. 차량이 알아서 자리를 찾아 주차할 테니까 말이다."

자율주행차 기술은 가오 CEO의 말처럼 실제로 마법을 부리기도 했다.

2018년 11월 어느 날이었다. 한 초등학생이 정체가 극심한 출근 시간대의 광둥성 광저우 시내에서 갑자기 급성 발작을 일으켰다. 남의 어려운 처지에 무관심하기로 유명한 중국인들의 일반적인 기질을 생각하면 정말 아찔한 위기일발의 순간이었다. 다행히 구급차는 바로 출동했다. 그렇지만 당장 눈앞의 정체는 어떻게 하기 어려운 난공불락의 장애물이었다. 자칫하면 학생의 생명이 위급할 수도 있었다. 하지만 학생이 살려고 그랬을까, 주변의 차량들은 구급차에게 순순히 길을 양보했다. 게다가 구급차에는 자율주행 시스템이 탑재돼 있었다. 차량은 곧 총알처럼 내달려 인근의 공항에 예상보다 훨씬 빨리 도착할 수 있었다. 학생은 곧 항공기로 병원에 후송돼 생명을 구할 수 있었다. 미래차의 핵심인 자율주행 기술이 왜 개발돼야 하는지를 극명하게 보여준 사례였다고 해도 좋을 듯하다. 더불어 미국과 자웅을 겨루려는 중국의 자율주행차의 높은 기술 수준 역시 증명하는 계기가 됐다고 할 수 있다.

2030년까지 수소차 100만 대 보급, 세계 1위로 올라선다는 야심찬 계획

수소차와 커네딕트카 기술 역시 중국의 미래차 산업을 언급할 때 결코 홀대해서는 안 된다. 우선 수소차 기술의 경우 정부와 기업들의 적극적 자세에 비춰보면 곧 이 분야의 선진국인 한국과 일본을 바짝 추격할 것으로 예상된다. 더 나아가 2030년에는 수소차 100만 대를 보급, 세계 1위로 올라선다는 야심찬 계획까지 세워놓고 있다. 커네딕트카는 AI 기술과 불가분의 관계에 있는 만큼 굳이 더 이상의 설명이 필요 없을 것 같다.

AI, 로봇, 드론, 미래차 분야 외에도 혁신국가 중국이 세계 최고를 지향하면서 노리는 기술들은 많다. 5G와 시스템반도체를 비롯해 디스플레이, 스마트팜, 바이오헬스, 스마트시티 등등이다. 이들 모두가 '중국 제조 2025' 프로젝트의 핵심 기술로 선정돼 있을 뿐 아니라 연구개발 속도도 상당히 빠른 편에 속한다. 이러다가는 중국이 예상보다 훨씬 빠른 2025년에 자국을 추월할지도 모른다는 미국의 기우는 조만간 현실로 나타날 가능성이 높다.

중국이 짝퉁 국가라는 이미지를 벗어나려면 4차 산업혁명과 관련한 혁신 기술의 발전이 반드시 필요하다. 언젠가는 맞이하게 될 G1 국가로 순조롭게 발돋움하기 위해서라도 그렇게 되는 것이 바람직하다. 하지만 이 기술들이 모든 경제 주체들에게 대대적인 환영을 받고 있다고 하기는 어렵다. 특히 14억 명에 이르는 중국인 개개인들에게는 더욱 그렇다. 심지어 엄청난 반발에 직면할 가능성도 높다. 혁신 기술이 일자리를 폭풍처럼 감소시킬 것이 뻔한 데다 조지 오웰이 소설 《1984년》에서 경고한 '빅 브라더' 사회 내지 디지털 전체주의를 가속화시킬 가능성이 높은 탓이다. AI 기술을 기반으로 하는 안면인식 시스템이나 빅데이터, 로봇 기술들이 세계에서 가장 빨리 실생활에 사용되는 현실을 보면 괜한 기우라고 할 수만은 없다. 21세기의 러다이트 운동(기계파괴 운동)이라고 할 만한 '반反4차 산업혁명'의 물결이 일어난다면 중국이 진원지가 될 가능성이 가장 높지 않을까? 그러나 러다이트 운동이 실패했듯이 4차 산업혁명의 물결은 전 지구촌의 도도한 대세가 되고 있다. 중국도 어차피 가야 할 길이다. 그렇다면 대세에 빨리 올라탄 채 유유자적 서핑을 즐기는 것이 더 현명하다. 중국은 제대로 길을 찾아가고 있다고 단언해도 괜찮을 것 같다.

23.

무인화 혁명

자동차 자판기에서부터 무인 물류센터, 무인 배송, AI 진료까지 도입

중국은 수년 내로 인도에 총 인구 수에서 추월을 당한다는 설이 무성하다. 하지만 사람 많기로는 지난 5,000년 동안 그 어느 나라의 추월도 허용하지 않았다. 사람 귀한 줄 안다면 이상하다고 해야 했다. 그래서였을까, 《사기》史記 같은 사서에는 전쟁에서 승리한 쪽이 항복한 적의 병력 수만 명을 산채로 생매장했다는 기록이 많이 보인다. 아마 그래서 수나라나 당나라가 고구려를 침략했을 때 늘 백만 대군 운운했는지도 모를 일이다. 시대를 불문하고 인력이 모자랄 까닭도 없었다. 지난 세기 말까지만 해도 확실히 그랬다. 베이징의 경우 웬만한 아파트에도 엘리베이터 아줌마들 수십 명이 저렴한 임금으로 고용됐던 것이 현실이었다. 최근 들어서는 다소 뜸하지만 이 풍부한 노동력에 반해 전 세계의 기업과 자영업자들이 다투다시피 중국으로 몰려들었다.

그러나 확실히 세상에 영원한 것은 없는 듯하다. 사람 귀하지 않기로 유명한 중국 내 직장에서 어느 순간부터 이들의 모습이 보이지 않게 된 것이다. 이른바 무인화 바람이 거세게 일고 있다. 심지어 한국보다도 더 빠르다. 하기야 무인화에 필요한 AI, 로봇 기술 등에서 미국과 경쟁하는 상황에서 그렇지 않다면 그게 오히려 이상하지 않을까 싶다.

인건비 상승으로 무인화의 기본 상징인
자판기 설치 붐 일기 시작해

어느 정도인지는 한국과 일본에서는 오래 전부터 대세가 된 자판기 시장을 보면 잘 알 수 있다. 주지하다시피 중국은 지금도 전혀 그렇지 않은 것은 아니나 불과 몇 년 전까지만 해도 인건비가 한국이나 일본보다 훨씬 저렴했다. 굳이 무인화의 필요성 탓에 자판기 시장에 뛰어들 이유가 별로 없었다. 그러나 세상은 빛의 속도로 변했다. 글로벌 기업들조차 중국 노동자들의 인건비를 부담스러워할 정도가 됐다. 심지어 차이나 엑소더스의 요인까지 된 현실이다. 따라서 자판기 시장에 서서히 눈을 돌리지 않을 수 없었다. 이처럼 출발은 늦었으나 시장에 뛰어든 이후의 발전 속도는 한국과 일본이 혀를 내두를 만큼 빠르다.

한국과 일본은 상상하기 다소 어려운 엽기적인 이색 자판기의 존재를 살펴봐야 이 단정이 과장이 아니라는 사실을 알 수 있다. 대표적 주인공으로 랍스터(바닷가재) 뽑기 자판기를 꼽을 수 있다. 혹자는 도저히 믿지 못하겠다고 할지 모르나 베이징이나 광둥성 광저우, 장쑤성 쑤저우 등지의 실내 복합시설에는 랍스터가 유유히 유영하는, 물이 가득 찬 수조 모습의 자판기들이 진짜 곳곳에 설치돼 있다. 1회 이용 가격은 별로 비싸지 않다. 20위안 이하로, 랍스터 뽑기에 성공하면 매장에서 바로 손질과 요리 서비스도 제공한다.

자동차 자판기 역시 엽기적인 것으로는 완전 역대급이다. 알리바바가 처음 설치한 후 사업을 시작, 역시라는 감탄사를 자아내고 있다. 가장 먼저 설치된 곳은 광둥성 광저우로, 자판기 이름은 '슈퍼 테스트 드라이브 센터'이다. 알리바바가 포드자동차와 제휴하여 설치한 곳이다. 전체가 5층 높이로 차량 42대가 들어가 있다. 전시 차량은 포드의 스포츠유틸리티차량SUV인 익스플로러에서부터 스포츠카 머스탱 등까지 망라돼 있다. 고객이 이 자판기를 이용할 경우 차량 구매까지는 채 10분도 걸리지 않는다. 우선 알리바바의 티몰 앱을 통해 모델을 선택한다. 이어 자판기에 설치된 안면인식 시스템으로 신분 확인을 한다. 이 과정이 끝나면 바로 차량을 인도 받을 수 있다. 대금 결제는 자동차 판매가의 10%를 계약금으로 우선 지불한 후 나머지는 할부 방식으로 납부하면 된다. 알리바바는 광저우 외에도 난징과 상하이에도 이와 유사한 유형의 자판기를 설치해 시범 운영하고 있다.

이 정도 되면 립스틱 자판기가 없는 것이 오히려 이상할 지경이다. 당연히 있다. 장쑤성 난징에 있는 홍콩 계열의 진잉金鷹쇼핑센터 내부가 그 현장이다. 그런데 이 자판기는 단순히 립스틱만 뽑는 일반적인 것이 아니다. 2018년까지 이 쇼핑센터의 부회장으로 근무한 바 있는 고윤철 씨의 설명을 들어봐야 할 것 같다.

"립스틱 자판기에는 명품부터 저가까지 다 있다. 모바일 결제를 통해 10위안을 내면 '립스틱 도전'이라는 게임이 실행된다. 게임은 아주 간단하다. 빠르게 돌아가는 동그라미 밖으로 립스틱을 차례대로 뽑으면 된다. 그러나 같은 자리에 겹치게 되면 탈락이다. 총 3단계의 레벨을 통과해야만 립스틱을 받을 수 있다. 정말 재미있다. 이 덕분에 이 자판기 앞에는 게임을 하려는 사람들도 늘 장사진을 이룬다. 쇼핑센터의 매출도 이로 인해 지속적으로 늘고 있다."

무인화의 가장 기본적 상징인 자판기 시장의 쾌속 발전은 수치로도 확인 가능하다. 2010년 이후 매년 10% 이상 성장하면서 지속 가능한 발전을 이어가는 것이 현실이다. 2020년에는 2017년의 4억 위안에 비해 무려 34배 가까운 135억 위안의 시장으로 커질 것으로 예측된다. 즉석에서 착즙하는 주스나 피자, 의류, 심지어 채소 및 과일 등 다양한 제품을 판매하는 정도에 그치지 않고 다소 민망한 품목인 콘돔, 생리대까지 구비한 자판기들이 당당하게 자리를 차지하고 있는 것은 이제 거스르기 어려운 대세가 됐다.

자판기에서 시작된 무인화 바람이
다양한 분야로 확산

무인화 바람은 자판기에 그치지 않고 다양한 분야로 확산되고 있다. 무인 편의점을 비롯해 무인 버스 및 택시, 무인 헬스장, 무인 서점, 무인 오락실 등이 속속 등장하는 현실을 보면 정말 그렇다고 해야 한다. 그러나 이 바람을 가장 잘 타는 주역은 역시 기업이 아닌가 싶다. 전자상거래 분야에서 알리바바에 밀려 늘 2등에 만족해야 했던 징둥닷컴을 살펴봐야 할 것 같다. 전공의 실적과는 달리 무인화에서는 알리바바보다 몇 수나 앞서 있다.

무엇보다 물류센터의 무인화가 돋보인다. 상하이 서북부의 자딩구嘉定區에 자리한 무인 물류센터 야저우이하오亞洲一號를 대표적으로 꼽을 수 있다. 세계 최초의 전 과정 무인 물류센터로 하루 약 20만 건, 포장 단위 기준으로는 60만 건의 물량을 처리하는 곳으로 유명하다. 이곳의 무인화는 이 정도에서 그치지 않는다. 상품 이동이 모두 센터 곳곳에 설치된 컨베이어 벨트와 로봇 팔, 무인 운반차 등을 통해 이뤄진다. 특히 이곳의 자율주행 배

산시성 시안의 징둥 물류창고 야저우이하오

송로봇 기술은 단연 세계 최고 수준이다. 2017년 베이징 런민대 교정에서 처음으로 선보인 이 로봇은 2018년 6월 중순에 정식으로 임무를 시작했다. 시속 15km의 속도로 레이더 및 센서를 통해 보행자와 장애물을 피하는 것은 기본이다. 교통신호를 지키면서도 최대 300킬로그램의 물건을 운반하는 경이적인 능력까지 보유하고 있다. 징둥닷컴이 베이징과 상하이 등의 대도시 대학 및 아파트 단지는 물론이고 산간 지역까지 망라해 무인 로봇과 드론을 이용, 배송하는 능력까지 갖춘 것은 당연한 결과가 아닌가 싶다. 징둥닷컴은 이런 대형 물류센터를 무려 14개나 보유하고 있다. 앞으로도 베이징을 비롯한 광둥성 광저우와 후베이성 우한, 랴오닝성 선양, 쓰촨성 청두 등지의 대도시로 확대해 나갈 방침이라고 한다.

더욱 주목할 만한 것은 무인 차량을 이용한 배송이 아닐까 싶다. 다만 자동차가 아닌 자전거 전용 도로를 통해 실시되고 있다. 당연히 무인 차량은 신호등과 장애물 등을 식별하는 데 전혀 어려움이 없다.

징둥닷컴의 무인화 혁명은 빠른 속도로 진화하는 중이다. 2018년 11월 중순 톈진에 문을 연 로봇 식당인 '징둥X웨이라이찬팅'京東X未来餐廳을 살펴보자. 인공지능 로봇이 메뉴 주문뿐만 아니라 음식 조리, 접객, 결제 등 전 과정의 서비스를 수행한다.

약 400제곱미터(120평) 넓이의 이 로봇 식당은 일반 음식점과 외관은 비슷하다. 그러나 식당 가장 안쪽에 위치한 개방형 주방이 다른 음식점과의 차이를 확실하게 보여준다. 주방 안에는 분주하게 웍(중국 프라이팬)을 돌리는 셰프들 대신 둥근 솥과 프라이팬을 붙여놓은 것 같은 로봇들만 4대가 보인다. 이른바 로봇 셰프들이다. 이들은 요리사 복장의 보조 직원이 채를 친 당근, 깍뚝썰기 한 고기 등을 자신들에게 넣으면 미리 입력된 레시피에 따라 2~3분 내에 재료들을 볶고 데친다. 이어 접시에 담는 작업까지 모두 다 해낸다.

종업원이 없어도 고객들은 이용하는 데 별로 어려움이 없다. 스마트 폰으로 테이블 위의 바코드를 스캔해 음식을 주문하는 것이 식당 이용의 시작이다. 그러면 서빙 로봇이 동료 셰프가 요리한 음식을 자율주행 및 초정밀 지도 기술을 이용해 메뉴를 고객의 테이블까지 옮긴다. 이때 모니터에 주문 번호가 뜬다. 또 "X번 받으세요!"라는 음성도 나온다. 고객은 이 번호를 확인해 요리가 담긴 접시를 테이블에 가져가면 된다.

거대 기업들 간의 경쟁으로
무인화 바람은 거스를 수 없는 대세

유통 매장의 무인화 역시 거론해야 한다. 2020년 말까지 무인 매장 700여 개를 구축할 계획인 것으로 알려지고 있다. 안면인식 시스템을 통해 출입하게 만든 매장인 베이징 징둥닷컴 본사 건물의 'X우런차오스'^{X無人超市} 1호점이 모델이다. 안면인식, 자동 상품분류, 자동 결제와 같은 자체 개발한 블랙테크 기술이 적용되고 있다. 이 중 상품 결제는 안면인식을 통해 5초 안에 완료되는 등 매장 효율성이 극대화돼 있다.

알리바바도 징둥닷컴에 비하면 다소 수준이 뒤처지지만 응용 분야는 더 다양하다. 역시 무인 식당의 존재를 우선 살펴보자. 계열사인 O2O(온라인 기반 오프라인 서비스) 플랫폼인 커우베이^{口碑}가 우팡자이^{五芳齋} 등과 협력, 첨단 무인 식당 시스템 구축을 위해 적극 나서고 있다. 빅데이터 시스템을 통해 메뉴를 추천하는 것 외에 주문을 모바일 앱으로 처리해 불필요한 인력을 최소화한 것이 특징이다. 협력업체인 허마셴성이 상하이에 개설한 로봇 식당이 성공하도록 적극 돕고 있는 것 역시 같은 맥락으로 봐도 좋다.

안면인식과 로봇 기술을 동시에 활용한 스마트 호텔 사업을 시작한 것만 봐도 알리바바가 '무인 생태계' 개척에 가장 적극 나서는 ICT 기업 중 하나라는 사실을 분명히 말해준다. 2018년 11월에 '페이주부커'^{菲住布渴}라는 명칭의 무인 호텔을 저장성 항저우에 열어 시범운영 중이다. 이 호텔을 이용하는 고객들은 안면인식 시스템을 통해 체크인을 진행한다. 안내는 종업원 대신 로봇이 수행한다. 무인 스마트 호텔의 진가는 객실에서 알리바바의 AI 음성인식 스피커 티몰지니^{TmallGenie}가 고객의 요구 사항을 처리하면서 더욱 분명하게 드러난다. 실내 온도와 조명 밝기 조절은 말할 것도 없고 룸서비스까지 담당한다. 객실 내에 비치된 가구나 침구는 모바일 앱으로 사진을 찍어 구매하는 것도 가능하다.

라이벌인 텅쉰이 알리바바의 발빠른 무인화 전략을 수수방관할 리가 없다. 호텔 체인인 야위안^{雅園}그룹과 협력하여 스마트 호텔 사업에 본격 나선 것만 봐도 잘 알 수 있다. 향후 알리바바와 더욱 치열한 경쟁을 벌일 것은 불문가지라고 하겠다.

무인화에는 거대 공룡 기업들만 적극적인 것이 아니다. 신생 기업들 역시 부지런히 뛰어들고 있다. 대표적인 업체로 2018년 1월 자본금 1억 위안으로 광둥성 광저우 황푸黃埔에 둥지를 튼 스타트업 위라이드WeRide를 꼽을 수 있다. 회사 설립과 동시에 제휴를 맺은 광저우자동차 등의 협력사들과 함께 중국 전역에서 로봇과 AI 기술을 채용한 무인 택시 서비스를 실시하면서 주목을 받고 있다. 원래 이 회사는 미국의 실리콘밸리에서 창업의 깃발을 올린 바 있다. 그러나 유학생 출신인 판쓰닝潘思寧과 양칭슝梁慶雄 두 CEO는 중국 쪽이 더 사업 전망이 밝다고 판단, 과감하게 본사를 스타트업의 성지로 꼽히는 광둥성 쪽으로 옮겼다. 이들의 생각은 적중했다. 자본금을 훨씬 웃도는 엔젤 투자를 받는 데 가볍게 성공한 것이다. 이들은 일단 무인 택시 50대로 시작한 서비스의 사업화를 빠른 속도로 정착시킬 예정으로 있다. 이를 위해 2020년에는 택시를 500대로까지 확대할 계획이다. 구글의 웨이모나 우버, 리프트 등과 진검 승부를 벌일 야심에 불타고 있다고 해도 틀리지 않을 듯하다.

스타트업들의 가세로
의료계까지 불어닥친 무인화 열풍

병원도 무인화가 급속도로 진행되는 현장으로 거론하지 않으면 섭섭하다. 온라인 의료 플랫폼인 회원 규모 2억 5000만 명의 핑안하오이성平安好醫生이 2018년부터 실시하기 시작한 무인 AI 1분 진료소의 존재가 사실을 증명해준다. 의약 자판기와 원격으로 진료를 받을 수 있는 시설을 구비해놓고 영업을 하고 있다. 이 진료소는 처음에는 다소 불편할지 모르지만 익숙해지면 아주 편리하다. 진료는 우선 3제곱미터 정도 크기의 진료소에 들어가 혈압과 체온을 재는 것으로 시작한다. 이어 영상의 AI 의사에게 증상을 설명한다. 잠시 후 이를 기초로 원격지의 의사가 추가 질문을 한 다음 복용해야 할 약을 추천한다. 그 다음도 거칠 것이 없다. 상비약 100여 종이 구비돼 있는 바로 옆의 자판기에서 약을 구매하면 된다. 자판기 내에 없는 약은 휴대폰 앱을 이용해 주문할 경우 원하는 곳으로 1시간 이내에 배송이 된다. 이 진료소는 보험사인 핑안보험 계열의 헬스케어 기업 핑안하오이성이 2018년 11월 장쑤성 자싱嘉興 우전烏鎭의 세계인터넷대회 현장에 설치하면서 등장한 것으로, 이듬해 1월에는 난징 쓰차오四橋 고속도로에까지 나타났다. 2019년 10월 기준으로 이미 10여 개 이상의 성과 시에 설치돼 있다.

1분 진료소에서 활약하는 AI 의사는 나름 상당한 공신력도 보유하고 있다. 여러 시험 결과를 통해 경력이 짧은 웬만한 젊은 의사들보다 정확하게 진찰, 처방한다는 사실이 입증되었다고 한다. 특히 AI 의사의 능력이 최고로 발휘될 수 있는 방사선 치료 분야에서는 10년 이상 경력의 의사와 비슷한 역할을 한다는 것이 안면인식 시스템 업체 이투커지 측의 설명이다. 이 주장은 국제학술지인 〈네이처 메디슨〉Nature Medicine에 실리면서 공식으로 인정 받기도 했다.

이 분야에서도 역시 BAT의 활약은 눈부시다. 알리바바의 경우 중국 최대 유전자 분석업체 화다지인華大基因과 손잡고 2017년 7월 선보인 의료 AI '닥터 유'Doctor You를 선보였다. 고객들은 이를 통할 경우 자신의 모든 유전자 분석을 24시간 내에 제공받는 것이 가능하다고 한다. 텅쉰은 알리바바가 닥터 유를 내놓은 지 딱 한 달 후에 AI로 의료 영상을 분석하는 미잉覓影을 내놓는 기염을 토했다. 의사들이 이를 이용하면 엑스레이, 컴퓨터단층촬영CT, 자기공명영상MRI 등 의료영상 데이터 분석을 통해 폐결절을 비롯한 식도

암, 당뇨병, 자궁경부암 등을 더욱 정확하게 진단하는 데 큰 도움을 받을 수 있다. 바이두 역시 총 2,000여 건 이상의 인공지능 관련 특허를 출원한 관련 업계 극강의 강자답게 알리바바와 텅쉰을 넘어서기 위한 연구에 박차를 가하고 있다. 당장 눈에 띄는 결과를 발표하지는 않았으나 성과물을 시리즈로 선보일 경우 업계에 엄청난 지각변동을 일으킬 가능성이 높다.

대륙을 휩쓰는 무인화 열풍이 100% 바람직하다고 하기는 어렵다. 사회 전 분야에서 무인화가 완전히 정착되더라도 대륙이 갑작스럽게 파라다이스로 변하는 것도 아니다. 아니 오히려 그 반대가 될 수도 있다. 급속도로 진행되는 사회 전 분야의 디지털화에 어려움을 겪고 있는 50대 중반의 상하이 시민 위민화于敏華 씨의 불평이 현실을 잘 말해준다.

"무인화는 인간의 얼굴을 하고 있지 않다. 지하철을 예로 들어보면 간단하다. 모든 것이 무인화, 자동화돼 있으니 나 같은 컴맹이나 폰맹인 사람은 이용하기가 어렵다. 도움을 받으려고 주변을 둘러봐도 직원들이 보이지 않는다. 도대체 어떻게 하라는 말인가? 나는 과학기술의 진보나 발전에 반기를 드는 사람은 아니지만 이건 좀 너무한다는 생각이 든다. 더구나 무인화는 궁극적으로는 사람을 몰아낼 수밖에 없다. 빅브라더 사회가 되는 것도 무섭지만 일자리가 없어진다고 생각하니 더 불안하다."

위 씨의 말은 괜한 불평이 아니라고 할 수 있다. 실제로 극단적 무인화가 가져올 미래의 중국 사회는 인간의 얼굴과는 거리가 멀다고 할 것이다. 무인화에 적극 나서는 정부나 기업들이 명심해야 할 대목이라고도 할 수 있다. 하지만 역시 거대한 물결은 어쩔 수가 없다. 그렇다면 최대한 부작용이 없도록 노력하는 것이 정답이 아닐까 싶다. 중국의 모든 경제 주체가 부작용을 최소화하면서 사회 전반적으로 무인화의 길을 걸어가는 것은 이제 선택의 문제가 아니라 수용할 수밖에 없는 운명이라고 해야 할 것 같다.

'짝퉁'에서 '진퉁'으로,
혁신 바람에 올라탄 기술 극강 기업들

　중국은 짝퉁에 대해서는 입이 백 개라도 할 말이 없다. 'G1 짝퉁 국가'라는 손가락질을 받아도 반발하기에는 짝퉁 제조의 역사가 너무나도 유구하다. 그래서 중국사 자체가 짝퉁의 역사라고 해도 크게 과언은 아니라고 할 수 있다. 조금 심하게 말하면 중국인들의 DNA에 짝퉁 본능이 아예 녹아들어 있지 않나 싶기도 하다. 몇 가지 사례만 봐도 잘 알 수 있다.

　먼저 소설《삼국연의》의 간웅 조조^{曹操}의 의심병과 관련된 일화가 대표적이다. 소설에서 잘 묘사됐듯, 그는 진짜 가족 외에는 그 누구도 믿지 않았다고 한다. 나이가 들어 임종이 가까워졌을 때는 자신의 묘가 도굴이 되지 않을까 우려했다. 결국 자손들에게 자신의 묘가 도굴되지 않도록 박장^{薄葬}(소박한 장례)을 치름과 동시에 후세의 도굴꾼들이 헷갈리게 72개의 짝퉁 묘를 만들도록 유언을 남긴다.

　자손들도 그의 마지막 당부를 어기지 않았다. 2009년 12월 허난성의 한 평원에서 극적으로 발견된 조조의 묘가 아직까지 짝퉁 논란에서 벗어나지 못하는 것은 이 때문이다.

동진東晉의 서예가인 서성書聖 왕희지王羲之가 연관된 사례 역시 거론해야 한다. 그가 체통 없이 짝퉁 글씨를 남겨서가 아니다. 누구인지 모를 어느 서예가가 그의 작품 〈평안첩〉平安帖을 모사한 탓이다. 더구나 놀랍게도 진품은 사라졌으나 이 짝퉁은 후세에 남겨졌다. 재력깨나 있는 소장가들이 눈독을 들인 것은 당연했다.

아니나 다를까, 2010년 열린 한 경매에서 무려 3억 8000만 위안이라는 어마어마한 금액으로 낙찰됐다. 시선詩仙 이백李白도 천재적인 재능이 무색하게 짝퉁과 관련해서는 자유롭지 못하다. 유명한 시 〈정야사〉靜夜思가 일본의 고시古詩를 표절한 짝퉁이라는 것은 거의 정설로 통한다.

짝퉁 제조의 유구한 역사와 전통이 마지막 왕조인 청나라 때 단절됐을 리가 없다. 박지원朴趾源의 소설 《열하일기》熱河日記를 펼쳐 보면 바로 증명이 된다. 과거에 급제는 못했으나 무척이나 박학다식했던 그는 현존하는 중국 문화의 최고 정수 중 하나라고 해도 좋을 《사고전서》四庫全書의 편찬 책임자인 건륭제 시대의 대학자 기윤紀昀을 비롯해 청나라에 지인들이 대단히 많았다.

그러던 어느 날 지인 중 한 명이 그에게 "조선의 청심환을 좀 구해주실 수 있습니까?"라면서 진지하게 부탁의 말을 건넸다. 청심환의 본고장이 중국인데 그런 부탁을 받자 황당하지 않을 수 없었다. 그는 "아니 중국의 청심환이 더 좋지 않습니까? 왜 굳이 우리 조선의 청심환을 구하려고 하십니까?"라고 묻지 않을 수 없었다. 돌아온 지인의 대답은 정말 걸작이었다. "청나라에 있는 청심환은 가짜가 태반입니다. 어떻게 믿고 먹을 수 있겠습니까? 그러나 조선에서 만든 청심환은 거의 진짜입니다."

'짝퉁 대국'은 옛말,
'대륙의 실수'라는 조어를 탄생시킨 혁신 행보

말할 것도 없이 중국의 이 짝퉁 본능은 이후에도 면면히 이어졌다. 앞으로도 변할 것 같지는 않다. 그렇다면 중국의 제품들은 죄다 쓰레기일까. 불과 몇 년 전까지만 해도 이 단정은 어느 정도 맞는다고 해도 좋았다. 하지만 사회 전 분야가 4차 산업혁명이 불러온 혁신의 물결 위에 올라 탄 지금은 확실히 달라졌다. 수년 전부터 안면인식 시스템, 드론을 비롯한 중국 제품들이 '대륙의 실수', '가성비 끝판왕'이라는 소리를 들으면서 글로벌 시장에서 승승장구하고 있다.

짝퉁 소굴의 오염을 뒤집어쓴 이력이 있는 혁신 기업들의 성공 사례를 들어봐야 이런 단정이 증명된다. 삼성 갤럭시의 짝퉁으로 출발한 샤오미를 우선 꼽을 수 있다. 창업한 지 1년 만인 2011년 8월 스마트폰을 출시할 때만 해도 짝퉁 브랜드 이미지를 벗지 못하고 사라질 것으로 예측됐다. 하지만 현실은 정반대가 됐다. 회사 자체가 브랜드화 되면서 기업 가치가 600억 달러를 바라보는 글로벌 회사로 성장했다. 지금은 생산 제품군을 보조 배터리, 공기청정기, 선풍기, 나인봇, CCTV 카메라 등으로까지 확장시키고 있다. 대부분의 시판 제품들 역시 혁신적이라는 평가를 듣지 못하면 섭섭할 만큼 대단하다. 예컨대 에어컨은 사물인터넷[IoT] 기능을 장착, 0.1도까지 온도를 조절하는 것이 가능하다. 또 블루투스 및 와이파이 연결을 통한 원격 제어도 별로 어렵지 않다. 정수기의 경우는 실시간으로 수질 상태와 필터 교체 시기를 원터치로 확인하는 것이 가능하다. '대륙의 실수'라는 조어를 만들어내게 만든 주인공다운 혁신의 행보가 아닐까 싶다.

거의 미국의 철천지원수가 되고 있는 화웨이도 거론해야 한다. 1987년 창업 이후 무려 20여 년 가까운 세월 동안 뒤집어쓴 짝퉁 기업의 이미지가 무색하게 삼성전자와 어깨를 겨루는 글로벌 공룡으로 우뚝 섰다. 2019년 초에 세계 최초의 폴더블폰 출시 회사라는 타이틀을 두고 경쟁했다면 더 이상의 설명은 사족에 가깝다. 일부 기능은 애플마저도 무색하게 만들 정도라는 찬사를 듣는 혁신적인 스마트폰의 전체 출하량에서도 삼성전자를 바짝 추격하고 있는 것이 현실이다. 미국의 파상 공세를 이겨낼 수만 있다면 삼성전자의 최대 라이벌이 될 가능성이 농후하다.

사례가 백색가전 기업들에까지 이어질 경우는 아예 할 말을 잃게 된다. 중국보다 한국에서 더 널리 알려진 '차이슨'Chison이라는 단어를 보면 이해가 쉽다. 문외한이 얼핏 이 단어를 들으면 기업 이름으로 착각할 수도 있다. 그러나 전혀 그렇지 않다. 중국의 영문 이름과 혁신적인 명품 가정용 청소기로 유명한 영국 가전업체 다이슨Dyson의 합성어이다. 한마디로 다이슨을 모방한 중국산 혁신 가전제품을 의미한다. 디자인 역시 대체로 다이슨 제품과 아주 비슷하다.

그렇다고 짝퉁이라고 마냥 비난하는 것은 조금 곤란할 것 같다. 차이슨이라는 단어에 '다이슨 제품 못지않은 가성비를 지닌 중국산 가전제품'이라는 뜻이 내포돼 있다. 중국산 가전제품을 많이 사용하는 베이징 거주 한국 주부 정재숙 씨의 찬사가 현실을 잘 말해준다.

"한국에 있을 때는 당연히 국산 가전제품을 주로 사용했다. 그러다 3년 전부터 중국에서 생활하면서 어쩔 수 없이 중국산을 썼다. 처음에는 적응이 잘 안 됐다. 기술이 아무래도 한국산에 비해 떨어졌기 때문이다. 그러나 최근에는 이 격차가 상당히 좁혀졌다. 더구나 통신기술과 사물인터넷, 빅데이터와 인공지능 관련 기술 등이 결합되면서부터는 더 낫지 않나 하는 생각도 하게 됐다. 한국에 있는 지인들에게도 적극적으로 사용을 권하고 있다. 확실히 가성비가 엄청나게 좋다. 차이슨이라는 말은 괜히 있는 게 아닌 것 같다. 이런 조어를 만들어내게 만든 기업들도 대단하다고 생각한다."

한화 250억 원을 투입해
스마트 식당으로 변신한 훠궈 전문 체인

4차 산업혁명 기술을 통해 '짝퉁'이 속속 '진퉁'으로 진화하는 판에 ICT 와 별로 관련이 없을 것 같은 토종 기업들이 혁신의 바람을 타지 않는 것도 이상할 것이다. 실생활과 직결되는 식음료, 유통 분야의 기업들만 대표적으로 살펴봐도 혁신이 대세라는 사실을 실감할 수 있다. 이 경우 지체 없이 한국에도 분점이 있는 훠궈火鍋(중국식 샤브샤브) 전문 체인점 하이디라오海底 撈에 눈을 돌려야 한다. 2018년 10월 베이징 스제청世界城(월드 시티WORLD City)에 스마트 식당을 선보이면서 요식업계에서는 최초로 혁신의 깃발을 들어 올리는 기염을 토했다.

하이디라오가 스마트 식당으로 불리게 된 데에는 'IKMS'Intelligent Kitchen Management System라는 운영 체계의 힘이 절대적이라고 할 수 있다. 한마디로 인공지능이 적용된 이 시스템이 식당 운영의 '두뇌' 역할을 수행한다고 보면 된다. 이 시스템을 이용할 경우 실시간으로 매장 전반의 운영 상황을 점검하는 것이 가능하다. 다시 말해 식자재 입고에서부터 재료 선택, 조리, 재고 관리 등 전 분야의 매장 관리가 일사불란하게 이뤄진다. 특히 음식을 나르는 서빙 로봇은 음성인식 선두업체인 커다쉰페이의 기술을 보유한 덕분에 고객과의 쌍방향 대화도 가능하다. 이 식당은 하이디라오가 무려 1억 5000만 위안(약 250억 원)을 투입해 3년에 걸쳐 준비한 매장으로, 효과는 즉시 나타났다. 기존 매장과 비교할 경우 20% 정도의 인력 감축에 성공한 것이다.

하이디라오의 무인 식당의 모습

　정말 식당이 스마트한지는 워낙 유명한 탓에 늘 언제 자리가 날지 하염없이 기다리는 대기 인파가 줄을 서는 매장 입구를 살펴보면 바로 알게 된다. 고객들을 위해 설치한 대형 스크린이 우선 눈에 들어온다. 하이디라오가 자체 개발한 게임을 제공하는 현장이다. 스마트폰에 하이디라오 앱을 설치하면 누구나 스크린의 QR코드를 찍은 다음 게임을 즐길 수 있다.

　식당 내부는 더욱 경이적이다. 종업원이 고객의 주문을 받는 것부터가 획기적이다. 아이패드 메뉴판을 이용하는 것은 기본 중에 기본이다. 고객의 기호에 따라 훠궈 소스의 맛을 조절해주는 것도 당연하다. 주방 역시 놀랍다. 주문이 들어오면 바로 0℃ 전후의 적정 온도가 유지되는 식자재 보관실에서 로봇이 RFID(무선인식) 태그를 인식, 재료를 컨베이어 벨트에 올린다. 이어 종업원이 문제 여부를 확인한 다음 비닐 랩을 제거한다. 다음은 높이 1.2미터, 너비 50센티미터의 3층 수납 칸이 갖춰진 서빙 로봇의 몫이다. 식당 천정 상단부에 설치된 센서에 따라 지정된 좌석으로 음식을 배달한다. 고객이 떠난 다음의 뒤처리나 설거지 문제도 어렵지 않다. 로봇이 알아서 다 해준다. 하이디라오는 설립 25년째인 2019년 말 기준으로 연 매출 120억 위안 전후의 대형 프랜차이즈 업체로 우뚝 섰다.

스타벅스의 콧대를 꺾은
루이싱커피의 기적

식당 체인이 혁신 바람을 타는데 우후죽순처럼 생기는 커피숍 프랜차이즈가 가만히 있을 리가 없다. 누가 뭐래도 스타벅스를 넘어 '커피 업계의 애플'이 되려는 야심에 불타는 루이싱瑞幸(영문명은 루킨Luckin) 커피를 꼽아야 할 것 같다. 2017년 6월 창업한 햇병아리 커피 프랜차이즈이지만 혁신을 통한 진격 본능이 힘을 발휘해 스타벅스를 바짝 추격하는 기적의 주인공이 되고 있다.

루이싱커피의 기적이 분명한 현실이라는 사실은 전국 28개 도시의 2,500여 개 가까운 매장의 풍경을 살펴보면 수긍이 될 것 같다. 그 어느 곳을 가더라도 매장에 주문을 받는 카운터가 보이지 않는다. 당연히 번거롭게 줄을 설 필요도 없다. 때문에 주문할 때나 주문한 커피를 받을 때에도 대기해야 하는 스타벅스 매장 같은 풍경은 구경하기 힘들다. 대신 고객들은 언제 어디에서든 모바일 앱을 통해 자신이 원하는 커피를 주문하기만 하면 된다. 그런 다음 스마트폰에 뜨는 예상 대기 시간을 보고 매장에 가면 만사 오케이다.

그렇다고 커피가 대충 만들어지는 것도 아니다. 루이싱커피 모바일 앱에 자기 취향의 레시피를 등록한 고객의 요구에 따라 만들어지는 탓이다.

물과 시럽, 우유 등의 조절도 자연스럽게 조절이 가능하다. 이 정도에서 그치지 않는다. 루이싱커피는 배달 서비스까지 도입하고 있다. 고객이 모바일 앱을 통해 주문한 다음 배달 기능을 선택하면 원하는 시간에 가져다주는 것이 원칙이다. 기본 배달료는 6위안이지만 35위안 이상 주문하거나 배달에 걸리는 시간이 30분을 초과할 경우 배달료는 받지 않는다. "매장에서 스타벅스의 직원이 타주는 커피를 마시는 것보다 배달된 루이싱커피를 마시는 것이 더 빠르다."라는 커피 마니아들의 농담은 괜히 생긴 게 아니다.

물론 루이싱커피도 고민은 있다. 창업 이후 단 한 번도 영업적자에서 벗어나지 못한 탓이다. 심지어 최악의 경우에는 매출액보다 영업적자가 더 많은 황당한 분기도 없지 않았다. 그럼에도 공동창업자인 궈진이郭瑾— 부회장을 비롯한 경영진들은 혹시나 망하지 않을까 하는 걱정은 하지 않는다. 혁신에 올라탄 미래형 기업이라는 자신감과 성공에 대한 확신이 파산에 대한 불안감을 능가하고 있다는 얘기다. 이런 자신감과 확신 역시 괜한 게 아니다. 중국 내외의 투자자들이 경쟁적으로 돈을 싸들고 찾아오는 현실만 봐도 그렇다. 2019년 말까지 중국의 상징인 구궁古宮(자금성紫禁城)을 비롯한 전 대륙 곳곳에 스타벅스의 3,500개보다 훨씬 많은 매장을 오픈해 영업하겠다는 야심에 불타 있다. 한국인 김태용 감독과 결혼한 대스타 탕웨이湯唯를 파격적인 개런티를 주고 모델로 선택한 것도 같은 맥락이라 할 수 있다.

ICT에 기반을 둔 스마트 슈퍼
10만 개를 오픈하겠다는 톈마오의 비전

유통 분야에서는 단연 톈마오天猫(영문명 티몰Tmall)가 하이다라오나 루이싱커피와 같은 유형이라고 해야 할 것 같다. 톈마오는 원래 타오바오와 함께 전자상거래 업체 알리바바 산하의 양대 플랫폼으로 출발했다. 타오바오가 C2C, 텐마오가 B2C(기업 대 소비자)라는 것이 차이점이라고 보면 된다. 이 차이는 2017년 8월 28일 텐마오가 오프라인으로 나오면서 더욱 두드러지게 됐다.

시작은 역시 미미했다. 그러나 스토리는 재미있다. 현재 텐마오슈퍼의 1호점 주인인 황하이둥黃海東 씨는 그 무렵 저장성 항저우의 저장대학 위취안玉泉캠퍼스 인근에서 20제곱미터 규모의 동네 구멍가게인 웨이쥔維軍슈퍼를 운영하고 있었다. 자기 사업을 하는 만큼 나름 프라이드는 있었다. 하지만 영업은 영 말이 아니었다. 패밀리마트와 로손 등 주변의 유명 편의점 때문에 몇 년 동안 파리만 날리고 있었던 것이다. 그는 폐업을 진지하게 고민해야 했다. 마침 그때 새로운 생태계 개발 및 굴지의 유통 전자상거래 업계의 공룡과 동네 구멍가게 간 상생모델의 가능성을 모색해온 텐마오가 그에게 다가오고 있었다.

당시 텐마오는 온·오프라인 통합O2O 소매에 스마트 유통 및 물류를 융합시킨 이른바 '신소매 혁명'을 구상하고 있었다. 말하자면 빅데이터와 클라우드컴퓨팅 등을 활용해 생산과 유통, 판매 과정의 기존 생태계를 완전히 바꾸겠다는 생각을 하고 있었던 것이다. 마트 무인화, 안면인식 결제, 로봇 및 드론을 이용한 상품 배송 등은 이 경우에 거의 필수적이라고 할 수 있었다. 이 실험을 위해 텐마오는 바로 자포자기의 심정으로 폐업을 고려하던 황 씨에게 손을 내밀었다. 그는 밑져야 본전이라는 생각에 텐마오의 손을 냉큼 잡았다. 결과는 대성공이었다. 텐마오슈퍼라는 이름으로 바꾸고 영업을 시작하자 보름 만에 매출이 45% 이상이나 오른 것이다.

텐마오 역시 이에 고무됐다. 사업의 성공을 확신하고 바로 전국 곳곳에 산재한 동네 구멍가게 600만여 개를 대상으로 한 B2B 플랫폼 알리링서우통阿里零售通을 설립했다. 복잡한 유통구조의 단순화와 품질 보증을 기치로 내세운 톈마오의 사업 방법은 아주 단순했다. 우선 동네 구멍가게 주인은 알리링서우통에서 매월 1만 위안 이상의 물품을 조달하고 연간 기술 서비스 비용 3,999위안을 지급해야 한다. 그러면 톈마오로부터 빅데이터에 기반한 상권 분석과 제품 배열을 비롯한 모든 세부 서비스를 제공받게 된다. 큰 문제가 없는 한 궁극적으로는 톈마오슈퍼가 될 수 있다. 이후 가판대를 설치할 경우 톈마오에서 유통되는 글로벌 유명 브랜드 제품을 곧바로 판매하는 것도 가능하다. 톈마오는 장기적으로 이런 스마트 슈퍼를 최대 10만 개까지 만들 예정이다. 나아가 톈마오슈퍼를 우체국과 여행사, 은행 등의 역할까지 하는 플랫폼으로 기능하게 만들겠다는 계획도 가지고 있다. 해외로 수출하는 것은 더 말할 필요조차 없다. 톈마오의 이 성공은 ICT에 기반한 혁신이 그야말로 끝이 없다는 사실을 너무나 잘 보여주는 사례다.

중국이 짝퉁의 나라가 절대 아니라고 하기는 어렵다. 하지만 이제는 짝퉁 제조로만 날이 지샌다고 하기도 어렵게 됐다. 사례들에서 알 수 있듯 한쪽에서 짝퉁을 만들기는 해도 혁신으로 무장한 진퉁이나 극강의 기업들이 등장해 경이로운 실적을 올리는 것도 분명한 현실이다. 한국의 기업이나 소비자들도 이런 사실을 솔직히 인정해야 한다. 만약 눈앞의 분명한 현실을 굳이 부인하고 '메이드 인 차이나'를 경멸의 눈초리로 바라보는 편견에 사로잡힐 경우 그 대가는 상당히 클 수밖에 없다. 국가적으로 큰 손실이 발생하는 것도 불문가지다.

25.

대중창업·만중창신

대중이 창업하고, 전체 인민이 혁신하자는 과학기술 진흥 정책

세상에 기적이 전혀 없는 것은 아니다. 그러나 그 기적 같은 것도 잘 보면 나름의 이유가 있다. 원인 없는 결과가 없듯이 말이다. 짝퉁 국가 중국이 4차 산업혁명의 혁신 기술로 무장한 진퉁의 본고장이 되고 있는 것 역시 엄청난 기적처럼 보이지만 다 이유가 있는 것이다. 그 이유는 바로 지구촌에서 유례를 찾기 힘들 만큼 정부를 비롯한 사회 전체가 과학기술의 진흥과 교육에 매진하는 노력이다. 특히 미래 차세대 첨단 과학기술 분야의 진흥과 교육을 위한 노력이 그렇다. 4차 산업혁명 관련 기술에 국가의 사활을 걸었다는 말이 어울릴 만큼의 노력이 지금의 중국을 만들지 않았나 싶다.

중국의 이런 노력은 과교흥국科教興國, 즉 "과학교육으로 국가를 발전시키자."는 한마디로 요약이 가능하다. 1949년 11월 1일 부총리급 부서인 중국과학원을 설립할 때부터 이어져 온 이런 분위기는 1964년 핵무기 개발부터 최근의 AI나 드론 기술까지 채용한 항공모함 건조에 이르기까지 성과를

중국판 최초 실리콘밸리로 불리는 중관춘의 야경

내고 있다.

4차 산업혁명 기술개발에 국가의 사활을 건
중국의 과학진흥 정책

성과는 통계숫자로 확실히 나타난다. 국제과학기술 논문 인용색인[SCI]을
기준으로 한 논문 편수를 보면 가장 알기 쉽다. 2002년의 경우 총 73만
4,200여 편의 논문 중에서 중국이 차지하는 비중이 약 5.24%를 기록했다.
1위인 미국은 30.39%였다. 그러나 2007년 들어 중국의 비중은 9.95%로
늘어났다. 10년이 지난 2017년에는 140만 편 가운데 23.58%를 차지했다.
미국의 23.98%를 간발의 차이로 추격했다. 2019년에는 이를 넘어섰을 가
능성이 높다. 과학기술 연구의 질과 양적인 면에서는 사실상 미국을 추월

했다고 봐도 무방하다.

　이렇게 된 데는 무엇보다 정부의 적극적인 각종 시스템 마련과 대대적인 투자에 힘입은 바가 크다. '과교흥국'을 그저 말로만 부르짖는 것이 아니라는 얘기다. 우선 1993년 제정, 발표된 '과학기술촉진법'을 보자. 과학기술 발전의 목표와 역할, 재원조달 방안, 과학기술 장려제도 등을 전반적으로 규정한 이 법률은 과학기술 진흥 및 교육과 관련한 기본 법전이라 할 수 있다.

　1995년 제시된 과교흥국을 위한 기본 전략 목표도 주목해야 한다. "과학기술이 최고의 생산력을 가능케 하는 만큼 전 국민을 대상으로 하는 교육을 통해 국가의 번영을 도모해야 한다."라는 국가적 차원의 비원을 고스란히 드러내고 있다. '과학기술촉진법'이 과학기술 진흥을 위한 하드웨어였다면 '과교흥국의 전략적 목표'는 국가 번영을 지향하는 소프트웨어인 셈이다.

　1998년 나란히 시작된 '973 프로젝트'와 '훠쥐火炬 프로젝트', 2002년 제정된 '과학기술보급법' 역시 그 연장선 위에 있다. 지난 세기의 주요 프로젝트였던 '863 공정'과 '싱훠星火 프로젝트'가 몇 단계 업그레이드된 형태라고 보면 된다. 무엇보다 과학기술 진흥과 교육의 실시 방안 및 전략을 구체적으로 적시하고 있다. 국가 차원에서 제공하는 '당근'도 엄청나다. 중국의 노벨상으로 불리는 '국가최고과학기술상' 등을 비롯한 각종 상을 제정해 매년 과학기술 진흥과 교육에 헌신한 대학교수 등의 인사들을 선정, 시상한다. 평균 500만 위안(8억 5000만 원) 안팎의 엄청난 상금에 명예도 대단해서 내로라하는 과학기술계 인사라면 누구나 은근히 수상을 기대한다고 한다.

　2019년 1월에는 기념비적인 시상식이 벌어지기도 했다. 주인공은 류융탄劉永坦 하얼빈공대 원사院士와 첸치후錢七虎 중국공정원 원사로, 시진핑 주석이 직접 2019년부터 상금이 800만 위안(13억 6000만 원)으로 오른 국가최고과학기술상을 시상했다. 시상식에 7명의 당 정치국 상무위원들이 전원 참석했다면 더 이상의 설명은 필요 없다. 이들의 공로 역시 대단하다. 우선 레이더 개발 역사의 산 증인인 류 원사는 수평선 너머까지 탐지하는 것이 가능해 '바다의 만리장성'으로 불리는 '초수평OTH·Over The Horizon 레이더'를 탄생시키는 데 크게 기여했다. 또 첸 원사의 경우는 산 아래 땅속 깊이 자리한 일련의 핵 공격 방어시설인 '지하 강철 만리장성' 개발에 기여한 것으로 알려졌다.

이 정도 수준의 과학자들은 사실 중국에 지천으로 널려 있다. 우선 극초음속 비행체 개발을 주도해 온 천스이陳十一 광둥성 선전 난팡南方과기대 총장을 꼽을 수 있다. 음속의 10배인 시속 1만 1,000킬로미터로 비행 가능한 극초음속 비행체 개발에 필요한 풍동風洞·Wind Tunnel 시설을 만든 주인공으로 널리 알려져 있다. 2010년 지어진 이 '풍동'은 미국이 보유한 2개에 이어 전 세계에서 세 번째 시설로, 미국 유학파 출신인 천 교수의 연구 성과이다. 이외에도 스텔스 잠수함 개발에 참여하고 있는 허궈웨이何國威 중국과학원 역학연구소 비선형 역학연구실 주임, 난팡과기대 물리학과와 화학과의 석좌교수들인 자오위성趙予生과 왕샹린王湘麟 박사, 산샤오원單肖文 기계항공공학부 학장 등도 빼놓을 수 없다. 특히 산 학장은 중국이 독자 개발한 첫 여객기인 C-919의 탄생을 주도한 과학자로 유명하다.

노벨상급 인재 1만 명 유치계획, 22개의 산학연 클러스터 조성

중국의 과학기술 진흥과 교육을 위한 피나는 노력은 '동양의 MIT'로 불리는 칭화대학의 행보만 봐도 확연히 드러난다. 이 경우 금세기 초에 본격화한 쌍백雙百 계획을 짚고 넘어가지 않을 수 없다. 이는 세계적인 성과를 낼 만한 뛰어난 교수 100명에게 매년 100만 위안의 연봉을 주는 프로젝트로, 당국에서 소요 자금의 상당 부분을 간접적으로 분담한 바 있다. 이 노력은 2018년 말 끝난 당국의 이른바 천인千人 계획, 즉 해외 우수인력 1,000명을 유치하는 프로젝트로도 이어졌다. 지금은 노벨상을 탈 수 있는 청년 인재들을 유치하는 만인계획으로 이어지고 있다.

당국의 일관되고 지속적인 노력을 보면 칭화대학만 혜택을 받는 것은 아니다. 실제로 지방대에도 최소한 각 성과 시의 2~3개 대학에 유사한 혜택이 주어지고 있다. 이는 국무원 교육부와 과학기술부를 필두로 하는 과학기술교육 당국이 각 성과 시에 특성화 분야의 대학을 일찍부터 설립한 사실과 맥을 같이 한다. 베이징의 항쿵항톈航空航天대와 유뎬郵電대, 과학기술대, 산둥성 칭다오의 하이양海洋대, 상하이 자오퉁交通대 등이 이런 특성화 과학기술 대학에 속한다.

실사구시에 관한 한 타의 추종을 불허하는 대륙에서 이런 분위기가 활발한 교내 창업으로 이어지지 않는다면 그것이 이상할 것이다. 정부의 지원 하에 이른바 샤오반校辦기업(학교가 설립한 기업)들이 우후죽순처럼 생겨나고 있다. 2019년 10월 기준 전국에 최대 6,000여 개 정도가 활동하는 것으로 추산된다. 이들이 고용하는 임직원 수도 60만 명 정도에 이른다. 이미 공룡으로 성장한 어마어마한 기업들도 많다. 베이징대가 키운 베이다팡정北大方正, 칭화대의 자존심인 칭화퉁팡同方, 칭화쯔광紫光을 대표적으로 꼽을 수 있다.

이 중 이제는 '칭화'라는 브랜드를 굳이 쓰지 않게 된 쯔광그룹의 행보는 단연 돋보인다. 2015년에 230억 달러의 실탄으로 세계 3위 D램 업체인 마이크론 인수를 시도해 유명세를 탄 것만 봐도 잘 알 수 있다. 지금도 "5년 동안 쏠 실탄을 이미 준비해놓았다."는 자신감을 보이면서 당국의 전폭적 지원을 등에 업은 채 열심히 M&A를 위한 입질을 하고 있다. 한국의 SK하이닉스를 비롯해 미국 샌디스크, 대만 리청力成(파워텍) 등이 유력한 먹잇감으로 거론되고 있다. 급기야 2018년 4월에는 향후 10년 동안 1000억 달러를 투자하겠다고 선언하면서 후베이성 우한, 장쑤성 난징, 쓰촨성 청두 등에 신규 생산라인까지 구축하고 있다. 거듭된 인수합병을 통해 '배고픈 호랑이'라는 별명이 붙은 쯔광그룹다운 행보다.

높은 과학기술을 바탕으로 한 대학가의 창업과 혁신 바람은 자주혁신 시범구로 불리는 총 22개의 산학연産學研 창업 클러스터의 탄생도 가능하게 만들었다. 베이징 하이뎬구 중관춘과 광둥성 선전에 세워진 것이 대표적이다. 굳이 더 의미를 부여하자면 중국판 실리콘밸리라 할 수 있다. 한국의 판교가 벤치마킹하고 있는 중관춘의 현실에 대해 알아볼 필요가 있을 것 같다.

베이징 중관춘 한 곳의 총생산액만 해도
1000조 원 규모

중관춘은 행정구역상으로는 유수의 대학들이 밀집한 베이징 시내 북서쪽 외곽에 자리 잡고 있다. 그러나 중심부에서는 다소 거리가 있다. 면적은 약 80제곱킬로미터로, 땅덩이 넓은 중국에서도 결코 좁다고 할 수 없을 정도다. 역사는 수천 년 전으로 거슬러 올라간다. 지척에 청나라 서태후西太后의 흔적이 깃든 이허위안頤和園이 자리를 잡고 있는 것에서 알 수 있듯 경치가 아름답고 조용해 부와 권력을 가진 이들은 대대로 눈독을 들였었다. 그러나 이곳에는 일반인은 모르는 한이 서려 있다. 자식을 낳을 수 없는 명과 청나라 때의 환관들이 막강한 경제력을 바탕으로 땅을 사들인 후 여생을 보냈던 장소였으니 말이다. 이들이 세상을 떠나면 당연히 이곳에 묻혔다. 환관들 개인적인 삶만 놓고 보면 좌절의 땅이라고 할 수 있다. 그러나 지금은 희망의 땅으로 환골탈태했다. 그럴 수 있었던 것은 정부에 의해 1988년 5월 첨단기술산업개발시험구로 출발한 이후부터 대륙 최초의 자주혁신시범구로 성장한 2009년 3월까지 20여 년 동안 이어진 끊임없는 발전이 가장 큰 역할을 했다.

이후는 더 말할 필요조차 없다. 지난 20여 년보다 더 눈부신 상전벽해가 일어났다. 베이징, 칭화, 런민 대학을 비롯한 고등교육기관 41개, 과학원과 공정원 산하의 과학기술연구소 206개, 국가중점실험실 67개, 국가공정연구센터 27개, 국가공정기술연구센터 28개가 이곳에 포진한 사실만 봐도 잘 알 수 있다. 대학 산하의 과학기술센터 26개와, 귀국유학생 창업센터 34개를 별개로 쳐도 그렇다. 4차 산업혁명을 필두로 하는 과학기술 관련 기업 2만여 개가 활동하고 있고, 2018년 역내 총생산액이 웬만한 동남아 국가들 GDP의 몇 배나 되는 6조 위안에 이른다. 4차 산업혁명 분야의 슈퍼유니콘(가치 100억 달러 이상의 기업) 5개를 비롯해 70개가 넘는 유니콘 기업이 자리 잡고 있다.

현장으로 들어가면 후끈 달아오른 분위기를 더 잘 느끼게 된다. 무엇보다 엄청난 인프라를 등에 업고 있는 대학가 곳곳의 창업 열기가 조금 심하게 말해 한겨울에도 열대야처럼 뜨거울 정도다. 리커창 총리가 2015년 3월 깃발을 높이 들어올린 '대중창업·만중창신'大衆創業·萬衆創新(대중이 창업을 하고 전체 인민이 혁신을 하자)의 구호가 그대로 실천으로 옮겨지는 분위기다. 당국의 계획대로라면 2020년까지 연간 80만 명의 대학생이 창업에 나설 것으로 전망된다. 이에 따라 관내 4,000개가 넘는 입주 공간도 하루가 다르게 늘어나고 있다. 하루 평균 창업 프로젝트도 2개 가까이 기록하고 있다. 좌절에서 희망의 땅으로 상전벽해했다는 말이 과언이 아니다.

광둥성 선전은 도시 전체가
4차 산업혁명 물결로 넘치는 스마트 시티

광둥성 선전 역시 중관춘에 못지않다. 전기차, 자율주행차들이 누비는 거리에 4차 산업혁명의 물결이 넘친다는 사실을 어렵지 않게 알 수 있다. 괜히 선전이 '테스트 베드'로 불리는 것이 아닌 것 같다. 그래도 더 확실하게 눈으로 확인하고 싶을 경우 4차 산업혁명의 메카로 불리는 난산南山에 소재한 난산소프트웨어단지를 가보면 된다. 이곳에는 텅쉰의 본사에서 걸어서 5분 거리인 텅쉰창업센터가 자리 잡고 있다. 건물 6동으로 이뤄진 센터에는 창업을 꿈꾸는 젊은이들로 가득하다. 젊은이들 못지않게 총 7,000명 수용이 가능한 창업 공간을 제공하는 텅쉰의 야심 역시 대단하다. 3년 내에 1억 위안 이상의 가치를 보유할 스타트업 100개 육성을 목표로 하고 있다. 텅쉰은 이곳의 공간만 제공하는 것이 아니다. 기업 설립에서부터 시작해 법률 및 세무 자문 등 업무까지 지원해준다. 이곳이 광둥성 일대의 스타트업 산실로 통하는 이유다.

선전이 중관춘에 필적한다는 사실은 중국의 ICT 100대 기업 중 무려 21개가 이곳에 몰려 있는 현실을 보면 수긍이 간다. 텅쉰을 비롯해 G5 분야의 글로벌 선두주자 화웨이와 전기차, 자율주행차의 구글을 꿈꾸는 비야디를 대표적으로 꼽을 수 있다. 홍콩에 거주하다 10여 년 전 선전에서 사업을 시작한 교민 나정주 씨의 설명이다.

"과거 작은 어촌이었던 선전은 이제 도시 전체가 과학기술, 그중에서도

4차 산업혁명 관련 기술이 폭발하는 곳이다. 베이징보다 더 나은 스마트 시티라고 해도 좋다. 이렇게 된 데는 지난 2002년 부지와 건물을 무상으로 제공하는 재정지원책을 제시하면서 베이징대, 칭화대, 하얼빈공대 분교를 설립한 것과 큰 관련이 있다. 2010년대 들어 선전시와 광둥성 정부가 공동 투자해 난팡과학기술대, 칭화대와 미국 UC버클리대 공동캠퍼스를 세운 것 역시 주효했다. 이후 4차 산업혁명의 붐이 폭발이라는 말이 과언이 아닐 만큼 일어났다. 개인적으로는 앞으로 중관춘을 넘어 미국 실리콘밸리도 추월할 것으로 예상한다."

미래의 중관춘과 선전을 노리는 유망한 자주혁신시범구가 없을 리 없다. 쓰촨성의 청두가 대표적이다. 비교적 늦은 2015년 6월 시범구로 지정됐으나 발전 속도는 현지인들의 눈조차 팽팽 돌아가게 만들 정도로 빠르다. 이 단정이 과장이 아니라는 사실은 총 면적 130제곱킬로미터의 하이테크 개발구를 둘러보면 바로 깨닫게 된다. 첫눈에 봐도 이곳의 혈맥이라고 할 총 연장 50킬로미터의 톈푸다다오天府大道가 예사롭지 않다. 톈푸소프트웨어 단지는 바로 이곳의 남부단지에 2005년부터 정식 운영되기 시작한 소프트웨어 클러스터로 유명하다. 대륙 내 11개 소프트웨어단지 중 단연 최대 규모를 자랑한다.

명성에 걸맞게 2019년 10월 기준으로 IBM을 비롯한 필립스, 지멘스, 델 등 글로벌 기업들을 대거 유치하는 기염을 토하고 있다. 화웨이, 알리바바, 텅쉰 등의 토종 기업들까지 합칠 경우 입주 기업은 무려 300여 개에 이른다. 단지 소개를 위해 설치된 전광판을 통해 입주 스타트업 기업들의 성적도 확인할 수 있다. 분위기나 입주 기업들의 면면을 봐서는 조만간 4차 산업혁명에 필수적인 대륙 내 굴지의 소프트웨어 산업의 보고가 될 것이 확실하다.

세계적 수준의 석박사급 연구인력만 150만 명, '중국제조 2025' 프로젝트 성공 확신

이외에도 중국에는 각종 과학기술과 관련 산업 진흥을 목표로 한 단지들이 이루 헤아릴 수 없이 많다. 이름만 갖다 붙이면 다 된다는 말은 결코 괜한 게 아니다. 그렇다고 이곳에서 일하는 인력들의 수준이 낮은 것도 아니다. 인해전술이라는 단어가 딱 들어맞는다. 여기에 더 높은 수준의 고급 인력 양성을 위한 당국의 노력도 더해졌다. 결과는 역시 성과가 확실하게 말해준다. 1949년 10월 1일 중국이 오성홍기五星紅旗를 톈안먼 광장에 내걸고 공식적으로 건국을 선포했을 때 보유하고 있던 과학기술 분야 인력은 고작 700명에 지나지 않았다. 당시 인구 5억 명에 비춰보면 믿을 수 없을 만큼 초라한 수치였다. 고급 인재들이 중·일 전쟁과 국·공 내전을 피해 홍콩이나 대만 등으로 몽땅 빠져나간 결과였다. 바늘과 가위를 만들 기술자조차 귀하다는 한탄이 마오쩌둥을 비롯한 당 원로들 사이에 은밀하게 오갈 정도였다고 한다. 하지만 지금은 상전벽해라는 말이 과하지 않다. 인력이 당시의 5만 배가 넘는 3500만 명을 넘어섰다. 당장 세계 수준에서 통할 수 있는 석박사급 인력만 150만 명에 이른다.

과학기술을 중시하는 분위기 역시 상상을 초월한다. 상급학교 진학을 원하는 고등학생의 경우 과학기술 계통 대학에 진학하겠다는 비율이 인문계나 예체능계에 비해 거의 두 배에 가깝다. 성적이 안 좋은 일부 학생들은 대학의 수준을 낮춰 지원하거나 베이징을 비롯한 대도시 학교를 마다하고 지방행도 서슴지 않을 정도이다. 학부모들의 생각 역시 다르지 않다. 자녀들이 가능하면 인문계보다는 이공계에 진학하기를 원한다. 아직 어린 자녀들을 두고 칭화대나 이와 비슷한 수준의 대학에 입학하는 것을 장기적인 목표로 삼기도 한다. 대학입학 적령기의 자녀를 둔 베이징 중양민쭈대학

장룽쩌姜龍澤 교수의 말을 들어보면 알기 쉽다.

"솔직히 나는 인문학 쪽에서는 승부가 나지 않는다고 본다. 정답은 과학 기술이다. 이 분야로 자녀가 진로를 정하면 일단 안심이 된다. 진로도 다양 할 뿐 아니라 각종 장학금이나 해외유학의 문호도 넓다. 승부가 쉽게 나지 않는 인문학 쪽에서 하나뿐인 자녀가 고생하는 것을 보고 싶지 않다."

고교 교사들도 '국가적인 차원에서' 학생들의 진학 문제를 고민한다. 우수한 인재를 가능하면 과학기술 계열의 학과로 진학하도록 유도하려는 노력을 마다하지 않는다. 징산景山중학, 제4중학, 제80중학 같은 베이징의 명문 고교 교사들은 더욱 그렇다. 우수학생을 과학기술 계열의 학교에 많이 보낼수록 명문이라는 위치를 이어갈 수 있는 탓이다.

현장에서의 이런 분위기는 기초 과학기술 분야에서의 괄목할 만한 성과로 이어진다. 최근 수학과 물리, 화학 분야의 각종 올림피아드에서 중국이 상위권을 휩쓸 정도로 유난히 강해진 것은 바로 그런 이유 때문이다. 칭화대 상위 10%의 기초 과학기술 실력이 미국의 하버드, 예일, MIT 같은 대학의 최우등 학생들과 비교해도 나을 것이라는 칭화대 창업연구소 주임 마쥔馬軍 박사의 자신감 넘치는 주장은 그래서 상당히 신빙성 있게 들린다.

과학기술 진흥과 교육을 위한 중국의 노력은 말할 것도 없이 현재 및 미래 진행형이라고 단언해도 괜찮다. 미국에 의해 철저하게 견제당하고 있는 '중국 제조 2025' 프로젝트를 어떤 어려움이 있더라도 성공시키려 하는 것만 봐도 분명하다. 만약 미국의 온갖 방해에도 불구하고 성공한다면 중국은 '제조업 대국'에서 '제조업 강국'으로 한 단계 더 도약할 것이다. 나아가 첨단 의료기기, 바이오의약 기술 및 원료 물질, 로봇, 통신 장비, 첨단 화학제품, 항공우주, 해양엔지니어링, 전기자동차, 반도체 등 10개 하이테크 제조업 분야에서 극강의 능력을 보유한 굴지의 글로벌 국가로 거듭날 것이다.

이 경우 중국의 4차 산업혁명을 통한 혁신 바람은 전 사회적으로 완전히 대세로 굳어져 미국 뺨치는 국가로 대변신할 것이 확실시된다. 더불어 '짝퉁'은 사라지고 '진퉁'의 시대도 정착될 전망이다. 확실히 국가적 역량을 경주하는 저력 있는 대국의 꾸준한 노력은 그 어떤 국가도 막을 수 없는 거대한 쓰나미 같은 위력을 발휘하는 것 같다.

5장

차이나 컬처

G1을 목전에 둔 대국답게
문화 강국 DNA도 대폭발

경제와 문화는 대체로 불가분의 관계라고 해야 하지 않을까 싶다. 그래서 경제가 발전한 국가의 문화가 후진적이라는 것은 말이 안 된다. 반대의 경우 역시 반드시는 아니라 해도 비교적 그렇다고 해야 한다. 한마디로 양자가 동조화된다고 봐도 괜찮다. 그렇다면 중국의 경우는 하드 파워가 엄청나게 커진 만큼 문화 분야의 소프트 파워도 극강을 향해 달려가야 정상이다. 특히 산업과 연관된 경우는 굳이 구구한 설명이 필요없다. 현실이 이미 그렇게 흘러가고 있다. 더구나 중국은 종이호랑이로 전락했던 지난 세기 이전에는 5,000년 역사와 전통의 문화 대국이자 강국이 아니었던가. 지금 이 DNA가 폭발하지 않는다면 오히려 이상하다고 해야 한다. 실제로 G1 문화대국의 모습이 목전에 어른거리고 있다고 해도 과언이 아닐 듯하다.

26.

미술시장

미술이 요술방망이가 되는 세상,
창작의 자유 제대로 누리면 극강

인간은 빵만으로는 살 수 없다. 배가 부르고 마음이 편하더라도 예술에 허기를 느낀다. 그중 한 장르인 미술은 인류의 역사와 함께해 왔다는 점에서 인류와 불가분의 관계라고 할 수 있다. 지구상 최고의 오랜 대국인 중국이라고 다를리가 없다. 미술사로 중국사를 써도 두툼한 책을 시리즈로 출판할 수 있다.

그러나 회화를 비롯해 서예, 조각, 도예 등 다양한 분야를 망라하는 중국의 미술은 역사적으로 그다지 높은 대접을 받지는 못했다. 사농공상士農工商이라는 말에서 알 수 있듯, 사회 지배층인 이른바 사士에 해당하는 역대 왕조의 황제나 관리들 중에도 애호가나 전문가들이 없지는 않았으나 미술이 대체로 공工의 범주에 속한 이들의 생업인 탓이었다. 심지어 자신의 작품을 직접 팔아야 하는 경우는 상商의 부류에도 속해야 했다. 아직도 화가를 '화장'畵匠이라고 부르는 것은 결코 너무한 게 아니다. 한국어로 하면 아마도 '환쟁이'가 되지 않을까 싶다.

　문화대혁명 때는 엄청난 수난을 당하기도 했다. 직접 거론되지는 않았으나 사회주의 적대세력인 이른바 처우라오주臭老九(배신자, 간첩, 주자파, 지주, 부농, 반혁명분자, 악질분자, 우파분자 다음의 아홉 번째로 구린내를 풍기는 지식분자)에 못지않은 천대를 받았다는 것이 정설이다. 독립운동가 김성숙 선생의 아들이기도 한 화가 두젠杜鍵 전 베이징 중앙中央미술학원 부원장의 술회를 들어보자.

　"나는 문화대혁명 당시 모교인 중앙미술학원에서 학생들을 가르치고 있었다. 정치와는 무관한 전공이라고 생각해 동란의 와중에 크게 영향을 받지 않을 것이라고 생각했다. 그러나 그렇지 않았다. 처우라오주가 무색할 정도로 박해를 당했다. 그 이전에는 화장이라고 괄시를 받았는데, 그때는 또 지식분자의 범위에 우리를 포함시켰던 것 같다. 지금은 우스갯소리로 말하지만 처우라오스臭老十 정도로 대접받지 않았나 싶다. 정말 많이 좌절했다. 내 그림은 그때 확실히 정체됐다. 그렇지 않았다면 조금 더 나은 작가가 됐을 걸로 생각한다. 노후 생활도 지금보다 안락하지 않을까 싶다."

　두 전 부원장의 다소 익살스런 술회에서도 알 수 있듯이 문화대혁명이라는 약 10여 년 동안의 대동란으로 인해 중국 미술은 세계적 수준의 전통과 역사가 무색할 만큼 침체될 수밖에 없었다. 암흑기는 오래갈 것 같았다. 숨죽이고 있던 미술계 인사들 주변에서는 한숨 외에는 아무것도 들리지 않았다.

개혁, 개방 이후 단박에
문화대혁명의 침체에서 벗어나

　그러나 문화대혁명이 끝나기 무섭게 등장한 덩샤오핑의 존재는 이들에게는 거의 복음에 가까웠다. 개혁, 개방 정책의 실시가 오랜 동면에 들어가 있던 미술계 전반의 창작 본능을 꿈틀거리게 만든 것이다. 이후부터는 그야말로 거칠 것이 없다는 표현이 과하지 않았다. 백화제방百花齊放이라는 말은 이럴 때 쓰는 말이라고 해도 좋다. 이에 대해서는 중견 화가 장미취안張謐詮 베이징 서우두首都사범대학 교수의 설명을 들어보는 것이 좋겠다.

"우리는 문화대혁명이 끝나고 얼마 되지 않았을 때 미술대학에 입학한 세대였다. 그런데 말이 대학이었지 현장에는 배울 수 있는 스승이 드물었다. 그럴 수밖에 없었다. 창작의 자유라는 말조차 쓰면 안 되는 시절이 10년 동안이나 이어졌으니 말이다. 정말 한심하다는 생각만 들었다. 그러나 곧 깨달았다. 그게 얼마나 좋은 조건이었는지를. 아무것도 없는 곳에서 우리는 자유로운 사고를 바탕으로 마음껏 창의적인 작품 활동을 할 수 있었다. 말하자면 무에서 유를 창조하는 기회를 얻을 수 있었다. 물론 이후에는 전통을 복원하는 노력을 통해 기존의 것들을 대부분 회복했다. 시너지 효과 역시 생겼다. 문화대혁명은 두 번 다시 일어나서는 안 되는 비극이지만 미술계로 볼 때는 전화위복의 계기를 마련해줬다고 할 수 있다."

무에서 유를 창조하게 된 아이러니한 환경 및 개혁, 개방 정책의 실사구시에 힘입은 미술계의 두 번에 걸친 전화위복은 이후 상전벽해로 이어졌다. 미술 전반에 대한 인식도 엄청나게 좋아졌다. 굳이 다른 사례를 많이 들 필요조차 없다. 전국 어디라 할 것 없이 대학의 미술 전공 학과에 입학하기가 엄청나게 어려워졌다. 미술을 업으로 해도 먹고 사는 데 별로 어려움이 없는 현실 역시 같은 맥락이다.

역시 미술 교육의 메카로 손꼽히는 중앙미술학원의 성가를 살펴보면 잘 알 수 있다. 미술에 관한 한 전 대륙에서도 내로라하는 학생들이 삼수, 사수까지 해서 입학하려는 학교로 유명하다. 입학생 500명도 14억 인구를 감안하면 그다지 많다고 하기 어렵다. 이러니 4년 학업을 마치고 학교를 떠나는 학생들이 개최하는 졸업작품전시회는 대단할 수밖에 없다. 웬만한 수준의 전시회는 비교조차 되지 않는다. 될 성 부른 미래의 대가를 발굴하기 위해 매년 유명 갤러리 관계자들이나 화상畫商들이 전시회를 방문하는 데는 그만한 이유가 있다. 전시회가 세계 3대 비엔날레로 불리는 미국 휘트니 비엔날레와 비슷한 분위기를 풍기기까지 한다. 이들의 화풍은 압도적일 만큼 다양한 표현이 가능한 현대미술 쪽으로 쏠린다. 반면 전통 회화를 추구하는 작가 지망생들은 드물어 그야말로 눈을 씻고 찾아야 한다. 그러나 미술 시장은 돈이 되는 회화만 취급하려는 경향이 짙다. 이들의 설 자리가 마땅치 않은 것이다. 그렇지만 걱정할 필요는 없다. 베이징을 비롯한 전국에 대안 미술공간이 넘치는 탓이다.

베이징의 명물로 떠오른 후통,
국내외 관광객들도 가득

현장으로 들어가 보면 분위기를 실감할 수 있다. 베이징 도심 한복판에는 이제 웬만한 외국 관광객들은 다 아는 명물이 있다. 바로 후통胡同(좁은 뒷골목)이 그것으로, 이름난 것만 300여 곳에 이른다. 무명인 것까지 하면 거의 부지기수다. 과거 이 후통들은 베이징 개발의 최대 난적이었다. 애물단지 취급을 받았다. 그러나 지금은 상황이 180도로 달라졌다. 국내외 관광객들이 몰리면서 이런 곳을 개발했으면 어떻게 할 뻔했느냐는 말까지 나올 정도가 됐다. 당연히 이곳의 수많은 낡은 쓰허위안四合院(베이징의 전통 가옥)들은 진작에 카페나 식당으로 변했다. 만약 모든 후통이 이랬다면 천박함의 극치를 달린다는 비난이 쏟아졌을 것이다. 다행히도 그렇지는 않았다.

의식 있는 청년 작가들이 만들어가는 대안 미술공간이 후퉁에서 점점 번져나가고 있다. 이 공간은 전통 회화보다는 설치나 미디어 등의 현대미술로 사회의식을 표현하는 젊은 작가들을 문화 당국이 지원하는 곳으로, 무려 10여 곳이나 된다. 땅값 비싸기로 유명한 베이징 도심이라는 사실을 감안하면 결코 적다고 하기 어렵다. 게다가 한 줌도 되지 않는 좁고도 작은 공간을 청년 작가들이 자신의 생각을 표현하는 창작 공간으로 활용한다고 생각하면 경이롭다는 표현도 과하지 않다.

대안 미술공간을 이끄는 대표적 큐레이터는 샤옌궈夏彦國라는 인물이다. 역시 중앙미술학원 출신인 그는 원래 베이징의 손꼽히는 대형 미술관인 레드 브릭에서 일한 전도유망한 작가였다. 그러나 2018년 그 좋다는 미술관을 박차고 나와 '더的 아트센터'를 열었다. 모두들 돈만 좇는 미술 시장을 벗어나 젊은 작가 지원을 통해 경계 없는 예술을 애호가들에게 보여주겠다는 것이 목적이었다.

'더 아트센터'가 자리한 곳은 청나라 왕족이 살았던 유서 깊은 건물로, 현재는 런민대에서 주거용으로 사용하고 있다. 건물의 위상이 대단한 만큼 늘 경비가 지키고 있는 것이 특징이다. 그러나 건물 내부에는 엉뚱하게도 갤러리가 있다. 2018년 런던에서 활약하는 한국 작가인 이승애의 개인전이 열린 곳이다.

'더 아트센터'의 바로 옆 지하에는 또 다른 대안공간인 이른바 '벙커'가 있다. 운영을 책임지는 펑샤오양彭曉陽도 아주 독특한 인물이다. 캐나다에서 변호사로 일하던 미술 애호가였으나 아픈 어머니 때문에 베이징으로 돌아온 후 완전히 인생행로를 바꿨다고 한다. 베이징에서만 3개의 대안공간을 운영하면서 친구로 지내던 작가들에게 자유롭게 표현할 공간을 제공하고 있다.

군수공장을 개조해 만든 798예술구의 거리 풍경

　이런 분위기는 최근 외국인 작가들에게도 상당한 영향을 미치고 있다. 차오양구 판차오番茄후통에서 '애로우 팩토리 스페이스'(중국어로는 젠창쿵젠前廠空間)를 4년째 운영하고 있는 독일인 안토니오 앙게레의 행보를 보면 알 수 있다. 그 역시 중앙미술학원에서 석사 학위를 받은 대단한 스펙을 자랑한다. 독일로 귀국하면 나름 중국 관련 미술관에서 폼 나게 일하거나 작품 활동을 할 수 있었다. 그러나 그는 귀국하지 않고 대안 미술공간을 열었다. 세계 미술을 이끌 중국의 저력과 발전 가능성에 반해 베이징에 남아 더 활동하기로 결심한 것이다. 젊은 나이답게 그는 때로는 돈과는 다소 거리가 먼 환경 문제 등과 관련한 민감한 작품들을 전시하기도 한다. 당연히 당국의 압박을 받을 수밖에 없다. 그의 말을 들어볼 필요가 있을 것 같다.

　"한두 달 간격으로 바뀌는 전시 개막일마다 누가 봐도 공무원인 듯한 사람이 온다. 그런 다음 전시 내용을 사진으로 꼼꼼히 찍어간다. 그러나 지금까지는 전시공간을 철거하라거나 문을 닫으라는 명령을 받은 적은 없다. 아마도 우리 공간이 너무 작기 때문에 내버려두는 것 같다. 심리적 압박이 없을 수는 없지만 개의치 않으려고 노력한다. 내 목표는 내일 무슨 일이 일어날지 알 수 없는 바로 이 중국에서 젊은 작가들을 위한 지속 가능한 대안공간을 만드는 것이다. 가능하다고 보고 긍정적으로 생각한다."

군수공장에서 중국 최대 핫플레이스로 변신한
798예술구

중국 미술을 논하면서 이제는 거의 전 세계인들이 다 아는 핫플레이스가 돼버린 베이징 차오양구 다산쯔大山子의 798예술구를 빼 놓으면 안 될 것이다. 이곳은 원래 비밀스럽고 신비스러운 군수공장이 있던 자리였다. 1980년대 초만 해도 원자탄이나 인공위성 부품을 생산했다. 그러나 1980년대 후반부터 공장들이 하나같이 경영난에 부딪히면서 임대업으로 방향을 전환하게 됐다. 저렴한 작업장을 찾던 가난한 작가들에게 이는 둘도 없는 기회였다. 실제로 유명, 무명의 많은 작가들이 속속들이 이곳에 모여들기 시작했다. 일이 되려고 그랬는지 1990년대 후반에는 중앙미술학원도 이곳을 임시작업실로 사용하기 시작했다. 798예술구는 바로 전국구 명소가 되었다.

금세기 들어서는 미국을 비롯해 한국, 유럽, 일본 등 해외 갤러리들도 이곳의 문을 두드렸다. 곧이어 중국과 해외 유명 작가들의 전시회가 하루가 멀다 하고 열리게 됐다. 급기야 중국 정부는 2008년 베이징올림픽을 앞두고 이곳을 주목했다. 정식으로 다산쯔 798예술구 문화특화지역으로 선정하기도 했다. 이런 노력의 결과 지금은 뉴욕의 소호나 서울의 인사동과 비견할 만한 중국 최대 예술구로 떠올랐다. 벤치마킹하는 곳도 전국에 부지기수다. 상하이와 광둥성 광저우 등 유명 대도시에 비슷한 개념의 예술구가 최소한 한두 곳은 있다. 베이징 근교 퉁저우通州에 위치한 쑹좡宋莊의 경우는 이들 중 가장 성공한 케이스에 속하지 않나 싶다. 수년 전 이곳에 한국 최초의 갤러리인 희갤러리를 열고 작품 활동을 하고 있는 강선희 관장의 설명이 모든 것을 말해준다.

"쑹좡은 단순한 예술구가 아니다. 중국 미술의 경쟁력이 집대성된 곳이다. 주변에 뛰어난 작가들과 유망 갤러리들이 엄청나게 많다. 그래서 창작에 필요한 영감도 많이 얻을 수 있다. 조만간 798예술구를 넘어 세계적인 명소가 될 것이라고 확신한다. 중국 미술계의 저력과 이곳의 경쟁력을 보면 이런 확신을 가질 수밖에 없다. 경제적으로 풍족하지 않으면서도 10년 동안이나 개관 준비를 한 것도 이 때문이었다. 앞으로는 한·중 양국 화단의 교류 활성화와 세계적 아티스트들과의 커뮤니케이션 강화를 통해 세계에 명함을 내밀 수 있는 갤러리로 성장시키려고 한다. 여기에 자리를 잡은 것은 정말 행운이라고 생각한다."

중국 미술은 일부 의식 있는 청년 작가들이 굳이 눈을 돌리지 않는 돈이 되는 산업으로 엄청난 규모를 자랑한다. 통계가 말해주듯이 2019년 말 기준 1300억 위안(약 22조 원)의 시장 규모로 추산되고 있다. 글로벌 시장의 대략 20%를 차지한다고 보면 크게 틀리지 않는다. 이는 영국과 비슷한 수준이다. 미국과 비교하면 딱 절반 수준에 해당한다. 한국이 5000억 원 시장인 사실을 생각하면 경악이라는 표현도 과하지 않다. 이런 상황에서 파블로 피카소 같은 거장이 나오지 않을 수 없다. 1957년 97세를 일기로 타계한 치바이스齊白石가 대표적이다. 워낙 뛰어난 작가이기는 했으나 금세기 들어 더욱 높은 평가를 받기 시작하면서 작품 값이 천정부지로 치솟았다. 거래되는 작품의 가격 총액이 25억 위안에 이른다고 한다. 시간이 갈수록 작품 값은 더 뛸 것으로 전망되고 있다.

대표적 미술가인 치바이스의
작품 가격 총액은 5000억 원 규모로 추정

치바이스의 제자에 해당하는 쉬린루^{許麟廬}를 비롯한 리커란^{李可染}, 우관중^{吳冠中}, 쉬페이홍^{徐悲鴻} 같은 작가들 역시 거론해야 한다. 살아 있다면 100세를 훌쩍 넘었을 대가들로, 세상을 떠나서나마 스승인 치바이스의 아성을 침범하고 있다. 특히 우관중의 일생일대 역작인 〈저우좡〉^{周莊}은 지난 2016년 4월 열린 경매에서 2억 3600만 홍콩 달러(354억 원)에 팔리는 기염을 토했다.

현재 활동 중인 중진들 역시 대단하다. 현대미술 '4대 천왕'으로 불리기도 했던 장샤오강^{張曉剛}, 웨민쥔^{岳敏君}, 쩡판즈^{曾梵志}, 팡리쥔^{方力鈞} 등이 주인공이다. 그림 값이 웬만한 서양 부호들의 자가용 비행기 가격을 호가한다. 특히 쩡의 경우는 레오나르도 다빈치의 명작 〈최후의 만찬〉을 중국식으로 패러디한 작품을 2018년 9월에 열린 홍콩 소더비 경매에서 1억 4000만 위안에 판매하는 기록을 남긴 바 있다. 우관중의 역작 〈저우좡〉을 위협하는 수준이라고 할 만하다. 그가 2018년 12월 평소 절친한 홍콩 스타 류더화^{劉德華}의 공연 포스터를 그린 것은 이렇게 볼 때 정말 대단한 파격이라고 해야 할 것이다.

이들을 거론할 때 반드시 잊지 말아야 할 작가도 있다. 바로 건축가이자 설치미술가, 반체제 인권운동가인 아이웨이웨이^{艾未未}다. 유명 시인 아이칭^{艾青}의 아들로, 자신의 처지를 표현한 2017년 작 〈유랑하는 사람들〉이 독일을 비롯한 서구 세계에 널리 알려진 작가이다. 2015년 중국의 탄압을 피해 독일로 이주했으나 다시 미국으로 삶의 터전을 옮겼다고 한다. 그가 스위스 회사인 HFF 아키텍츠와 공동으로 디자인한 건축물인 차이 저택^{Tsai Residence}이 뉴욕 태그카닉에 있는 만큼 미국과도 인연이 꽤 있다. 2011년 제4회 광주디자인비엔날레 공동 총감독을 역임한 이력도 보유하고 있다. 이외에도 유명 서예가인 류광劉光, 베이징의 8대 공예품을 일컫는 옌징바쉐燕京八绝를 산업화시킨 청년 장인 바이췬柏群 등 역시 기억해야 할 인물이다. 중국의 미술 수준을 몇 단계 업그레이드시킨 주역일 뿐 아니라 상업적으로도 성공한 작가들이다. 특히 바이췬은 베이징 스징산石景山에 옌징바쉐 관련 박물관 5개를 운영하는 등 사업가로서도 독보적인 행보를 보여주는 뉴 페이스로 손색이 없다. 중국 내 공예품 작가들이 가장 신뢰하는 벤치마킹의 대상으로 유명하다.

중국 미술은 어느새 양적이나 질적으로 미국에 필적할 수준으로 올라섰다. 어느 시점이 되면 미국을 제치고 독주할 가능성도 없지않다. 상업적으로도 미래가 밝다. 잘하면 작가들이 미술로 평생을 대부호처럼 떵떵거리고 사는 것도 어렵지 않은 시대에 진입했다. 쩡판즈의 엄청난 성공 사례를 보면 정말 그렇다고 단언할 수 있다. 한마디로 미술이 요술방망이가 되는 세상이 도래한 것이다. 그러나 이 정도에서 멈추면 곤란하다. 더욱 내실을 갖출 필요가 있다. 각 장르의 작가들이 작품들의 평균적 수준을 업그레이드하는 것은 당연하다. 나아가 작가들이 아이웨이웨이의 사례에서 보듯 아직은 상당히 미진한 창작의 자유까지 제대로 누린다면 금상첨화일 것이다. 그럴 경우 중국은 머지않아 극강, 압도적이라는 표현이 과하지 않을 수준의 미술 선진국으로 세계를 호령할 것이다.

27.

영화산업

할리우드를 무릎 꿇리는
'찰리우드' 시대가 도래할 것

금세기 초만 해도 할리우드의 아성은 영원할 것만 같았다. 축구에도 '할리우드 액션'이 있다면 더 이상 무슨 말이 필요하겠는가. 그 누구도 향후 상당 기간 동안 경쟁자가 생기지 않으리라는 것을 믿어 의심치 않았다. 하지만 사실은 바로 이때부터 이변이 일어날 조짐을 보였다. 중국이 서서히 모습을 드러내기 시작한 것이다. 지금은 '찰리우드'Chollywood (중국China과 할리우드Hollywood의 합성어)라는 말이 전혀 이상하게 들리지 않는다.

일반인의 선입견과는 달리 영화의 역사는 미국의 할리우드에서 처음 시작된 것이 아니다. 바로 프랑스가 선도 국가라고 할 수 있다. 알랭 들롱이나 장 가방, 까뜨린느 드뇌브, 브리지트 바르도, 소피 마르소 등 프랑스 출신 대스타들의 이름이 지금도 영화를 잘 모르는 세계인들에게까지 회자되는 것에는 다 이유가 있다. 한국의 괜찮은 독립 영화에 〈프랑스 영화처럼〉이 있는 사실 역시 마찬가지라고 할 수 있다. 그러나 지금은 옛날의 영광을 완전히 잃어버렸다. 봉준호 감독이 〈기생충〉으로 황금종려상을 받은 칸 영화제가 여전히 세계적 명성을 자랑하는 것 외에는 이름을 알 만한 배우나 영화가 드물 정도다. 대신 그 자리는 2차 세계대전 이후 급속도로 발전한 미국이 할리우드를 등에 업고 완전히 꿰찼다. 역대 글로벌 흥행 수입 1위부터 100위까지의 작품들 중에서 미국 영화 아닌 것을 찾기가 어려울 정도인 것이 현실이다. 물론 세계 영화계에 인도 영화 산업을 일컫는 발리우드라는 말이 있기는 하지만 솔직히 과장된 측면이 없지 않다. 영화 산업 규모로만 보면 인도는 한국보다도 못한 것으로 추산되고 있다.

질과 양 측면에서 G2로 성장한
중국의 영화 산업

시장 자체로 볼 때 경쟁 상대가 될 만한 인도가 예상과 달리 지지부진한 반면 중국 영화는 질과 양 면에서 G2라고 할 수 있어야 한다. 실제로 그렇다고 해도 크게 틀리지 않은 말이다. 이 사실은 국제적으로 공인받고 있는 글로벌 영화 산업 통계가 잘 말해준다. 이에 따르면 2018년 말 기준 세계 영화 시장 전체 규모는 대략 450억 달러 전후이다. 이 가운데 중국은 95억 달러 정도를 차지하고 있다. 캐나다를 포함한 미국의 125억 달러 실적을 바짝 추격하고 있다. 이 정도 상황이라면 2020년에는 어려울지 몰라도 2022년 정도에는 미국을 제치고 세계 최대의 영화 시장이 될 수도 있을 것이다. 영화 정책 관련 기관인 국가신문출판광전총국이 2017년 말 "3년 안에 중국 내 영화 스크린 수는 6만 개, 연간 영화 제작 편수는 800편, 연간 흥행 수입은 700억 위안에 달할 것으로 전망한다."라면서 미국을 추월하는 것이 꿈이 아니라고 발표한 사실만 봐도 충분히 가능할 것으로 보인다. 이런 현실이라면 영화 산업에서도 뗸잉멍電影夢(영화몽)이라는 국뽕 스타일의 표현을 써도 괜찮지 않을까 싶다.

이렇다 보니 아예 2017년에 이미 미국을 제치고 세계 최대 영화 시장이 됐다는 주장도 나오고 있다. 미국과의 무역전쟁 격화 이후 더욱 국뽕 언론의 길을 달려가는 〈런민르바오〉가 이런 주장의 깃발을 높이 들어 올린 대표적인 매체에 속한다. 진짜 그런가 하고 혹하는 중국인들도 없지 않다. 모두가 당국이 약간 과장해 발표하는 통계 탓이다. 그렇다고 완전히 무시하기도 어려우니 어쩔 수 없이 참고하기는 해야 할 것 같다.

우선 2018년 말 기준 영화관 스크린 수를 보면 대략 5만 2,000여 개에 이른다. 2012년보다 약 4배 정도로 늘어났다. 5,000여 개에 불과했던 2006년까지 올라가면 무려 10배 이상 늘어난 것이다. 반면 캐나다를 포함하는 미국은 5만 5,000여 개에 그치고 있다.

더구나 중국의 스크린 숫자는 2018년 기준으로 하루에만 25개씩 늘어날 정도로 폭발적 성장세를 보이고 있다. 미국 인구의 80% 가량인 2억 6300만 명의 중국인이 매년 한 번씩은 영화관을 찾는다. 이런 추세라면 앞으로는 더욱 늘어날 가능성이 무궁무진하다. 중국인들의 연간 평균 영화관람 편수를 매년 3.7편의 영화를 보는 미국인들과 비교하면 바로 알게 된다. 아직은 고작 0.9편에 불과해 폭발 가능성이 무궁무진하다. 제작 편수역시 마찬가지 아닐까 싶다. 미국의 500여 편에 비해 200여 편 이상이 많은 700여 편에 이른다.

이에 대해 유명 배우이자 감독인 천페이쓰陳佩斯는 "중국인들의 1인당 GDP는 이미 1만 달러 전후에 이른다. 일반적으로 이 수준에 이르면 사람들의 문화에 대한 욕구는 커질 수밖에 없다. 영화 대국인 미국도 그랬다. 이 사실에 비춰보면 중국 영화는 이제 시작일 뿐이다. 앞으로는 보다 많은 관객들이 영화관을 찾게 되리라고 보는 것은 너무나 당연하다. 중국이 영화 분야에서도 G2의 한계를 넘어서는 것은 숙명이라고 단언해도 좋다."면서 미래를 낙관적으로 전망했다.

더욱 고무적인 것은 온라인 영화 제작 편수가 일반의 상상을 초월한다는 사실이다. 2014년 450편을 시작으로 계속 폭발적 성장세를 나타내면서 2017년과 2018년에도 각각 3,000여 편 전후의 작품이 제작된 것으로 추산된다. 이 영화들은 개봉을 위한 스크린 걱정을 할 필요도 없다. 대부분 아이치이愛奇藝, 유쿠優酷 같은 동영상 플랫폼에서 상영되기 때문이다. 당국의 통제와 까다로운 검열 역시 통과하지 않아도 된다. 제작 편수가 급증하지 않을 수가 없는 이유다.

영화관 스크린 수, 촬영 세트장, 제작 편수는
헐리우드를 넘어선 수준

중국의 영화 산업이 고속 성장하는 데에는 다 까닭이 있다. 정부가 문화산업을 핵심 성장 동력으로 삼아 전폭적으로 지원하기 때문이다. 1997년 아시아 최대 규모로 문을 연 저장성 둥양東陽 소재의 세트장인 헝뎬잉스청橫店影視城만 살펴봐도 잘 알 수 있다. 축구장 60배 크기인 36제곱킬로미터의 부지에 구궁故宮(자금성)과 진나라의 황궁인 아방궁阿房宮 등을 실물 크기로 재현한 곳으로, 영화 촬영에 필요한 것들이 넘쳐난다. 예컨대 2,200여 년 전 춘추전국 시대부터 오늘날에 이르기까지 시대별 사극에 필요한 소품이 수십만 개, 단역 배우는 4만 명에 이른다. 이곳에서 촬영된 영화와 드라마도 엄청나다. 무려 2,000편이 넘는다. 〈미션 임파서블 3〉, 〈미이라 3〉 등 세계적 흥행 대작도 이곳에서 제작됐다. 중국 영화 시장이 최근 수년 동안

연평균 37%의 고속성장률을 기록한 바탕이 되었다.

역시 세계적 규모를 자랑하는 베이징의 화이러우懷柔영화산업시범구와 산둥성 칭다오의 둥팡잉두東方影都 등도 같은 개념의 세트장이라고 할 수 있다. 이 중 2013년 문을 연 둥팡잉두는 세트장 이외에도 관광지와 테마파크 역할까지 하는 산둥성 일대의 최대 핫 플레이스로 유명하다. 부지가 무려 헝뎬잉스청의 100배로, 칭다오의 관광 산업 발전에도 큰 도움이 되고 있다. 장이머우 감독의 〈창청〉長城이 이곳에서 탄생한 대표적 작품으로 꼽힌다.

경제의 쾌속 성장 역시 영화 산업의 급속한 발전에 크게 기여했다고 봐야 한다. 주지하다시피 지난 40년 동안에 걸친 눈부신 성장은 전 대륙의 도시화를 크게 앞당겼다. 이에 따라 베이징과 상하이의 이른바 1선 도시들은 말할 것도 없고 2, 3, 4선 도시들의 도심들 역시 잇따라 대대적으로 개발되었다. 당연히 대형 쇼핑몰 건설이 필수였고 자연적으로 쇼핑몰에는 스크린을 여러 개 갖춘 대형 멀티플렉스가 들어서지 않을 수 없었다. 대륙 최대의 부동산 기업인 완다萬達그룹이 영화 사업도 동시에 하고 있는 것은 너무나 당연하다.

당국이 정책적으로 육성하는 애국주의 영화의 붐도 거론해야 한다. 전문용어로 말하면 주선율主旋律(사회주의 윤리 의식을 강조함) 영화의 폭발이라고 해야 할 것 같다. 사회주의 핵심 가치를 장려하기 위해서는 영화 같은 장르의 소프트파워가 절대적이라는 사실에 착안한 당국이 이처럼 거국적으로 밀어줬으니 완전히 땅 짚고 헤엄치기였다. 지금은 한국에 정착해 활동하는 조선족 출신 감독 장률 씨의 말만 들어봐도 바로 고개가 끄덕여진다.

"중국은 체제 유지가 그 어느 것보다 중요한 사안에 속한다. 그게 안 되면 경제 성장이고 뭐고 다 소용 없다. 그런데 체제 유지에는 영화를 통한 선전이 가장 효과적이다. 영화에 거국적인 지원을 하는 것은 선택이 아니라

영화 <잔랑 2>의 포스터

필수의 문제라고 할 수 있다. 질적인 면은 몰라도 양적인 면에서 발전하지 못하면 말이 안 된다. 작품들이 대체로 국뽕에 너무 치우친다는 사실이 아쉽기는 하지만 말이다. 앞으로도 이런 경향은 더 심해지면 심해졌지 덜하지 않을 것으로 보인다."

매년 전국 곳곳에서 수없이 쏟아지는 관련 인력 역시 무시하기 어렵다. 특히 5세대를 넘어 6세대, 7세대로까지 확장되는 감독 그룹은 미래의 희망으로 불리면서 각별한 주목을 받고 있다. 평균적으로 지난 세기 70년대 이후 출생한 이른바 신생대新生代인 이들은 디지털 시대에서 성장한 자신들의 영상 미학을 작품 속에 과감하게 수용하는 것이 특징이다. 동시에 영화의 상업성과 관객의 요구에도 적극적으로 부응한다. 한마디로 작품성과 상업성, 관객과의 소통이라는 세 마리 토끼를 다 잡으려는 의욕이 넘친다고 볼 수 있다. 닝하오寧浩, 루촨陸川, 창정常征 감독을 대표적으로 거론할 수 있다. 하나같이 젊은 세대답게 다양한 관점을 가지면서도 자유로운 형식의 추구를 통해 중국을 글로벌 영화 산업의 G1 국가로 견인하려는 노력을 기울이고 있다.

1억 6000만 명이 관람하고
1조 원의 흥행 수입을 올린 〈잔랑 2〉

천시, 지리, 인화가 다 마련된 큰 판에서 주목할 만한 대작이 탄생하지 않을 수 없다. 5세대 감독들인 장이머우張藝謀, 천카이거陳凱歌의 작품을 굳이 꼽을 필요도 없이 지난 수년 동안의 작품들에만 국한해도 부지기수에 이른다.

2017년 7월 말에 전국 곳곳의 스크린에 올라간 〈잔랑 2〉戰狼II를 우선 꼽을 수 있다. 무려 1억 6000만 명의 관객을 동원하고 57억 위안의 흥행 수입을 올리는 기염을 토했다. 〈타이타닉〉, 〈아바타〉 등 할리우드 영화를 포함시켜도 단연 역대 최고 기록에 해당한다.

그런데 액션 블록버스트인 영화의 내용은 다소 허무맹랑하다. 특수부대 출신의 주인공 렁펑冷鋒이 내전 중인 아프리카에 들어가 중국인과 난민을 구한다는 것이 주요 스토리이다. 람보를 연상시키는 중국의 전사가 난민을 구한다는 국뽕 냄새 물씬 풍기는 내용을 놓고 반응은 첨예하게 엇갈렸다. 중국 내에서는 자부심을 고취시킨다는 호평, 서구에서는 민족주의를 부추기는 최악의 홍보물이라는 혹평이 쏟아졌다. 그러나 중국 영화계의 저력을 다시 보게 만든 영화로는 크게 손색이 없었다.

중동의 예멘 내전에서 중국 특수부대의 활약상을 그린 〈홍하이싱둥〉紅海行動과 중국인들이 위기에 처한 지구를 구한다는 다소 황당한 내용의 SF

영화 〈류랑디추〉流浪地球도 거론해야 할 것 같다. 각각 2018년과 2019년 전국 영화가를 후끈 달아오르게 만들면서 흥행 돌풍을 일으킨 작품들로 유명하다. 〈잔랑 2〉처럼 중국인들의 애국주의 코드를 자극, 큰 성공을 거둔 것으로 분석되고 있다. 특히 〈류랑디추〉는 〈런민르바오〉, 〈CCTV〉 등 관영 매체들로부터 "중국인의 가치관과 상상력이 영화에 담겼다. 중국인이 지구를 구했다. 훨씬 자신감 있는 대국의 마음을 보여준다."는 극찬을 들을 정도로 주목을 받은 바 있다. 박스오피스 기준으로는 〈홍하이싱둥〉을 따돌리고 〈잔랑 2〉에 이어 역대 2위를 기록한 것으로 추산된다.

2018년 여름에는 실화 영화인 〈나는 약의 신이 아니다〉의 흥행 돌풍이 단연 눈길을 끌었다. 비싼 약값으로 인해 인도산 복제약을 살 수 밖에 없는 백혈병 환자의 생생한 현실을 그려낸 작품으로, 영화를 보지 않은 관객들의 공감까지 산 것으로 유명하다. 이기적이고 평범한 남성이 이웃의 아픔에 눈을 뜨면서 의도치 않게 시민 영웅이 된다는 줄거리 때문에 한국의 〈변호인〉이나 〈택시운전사〉 등에서 느낄 법한 감동을 준다는 평가를 받은 작품이기도 하다. 영화 장면 중에는 한국의 〈범죄와의 전쟁〉을 오마주(존경의 표시)하는 부분도 눈에 띈다. 특히 사운드 트랙으로는 〈범죄와의 전쟁〉 배경음악으로 삽입됐던 1980년대의 한국 가요 〈풍문으로 들었소〉가 사용되기도 했다. 재미보다는 사회 고발에 치중한 성격의 작품인데도 이례적으로 무려 31억 위안의 박스오피스를 기록하는 기염을 토했다. 〈잔랑 2〉 등이 애국주의 바람을 타고 고공비행을 한 것과 비교하면 정말 대단한 성과다. 2018년 8월에는 제42회 몬트리올영화제에서 극본상을 수상함으로써 국제적 경쟁력도 과시했다.

이와 관련해서 영화 평론가 리싱원李星文 씨는 "솔직히 작품성만 놓고 보면 지난 수년 동안 나온 영화들 중 단연 최고라 하고 싶다. 영상미 역시 수준급이라는 평가가 많다. 앞으로는 비슷한 유형의 작품들이 많이 나와야 한다. 애국주의도 정도껏 해야 한다. 국제적으로 인정받으려면 세계인들의 눈높이에 맞출 필요가 있다. 앞으로 중국 영화가 나아갈 모델을 제시했다고 봐도 좋다."면서 높이 평가했다. 하기야 G2 명함이 부끄러울 만큼 참담한 중국의 의료 현실을 가감 없이 그렸다는 사실만 봐도 이 영화의 의의는 대단하지 않을까 싶다.

할리우드 톱클래스 배우들이
찰리우드에 눈길을 돌리는 이유

향후의 전체적 전망 역시 상당히 밝다. 특히 수출은 장밋빛 일색이라고 단언해도 괜찮다. 〈잔랑 2〉와 〈창청〉 등이 2018년 해외에서 42억 위안을 벌어들이는 개가를 올린 것만 봐도 그렇다. 이 경우는 특히 일대일로一帶一路 구축 프로젝트가 촉진제 역할을 하는 등 밀접한 관련이 있다. 영화라는 문화 상품의 수출 확대에도 일대일로 구축 프로젝트는 좋은 기회가 되고 있는 것이다. 베이징 소재 영화사인 산량메이티閃亮媒體는 이 기회를 가장 잘 잡은 경우이다. 인접 국가 카자흐스탄과 전기傳記 영화, 이란과 코미디 영화, 인도네시아와 재난 영화를 공동 제작, 수출하는 등 발 빠른 행보에 나서고 있다.

이미 완성된 작품들도 있다. 카자흐스탄과 합작 제작한 〈음악가〉를 대표적으로 꼽을 수 있다. 카자흐스탄에서 작곡가로 활약한 시싱하이洗星海의 일대기를 그린 작품으로 작품성보다는 양국의 교류, 협력을 부각시키기 위한 제작 의도가 물씬 드러난다. 2019년 4월 열린 제9회 베이징 영화제에 출품돼 화제를 불러일으키기도 했다. 영화를 제작한 선젠沈健 산량메이티 사장의 말을 들어보자.

"영화 제작의 목적은 다소 정치적이라고 할 수도 있다. 국가적 차원에서도 이런 스타일의 작품을 장려하는 것으로 알고 있다. 그러나 그게 전부는 아니다. 이런 영화를 제작함으로써 국제 협력을 통한 글로벌 역량을 높일 수 있다. 나아가 카자흐스탄을 비롯한 주변 국가들에 수출도 할 수 있다고 생각한다. 궁극적으로 중국 영화의 수준을 높이는 데 일조한다. 우리의 행보를 너무 색안경을 쓰고 보면 곤란하다."

중국이 질과 양 면에서 공히 영화 분야의 글로벌 최강 국가가 되려면 당연히 아직도 갈 길이 멀다. 반드시 극복해야 할 과제도 많다. 예를 들면 주선율 영화의 범람으로 알 수 있는 콘텐츠의 다양성 부족이다. 〈나는 약의 신이 아니다〉라는 문제작들이 많이 제작돼야 한다는 말이 된다. 제작 환경의 통제, 당국의 심의검열 강화 등도 문제다. 그러나 가장 결정적인 문제는 역시 기술적인 부분에 대한 외국 의존도가 너무 높다는 사실이다. 〈류랑디추〉 제작에도 할리우드와 한국의 VFX^{Visual Effects}(컴퓨터 그래픽에 기반을 둔 영화 영상제작 기법)팀이 참여한 사실만 봐도 그렇다는 사실을 잘 알 수 있다. 이와 관련해서는 7세대의 대표주자인 창정 감독의 말이 확실히 와 닿는다.

"평소 시간이 있을 때 한국 영화를 주로 감상한다. 작품의 모티브도 얻는다. 〈살인의 추억〉이나 〈도가니〉 등을 보고는 신선한 충격을 받기도 했다. 우리가 생각하기 어려운 소재들을 잘 끄집어낸다. 솔직한 심정을 말하자면 중국이 한국에 5년 내지 10년 정도는 뒤처져 있다고 해야 할 것 같다. 한국이 대학생이라면 중국은 중학생 수준 정도에 불과하다. 한국은 되는데 중국은 안 되는 것이 안타깝기 이를 데 없다. 물론 시장이 크기 때문에 중국의 영향력을 무시하기는 어렵다."

그럼에도 결론은 역시 긍정적인 쪽으로 내릴 수밖에 없다. 할리우드 톱 클래스의 배우들이 찰리우드에 눈길을 주는 일이 빈번하게 일어나고 있는 현실이 아닌가. 여기에 베이징, 상하이 영화제에 세계적 스타들이 참석하지 못해 안달인 사실까지 더한다면 더욱 그렇다. 질적인 면에서는 당장 미국을 넘지 못하더라도 양과 영향력에 관한 한 수년 내 영화 분야에서도 중국이 G1이 되는 것은 시간문제인 것이다. 중국의 영화계 인사들의 상당수가 할리우드를 향해 무릎을 꿇으라고 자신만만하게 외치는 공격적 모습이 괜한 허세만은 아니라고 할 수 있다.

28.

스타산업

할리우드의 '아바타'를 뛰어넘어
결국엔 찰리우드로 향할 것

　판이 커지면 먹을 수 있는 파이도 덩달아 커지는 법이다. 반대의 경우는 더 말할 필요조차 없다. 적은 파이를 나눠먹기 위해 모두가 피 터지는 이전투구를 벌여야 한다. 아마 그래서 인간의 DNA에는 무슨 일이 됐든 계속 판을 키우려고 하는 욕망이 원초적으로 잠재해 있다고 해도 좋지 않나 싶다. '대마불사'大馬不死라는 말이 무슨 불후의 진리가 되고 있는 현실만 봐도 진짜 그렇다고 봐야 할 것 같다.

　중국의 연예계는 무엇보다 판이 크다. 따라서 엄청난 파이가 생겨난다. 톱클래스 연예인들의 수입이 모든 것을 증명한다. 판빙빙을 필두로 송혜교를 닮은 것으로 유명한 류타오劉濤, 한국 아이돌 그룹 엑소 출신의 우이판吳亦凡, 루한鹿晗 등의 경우 1년에 평균 2억 위안 전후의 수입을 가볍게 올린다고 한다. 특히 판빙빙의 경우는 전 재산이 웬만한 재벌 부럽지 않다는 소문도 파다하다. 수년 전 귀국하기 직전까지 중국 팬들의 대단한 인기를 끌었

초특급 스타 판빙빙의 판쥐(식사 이벤트) 모습

던 한국의 장나라가 한 해에 한화 70억 원을 가볍게 번 것은 널리 알려진 사실이다. 이와 관련해 장나라의 아버지인 연극배우 주호성 씨는 "중국 연예계는 한국과 비교하면 확실히 판이 다르더라. 웬만한 연예인들의 수입이 한국 연예인들에 비해 0이 하나 더 붙더라. 그래서 나라도 더 있을 수 있었으나 국내 활동을 위해 귀국을 단행했다. 다시 돌아간다면 수입은 한국에서보다 훨씬 많을 것으로 본다."면서 혀를 내둘렀다.

소수민족인 만주족 출신으로 할리우드 진출을 노리는 신성 장린린江琳琳의 말도 들어 보자. "나는 판빙빙 언니처럼 A급 스타가 아니다. 당연히 엄청나게 큰돈은 못 벌고 있다. 지금 그래서 상당히 어려운 생활을 하고 있다. 하지만 아직 희망을 버리지 않고 있다. 언젠가는 뜰 것으로 생각한다. 그때가 되면 나도 자가용 비행기를 탈 수 있다. 판빙빙 언니도 처음부터 스타는 아니었다. 나라고 못하라는 법은 없다."

드라마 한 편 출연료가
1억 위안 대인 배우들도 수두룩

장린린의 꿈이 충분히 실현 가능한 희망이라는 사실은 톱클래스 배우들의 평균 개런티를 보면 어느 정도 알 수 있다. 영화의 경우 보통 한 편 출연료가 3000만 위안을 넘는다. 〈잔랑 2〉의 주연 우징吳京과 국민배우 거유葛優, 〈몬스터 헌터〉의 히로인 바이바이허白百何 등이 대체로 이 그룹에 해당한다. 이들은 드라마 같은 경우는 전체 작품을 통 쳐서 1억 위안 대를 우습게 받기도 한다. 자가용 비행기를 구입하는 것이 아주 간단한 일이 될 수도 있다. 럭셔리 자동차를 굴리는 것은 아무것도 아닌 것이다. 갑상선기능항진증이라는 질병 때문에 급속 노화 현상을 겪는 리렌제李連杰가 3억 위안을 호가하는 대저택을 제대로 관리하지도 않은 채 방치하는 것은 다 까닭이 있다고 봐야 한다.

　　핸드폰이라는 독특한 주제를 영상으로 담은 작품인 〈서우지〉手機로 유명한 감독 펑샤오강馮小剛의 이름 역시 거론해야 한다. 순전히 영화 연출로만 엄청난 부를 쌓았다. 하이난성에 개인 촬영세트장 겸 테마파크까지 보유하고 있을 정도다. 베이징 저택의 경우는 10억 위안을 호가한다는 소문도 파다하다. 스티븐 스필버그 같은 할리우드 감독 부럽지 않다고 할 수 있다. 본인은 중국에서도 손꼽히는 비주얼 꽝의 감독이면서 미모의 9세 연하의 배우 쉬판徐帆과 재혼할 수 있었던 비결은 결코 특별한 것이 아니다. 당연히 장이머우 같은 레벨의 A급 감독이라면 그와 같은 생활을 하는 것이 충분히 가능하다. 중국의 3대 연예인 배출 명문 학교인 베이징영화학원과 상하이희극학원, 중앙中央희극학원의 연출과가 연기과만큼 인기가 있는 것은 다 그만한 이유가 있는 것이다.

　　찰리우드가 할리우드의 아바타라는 단정은 스타들이 돈푼깨나 있는 인사들과 한 끼 식사를 하는 것을 의미하는 이른바 '판쥐'飯局의 금전적 대가가 엄청나다는 사실에서도 어느 정도 증명이 된다. 웬만큼 이름 있는 연예인이라면 50만 위안 전후는 가볍게 손에 쥘 수 있다. 매일 판쥐를 한다면 연 2억 위안 가까운 돈을 만지게 된다는 산술적 계산이 나온다. 2018년 6월 불거진 탈세 사건으로 곤욕을 단단히 치른 판빙빙이 "나는 부자와 절대 결혼하지 않을 것이다. 왜냐? 내가 바로 부자이기 때문이다."라는 오만한 자신감을 종종 피력했다는 얘기는 허풍이 아닌 듯하다. 한화로 1400억 원에 이르는 탈세 추징금을 2018년 10월 초에 한방에 해결해 세무 당국까지 깜짝 놀라게 만든 것을 보라. 베이징에서 엔터테인먼트 회사를 운영하는 인징메이尹京美 씨의 말을 들어보자.

"중국인들은 미국인들을 싫어하는 것 같지만 절대 그렇지 않다. 속으로는 엄청나게 좋아한다. 무척이나 닮고 싶어 하기도 한다. 미국 유학생 출신들이 영어 이름 하나씩은 다 가지고 있는 것만 봐도 알 수 있다. 당연히 모든 면에서 미국식 스타일을 선호한다. 연예계, 더 범위를 좁히면 영화계 역시 다르지 않다. 명사와 한 끼 식사를 한다는 의미의 그레이트 디너Great dinner가 연예계에서 판쥐로 바뀐 것은 다 이유가 있다. 판쥐를 잘못 하면 엉뚱한 소문을 낳는 것이 문제이기는 하지만 말이다."

할리우드의 아바타로 비쳐지는
'판쥐'와 '첸구이쩌'의 어두운 그림자

판쥐와 유사한 분위기를 풍기는 '첸구이쩌'潛規則가 횡행하는 것 역시 찰리우드가 진짜 할리우드의 아바타일 수 있다는 사실을 증명한다. 가장 대표적인 것이 바로 할리우드에서 은밀하게 자행되는 캐스팅 카우치(여성 연예인에게 배역을 미끼로 감독, 제작자들이 성관계를 요구하는 것)가 아닐까 싶다. 원래 이 첸구이쩌는 연예계의 불편한 진실이었다. 그 어떤 경우에도 입에 올리는 게 금기시됐던 것이다. 그러나 2003년 12월 장위張鈺라는 배우가 영화계에서 퇴출될 각오까지 하면서 폭로를 한 탓에 수면 위로 떠올랐다. 그녀의 폭로로 드러난 진실은 정말 놀라웠다.

그녀는 당시 비주얼과 연기 등에서 아주 뛰어난 배우는 아니었다. 아니 일반인보다 특별히 나을 것이 없는 평범한 스타일의 배우였다. 스펙도 대단할 것이 없었다. 그러나 이상하게 유명 감독 황젠중黃健中의 작품에 많이 출연했다. 모두가 그에게 강요 반, 자의 반의 몸 로비를 한 덕분이었다. 그녀는 영화계의 치부를 폭로하면서 황 감독과 성관계를 맺는 모습을 담은 비디오 등의 확실한 증거도 함께 제시했다. 이후 판도라의 상자를 연 대가로 20대 중반을 갓 넘긴 한창 나이에 영화계에서 퇴출당했다. 반면 가해자라고 할 수 있는 황 감독은 이후에도 꾸준하게 활발한 활동을 이어갔다. 결론적으로 "같이 죽자!"는 그녀의 물귀신 작전은 성공하지 못했다. 그녀만 횡액을 당했다.

그러나 선구자적인 그녀의 행동은 지금은 많은 후배들의 용기를 불러일으키는 계기가 됐다. 몇몇 여배우들이 자신들도 비슷한 경험이 있다는 사실을 잇달아 고백하는 등 후속 폭로가 계속 이어진 것이다. 나름 인기가 상당한 모시얼莫熙兒의 폭로를 대표적으로 꼽을 수 있다. "톱스타나 유력인사와 하룻밤을 같이 지내면 뜰 수 있는 것이 중국 영화계라고 생각한다. 돈도 부르는 것이 값이라고 했다. 그런 제안을 정말 수도 없이 받았다. 그들은 말이 예술가이지 행동은 짐승과 다름없었다. 은퇴하고 싶을 때가 한두 번이 아니었다."라는 내용의 양심선언이었다. 그녀 나이 20대 초반 때 작심하고 밝힌 폭로였다.

폭로를 하지는 않으나 적극적으로 첸구이쩌에 저항하는 연예인들도 있다. 이 경우 확실한 대세로 떠오른 양미楊冪를 가장 먼저 꼽아야 한다. 본인이 자유분방하기는 해도 첸구이쩌에는 한 번도 응한 적이 없다는 것이 그녀 주변의 전언이다. 이외에 치웨이^{戚薇}와 장징추^{張靜初} 등의 몇몇도 더 꼽을 수 있다. 절대로 뜨기 위해 자존심을 버리는 일은 하지 않는 연예인들로 널리 알려져 있다. 당연히 양미를 뺀 둘은 나름 상당한 능력을 인정받고 있으나 아직 B급 배우에 머물러 있다.

단단히 한몫 건지겠다는
미래의 연예인 지망생들만 수십만 명

외국 국적이나 영주권을 가진 채 활동하는 배우들이 상당한 규모에 이른다는 불편한 진실 역시 거론해야 할 것 같다. 우선 쿵후 스타 리롄제, 2019년 5월 프랑스 음악가인 장 미셸 자르와 결혼한 것으로 알려진 궁리^{鞏俐}가 가장 먼저 소환돼야 한다. 싱가포르 국적을 오래 전부터 가지고 있는 궁리의 경우 전 남편과의 결혼으로 인해 자연스럽게 가지게 됐으나 이혼 후에도 버리지 않고 있다. '중국판 유승준'으로 불리는 우이판 역시 국적이 화제가 되면 머쓱해지는 케이스에 속한다. 캐나다 국적인 것이 확실하다. 이로 인해 일부 팬들로부터 중국에서 가장 돈 많이 버는 외국인이라는 비난을 받고 있다.

송승헌의 연인으로 유명했던 류이페이^{劉亦菲}도 우이판과 별로 다르지 않다. 어린 시절 미국에 유학을 한 탓에 자연스럽게 미국 국적을 취득한 것으로 알려져 있다. 황제 전문 배우라는 별명의 장톄린^{張鐵林}과 '환주거거'^{還主格格} (황제의 딸)라는 별칭으로 더 유명한 자오웨이^{趙薇}도 거론될 수밖에 없다. 사극에 특화된 외국인이라는 비아냥의 대상이 되고 있는 아이러니한 케이스에 해당한다. 각각 영국 국적과 싱가포르 영주권을 보유하고 있다. 이외에도 연예계에는 유무명의 외국 국적 배우나 감독들이 부지기수에 이른다. 이들을 한곳에 모두 모을 경우 유엔 총회도 가능하다는 자조가 나오는 것을 보면 최소한 수백여 명은 될 것 같다.

이 상황에서 혼혈 연예인들이 활동하지 않는 것도 이상하다고 할 것이다. 양잉楊穎이라는 중국 이름도 가지고 있는 안젤라 베이비를 우선 꼽을 수 있다. 할아버지가 독일인으로, 4분의 3만 중국 피라고 할 수 있다. 환경 운동을 열심히 하는 것으로 유명한 리샤오루 역시 외할머니가 러시아인으로 알려져 있다. 첸구이쩌가 화제가 됐다 하면 펄쩍 뛰는 치웨이도 거론해야 한다. 할아버지가 조선족이라는 사실을 모르는 중국인들은 별로 없다.

파파라치가 기승을 부리는 현실도 찰리우드가 할리우드의 복사판이라는 사실을 잘 말해준다. 아예 당당한 직업으로 분류되고 있다. 전국 각지에서 최소한 수천여 명이 스타들의 은밀한 사진을 찍기 위해 활동한다고 보면 된다. 특종을 할 경우 몇 년을 놀고먹어도 될 만한 돈을 벌 수도 있다. 파파라치는 중국어로 '거우짜이'狗仔로 불린다. 당사자들로서는 치욕적인 욕이라고 해도 좋다. 그러나 이들은 자신들을 개에 비유하든 말든 전혀 신경을 쓰지 않는다. 엄청난 돈이 되니 그럴 것이다. 더구나 중국의 스타 산업은 계속해서 커지고 있다. 이들이 노는 물이 '물 반, 고기 반'이 될 수 있는 것이다. 앞으로 사라질 것이라고 생각하는 것은 오산이다.

할리우드 못지않게 커진 판에서 한몫 단단히 건지겠다는 생각을 하는 미래의 연예인 지망생들이 폭발적으로 늘어나는 것은 당연할 수밖에 없다. 베이징영화학원, 상하이희극학원, 중앙희극학원에 입학하기 위해 인생을 건 청년들만 전국적으로 수십만 명을 헤아린다. 엄청난 스펙을 자랑하는 명문가에서 세 명의 배우가 배출된 것도 충분히 수긍이 간다. 바로 국가주석을 지낸 예젠잉葉劍英의 집안으로, 장손녀인 예징쯔葉靜子를 비롯해 예밍쯔葉

明子, 예칭칭葉晴晴 등이 현재 활발한 활동을 하고 있다.

"글로벌 연예계의 모든 길은
찰리우드로 통한다."

만약 찰리우드가 오로지 돈만 바라보는 곳이라면 할리우드의 외관만 닮아가는 천박한 현장이라는 욕을 들어먹어도 할 말이 없을 것이다. 그러나 그렇지는 않다. 고고하게 살고자 하는 이들도 꽤나 있다. 의식 있는 팬들에게는 영화 황제로 불리는 푸다룽富大龍을 우선 꼽을 수 있다. 그는 황제라는 표현이 과하지 않을 만큼 스펙이 엄청나다. 무엇보다 11세의 어린 나이에 데뷔한 기록을 가지고 있다. 당연히 명문 베이징영화학원에 입학할 수 있었다. 게다가 수석으로 졸업했다. 이 정도 되면 두 말이 필요 없다. 그러나 아직 끝이 아니다.

그는 연기도 뛰어나다. 이는 주변 동료들이 이구동성으로 인정하는 바이기도 하다. 재능 역시 대단하다. 무술의 고수일 뿐 아니라 음악에도 조예가 깊다. 수필집과 대본집을 출판하기도 했다. 상복은 더 말할 필요도 없다. 배우로서 받을 수 있는 상은 거의 다 받았다. 한마디로 완벽하다. 본인이 마음먹기에 따라서는 황제처럼 살 수도 있었다. 그러나 그는 돈은 별로 없다. 배우인 부인 라오민리饒敏莉와 함께 부모의 집에 얹혀 산다. 이유는 간단하다. 자신이 정말로 원하는 작품에만 출연하고, 더 나아가 광고를 찍지 않기 때문이다. 광고의 경우 30여 년 동안 단 한 편도 찍지 않았다. 이에 대해 그는 "나는 예술가이다. 먹고 살기 위해 예술을 버리지 않겠다. 광고를 찍을 바에야 차라리 치킨 배달부가 되겠다."는 말로 늘 자신의 입장을 대변한다고 한다. 2018년도 기준 수입이 0원이라면 더 이상의 설명은 필요 없다. 2019년 이후에도 변했을 가능성은 희박하다.

그의 부인 역시 대단하다는 말밖에 할 수 없다. 2001년 무려 전 인구의 50% 이상이 본다는 〈CCTV〉의 구정 특집인 렌환완후이聯歡晚會에 17세의 어린 나이로 출연, 스타가 되는 길을 보장받았으나 제2의 판빙빙이 되기보다는 남편처럼 사는 길을 택했다. 캐스팅 카우치, 즉 첸구이쩌와 판빙빙이 관행처럼 했다는 출연료 이중 계약서 작성 등도 거부해 잘 나갈 수 있는 길을 스스로 원천봉쇄했다. 2010년 결혼한 이후부터는 남편의 뜻에 따라 일체의 광고나 예능 프로그램 등의 출연도 거부하고 있다. 그러니 잘 산다면 이상하다고 할 수밖에 없다. 그러나 주변 영화계 인사들로부터는 '그 남편에 그 아내'라는 칭찬은 듣고 있다.

판빙빙의 탈세 사실을 폭로한 유명한 토크쇼 사회자인 독설가 추이융위안崔永元이 입에 침이 마르도록 칭찬하는 유일한 여배우 장이옌工一燕 역시 눈여겨봐야 할 케이스이다. 그녀가 극찬을 받는 이유는 간단하다. 배우 생활을 하면서 벌어들이는 돈을 모두 공익사업에 쏟아 붓기 때문이다. 실제로 언론에 따르면 그녀는 자신에게는 거의 돈을 쓰지 않는다고 한다. 아프리카에까지 직접 찾아가 어린이들을 위한 자선을 베푼다는 점을 상기하면 굳이 다른 사실은 거론하지 않아도 된다. 이런 그녀에게 흑심을 품은 채 판쥐나 첸구이쩌를 입에 올리려는 얼굴 뻔뻔한 감심장의 남성들이 있다면 진짜 언감생심이라고 할 것이다.

중국의 스타 산업은 앞으로도 할리우드의 '아바타' 내지 '도플갱어'의 운명에서 쉽게 벗어나기 어려울 것이다. 그렇다고 반드시 나쁘다고 할 수는 없다. 그러나 G2에 만족한다는 것은 모든 분야에서 항상 최대, 최고를 생각하는 중국인들 입장에서 도저히 받아들이기 어려운 현실이라고 해야 한다. 게다가 충분히 G1이 될 저력도 보유하고 있다. 방법은 있다. 무엇보다 자신들만의 독특한 전통과 역사를 기반으로 한 창조적 연예 문화의 정착을 위해 부단히 노력할 경우 아바타라는 말은 듣지 않을 수 있을 것이다. 푸다룽 같은 진정한 예술가가 대우받는 풍토를 조성하는 것 역시 시급하다. 첸구이쩌 같은 악습의 고리를 끊어내야 하는 것은 더 말할 필요조차 없다. 이 경우 "글로벌 연예계의 모든 길은 찰리우드로 통한다."는 말도 생겨나지 않을까 싶다.

29.

★

1인 미디어

혼자서도 빠르게 멀리 가는
1인 미디어 크리에이터 '왕훙' 쓰나미

인디언의 격언 중에 천하의 명언이 될 만한 것이 하나 있다. 바로 "빨리 가려면 혼자 가고 멀리 가려면 함께 가라."는 격언이다. 가급적이면 자신을 내려놓고 주위와 협력하는 삶을 살라고 당부하는 교훈적인 격언이 아닌가 싶다. 그래서일까, 이 말은 곱씹으면 곱씹을수록 감동적이다. 그러나 오프라인 때는 몰라도 온라인 시대에는 아주 딱 들어맞는 격언은 아닌 듯하다. 현대인의 생활에 가장 밀접한 미디어로 범위를 좁히면 더욱 그런 것 같다.

정말 그런지를 알기 위해서는 시계를 거꾸로 돌려 대략 25년 전 외신들의 베이징 취재 현장으로 거슬러 올라가 봐도 좋을 듯하다. 거의 한 세대전인 당시는 인터넷이라는 것이 활성화되기 훨씬 이전이었다. 기자들조차 개념만 알고 있었지 그게 현실로 다가올 줄은 꿈에도 생각 못했다. 그랬으니 당시의 기사 송고 시스템은 아날로그적일 수밖에 없었다. 당연히 전 세계 각국 언론의 베이징 특파원들은 현장 취재를 나갔다 오면 기사를 작성

베이징에서 최근 열린 한 왕훙대회에 모습을 드러낸 왕훙들

해 본사에 사진과 함께 송고를 하거나 영상을 보내는 일에 매달려야 했다. 조금 과장해서 말하면 그게 취재보다 더 힘들고 피곤한 일이었다.

위성을 통해 영상을 보내야 하는 방송사의 경우는 특히 심했다. 웬만한 어린아이 몸무게만큼이나 무거운 ENG 카메라까지 동원해 열심히 취재를 하고 나면 언제나 더 큰일이 기다리고 있었으니까 말이다. 더구나 당시에는 국영 〈CCTV〉의 위성을 통해 전송하는 외에는 다른 방법도 딱히 없었다. 당연히 전 세계의 수많은 방송사들이 이용했던 만큼 기다리는 시간이 엄청나게 오래 걸렸다. 심지어 10분 정도의 비용이 2,000달러 정도 될 만큼 비쌌다. 특파원을 포함한 지국 운용비용은 저리 가라라고 할 수 있었다. 규모가 큰 방송사조차 부담스러워 할 정도였다.

그러나 거의 한 세대가 지난 지금은 완전히 상전벽해가 됐다. 무엇보다 인터넷을 이용하면 초스피드로 사진이나 기사, 영상의 무료 전송이 가능하다. 방송용 카메라 역시 급속도로 디지털화되면서 축소 본능의 극소형으로 진화했다. 정 급하면 특파원이 스마트폰을 사용해서 취재를 해도 된다. 이러니 방송의 경우 과거처럼 현장 취재를 할 때 카메라 담당 특파원, 오디오맨이 따라붙으면서 3인 1조가 될 필요가 없는 경우도 많다. 굳이 함께 움직일 필요가 없는 것이다. 오히려 함께 가면 멀리 못 가는 경우까지 생긴다. 한마디로 혼자 가야 더 빨리, 멀리 갈 수 있는 현실이 되었다. 수년 전부터 일부 규모가 작은 외국 방송사들이 베이징 지국의 특파원을 취재 기자로만 한정해 운용하는 것은 바로 이 때문이다. 급속한 디지털화로 필요 인력이 급감한 활자 매체는 더 말할 필요조차 없다. 현실이 그렇다 보니 최근 전 세계적으로 1인 미디어가 뜨고 있는 것은 전혀 이상할 게 없다.

400만 명에 달하는 '왕훙', 팔로워가 1000만이 넘는 경우도 많아

중국 역시 이 시대의 흐름에 확실하게 부응하고 있다. 1인 미디어 시대가 완전히 정착됐다고 해도 과하지 않은 것이 현실이다. 도저히 거스르기 어려운 대세가 됐다. 금세기 초까지만 해도 생소했던 왕훙網紅(인터넷 스타)이라는 단어가 15년여 전부터 슬슬 중국인들의 입에 오르내리더니 지금은 한국인들까지 대충은 알고 있는 것을 보면 알 수 있다.

왕뤄훙런網絡紅人의 줄임말인 왕훙은 "빨리 가려면 혼자 가고 멀리 가려면 함께 가라."는 격언이 통용됐을 때만 해도 솔직히 존재 자체가 언감생심이었다. 혼자 북과 장구를 동시에 치면서 콘텐츠를 만들어 널리 알린다는 것이 불가능했던 탓이었다. 그러나 인터넷과 스마트폰 등의 급속한 발전과 대중화로 초래된 플랫폼 시대가 열리면서 영원히 불가능할 것 같은 이 일이 가능하게 됐다. 크리에이터, 유튜버, 인플루언서, 스트리머 등으로도 통용되는 왕훙이 거짓말처럼 현실세계에 등장하게 된 것이다. 발전 속도도 엄청나게 빨라서, 지금은 웬만한 연예계 스타들 못지않게 유명한 왕훙들만 최소한 수백여 명에 이른다.

왕훙으로 불릴 만한 인물이 처음 등장한 것은 2004년 직후로 볼 수 있다. 주인공은 단연 최근 다시 활동을 시작한 푸룽제제芙蓉姐姐라고 해야 한다. 본명이 스헝샤史恒侠인 그녀는 당시 무려(?) 27세의 일반인이었다. 그러나 어느 정도 비주얼이 뒷받침돼야 하는 연예인을 하기에는 몸매와 얼굴이 함량 미달이었다. 게다가 스펙도 부실했다. 영화나 드라마의 엑스트라로 활동한 경력조차 없었다. 그럼에도 그녀는 "나는 중국 최고의 미녀라고 생각한다. 여러분들은 이 누나 생각을 어떻게 받아들이는가?", "너무 섹시하기 때문에 불행하다", "내 몸무게는 45kg이고 가슴은 일반인들보다 2배는 크다"는 등의 자극적인 말을 인터넷에 올리면서 폭발적인 화제를 불러 일으켰다. 그러다 자신의 다이어트 동영상까지 올리기 시작하더니 팔로워만 무려 1100만여 명을 보유하는 기적을 만들었다. 이후 창의적 콘텐츠의 부재로 대중의 기억에서 점점 멀어져갔으나 지금의 왕훙이라는 단어를 탄생시켰다는 점에서는 역사에 길이 남을 수 있게 됐다. 왕훙을 하기에는 환갑, 진갑 다 지난 나이인 40대에 재기에 성공한다면 또다시 전설이 될지도 모른다.

아무려나 그녀가 사라져 있던 기간 동안 사이버 공간은 PC에서 모바일로도 확대됐다. 중국판 트위터인 웨이보微博 역시 모습을 나타냈다. 푸룽제제를 꿈꾸는 수많은 왕훙들이 나타날 수 있는 기반이 확실하게 조성됐다. 대부분은 그녀와 같은 운명을 면치 못했지만 말이다.

그러나 이들 1, 2세대들의 활약은 선배들의 경험과 실패를 바탕으로 교훈을 얻어 극강의 경쟁력을 갖춘 3세대 왕훙의 탄생을 가능케 한 엄청난 자양분이 되었다. 2018년 말 기준으로 대략 400만 명을 상회하는 1인 미디어 제작자들 중에서 선택됐다고 해도 좋을 몇몇의 면면을 살펴보면 이 말이 설득력 있게 들릴 수 있다.

우선 주천후이朱辰慧를 꼽을 수 있다. 왕훙 이름은 쉐리雪梨(영문 이름은 Cherie)로 뉴질랜드 오클랜드대학에서 유학까지 한 실력파로 손꼽힌다. 웨이보의 팔로워만 900만 명을 헤아린다고 한다. 2015년 타오바오에서 여성 의류 2억 위안어치를 판매한 기록을 보유하고 있다. 당시 그녀가 올린 순익만 1억 위안이었다고 한다.

2016년 영국 〈BBC〉에도 소개된 모델 출신 장다이張大奕도 거론해야 한다. 역시 쉐리처럼 타오바오에 직접 자신의 온라인 쇼핑몰 '우환시더이추'吾歡喜的衣櫥를 차려 2016년부터 매년 3억 위안을 벌어들이는 것으로 알려져 있다. 판빙빙보다 연 수입이 많다는 소문이 파다하다. 2018년 4월 말에는 톈마오를 통해 오스트레일리아 정부의 홍보 행사도 가진 바 있다. 광고료로 얼마를 받았는지는 알려지지 않았으나 일반인은 상상하기 어려운 상당한 고액이었던 것만은 확실하다. 팔로워가 1100만 명으로, 본인의 회사 루한如涵홀딩스를 왕훙 중에서는 처음으로 미국 나스닥에 입성시켜 화제를 불러일으키기도 했다. 1인 미디어 제작자에서 움직이는 기업 CEO로 변신했다고 할 수 있다.

이외에 본명이 각각 황성쥔黃盛君, 장이레이姜逸磊, 뤄샤오이羅小伊, 펑야난馮亞男인 아렁阿冷(영문 이름은 Aleng), 패피장Papi醬, 난성南笙, 펑티모馮提莫 등도 언급해주지 않으면 섭섭할 것이다. 재치 있는 언변과 탁월한 콘텐츠 제작 능력을 마음껏 뽐내는 활약을 하면서 수입 면에서도 기성 연예인 저리 가라는 위용을 자랑한다. 이중 펑티모는 아예 공공연하게 자신의 연 수입이 4000만 위안 가량이라고 밝혀 화제를 모으기도 했다. 웬만한 국영 기업체 CEO

연봉의 수백 배 이상에 해당한다.

왕홍 열풍은 엄청난 수입으로 이어져, 청소년들의 장래 희망 1순위

이처럼 왕홍 열풍은 산업으로 바로 직결된다는 특징이 있다. 이들을 따르는 이른바 Z세대(1995년 이후 출생자들. 중국어로는 주우허우^{九五後}라고 함)를 중심으로 한 6억 명 가까운 팬덤(광적인 팬)들의 구매력이 바로 현실로 옮겨지는 등 상상을 초월하는 탓이다. 이때 SNS와 쇼핑몰을 절묘하게 결합한 앱인 샤오훙수^{小紅書}는 가장 결정적인 역할을 하기도 한다.

이 방면에서는 아역 배우 출신인 웨이야^{薇娅}(영문 이름 비야^{Viya})가 단연 독보적이라고 할 수 있다. 2019년 10월 기준 타오바오 팔로워 수가 500만 명 이상으로 생각만큼 엄청나지는 않으나 영향력은 당당히 1위로 꼽힌다. 2017년 타오바오 방송 시상식에서 최고 상업가치 왕홍상 등을 비롯한 6개 부분의 수상을 석권하는 기염을 토할 정도였다.

2019년 3월 한국을 방문했을 때도 텐마오와 타오바오 등의 플랫폼을 통한 한국 제품의 매출을 5시간 만에 180억 원이나 올려 주목을 끌었다. 당시 그녀는 "내가 직접 써 보고 마음에 안 드는 제품은 수억 원의 광고비를 준다고 해도 판매하지 않는다. 단순히 돈을 벌기 위해 적절하지 않은 제품을 고객에게 판매한다면 그건 내 브랜드 가치를 훼손하는 일이다. 내 인기 비결은 솔직함과 신뢰감이다. 이게 무너지면 지금의 나는 없다."라고 당당한 입장을 표명, 큰 공감을 자아내기도 했다. 극강의 매운 맛으로 유명한 한국의 불닭볶음면을 2초에 6만 개나 팔았다는 전무후무한 전설은 쉽게 만들어진 게 아닌 것 같다.

이런 현실에서 황금알을 낳는 시장에 참여, 일거에 당대발복當代發福의 기회를 잡으려는 열망에 사로잡힌 젊은이들이 없을 까닭이 없다. 조금 심하게 말하면 바닷가의 모래알만큼이나 많다. 조만간 400만 명을 넘어 늦어도 5년 내에 1000만 명으로까지 늘어날 전망이다. 스마트폰과 인터넷, SNS가 보편화된 현실을 감안하면 충분히 가능하다. 게다가 플랫폼만 100곳이 넘을 정도이니, 진입 환경도 완전 파라다이스라고 할 수 있다.

한국은 말할 것도 없고 미국, 인도에서도 엄청난 인기몰이 중인 하루활성이용자수DAU 2억여 명의 더우인抖音(영문 이름은 틱톡TikTok)을 대표적으로 꼽을 수 있다. 15초 동안의 짧은 모바일 영상을 올리는 것이 가능한 플랫폼으로, 원하는 사람 모두를 크리에이터로 만드는 것을 목표로 서비스를 하고 있다고 한다.

왕훙이 되고 싶어도 자신의 창의력을 발휘할 판이 깔려 있지 않다는 걱정을 할 필요가 없다. 시간, 장소 불문하고 이용하는 것도 가능하다. 중국 청소년들의 장래 희망 1순위가 왕훙이라는 것은 다 이유가 있는 것이다. 이들보다 상대적으로 출발선이 훨씬 앞에 있는 기존 연예인들이나 방송인들은 더 말할 필요조차 없다. 현재 승승장구하는 왕훙 중의 상당수는 이 유형에 속한다.

통계도 시장이 블루 오션이라는 사실을 말해준다. 2019년 기준 시장 규모가 400억 위안에 이른 것으로 추산되고 있다. 아직은 영화 시장의 절반 남짓이지만 빠른 속도로 추월할 가능성이 높다. "영화는 아직 판 자체가 스크린이라는 오프라인을 완전히 박차고 나오지 못하고 있다. 반면 1인 미디어 시장은 온, 오프라인을 넘나든다. 시간, 장소 제약도 없다. 콘텐츠 역시 패션, 화장품, 음식, 여행, 게임, 유아용품과 관련한 것 등 무궁무진하다. 조만간 영화 시장을 넘어설 것이라는 전망은 당연하다."라는 베이징의 ICT 전문가인 저우잉 씨의 말이 허세는 아닌 것 같다.

2019년 기준 1인 미디어가 창출하는
시장 규모만 400억 위안으로 추산

1인 미디어 시장의 폭발은 상상도 못한 엉뚱한 기현상도 불러오고 있다. 상하이의 넝마주의 철학자 선웨이沈巍가 2019년 3월 그를 주목한 한 왕홍의 중계방송을 통해 일약 전국구 스타가 된 사실을 우선 꼽을 수 있다. 2019년 4월 〈CCTV〉에 소개되기도 했던 그는 주위 사람들에게는 이른바 '류랑다스'流浪大師라는 그럴듯한 별명으로 불렸다. 솔직히 말하면 그냥 노숙자였다. 어쨌거나 긴 머리카락과 구레나룻을 하고 있는 외모가 별명에 잘 어울리기도 했다.

그러나 그는 결코 평범한 사람이 아니었다. 손에는 늘《한비자》韓非子,《시경》詩經 등 난해한 옛 고전 서적을 들고 다녔다. 폼만 잡는 것이 아니었다. 책의 내용을 길 가는 사람들에게 마치 교수처럼 강의를 해주기도 했다. 당연히 이 희귀한 광경에 대중들은 환호했다. 그의 한마디 한마디에 귀를 기울였다. 모두들 열심히 그의 강의 모습을 스마트폰으로 찍어 각종 SNS에 올렸다. 대학을 졸업한 공무원 출신임에도 미혼인 그와 결혼을 하고 싶다는 등 여성들의 구애가 줄을 이었다.

그러다 그는 어느 날 홀연히 대중의 시야에서 사라졌다. 4월 초였다. 이어 5월 초에 다시 이전에 비하면 비교적 깔끔한 모습으로 나타났다. 사람들은 다시 구름처럼 모여들었다. 그는 완벽하게 이전의 자신으로 돌아갔다. 하지만 이번에는 달라진 것이 있었다. 방송을 통해 노숙 생활할 때는 꿈도 꾸지 못한 큰돈을 번 것이다. 이후 그는 노숙자 생활을 청산했다. 이제 본인이 유명한 왕훙이 된 만큼 앞으로도 노숙 생활을 할 일은 없을 것이다. 왕훙 덕분에 그 자신이 셀럽(유명인사)이 되면서 인생역전을 한 케이스라고 할 수 있을 듯하다.

산둥성 산현單縣 주민인 104세의 멍셴라이孟憲來 씨의 스토리 역시 '류랑다스'의 그것에 못지않다. 태어나서 단 한 번도 산둥성 이외의 지역에서는 살아본 적이 없는 그는 나이가 많은 것 외에는 너무나도 평범한 사람이었다. 100세가 훨씬 넘어서도 하루도 빼놓지 않고 매일 삼시 세 끼에 반주로 독주 250밀리리터를 마시는 기행을 제외하면 말이다. 그러나 고령의 나이에 그렇게 술을 마셔도 아무렇지도 않았다. 심지어 손녀며느리가 하는 양로원 사업까지 열정적으로 도왔다. 손녀며느리는 혹시나 하는 생각에 그의 일상을 찍어 2018년 8월에 SNS에 올렸다. 반응은 폭발적이었다. 지금은 팔로워가 무려 50만 명에 이른다고 한다. 졸지에 무명의 촌로에서 왕훙이 된 것이다. 모르기는 해도 아마 세계 최고령 인터넷 스타일 것이다. 전혀 아픈 곳이 없다는 그의 건강 상태로 볼 때 이 기록은 앞으로도 계속될 가능성이 높다.

김태리 주연의 영화 〈리틀 포레스트〉를 연상시키는 힐링 콘텐츠의 유행도 주목할 만하다. 대표적인 것이 각각 윈난성과 쓰촨성에 사는 뎬시샤오거滇西小哥와 리쯔치李子柒라는 왕훙이 만드는 콘텐츠다. 둘 다 전통방식으로 만드는 음식, 옷, 생활용품 등을 다루는 콘텐츠로, 할머니가 등장한다는 것을 특징으로 하고 있다. 당연히 과거의 생활 방식을 그리워하는 이들로부터 폭발적 인기를 끌고 있다. 웨이보의 조회 수가 많을 때는 수억 뷰까지 기록할 정도이다.

리쯔치의 경우 대나무를 키워 소파를 만드는 영상이 한국을 비롯한 전 세계에서 큰 인기를 끌기도 했다. 힐링이 절로 된다는 평가가 허풍이 아니다. 신자유주의 경향이 더욱 농후해지면서 사회 전체가 정신적으로 피폐해지기 시작한 중국의 현실에 비춰볼 때 향후 대세 콘텐츠로 자리를 굳힐 가능성이 높다.

왕훙 쓰나미가 전 대륙을 휩쓸 날이 머지않다!

빨리 가기 위해 혼자 가는 사람을 독일어로는 아인젤갱어Einzelgänger라고 한다. 그래봤자 멀리 못 갈 텐데 기를 쓰고 혼자 가는 게 별로 좋아 보이지 않는다는 뉘앙스를 다분히 풍기는 단어이다. 그래서 괴짜라는 의미도 포함하고 있다. 그러나 세상은 엄청나게 변했다. 기존의 문법들이 다 파괴되고 반대의 경우가 더 상식적으로 여겨지는 것이 현실이다. 이는 못 생긴 것을 콘셉트로 잡아 왕훙으로 뜬 펑제鳳姐(본명은 뤄위펑羅玉鳳)가 웬만한 연예인 못지않은 수입을 올리는 것만 봐도 알 수 있다. 따라서 지금은 아인젤갱어가 나쁘다고 하기 어렵다. 더구나 괴짜가 다 그렇지는 않으나 상당히 창의적인 경우가 많다. 지금의 미디어 환경과도 잘 어울릴 수 있다. 아인젤갱어가 바람직할 수도 있는 것이다.

다행히 중국인들은 남을 신경 쓰지 않는다는 부리타不理他라는 말을 입에 달고 살 만큼 개인주의적이다. 국민성 자체에 아인젤갱어 기질이 다분하다. 왕훙 붐이 폭발하는 데는 다 이유가 있다. 4차 산업혁명에서 그 어느 나라보다 앞서가는 현재 분위기로 볼 때 앞으로는 더욱 그럴 수밖에 없을 것도 같다. 왕훙 쓰나미로 대표되는 인터넷 스타가 전 대륙을 휩쓸 날이 머지않은 듯하다.

언론, 문학, 출판 등 문화 분야도 극강 사이버 세계로

흔히들 "오프라인은 영원하다."라는 말을 한다. 중국에서도 딱히 틀린 말은 아니라고 할 수 있다. 그러나 앞으로는 틀릴지도 모른다. 최근 온라인에 밀리는 오프라인의 위기감을 보면 진짜 그렇지 않나 싶다. 언론, 문학, 출판 등 모든 장르의 문화도 예외는 아니다. 급속도로 온라인의 사이버 시대로 진입하면서 오프라인의 종언을 재촉하는 느낌이 없지 않다.

각론으로 들어가면 바로 고개가 끄덕여진다. 언론부터 살펴보자. 중국은 신문, 방송, 통신, 잡지 등의 언론이 원칙적으로 다 국영기업에 속한다. 시장경제에 별로 좌우되지 않는다. 아무리 허리케인 같은 외부 충격이 불어와도 오프라인이 건재 가능한 풍토가 정착돼 있다. 2019년 10월을 기준으로 세계 최고 발행 부수와 시청자들을 보유하고 있다. 신문의 경우 하루 1억 부 이상이 꾸준히 발행되고 있다. 발행되는 일간지만 2,000여 개에 이른다. 방송, 통신은 솔직히 통계를 내는 것이 불가능하다고 해도 좋다. 방송

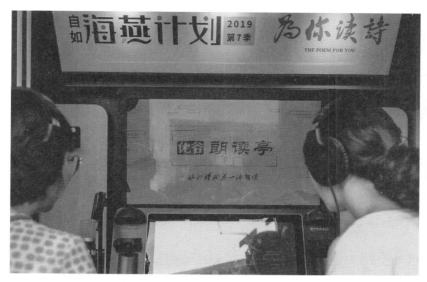

베이징 시내의 한 랑두팅의 전경

의 경우 그저 매일 연 7억 명 전후의 시청자가 있다고 보면 되지 않을까 싶
다. 주간을 필두로 격주간, 격월간, 월간, 계간, 연간 등 무수히 종류가 많은
잡지의 경우는 더 말할 필요조차 없다. 그저 수만여 종에 수십억 부가 발행
될 것이라고 짐작할 뿐이다. 40여 년 가까운 역사를 자랑하는 격주간인
〈두저〉讀者라는 잡지가 2019년 말에 21억 부 누적 발행량을 기록했다면 더
이상의 설명은 사족일 뿐이다. 중국은 그야말로 언론에서도 극강의 대국이
라고 단언할 수 있는 것이다.

PC와 스마트폰으로 뉴스를 보는 것은 기본,
언론 분야에서는 이미 온라인이 대세

하지만 지금은 이 극강 언론 대국의 오프라인이 휘청거릴 조짐이 보인

다. 이유는 간단하다. PC와 스마트폰으로 뉴스를 보는 것이 더 일상이 된 탓이다. 승객의 거의 대부분이 스마트폰만 쳐다보는 전국 대도시 지하철의 풍경이 현실을 잘 말해준다.

가장 권위 있다는 〈런민르바오〉를 사례로 들어보면 알기 쉽다. 매일 300만 부 가까이 발행된다고 하지만 전국 어디를 가도 보는 사람은 별로 없는 것 같다. 대신 자회사인 인터넷 신문 〈런민왕〉人民網은 대단한 성가를 자랑한다. PC와 스마트폰에서 생성되는 하루 페이지 뷰가 최대 8억에 이른다. 이 정도 되면 〈런민왕〉이 자회사가 아니라 모기업이 돼야 하지 않을까 싶다. 이 점에서는 〈런민르바오〉의 계열사인 〈환추스바오〉, 공산당 내부 소식지 〈찬카오샤오시〉參考消息 등 다른 유력 매체들 역시 크게 다르지 않다.

하나같이 민영인 인터넷 포털 사이트의 위력도 오프라인 신문의 존재감이 갈수록 미미해진다는 사실을 분명히 보여준다. 4대 포털로 유명한 신랑新浪, 써우후搜狐, 왕이網易, 텅쉰만 꼽아도 충분하다. 각각 하루 페이지뷰가 평균 2억 전후를 기록하면서 오프라인 강자들을 무색하게 만들고 있다. 취재 기능이 없어 공식 언론으로 인정을 받지 못하기는 하나 영향력은 웬만한 신문 저리 가라고 할 정도다. 한국으로 따지면 네이버 정도의 위상을 자랑한다고 볼 수 있다. 특히 스마트폰 위주의 뉴스를 공급하는 텅쉰은 단연 발군이라고 할 수 있다. 검사 출신으로, 텅쉰에 뉴스 콘텐츠 제공 사업을 하는 인싱르尹星日 씨의 술회가 현실을 잘 말해준다.

"법률을 전공해 대학 졸업 후 해당 분야에 종사했으나 그게 의미가 없다는 사실을 아는 데는 오랜 시간이 걸리지 않았다. 향후 진로를 고민하다 평소 잘 알고 지내던 지인이 텅쉰에 뉴스를 제공하는 사업을 하는 것이 어떻겠느냐고 했다. 그게 될까 하고 반신반의하면서 사업을 시작했으나 곧 내가 왜 더 빨리 결단을 내리지 못했나 하는 후회를 했다. 좋은 기사에는 보통 1000만 이상의 페이지뷰가 생성된다. 이럴 경우 늘 예상보다 0이 하나 더 많은 액수를 결제 받는다. 온라인의 위력을 실감하고 있다."

"장강의 뒷물이 앞물을 밀어낸다."는 속담도 있듯이 후발주자인 진르터우탸오今日頭條의 존재도 거론하지 않으면 안 될 것 같다. 전 세계에 '터우인' 열풍을 일으킨 유니콘 기업 베이징쯔제탸오둥커지北京字節跳動科技(영문 이름은 바이트댄스)가 서비스하는 이 포털은 출범한 지 얼마 되지 않는다. 2022년 8월이 되어야 설립 10주년을 맞이한다. 지난 세기에 서비스를 시작한 신랑, 써우후, 왕이 등의 포털에 비하면 아직 어린아이에 지나지 않는다. 하지만 벌써 위상은 이 포털들을 가볍게 추월하고 있다. 기업 가치가 무려 300억 달러에 이르는 것으로 추산된다. 역사가 짧음에도 승승장구하는 데에는 다 이유가 있다. 무엇보다 철저하게 뉴스 제공자가 아닌 구독자의 입장에서 서비스를 재구성한 것이 주효했다. 서비스 이용자들이 직접 창작한 콘텐츠들을 '터우탸오하오'頭條號 플랫폼에서 유통될 수 있도록 한 것이 신의 한 수였다고 할 수 있다. 더 직관적이고 간편한 서비스 제공을 위해 바이트댄스 인공지능 실험실을 설립하는 노력을 기울인 것은 두말할 필요도 없다.

이 노력의 결과 진르터우탸오의 앱은 2019년 10월 기준 전체 모바일 뉴스 시장 점유율 12%를 기록하는 개가를 올렸다. 이는 47.7%로 극강의 점유율을 기록한 텅쉰에 이은 당당한 2위에 해당한다. 매일 접속 이용자 수 7000만 명, 누적 이용자 수 7억 명에 이르는 기록도 보유하게 됐다. 성장 속도로 볼 때 모바일 뉴스 서비스의 최강자 텅쉰을 바짝 따라붙을 것이 확실하다.

이런 상황에서 오프라인 잡지들이 힘을 쓴다는 것이 오히려 이상할 것이다. 대세에 순응하는 것이 고작이다. 대부분이 자체적으로 PC와 모바일로 볼 수 있는 인터넷 버전을 운용하고 있을 뿐 아니라 유력 포털 사이트들에 적극적으로 콘텐츠를 제공하는 방식으로 온라인의 도도한 물결 속에서 생존을 도모하고 있다.

방송이라고 용빼는 재주는 없다. 우선 〈CCTV〉를 비롯한 대부분의 방송사들이 인터넷 버전을 강화하는 것으로 시대의 흐름에 부응하고 있다. 포털 사이트들과 유력 동영상 플랫폼인 아이이치, 텅쉰, 러스^{樂視}, 유쿠투더우^{優酷土豆} 등과 제휴하는 것도 적극적으로 나서고 있다. 궁극적으로는 향후 자신들만의 독특한 자체 플랫폼 구축을 통해 변신을 도모할 것으로 예상된다. 통신의 경우 신화통신 계열의 〈신화왕〉^{新華網}이 〈런민왕〉 못지않은 성가를 보여준다.

매년 쏟아지는 인터넷 소설만 100만 편, 연수입 250억 원 넘는 작가도 탄생

문학이 직면한 현실도 언론과 다를 이유가 없다. 아니 오히려 더 사이버 세계로 깊이 들어가고 있다고 해야 할 것 같다. 심지어 젊은 작가들이나 독자들은 오프라인과는 담을 쌓고 있다고 해도 좋을 정도로 온라인 일변도의 경향을 보인다. 진입 장벽이 낮은 데다 각종 플랫폼에서 최소 1위안 정도만 내면 웬만한 소설 등은 다 볼 수 있으니 그럴 만도 하다. 웹 소설로도 불리는 이른바 인터넷 소설 시장이 폭발하고 있다.

시장의 규모를 먼저 살펴보자. 2012년 이 시장은 22억 7000만 위안에 불과했다. 그러나 2016년에는 90억 위안으로 폭발했다. 4년 사이에 무려 4배 가까이 시장이 커진 것이다. 2019년 말 기준으로는 165억 위안으로 추산되고 있다. 2020년에는 200억 위안을 훌쩍 넘을 것이 확실시된다. 10년도 되지 않는 기간에 무려 10배 가까운 성장이 이뤄진 것이다. 시장이 폭발하는 것은 역시 충성스러운 독자들 덕분이다. 2019년 말 기준으로 구독자가 4억 5000만 명 가까이 될 것이라고 한다. 전체 누리꾼의 절반 정도는 인터넷 소설 독자라고 해도 과히 틀리지 않는다. 문학평론가인 런민대 중문과 마샹우馬相武 교수의 설명을 들어봐야 할 것 같다.

"중국인은 비교적 책을 많이 읽는다. 2019년을 기준으로 1인당 1년 평균 8권 가까이 읽는다고 한다. 상당수가 소설을 위주로 한 문학서적들이다. 이런 책들은 굳이 구입해서 읽을 이유가 없다. 많은 독자들이 인터넷 쪽으로 눈을 돌린 이유가 아닌가 싶다. 특히 젊은 층은 스마트폰이나 PC로 보는 것을 더 좋아한다. 인터넷 소설이 폭발하는 데는 다 이유가 있다. 1인당 1년 평균 4권 가까이 읽는다고 볼 수 있다."

시장이 커지다 보니 오프라인 시대에 그랬던 것처럼 대단한 작품이 쏟아져 나오고 있다. 《랑예방》瑯琊榜, 《싼성싼스스리타오화》三生三世十里桃花, 《환러쑹》歡樂頌, 《화첸구》花千骨, 《샹미천천진루샹》香密沈沈燼如霜, 《부부징신》步步驚心 등을 대표적으로 꼽아야 할 것 같다. 모두가 사이버 공간을 후끈 달군 다음 TV 드라마로 만들어져 히트를 친 작품이라는 공통점이 있다. 특히 《부부징신》은 2016년 한국에서도 드라마로 리메이크된 바 있다. 대부분은 영화와 애니메이션, 게임 캐릭터 등으로 만들어지면서 영향력을 극대화시켰다.

이처럼 좋은 작품들의 출현은 역시 인해전술이라는 단어가 연상될 만큼 많은 작가들의 존재와 밀접한 관련이 있다. 2019년 말 기준으로 800만 명에 이른다고 한다. 2021년 경에는 1000만 명을 돌파하지 말라는 법이 없다. 인터넷 소설 등을 취급하는 웹사이트가 50여 개에 이를 정도로 늘어난 것은 자연스러운 현상이라고 하겠다. 이를 통해 매년 쏟아지는 작품만 100만 편에 이르는 것으로 추산되고 있다. 이때쯤이면 전체 문학 시장에서 인터넷소설이 차지하는 비중은 25%에 이를 수도 있을 것이다.

엄청나게 커진 시장은 스타 작가들의 수입도 비슷한 수준으로 보장하게 되었다. 가장 높은 수입을 올리는 작가로는 단연 본명이 장웨이張威인 탕자싼사오唐家三少를 꼽아야 한다. 인터넷 작가 부호 순위에서 수년째 독보적 1위를 달리고 있다. 매년 인세로만 1억 5000만 위안 전후의 수입을 올리는 것으로 알려져 있다. '동화대왕'이라는 별명으로 불리면서 거의 매년 오프라인 작가 수입 1위 자리를 놓치지 않는 아동문학의 대가 정옌제鄭淵絜의 연간 인세 수입 4000만 위안 전후와 비교하면 상당한 차이가 난다. 2012년 노벨문학상 수상자인 모옌莫言이 이 해에 올린 2500만 위안의 인세 수입과는 아예 상대가 되지 않는다. 모옌에 이어 차기 노벨상 수상작가로 꾸준히 이름이 오르내리는 저명 작가 옌롄커閻連科는 "대체로 중장년 세대인 오프라인 작가들은 활동 공간이 좁다. 장편 소설의 경우 1년에 한 편 쓰는 것도 쉽지 않다. 그것도 출판이 극히 어렵다. 당국의 허가도 얻어야 한다. 판매는 그 다음 문제다. 설사 판매가 잘 돼도 인세 수입을 100만 위안 정도 올리기도 힘들다. 이러면 생활이 되지 않는다. 반면 온라인 작가들은 다르다. 활동 공간이 무궁무진하다. 글도 문법이나 철자법을 고민할 필요 없이 엄청나게 빨리 쓴다. 문학성보다는 재미가 우선이니까. 그래서인지 후배들 중에는 1년에 두꺼운 책을 10권 이상 쓰는 슈퍼맨도 있다. 히트하면 수입도 엄청나다. 완전히 노는 물이 다르다. 그렇다고 온라인으로 옮겨가겠다는 작가들은 적어도 내 주변에는 없다."면서 현실을 씁쓸한 어조로 설명했다.

옌롄커 작가의 말만 들으면 인터넷 소설은 "문학성이 낮거나 가볍고 저급하다."는 편견을 가질 수 있다. 평균적으로 그렇다고 해도 크게 틀리지는 않는다. 이런 단정은 인기 작가들조차 본명이나 나이 등의 개인 정보 노출을 극도로 꺼려하는 현실만 봐도 어느 정도 증명이 된다. 하지만 최근에는 빠른 속도로 개선되고 있다. 최고 권위의 문학상들인 '마오둔茅盾 문학상'과

'루쉰鲁迅문학상' 등이 2011년부터 인터넷 소설을 응모작으로 받기 시작했다.

　　플랫폼이 50여 개에 이를 정도로 시장이 커졌으나 판을 좌지우지하는 공룡은 당연히 소수에 불과하다. 인터넷 기업 3인방인 바이두와 알리바바, 텅쉰의 계열사들인 웨원閲文그룹, 알리문학, 바이두문학을 비롯해 장웨掌閲그룹, 중원짜이셴中文在線 등을 꼽을 수 있다. 이중 웨원그룹의 위상이 단연 극강에 속한다. 시장 점유율이 50%에 가깝다. 2019년 10월 말 기준으로 문학 작품 1000만 개를 보유하고 있다. 월 활성이용자수MAU가 2억 명에 이른다. 거의 파죽지세라고 할 만하다. 이 여세를 몰아 2017년 11월에는 홍콩 주식시장 상장에도 성공하면서 시가총액이 무려 300억 홍콩달러를 기록하고 있다.

오디오북, e북 시장도
급속도로 사이버 플랫폼으로 이동!

　　출판 상황 역시 언론이나 문학과 비슷하다. 2019년 말 기준으로 무려 26만 종, 100억 부 전후의 책들이 출판된 것에서 알 수 있듯이 아직 오프라인이 건재하기는 하지만 온라인이 급속도로 치고 올라오는 것이 현실이다. 같은 시기의 시장 규모만 봐도 잘 알 수 있다. 대략 200억 위안쯤 된다. 1800억 위안 전후 규모인 오프라인 시장의 12% 정도에 해당한다. 이른바 듣는 책, 오디오북의 대유행이 현실을 확실하게 대변하지 않나 싶다. 2019년 말 기준으로 전체 온라인 독서 시장의 4분의 1 정도인 60억 위안 전후의 시장으로 커진 것으로 분석되고 있다. 현재의 폭발적인 성장세를 감안할 경우 2, 3년 내에 100억 위안 규모의 시장으로 커지는 것도 불가능하지 않아 보인다.

주요 오디오북 플랫폼들의 활약상을 보면 이해가 빠를 것 같다. "책으로부터 두 눈을 해방시켜 세상을 듣는다."라는 구호를 내세운 란런팅수懶人聽書(게으름뱅이오디오북) 앱을 우선 꼽을 수 있다. 회원 수 2억 3000만 명으로, 2012년 설립 후 폭발적 성장을 거듭했다. 시, 공간의 제약을 받지 않는 간편함을 무기로 신세대 직장인들을 집중 공략, 기적을 일궈냈다는 평가를 받고 있다. 2017년 12월에는 상하이 증시에 상장된 스다이時代출판사로부터 2억 위안의 투자를 유치하는 개가도 올렸다. 이후 총 3차례의 투자 유치에도 모두 성공했다. 공생 관계인 출판사들과의 협력 관계도 좋다. 대륙 전역의 500여 출판사와의 협력을 통해 고전부터 동화, 인터넷 소설 등 10여 개 분야의 음성 콘텐츠를 확보해놓고 있다. 분량은 총 150만 시간에 이르는 것으로 추산되고 있다. 이외에도 란런팅수와 비견될 만한 오디오북 플랫폼은 많다. 시장에서 영향력이 강한 것들만 해도 히말라야FM喜拉雅FM, 칭팅FM팅수蜻蜓FM聽書(잠자리FM오디오북), 바이두웨두百度閱讀 등을 더 꼽을 수 있다.

앞으로의 성장 속도도 빠를 것으로 예상된다. 월 평균 유료 콘텐츠 구매 회원이 50만 명씩 늘어나는 사실은 이런 예상이 헛된 게 아니라는 사실을 잘 말해준다. 주력 이용 계층으로 꼽히는 18세에서 25세 사이 신세대들의 구매력이 개혁, 개방의 혜택을 가장 많이 받은 부자 부모 세대 덕에 폭발하는 것도 긍정적 요인이다. 1인당 월 평균 30위안의 콘텐츠 구매력이 2020년 이후에는 두 배 이상 늘어날 것으로 예측된다.

오디오북의 대유행은 노래방과 비슷한 랑두팅朗讀亭(낭독 전문 부스)의 급속한 확산도 부추기고 있다. 전국 곳곳에 오디오북 플랫폼들에 의해 150여 개 가까이 세워진 이 부스는 최근의 낭독 열풍과 큰 관련이 있다. 2017년 2월부터 〈CCTV〉 종합예능 채널에서 방영하기 시작한 프로그램인 〈랑두저〉

朗讀者(낭독하는 사람)가 큰 인기를 얻자 바로 상업화의 바람을 탄 것이다.

이용 방법은 간단하다. 대략 2.5제곱미터의 면적에 3미터 높이로 제작된 부스에 들어가 이용하면 된다. 사방이 막힌 공중전화 부스 같은 실내에는 유명 문학작품과 한시, 명언 등이 입력된 태블릿PC와 마이크가 구비돼있다. 소리가 밖으로 새나가지 않도록 내부 방음장치도 완벽하게 돼 있다. 마치 전문적인 녹음실에 온 듯한 느낌을 받기에 부족함이 없다. 여기에서 녹음된 파일은 인터넷이나 스마트폰을 직접 연결해 전송하는 것도 가능하다. 이용 금액도 저렴하다. 15분 기준 평균 6위안 정도에 불과하다. 이용하는 고객들의 만족도도 대단히 높다. 베이징의 변호사 반레이班磊 씨 같은 경우는 "나는 운명적으로 말을 많이 해야 하는 직업을 가지고 있다. 그러나 좋은 말은 많이 하지 못한다. 이게 항상 스트레스가 됐다. 그러나 최근 들어 많이 좋아졌다. 좋은 내용의 글을 큰 소리로 읽으니 마음이 정화되는 것 같다. 스트레스도 사라지게 된다."면서 랑두팅의 효용에 대해 그야말로 극찬했다.

출판이 사이버 세상으로 급속히 진입한다는 사실은 e북(전자서적)의 대유행에서도 알 수 있다. 2019년 말 기준으로 230억 위안 규모의 시장으로 성장했다. e북의 가격이 오프라인 서적의 절반 정도에 해당된다고 계산할 경우 100권 당 22권은 사이버 세상에도 선을 보인다는 말이 된다. 이런 상황에서 e북 리더기가 인기를 끌지 않을 수 없다. 킨들Kindle(아마존), 아이리더iReader, 한본Hanvon·漢王 등의 브랜드가 2019년 기준 50억 위안의 시장을 좌지우지하고 있다.

이외에도 만화, 영화 등도 급속도로 사이버 세상에 진입하고 있다. 특히 만화는 웹툰이라는 장르로 확실히 정착하면서 웹소설(인터넷 소설)과 함께 모든 장르의 문화를 사이버 세계로 견인하는 주도적 역할을 하고 있다. 4차 산업혁명의 쓰나미에 올라타서 절묘하게 서핑을 즐기고 있다는 말이 될 것 같다. 문화 방면의 사이버 초강대국 중국의 출현도 이제 거스르기 힘든 대세가 되었다.

6장

팍스 시니카

신기루라고 매도해선 안 될,
현실로 다가온 '중국몽'

★ ─────────────────────────────────────

"처음은 미미했으나 그 끝은 창대하다."라는 유명한 금언은
묘하게도 《성경》과 《장자》에 모두 나온다. 아마 불후의 진리
인 탓에 그렇지 않나 싶다. 이 말은 중국의 과거와 현재의 모
습을 비교할 경우에도 딱 들어맞는 말이 아닌가 싶다. 1921
년 7월 1일 창당 당시 고작 50여 명에 불과했던 집권 공산당
의 당원이 빠르면 수년 내에 1억 명을 넘을지도 모르니 이런
단정도 크게 무리는 아니다. 여기에 전체적 국력도 미국에
근접하는 현실까지 더할 경우 더 이상의 설명은 필요 없다.
솔직히 미래도 비관보다는 낙관 쪽으로 더 무게가 쏠리는 것
이 사실이다. 조금 과하게 말하면 팍스 아메리카나를 대체할
팍스 시니카Pax Sinica 시대가 오는 중이라고 해도 크게 무리는
없을 듯하다. '중국몽', '강국몽'이라는 말이 시진핑 주석을
비롯한 중국인들의 입에서 자연스럽게 흘러나오는 것은 다
까닭이 있다. 신기루라고 매도해서는 결코 안 될 팍스 시니카
시대의 각 분야 향후 모습을 살펴보는 것도 상당한 의미가
있을 것 같다.

31.

공산당 철권통치

창당 100주년을 앞둔 공산당, 한동안 일당독재는 변함없을 것

전 지구촌에서 2019년 7월 1일을 기준으로 창당 98년, 연속 집권 70년의 엽기적 기록을 세우고 있는 정당은 딱 하나밖에 없다. 바로 중국 공산당이다. 2021년에는 이 기록을 각각 100년과 72년으로 늘이게 되는 만큼 전무후무한 기적의 역사를 쓰고 있다. 게다가 외견상 그다지 흔들리는 기미도 보이지 않는다. 중국이 2019년 10월 1일의 국경절 70주년 기념식을 전 세계에 보란 듯이 성대하게 개최한 것이나, 2021년 7월 1일의 창당 100주년 행사를 전무후무한 역대급 야심작으로 준비하는 것만 봐도 잘 알 수 있다.

9000만 명을 넘어 1억 명을 향해 달려가는 당원들 모두 너 나 할 것 없이 당에 대한 자부심과 자신감이 넘치는 것 같다. 시진핑 주석을 필두로 하는 당정 최고 지도부가 이들의 열렬한 성원 하에 미국과의 무역전쟁에서 단 한 치도 물러서지 않겠다는 의지를 다지는 것만 봐도 그렇다. 대부분이 비당원인 일반 국민들 역시 크게 다르지 않다. 미국 고급 편집 숍인 모다오

2021년이면 창당 100주년을 맞는 공산당의 위상은 당분간 흔들리지 않을 것으로 보인다.
사진은 시진핑 주석

페란디가 출시한 12만 5,000달러짜리 오성홍기 형상의 에르메스 버킨 백이 2019년 8월 초 중국 부호들에 의해 매진된 사실에서도 알 수 있듯 극성의 국뽕 기질로 무장한 채 하나같이 유사한 입장들을 보여주고 있다. 공산당이 바로 국가라는 사회주의적 등식에 따르면 중국의 미래는 대단히 낙관적이라고 봐도 좋을 것 같다.

하지만 향후 중국이 걸어갈 길이 완전히 장밋빛이라고 전혀 의심의 여지없이 단언하기는 어려울 것 같다. 그럴 만한 이유는 많다. 무엇보다 이제 사회주의 이념을 입에 올리기에는 자본주의화가 너무 진행됐다는 사실이다. 정통 사회주의 이념을 완벽하게 고수하지 못하는 상황에서 공산당이 정권을 한손에 틀어쥔 채 영원히 일당독재를 하기는 쉽지 않을 것 같다. 여기에 1인당 GDP가 거의 1만 달러를 넘어서고 있는 현실 역시 거론하지 않을 수 없다. 정치경제학에서는 일반적으로 1인당 GDP가 5,000달러를 넘으면 사회주의 이념이 통하지 않는다고 한다. 구소련을 비롯한 동구권이 무너진 것도 바로 이 5,000달러의 덫에 걸렸다고 봐도 크게 무리가 아니다. 그러나 중국은 5,000달러의 두 배인 1만 달러를 운운하고 있는 것이 현실이다. 과거에는 흔들리지 않는 진리였던 마르크스 이론이 중국인들의 귀에 들어가지 않을 시기가 올 것이다.

공산당 창당 100주년 앞두고
일당독재에 대한 반발 있는 건 사실

자본주의에 대한 오랜 경험과 물질적 풍요로 인해 중국인들의 민도民度가 자신들도 모르게 깨어나는 현실 역시 같은 맥락으로 볼 수 있다. 조지 오웰이 설파한 "자비로운 독재는 없다. 나 스스로 나서야 한다."라는 명언이 중국인들에게도 일당독재에 대한 회의를 불러일으키고 있다고 할 것이다. 웨이징성魏京生, 왕단, 우얼카이시 등의 해외 망명객을 포함한 반체제 민주인사들의 존재 역시 중국으로서는 꽤나 부담스러운 대목이다. 이들이 문제를 일으킬 경우 절대 자비를 베풀지 않는다. 눈을 부라리고 찾으면 곳곳에서 조짐이 보이는 당 내부의 권력투쟁이나 부패와의 전쟁으로 스러진 수많은 전직 고위 관리들 및 기업인들 본인과 가족을 비롯한 측근에서 품고 있음 직한 극단적인 반발이나 원한 등은 더 말할 것도 없다. 중국이 외견적으로 보이는 것처럼 철옹성이 아닐 수도 있다는 말이다. 정말 그럴 수도 있을지 모른다는 사실은 당과 국가의 상징적 존재인 시진핑 주석에 대한 암살 음모가 종종 적발되는 현실이 무엇보다 분명하게 말해준다. 미국에 서버를 둔 중화권 매체 보쉰博訊을 통해 세계로 퍼져나간 신빙성 있는 사례도 있다.

2016년의 춘제(설날) 연휴가 끝나갈 2월 말 무렵이었다. 당시 당정 최고 지도부의 경호를 담당하는 당 중앙경위국은 여느 때처럼 중난하이 일대의 유, 무선 전화를 감청하고 있었다. 곧 누군가가 퍼스트레이디 펑리위안彭麗媛 여사를 노린다는 정보가 포착됐다. 화들짝 놀란 경위국은 바로 킬러 체포 작전에 돌입했다. 얼마 후 베이징에 근무하는 현역 무장경찰을 용의자로 검거했다. 보쉰 등에 의하면 그는 펑 여사가 외출할 때 기관총을 난사할 계획이었다고 한다. 펑 여사 암살 기도가 실제로 있었다면 얘기는 심각해진다. 최종 목표는 당연히 그녀가 아닌 남편인 시 주석일 터이니 말이다.

사실 시다다習大大, 즉 '시 아저씨'라는 별명만 놓고 보면 '자비로운 독재자'라고 해도 좋을 그에 대한 암살 시도는 한두 번 있었던 게 아니다. 그가 2012년 11월 공산당 제18차 전국대표대회에서 총서기에 취임한 이후 최소 6차례, 최다 20여 차례 발생했다는 것이 정설로 통한다. 모두 실패했으나 폭발물 설치에서부터 독극물 주입 기도에 이르기까지 방법도 다양했다고 한다. 그에 대한 경호가 '인해전술'처럼 무려 5겹에 걸쳐 이뤄진다는 소문이 파다한 것은 과장이 아니다. 2016년 9월 3일 톈안먼 광장에서 열린 반일·반파시스트 전쟁 승리 70주년 기념 열병식을 취재한 바 있는 〈차이나데일리〉의 Q모 기자의 설명을 들으면 이해가 쉬울 것 같다.

"당시 나는 고참 기자도 아니었는데 열병식을 취재하는 행운을 얻게 됐다. 당연히 대수롭게 생각하지 않았다. 그러나 그게 아니었다. 관계 기관에서 내 신원을 철저하게 조회한 다음 취재를 허가했다는 사실을 나중에야 알았다. 다행히 나는 성분이 좋았다. 문제가 없었다. 열병식 행사에 동원된 장교와 병사들에 대해서도 마찬가지였다. 한 명, 한 명에 대해 위로는 8대 직계 조상까지 탈탈 털어 조사했다고 한다. 약간의 문제만 있어도 행사 요원에서 탈락시킨 것으로 안다. 당시 시 주석에 대한 현장 경호는 그물망처럼 촘촘했다. 20여 명이 '인간 방패'처럼 수행하는 5미터 이내 밀착 1선 경호에서부터 스나이퍼(저격수)가 동원되는 3선 경호를 거쳐 실제 공격당했을 때를 대비한 5선 경호까지 매뉴얼에 의해 가동됐다. 동원된 경호원만 1,000명 가까이 됐다고 한다.”

시진핑 주석에 대한 5겹 경호는 그 어떤 서구 지도자의 경호에서도 볼 수 없었을 만큼 강도가 엄청났다. 조금 심하게 말하면 트럼프 미국 대통령에 대한 경호 이상이다. 앞으로도 강화되면 됐지 느슨해질 가능성은 별로 없을 것 같다. 공산당과 국가의 권위가 향후 지금처럼 굳건하지 않을수록 더 강화될 것이라고 본다. 이는 달리 말하면 중국의 지금이 이른바 '양개백년'兩個百年, 즉 2021년과 2049년의 창당 및 건국 100주년을 차질 없이 맞이해 국가를 초일류 레벨로 이끌어가자는 의욕을 다지는 공산당의 통치가 극성기를 맞고 있기 때문이다. 물극필반物極必反이라고 했듯이 최고에 이르고 나면 이제 내려갈 일만 남았으니 공산당이 느끼는 불안도 당연하다고 하겠다.

시진핑 주석의 3연임도 관심 대상,
향후 다당제 허용도 검토해

말할 것도 없이 공산당이 통치하는 중국의 권위가 향후 흔들릴 가능성이 없지 않다는 사실에 반발하는 시각도 많다. 국뽕에 심취한 상당수 학자들의 주장이나 〈환추스바오〉 등 언론의 논조가 미·중 무역전쟁 발발 이후 더욱 극좌로 흐르는 현실을 보면 아니라고 하기가 어렵다. 하지만 향후 내부적 불만이나 불안 요인에 의해 갑자기 폭발할지 모를 천하대란의 뇌관들을 생각하면 얘기는 달라진다.

대충만 봐도 분리 독립을 위해 과격분자들이 테러 투쟁도 불사하는 티베트와 신장위구르자치구, 지하에서 필사적으로 저항하는 파룬궁法輪功을 필두로 하는 유사 종교들의 당국에 대한 극도의 적대감을 대표적으로 꼽을 수 있다. 폭발하게 될 경우 위력은 상상을 불허할 정도일 것이다. 시진핑 총서기 겸 국가주석이 3연임을 위해 헌법까지 수정한 장기집권의 행보 역시 중국의 미래가 직면한 아킬레스건으로 작용할 수 있다. 만약 그가 정말로 총서기 임기가 만료되는 2022년 이후에도 계속 권좌에 있게 된다면 전혀 반발이 없을 것이라고 단언할 수 없다. 반대 세력이 결집할 경우 중국 현대사의 전형적 레퍼토리인 권력투쟁의 드라마가 전개될 가능성이 충분하다. 그에 대한 암살 시도 일부가 낙마 위기에 직면한 저우융캉 전 상무위원 겸 중앙정법위 서기 등의 당정 고위급들에 의해 모의됐다는 소문을 헛소문으로만 치부할 것이 아니다. 중국의 미래가 확고한 철옹성이 아닐 것이라는 분석 역시 나름 일리가 있다고 봐야 하는 것이다.

중국 당국이 직면할 현실을 모를 리 없다. 미래를 보장할 확고한 반석을 뒤흔들 가능성이 농후한 천하대란의 뇌관들을 어떻게 슬기롭게 제어할 것인가에 대한 대응 방안도 극비리에 검토하고 있을 것이다. 평균 1개월에 한 번 열리는 25명 정원의 당 정치국 회의의 주제가 종종 사회주의 체제를 언제까지 끌고 갈 수 있을 것인가가 되는 것은 다 이유가 있다. 이럴 때마다 평균적인 결론은 그래도 2030년까지는 큰 문제가 없지 않겠느냐는 것이라고 한다. 하지만 이후부터는 낙관을 할 수 없다는 것이 한결같은 분석이다. 진보적인 일부 학자들이 이제 공산당은 절대 권력을 그만 내려놓고 다당제를 허용하는 방향으로 가야 한다고 주장하는 것은 바로 이런 현실을 분명히 인식하고 있기 때문이다. 또 공산당이라는 이름을 모든 시민을 위한 당이라는 뜻의 전민당全民黨으로 바꿔야 한다는 주장 역시 그렇다고 볼 수 있다. 한마디로 과거의 구태를 가능하면 벗어버리는 노력을 기울이면서 시대의 변화와 더불어 나아가야 한다는 말이다. 시진핑 주석의 정치적 레토릭 대로 하자면 여시구진^{餘時俱進}이 된다.

위기의식을 반영하는 주목할 만한 당국의 구체적인 조치들 역시 속속 나오고 있다. 인치^{人治}에서 벗어나 법치^{法治}를 확립해 그동안 입에 올리는 것조차 터부시됐던 인권 존중을 위한 기반을 마련하려는 행보를 우선 꼽을 수 있다. 춘추전국 시대부터의 오랜 민주적 이상이었던 '민위귀, 이민위본, 정위민, 집정위민'^{民爲貴, 以民爲本, 政爲民, 執政爲民}(백성이 귀하다. 백성을 근본으로 해야 한다. 정치는 백성을 위한 것이다, 백성을 위해 정치를 해야 한다)이라는 구호를 현실에 구현하겠다는 의지로 보인다.

2016년 6월 탄생한 신규 민법은 아마도 이런 노력을 잘 보여주는 대표적 사례일 것이다. 상속이 가능한 주체로서의 태아의 이익 보호라는 파격적인 내용까지 규정할 정도로 인권 지향적인 법이라는 평가를 받고 있다. 당국의 향후 국가 정책의 방향을 말해주는 슬로건 중 하나가 의법치국^{依法治國}(법에 의거해 국정을 운영함)이라는 사실에 비춰볼 때 앞으로도 유사한 법 제정이 이어질 것 같다.

유명인과 비당원, 소수민족 대표를
파격적으로 기용하는 인재영입 정책도 실시

비당원 인재들을 고위 요직에 대거 발탁하는 파격적 행보 역시 주목해야 한다. 2019년 7월을 기준으로, 우리의 국회에 해당하는 전인대^{全人代}(전국인민대표대회)의 14명 부위원장 자리 중 무려 6석을 비당원에게 흔쾌히 할당하고 있다. 당의 최고 자문기구라고 할 수 있는 정협^{政協}(전국인민정치협상회의)은 더하다. 부주석 24명 중 12명이 당원이 아니다. 성부급^{省部級}(장차관급)

으로 내려가도 마찬가지다. 반드시 당원이어야 하는 곳이 아닌 부처의 비당원 고위 관료는 그야말로 부지기수다. 이 정도 되면 당국이 이른바 여당구진興黨俱進(당과 함께 나아감)이라는 슬로건을 비당원 인재들을 대상으로 아예 정책화했다고 볼 수밖에 없다. 앞으로는 더욱 두드러지는 현실이 된다고 봐도 괜찮다. 조만간 비당원인 국가급 지도자가 총리나 국가주석에 취임해도 이상할 게 없다고 해야 한다.

일반 국민들에게 막강한 영향력을 가지는 유명 인사들을 대상으로 하는 여당구진의 행보도 번번하다. 청룽, 쑹주잉을 필두로 하는 유명 연예인, 미 NBA 출신인 야오밍姚明 농구협회 회장 같은 스포츠 스타들을 정협 위원으로 발탁한 후 대중들에게 적극적으로 어필하도록 활동을 지원하는 사실만 봐도 그렇다. 여기에 2019년 8월 반중 성격이 농후한 홍콩 시위 사태가 최고조에 이르렀을 때 한국 그룹 엑소의 멤버 장이싱張藝興(예명 레이)과 류이페이劉亦菲 등의 스타들이 친중 입장을 적극적으로 밝힌 사실까지 더하면 더 이상의 설명은 사족이다. 누가 보더라도 중국에 우호적인 쪽으로 여론을 주도하려는 당국의 의중이 이들을 움직였다고 볼 수밖에 없다. 이들은 자발적이라고 하기에는 어딘가 미심쩍은 이 행보로 인해 중국 이외 지역의 팬들로부터 보이콧을 당하기는 했으나 자국을 기반으로 활동하면서 큰돈을 버는 입장에서는 어쩔 수 없는 측면도 있었다.

소수민족에 대한 지속적 배려, 진정성이 짙게 묻어나는 부패와의 전쟁 강도 등에서도 환골탈태해야 한다는 당국의 위기의식이 잘 드러난다. 소수민족과 관군민官軍民의 부정부패 문제를 제대로 해결하지 못할 경우 당과 국가의 지속적인 발전이 큰 도전에 직면하는 것은 필연이기 때문일 것이다. 이에 대해 베이징에서 파룬궁 활동을 하다 3년 동안 혹독한 수감 생활까지 견뎌낸 바 있는 60대 초반의 리李모 씨는 "21세기의 문명한 세상에 시대에 뒤떨어진 공산당 정권이 웬 말인가? 망해도 벌써 망해야 했다. 솔직히 여러 내부적 모순과 문제 때문에 가만히 있으면 구소련처럼 망하기 십상이다. 당연히 당국은 망하지 않기 위해 안간힘을 다하고 있다. 온갖 아이디어를 다 쥐어짜내 할 수 있는 일은 다 한다고 봐야 한다. 하지만 그래도 남은 수명은 길지 않을 것이다."고 악담을 퍼부으면서도 중국 당국이 변신을 위해 진정성 있는 노력을 기울인다는 사실에 대해서만큼 인정했다.

감옥에 다녀온 이후 철저한 반체제 인사가 됐다는 리모 씨의 악담 속에 담긴 원망怨望은 그러나 당분간 현실로 나타날 가능성은 상당히 낮다. 비록 정상에서 내려가는 일만 남기는 했어도 시스템적으로 볼 때 중국이 처한 현실이 구소련과는 확실히 다르기 때문이 아닐까 싶다. 여기에 생존을 위한 당국의 치열한 노력까지 더할 경우 미래는 열려 있을 것이다.

'하나의 중국' 기조 속에
미래 중국을 이끌 '젊은 피' 수혈

그렇다면 향후 중국의 국정이 어떤 방향으로 운용될 것인가 하는 의문이 든다. 시진핑 주석이 집권한 이후 보여준 그동안의 행보를 보면 어느 정도 유추해보는 것은 충분히 가능하다. 우선 그가 강력한 리더십을 가진 채 당의 새 지도부를 구성할 제20차 전국인민대표대회가 열리는 2022년 가을까지 사회주의시장경제 원칙에 입각, 철권통치를 할 것이 확실하다. 그 다음에는 그의 향후 거취와 관련한 세 가지 시나리오를 살펴볼 수 있다. 첫째는 그가 총서기 3연임을 포기하고 주석 자리만 차지하면서 계속 최고 지도자로 남는 시나리오이다. 내친김에 총서기 자리에 다시 오른 후 이듬해 3월 열릴 14기 전인대에서 주석에까지 취임하는 것도 유력한 시나리오다. 마지막은 두 자리 모두에서 용퇴한 후 이른바 상왕이 되는 것이나 현재로서는 상당히 가능성이 낮다.

만약 용퇴하지 않을 경우 그는 자신이 계속 부르짖었던 중국몽의 완성을 위해 더욱 적극적으로 스트롱맨의 소임을 다할 가능성이 높다. 이 경우 대미 강경 노선 기조를 유지하면서 애국주의 고취를 통한 완벽한 형태의 국가 통합 노력을 더욱 다그칠 것이라는 전망이 가능하다. 중국이 2020년 1월 11일에 열리는 대만 총통 선거에 수단과 방법을 가리지 않고 적극 개입, '하나의 중국'을 통일 정강으로 하는 국민당의 후보 한궈위韓國瑜 가오슝高雄 시장을 당선시키려는 시도를 할 것이라는 얘기가 진작부터 나오고 있다. 그러면서도 다른 한편으로는 일방적으로 탄압 및 압박만 가했던 반체제 인사 및 소수민족 극단주의자들에 대한 당근 정책 역시 실시할 것으로 전망되고 있다. 너무 강경 일변도로 나갈 경우 나타날 수밖에 없는 처절한 저항이 체제를 휘청거리게 할 위험성이 있다는 사실을 그를 비롯한 당정 최고 지도부가 너무나 잘 알기 때문이다.

그는 당정 최고 지도부와 함께 미래 중국을 이끌어나갈 차세대 젊은 피들의 육성에 적극 눈을 돌릴 것으로도 전망된다. 특히 '하늘의 절반'인 여성 지도자들의 활약이 21세기에는 무엇보다 절실한 만큼 각별하게 신경을 쓸 것이 확실시된다. 고작 40세에 불과한 왕이王藝라는 젊은 피를 공산주의청년단(공청단)의 허난성 서기로 발탁해 키우는 것만 봐도 잘 알 수 있다. 승진 속도가 과거의 후진타오 전 주석에 못지않으니 더 이상의 설명은 필요 없다. 최초의 여성 총리가 배출될 경우 그 주인공은 바로 왕 서기가 될 가능성이 가장 크다.

중국에는 100년을 버티지 못하고 사라져간 왕조가 부지기수로 많다. 심지어 자신의 왕조가 영원불멸하기를 원했던 진시황의 막강한 진나라는 고작 15년 만에 역사 속으로 사라졌다. 시진핑 주석 등이 이런 사실을 모를 까닭이 없다. 아니 어쩌면 뇌리에 트라우마로 새겨져 있을지도 모른다. 여기에 1990년 막강하던 구소련의 갑작스런 붕괴가 이들에게 가한 충격까지 더할 경우 트라우마는 치유불능의 포비아로 진화했을 수도 있다. 그럼에도 역시 여러 정황을 종합하면 당장 천하대란이 발생하지는 않을 것이다. '양 개 백년'이 진짜 실현된다고 장담하기는 어려워도 그쪽으로 그럭저럭 흘러 갈 것으로는 보인다. 그 과정이 완전한 탄탄대로가 될 것인지는 것은 전혀 별개의 문제이지만 말이다.

32.

경제대국

배부른 시대를 뛰어넘어
유토피아를 향해 달려가는 발전 속도

　"너 자신을 알라."는 명언을 남긴 고대 그리스의 철학자 소크라테스는 일찍이 인간의 원초적 본능인 먹는 문제에도 주목했다. 관련 명언도 남겼다. 그게 바로 "살기 위해 먹어야지 먹기 위해 살아서는 안 된다."는 말이다. 사람이 동물과는 다르다는 사실을 감안하면 틀린 말은 아니다. 하지만 먹기 좋아하는 것으로 유명한 중국인들이 들을 경우 고개를 저을 것 같다. 이들에게는 전통적으로 '의식주'衣食住 보다는 '식의주'食衣住라는 단어가 더 익숙하다. 정말 그런지는 지난 세기 말까지 전국 주요 대도시에 어김없이 등장했던 '민이스웨이톈, 궈이량웨이중'民以食爲天, 国以糧爲重(백성은 먹는 것을 하늘로 생각하고 나라는 양식을 가장 귀중하게 생각한다)이라는 구호만 봐도 알 수 있다. "왕은 백성을 근본으로 하고 백성은 먹는 것을 하늘로 생각한다."는《사기》〈역생육가열전〉酈生陸賈列傳의 내용을 부담스러울 수밖에 없는 정치적 내용만 슬쩍 뺀 채 패러디한 것으로 먹는 것에 지독스러울 정도로 집착하는 중국인들의 기질을 잘 대변하지 않나 싶다.

간절하게 원하면 이뤄진다는 말이 있는 것처럼 중국인들은 이제 소원 성취를 했다고 봐야 한다. 금세기 들어서면서부터는 더욱 폭발적인 경제 성장으로 인해 먹고 사는 문제는 거의 해결했으니 감히 이렇게 단언할 수 있다. 한나라 시대의 대사상가인 양웅揚雄이 그의 저서 《익주목잠》益州牧箴에서 처음 언급한 이른바 원바오溫飽(따뜻하게 입고 배부르게 먹는 상태)가 비로소 현실이 된 것이다.

그러나 사람은 동물과는 달리 만족을 모른다. 등이 따뜻하고 배가 부르면 다른 생각을 또 하기 마련이다. 청나라의 무명 씨가 편찬했다는《해공대홍포전전》海公大紅袍全傳이라는 소설 속에도 나오는 "기한기도심, 온포사음욕"飢寒起盜心, 溫飽思淫慾, 즉 "굶주리고 추우면 도둑질을 하고 싶은 마음이 생기고, 등이 따뜻하고 배가 부르면 음탕함을 생각한다."라는 말은 괜히 있는 것이 아니다. 만족을 모르는 것처럼 보이는 것은 항간의 장삼이사만 하는 것이 아니다. 시진핑 주석을 비롯한 당정 최고 지도자들 역시 크게 다르지 않다. "원바오 시대는 이제 지나가고 있다. 앞으로는 샤오캉小康(생활에 별 걱정을 하지 않는 중산층 이상의 평안한 상태) 시대를 넘어 성핑昇平(유토피아에 비견될 삶의 상태)으로 나아가야 한다."고 설파한다.

10년 후면 14억 인구의 1인당 GDP가
2만 달러인 시대 도래

실제로도 현재 중국의 경제 상황은 시진핑 주석 등의 말처럼 샤오캉 시대를 목전에 두었다고 해도 크게 무리는 아니다. 늦어도 2021년을 전후해 가능하다는 전망까지 나오는 현실이다. 요순堯舜 시대와 같은 유토피아도 머지않은 미래에 충분히 현실이 될 수 있다는 얘기다. 하기야 14억 인구가 1인당 GDP 1만 달러를 넘어 2만 달러를 향해 달려간다면 유토피아라는 말을 써도 이상할 것은 없다. 빠르면 2030년대 초반, 아무리 늦어도 2035년 이전에는 현실로 나타날 수 있다.

그러나 경제적 태평성대는 그저 얻을 수 있는 것이 아니다. 무엇보다 더 큰 고지를 목표로 하는 국가, 기업, 가계 등 경제 주체들의 뼈를 깎는 노력이 필요하다. 늘 잠복해 있기 마련인 경제 불확실성들을 사전에 슬기롭게 통제, 제거하는 순발력도 필요하다. 2019년 10월을 기준으로 하면 폭발적으로 늘어나는 경제 주체들의 트리플 부채, 터지기 직전의 부동산 버블, 민영기업들의 파산 도미노 현상이 아마도 미래 경제를 마냥 낙관하기 힘들게 하는 불확실성 요인들이다.

각론으로 들어가면 상황이 녹록치 않다. 우선 부채의 경우 세계 최대 빚쟁이 국가인 일본이 무색할 정도로 심각하다. 공식적으로만 GDP의 3배 돌파가 현실이 됐다는 사실을 상기하면 더 이상의 설명은 필요 없다. 여기에 추산조차 되지 않는 지방 정부의 숨겨진 부채 등까지 더할 경우 현실은 더욱 참담하다. 이러다가는 지난 세기 한국이 당했던 IMF 금융 위기에 봉착하는 것이 아니냐는 우려가 일부 양심적 학자들의 입에서 나오는 것은 결코 괜한 게 아니다. 부동산 버블 역시 가볍게 생각해서는 곤란하다. 터질 경우 핵폭탄의 위력이 예상된다는 분석이 있을 정도로 어려운 상황이다. 부동산 가격의 폭락으로 잃어버린 20년에서 더 나아가 그 이상의 어려움을 겪을 것으로 예상되는 일본의 데자뷰가 되지 말라는 법도 없다는 평가까지 받고 있다. 민영기업들의 도산 도미노도 역대급이라는 말이 나올 만큼 예사롭지 않다. 특히 GDP의 15%를 떠받친다는 부동산 분야 기업들의 상황은 버블의 후폭풍으로 인해 백척간두라는 말까지 나올 만큼 어렵다.

2030년까지 10만여 개에 이르는 부동산 기업의 3분의 2가 도산할 것이라는 전망이 고위 경제 당국자의 입에서 나오는 현실이다.

그러나 최악의 경우에도 경제가 침몰할 것 같지는 않다. 지난 40여 년 동안에 걸친 개혁, 개방 정책이 경제 체질을 워낙 강력하게 만들어준 덕분이다. 여기에 미국조차 깜짝 놀랄 수준에 이른 4차 산업혁명의 굴기, 대대적으로 업그레이드된 전반적인 제조업 기술 수준까지 더하면 중국이 설사 정치적으로 크게 흔들리더라도 경제에서만큼은 철옹성처럼 버틸 것이라고 봐도 괜찮다. 이에 대해서는 자국 경제에 비관적인 샹쑹줘 런민대 교수도 "오랫동안의 관행이었던 중앙 및 지방 정부의 경제 성장률 조작이나 뻥튀기는 이제 더 이상 통하지 않는다. 당국에서 그동안의 잘못을 인정해야 한다. 지금부터라도 현실을 직시하고 새로운 패러다임 하에서 경제 진흥에 나선다면 희망은 충분히 있다. 중국은 내수만 잘 돌아가도 먹고 사는 경제체가 아닌가?"라면서 중국이 그래도 쉽게 무너지지 않을 대마불사의 경제 대국이라는 사실을 부인하지 않았다.

중국은 내수경제만 잘 돌아가도
먹고사는 대마불사의 경제 대국

중국 경제 당국 역시 이 사실을 너무나 잘 알고 있다. 정책적으로 치명적인 헛발질을 계속 하거나 세계 경제가 장기 침체에 빠져들지 않는다면 매년 평균 6% 전후의 성장을 통해 언젠가는 미국을 추월할 것이라는 사실도 믿어 의심치 않는다. 그렇다고 장밋빛 전망에 도취해 팔짱을 낀 채 희희낙락하는 것만은 아니다. 전망이 실제 현실로 나타날 수 있도록 국가적 노력을 경주하고 있다. 각 분야에서의 온갖 굴기崛起를 입에 올리면서 '중국 제

중국판 세종시로 불리는 슝안신구의 홍보 조형물

조 2025' 프로젝트를 미국의 견제에도 불구, 성공으로 이끌려는 국가적 노력을 경주하는 것만 봐도 잘 알 수 있다.

대표적인 노력을 몇 가지 살펴보자. 아마도 대륙 전체의 균형 발전을 대대적으로 촉발시키기 위한 새로운 성장 거점 개발 계획의 추진이 이에 해당할 듯하다. 중국판 세종시로 불리는 슝안雄安신구 개발 프로젝트를 살펴보면 알기 쉽다. 허베이성 슝현雄縣 룽청容城 안신安新 지역을 베이징을 대체할 국가급 신도시로 개발하는 사업으로 2035년 완공될 예정이다. 예정대로라면 인간과 자연이 조화롭게 공존하는 저탄소 녹색도시이자 세계 최대, 최고 수준의 스마트 시티가 될 것이다. 존재 자체만으로도 인근 바오딩과 스자좡 등 낙후 지역 발전에 큰 영향을 미칠 것으로 전망되고 있다. 규모 면에서도 같은 국가급 신도시인 선전과 상하이 푸둥浦東의 1,996제곱킬로미터와 1,210제곱킬로미터보다 훨씬 넓은 2,000제곱킬로미터에 이른다.

광둥성의 9개 도시를 홍콩, 마카오와 묶어 첨단 기술력을 갖춘 경제권으로 개발하는 '웨강아오다완취'粤港澳大灣區·Greater Bay Area 건설 프로젝트도 세계 최대 경제 대국으로 도약하려는 중국의 야심을 보여주기에 부족함이 없다. 슝안신구와 마찬가지로 2035년 완성될 예정으로 있다. 계획대로라면 중국은 EU와 미국, 독일 등의 세계 4대 수출 경제체를 가볍게 제치는 거대한 새 경제권을 하나 더 보유할 수 있게 된다.

　이미 경제 규모에서 홍콩을 가볍게 제친 광둥성 선전 경제특구를 한 단계 업그레이드시키려는 발전 계획 역시 주목해야 할 것 같다. 일설에는 2019년 6월 초 촉발된 홍콩인들의 반중 시위에 뿔난 국무원이 선전을 홍콩의 대안으로 삼기 위해 부랴부랴 만들었다는 얘기가 있으나 그렇지는 않다. 리커창 총리의 주도하에 2012년부터 검토돼 2019년 8월 발표됐다고 보는 것이 더 사실에 가깝다.

　프로젝트의 내용에는 우선 국제 기준의 법령 정비를 비롯, 투자와 기업 인수, 합병 규칙의 개선 등이 포함돼 있다. 또 의료 시스템과 직업훈련 등의 교육 제도를 향상시키는 조치 역시 들어 있다. 5G를 비롯한 정보 인프라 구축의 가속화 및 외부 인재의 출입과 거주가 편리하도록 환경을 조성하는 것은 말할 필요가 없다. 한마디로 선전에 홍콩 못지않은 비즈니스 환경을 조성, 외자 기업 유치를 적극 도모하겠다는 것이다. 더 노골적으로 말하면 장기적으로 홍콩이 담당하고 있던 무역, 금융 중심지 역할을 대체시키려 작심했다고 해도 좋다. 중국이 홍콩에 뿔이 나 계획을 마련했다는 말이 나올 만도 하다.

　중앙은행인 런민은행이 2019년 초에 발표한 경제 전망에 따르면, 2020년 중국의 GDP는 당초 목표대로 2010년의 2배로 늘어날 것이 확실해 보인다. 또 당국이 기울이는 각종 노력이 결실이 거둘 경우 2035년을 전후해서

는 2020년의 두 배가 될 가능성이 크다. 원바오를 지나 샤오캉을 거쳐 성핑
^{昇平} 시대로 진입하겠다는 야심은 분명히 실현 가능한 희망사항이라고 봐도
무방하지 않나 싶다. 유토피아 운운이 결코 꿈이 아닌 것이다.

세계적 관광 대국들이
중국 '유커' 유치에 공을 들이는 이유

경제가 승승장구하는 현실에서 국민들의 생활의 질이 대폭 개선되지
않는다면 그것도 이상하다고 해야 한다. 실제로도 평균적인 중국인들이라
면 과거 단 한 번도 경험하지 못한 샤오캉 시대가 주는 혜택을 단단히 누리
면서 진짜 '대단하다, 우리나라' 같은 국뽕 구호를 입에 달고 살 것이다. 각
론으로 들어가면 그렇게 될 것이라는 사실을 보다 확실하게 알 수 있다. 우
선 자동차가 중국인들의 생활필수품이 될 것으로 전망된다. 평균적인 중국
인이라면 너 나 할 것 없이 마이카 시대에 살 것이라는 말이다. 2019년 말
을 기준으로 중국의 자동차 보유 대수는 대략 3억 5000만 대 가량으로 추
산되고 있다. 1,000명 당 약 250여 대에 불과하다. 900여 대 전후의 미국은
말할 것도 없고 한국의 500여 대와 비교해도 많이 뒤떨어진다. 그러나 앞
으로는 달라질 것이다. 늦어도 2025년까지는 매년 평균 3000만 대 전후로
늘어나면서 370여 대 가까이 될 것으로 추산되고 있다. 이렇게 되면 궁벽
한 농촌 가정에서 자동차를 보유하는 것도 꿈이 아니게 된다. 중국이 자동
차 보유 부문에서도 2040년을 전후해 미국을 따라잡을 것이라는 전망 역
시 허풍이 아니다.

1인당 가처분 소득 역시 폭발적으로 늘어날 것이 확실하다. 2019년 말
기준 중국인들의 연 1인당 가처분 소득은 3만 위안 전후가 될 것으로 추산

된다. 다소 불만족스러울지도 모른다. 그러나 앞으로의 가능성을 살펴보면 크게 실망할 필요는 없다. 2035년을 전후해서는 10만 위안 가까이 이를 것이 거의 확실시되기 때문이다. 2019년 7월 기준 불변 가격으로 하면 1만 4,000달러 정도가 된다고 볼 수 있다. 2015년 전후의 한국 1인당 가처분 소득인 1700만 원과 비슷해진다.

소비 경향도 선진국 형으로 바뀔 것이다. 우선 전 세계에 유커^{游客}(중국인 관광객)라는 말을 유행시킨 해외여행이 더욱 폭발할 가능성이 높다. 2020년 2억 명을 넘어 5억 명에 이르는 것은 시간문제다. 늦어도 2030년, 빠르면 2026~2027년 경에 이뤄질 것으로 보인다. 1인당 평균 1,200달러를 해외에서 쓴다고 할 경우 전체 규모가 무려 6000억 달러에 이르는 시장이 생기는 셈이다. 세계적 관광 대국들이 중국인들의 형편없는 매너에 고개를 저으면서도 군침을 삼키는 것은 그 때문이다.

인해전술이라는 말을 떠올리게 하는 유커들은 해외 쇼핑에서도 이른바 '넘사벽'(넘지 못할 사차원의 벽)의 막강한 위용을 보일 것이 확실하다. 2019년 말 기준으로 1조 8000억 위안 정도로 예상되는 해외 소비 지출이 5년 이내에 두 배로 뛸 것으로 전망되는 사실만 봐도 그렇다. 2030년 이전에 가볍게 5조 위안에 이를 것이라는 계산이 별로 어렵지 않게 나온다. 이 중 글로벌 럭셔리 브랜드 등의 사치품 구입에 들어가는 금액은 50% 이상을 헤아릴 것으로 보인다. 2018년 8월 환율 위기에 직면한 터키의 면세점과 공항의 명품 가격이 폭락하자 중국인들이 대거 몰린 것만 봐도 향후 상황이 어떨지 잘 알 수 있다.

복부인 이미지가 농후한 '다마'^{大媽}(원래 뜻은 아주머니)라는 단어가 미국에서도 유행할 만큼 부동산을 포함한 해외 자산에 대한 투자 역시 붐을 일으킬 것이다. 이는 중국의 졸부들이 한국과 일본에서까지 돈이 된다면 장소를 가리지 않고 부동산 등을 쓸어 담는 현실을 보면 알 수 있다. 2030년 경에는 연 해외 투자액이 1조 위안에 이를 가능성도 없지 않다. 2019년을 기준으로 베트남 GDP의 60% 전후 규모의 차이나 머니가 세계를 누비게 된다고 보면 된다.

중국인들의 레저 생활 역시 대대적인 변화의 바람에 직면하게 될 것이다. 지난 세기 초만 해도 사회주의와는 맞지 않는다고 한 골프가 대중화되는 현실만 봐도 그렇다. 녹색 마약이라는 오명을 떨치면서 중산층 이상 중국인들이 가장 즐기는 이른바 최애最愛 레저가 될 것으로 보인다. 2019년 말을 기준으로 1500만 명에 이를 골프 인구가 2030년에는 1억 명을 돌파할 전망이다. 한국 선수들이 장악하고 있는 미국 여자프로골프협회LPGA 투어에 펑산산馬珊珊과 류위劉鈺 등의 중국 골퍼들이 슬슬 명함을 내밀고 있는 것은 이런 골프 대중화와도 무관하지 않다.

승승장구의 경제는 불과 얼마 전까지만 해도 형편없었던 민도를 획기적으로 올려놓게 된다. 사회 수준 역시 자연스럽게 동반 상승할 것이다. 앞으로는 중국인들의 무질서한 공중도덕, 외국인들까지 부끄럽게 만드는 화장실 문화 등은 과거의 전설로 남게 될 것이다.

세계 최고 수준의 고속철도만큼
빨리 달려가고 있는 중국

교통 문화 선진국의 모습도 멀리 있지 않다고 해야 한다. 대륙의 중심인 베이징에서 중국인들이 가장 가고 싶어 하는 자국 외 영토인 홍콩을 왕복하는 방법만 살펴보자. 불과 10여 년 전만 해도 비행기를 타지 않을 경우 왔다 갔다 하는 데만 48시간, 즉 이틀이 걸렸으나 지금은 고속철도의 존재로 인해 완전히 금석지감今昔之感을 느껴야 할 정도가 됐다. 18시간이면 왕복이 가능하다. 한마디로 대륙 전체가 1일 생활권이 됐다고 해도 과언이 아닌 것이다.

고속철도의 현황을 살펴보면 분명히 알 수 있다. 2019년 10월을 기준으로 총 길이만 3만킬로미터에 육박하고 있다. 평균 시속도 상상을 초월한다. 무려 시속 350킬로미터에 이른다. 일본 신칸센新幹線과 프랑스 떼제베TGV, 독일 이체ICE 등의 평균 시속인 320킬로미터를 가볍게 넘어섰다. 심지어 2세대 고속철도인 푸싱復興호의 최고속도는 시간당 400킬로미터로, 전 세계에서 가장 빠르다. 이 정도에서 그치지 않는다. 미래는 더욱 가공할 것으로 전망되고 있다. 시속 1,500킬로미터로 달리는 것이 가능한 미래 운송 수단인 '하이퍼루프'Hyperloop 연구에까지 올인, 실용화를 눈앞에 두고 있다. 이 정도 되면 경악이라는 말조차 과하지 않다.

이 연구에 본격 나서고 있는 곳은 쓰촨성 청두 소재의 시난자오퉁대학西南交通大學이다. 수년 전 세계 최초로 진공관 초고속 자기부상 열차의 실험을 위한 테스트 정거장의 건설에 성공, 비행기보다 빠른 고속철도의 탄생이 불가능하지 않다는 사실을 증명했다. 해당 플랫폼은 첫 유인 고온초전도 자기부상 열차의 원형 실험트랙으로 총 길이 45미터였다. 300킬로그램의 하중을 견딜 수 있게 설계됐으나 최대 1톤까지 감당이 가능하다고 한다. 아무리 늦어도 2021년이면 관련 기술의 실험에 완전히 성공한 후 바로 실용화 단계에 접어들 것으로 전망된다.

중국인들은 향후 종교 생활도 어느 정도는 자유롭게 할 수 있을 것 같다. 헌법 36조의 종교를 믿을 자유와 믿지 않을 자유가 보장되고 있지만, 현실적으로는 전자에 힘이 더 쏠릴 가능성이 높다. 가톨릭 당국이 바티칸과 수교를 진지하게 검토하는 사실을 보면 확실히 분위기는 그렇다고 봐도 좋지 않나 싶다.

　중국이 경제, 사회적으로 원바오 시대를 목전에 둔 채 유토피아를 향해 달려가고 있다는 징표들은 찾으려고만 하면 정말 부지기수로 많다. 한국과 미국을 뺨치는 성형과 외식의 대국이 됐다거나 해외 이민이 중산층의 로망이 되고 있는 현실을 더 살펴봐도 좋다. 그동안 그래왔듯 공산당 일당독재를 두 눈 질끈 감은 채 외면할 경우 유토피아는 누구에게나 도래할 현실이 될 수 있는 것이다. 한마디로 먹고 사는 문제에 국한할 경우 확실히 40여 년 전 중국의 개혁, 개방 정책은 나름 괜찮은 선택이었다고 해도 좋을 듯하다.

33.
★

군사강국

3위의 추월을 허용하지 않은 채
미국을 맹추격하는 막강한 군사력

　　한국 남성들은 형편없는 오합지졸을 비하할 때 보통 '당나라 군대'라고 부른다. 중국인들이 들으면 당연히 기분이 나쁘겠지만 한국 언론에서도 종종 사용하는 현실을 보면 앞으로도 사라지기 힘든 용어가 아닌가 싶다. 고구려와 신라와의 전쟁에서 번번이 패한 것이 이런 편견을 불러왔는지는 모르겠으나, 사실 당나라 군대는 그렇게 오합지졸이 아니었다. 아니 당시 동북아에서 가장 막강한 군대라고 해도 좋았다. 왕조를 유지하는 내내 이겨본 적이 없다는 송나라의 200만 대군, 거의 10배나 많은 병력을 보유하고도 후일 청나라를 세우는 여진족의 소수 정예병들에게 추풍낙엽처럼 속절없이 당한 명나라 군대를 생각하면 할 말이 없기는 하다.

　　그렇다면 자국 역사에 대해 누구보다 잘 아는 중국인들의 시각으로 볼 경우 역사상 최악인 송나라나 명나라 대군과 같은 이런 군대가 현대에도 과연 존재했을까? 지난 세기의 중국 국민당 군대가 그랬던 것 같다. 중국이

중국 공군의 상징인 젠-20 전투기

아닌 한국 관점으로 보면 백만 대군을 보유하고도 공산당의 홍군紅軍에게
패배하고 대만으로 쫓겨났으니 말이다. 한마디로 국민당은 공산당의 홍군
이 강해서가 아니라 자신들의 군대가 훨씬 더 오합지졸이어서 내전에서 졌
다고 해도 과히 틀리지 않는다.

'당나라 군대'라고 불릴 만큼
초라했던 홍군의 출발

정말 그런지를 증명하기 위해서는 1920년대를 전후한 시기의 공산당과
홍군의 창당 및 창군 과정을 먼저 살펴봐야 할 것 같다. 제국주의 열강의
중국 침략이 한창이었던 당시 일반 중국인들은 공산주의에 대한 상식이
전혀 없었다. 맬서스(《인구론》의 저자인 토머스 맬서스)와 카를 마르크스를 같

은 사람으로 인식할 정도였다. 중국어로 표기할 경우 발음이 비슷한 탓이었다. 맬서스는 마얼싸쓰馬爾薩斯, 마르크스는 마커쓰馬克思로 많이 다르기는 하지만 말이다. 물론 마얼싸쓰 신봉자로 둘러대는 임기응변을 통해 체포의 위기를 넘겼다는 리다자오李大釗 등 일부 진보 지식인들 사이에서는 공산주의가 널리 알려졌었다. 동시에 적지 않은 이들이 공산주의의 사상에 경도되었고 이들에 의해 창당을 위한 노력이 전개되었다. 이 노력의 결과는 1921년 7월 마오쩌둥과 천두슈陳獨秀 등 13명 당원들의 상하이 회동을 통한 극적 창당으로 이어졌다. 이때 이미 대륙을 실질적으로 지배하고 있던 국민당에 비하면 초라하기 그지없는 출발이었다.

당연히 정예 군대는 없었다. 그럼에도 당시 공산 혁명에 이미 성공한 러시아의 대대적 지원이 큰 힘이 돼 당의 명맥만은 보존할 수 있었다. 1924년에는 군벌 토벌을 위한 1차 국공합작을 이끌어내는 존재감도 과시했다. 그러나 1927년 장제스蔣介石가 국공합작 파기를 통해 이른바 4·12 백색 쿠데타를 일으키자 완전히 백척간두에 내몰리게 됐다. 국민당이 자행한 피의 살육으로 당원들이 무수히 희생되면서 궤멸적 타격을 입게 된 것이다. 이후 공산당은 지하로 숨어든 다음 장시성江西省 난창南昌에서 공격이 최대의 방어라는 말처럼 오로지 살아남기 위해 무장봉기를 일으켰다. 이어 인근의 징강산井岡山에 무장 근거지를 마련하고 본격적인 무장 투쟁에 나섰다. 투쟁의 주류 세력은 노동자, 농민이었다. 자연스럽게 이들에게 '노농홍군'이라는 이름도 붙여졌다. 솔직히 이때만 해도 홍군은 중앙정부에 반기를 든 산적, 좋게 말해 의적 정도에 지나지 않았다. 말하자면 징강산은 소설 《수호전》水滸傳의 양산박梁山泊, 마오쩌둥은 산적 두목 송강宋江이라고 할 수 있었다. 마오 역시 훗날 이렇게 회상했다고 한다.

당연히 홍군은 중화기로 무장한 정규군인 국민당 군대의 상대가 되지 못했다. 연전연패는 당연했다. 1934년부터 시작된 산시성 옌안延安으로의 대장정 역시 마찬가지였다. 이 과정에서 전체 병력의 3분의 2를 잃었다. 희망은 없어 보였다. 그러나 이런 간난신고를 극복하고 마지막에 홍군은 국민당 대군을 격파하고 1949년 대륙을 통일했다. 마오쩌둥은 이후 28년을 집권하는 건국의 영웅이 됐다. 어떻게 보면 항우에게 70전 70패 했다가 단 한 번의 해하 전투에서 승리해 천하를 거머쥔 유방과 딱 들어맞는 모습이 아닌가 싶다.

하지만 아무리 좋게 봐도 홍군의 전력이 압도적이어서 국민당 군대에 최후의 승리를 거뒀다고 하기는 어려울 것 같다. 이렇게 평가해도 되는 결정적 이유가 있다. 바로 미군이 지원해준 각종 중화기들을 홍군에 신나게 팔아치우는 어처구니없는 행각을 보인 국민당 군대의 부패이다. 굳이 바둑으로 따지자면 홍군은 절묘한 묘수들을 발판으로 강력한 한방으로 이겼다기보다는 상대의 잇따른 패착으로 손쉽게 승리를 주웠다고 하는 게 맞을 것이다.

홍군의 후신인 인민해방군의 병사들이 이듬해 발발한 한국전쟁에 참전했을 때 소지한 주력 무기만 살펴봐도 잘 알 수 있다. 특별한 예외가 아닌 한 마시면 죽음의 공포를 잊게 해준다는 고량주를 비롯해 방망이 수류탄 두 자루와 꽹과리, 피리가 전부였다고 한다. 한국 입장에서는 인민해방군은 여전히 당나라 군대에 지나지 않았다. 이후에도 크게 달라지지 않았다. 지난 세기 70년대 말에 발발한 베트남과의 전쟁에서 결코 이겼다고 하기 힘든 치욕이 명백한 증거라 할 수 있다.

그러나 지금은 상전벽해를 지나 완전히 천지개벽을 했다고 해도 괜찮다. 무역전쟁의 발발로 더욱 확실한 중국의 잠재적 적국으로 올라선 미국 국방부가 2019년 5월 3일 〈2019년 중국 군사력 보고서〉를 통해 밝힌 내용을 살펴보면 잘 알 수 있다. 2018년을 기준으로 하더라도 자신들이 가볍게 상대하기 어려운 막강한 군사대국이라는 현실을 솔직히 고백하고 있다. 2019년 연초 패트릭 섀너핸 국방장관 대행이 첫 참모 회의에서 "현재 진행 중인 작전에 집중하면서 '중국, 중국, 중국'을 항상 기억하라."는 당부를 한 것도 같은 맥락으로 파악해야 한다. 미국 의회가 2018년 11월 14일 발간한 군사력 평가 보고서에서 "미국이 중국이나 러시아와 맞붙으면 패할 수도 있다."는 분석을 내놓은 것은 결코 엄살이 아니다.

경제 고속성장과 과학기술 발전으로
군사력도 천지개벽 수준으로 증강

통계를 살펴보면 미국의 호들갑이 충분히 이해가 갈 것이다. 우선 총 병력을 들 수 있다. 수차례의 정젠精簡(군 정예화를 위한 감군)을 통해 200만여 명으로 줄어들었으나 여전히 세계 최대를 자랑한다. 국방비 역시 만만치 않다. 2019년 기준 1조 1900억 위안 규모로 알려져 있다. 달러로는 1750억 달러 정도로, 미국의 7170억 달러에 비하면 4분의 1에 불과하지만 인건비를 비롯한 각종 경비가 포함되지 않았을 개연성이 농후한 현실을 감안하면 상당한 수준이라고 할 수 있다. 더구나 1750억 달러 자체만 놓고 봐도 한국, 일본, 러시아 등 주변 국가들의 국방비 총계와 비슷하다. 국방비 분야에서는 향후 상당 기간 3위의 추월을 허용하지 않은 채 미국을 맹추격할 것 같다.

각종 장비와 무기 현황을 살펴봐도 완전히 환골탈태했다. 영국의 국제전략연구소IISS의 자료가 상당히 신빙성이 높은데, 우선 육군의 경우 전차를 비롯해 장갑차, 전투차량 등이 2만여 대에 가깝다. 자주포와 야포, 다연

장포 등 역시 상상을 초월한다. 1만여 문에 이르는 것으로 추산되고 있다. 해군의 전력 역시 베트남조차 굴복시키지 못했을 때를 생각해 보면 혀를 내두를 정도다. 항공모함 2척을 비롯해 구축함 27척, 호위함 59척, 초계함 205척을 기본적으로 보유하고 있다. 잠수함은 한 술 더 뜬다. 최소 70여 척을 보유하고 있다는 것이 미국 국방부의 관측이다. 핵잠수함은 전체의 20% 가량인 13척인 것으로 알려지고 있다. 이중 094형 창정長征 10호는 미국도 부담스러워하는 최첨단 기종에 속한다. 사정거리 1만 1,200킬로미터인 쥐랑巨浪-2A SLBM(잠수함발사탄도미사일) 12발 탑재가 가능하다. 미국 본토 타격이 충분히 가능하다는 얘기다. 2019년 5월에는 사정거리가 1만 4,000킬로미터까지 늘어난 쥐랑-3 SLBM 발사 실험까지 했다면 위력에 대해서는 더 이상의 설명이 필요 없다. 이 정도에서 그치지 않는다. 인민해방군 해군은 창정 10호에서 한 단계 업그레이드된 진晉급 핵잠수함 4척도 운영 중에 있다. 2020년에는 총 8척으로 늘일 예정으로 알려졌다.

공군 전력도 예사롭지 않다. 전투기만 훙轟과 젠殲 시리즈의 전투기 1,600대를 보유하고 있다. 조기경보기와 공중급유기 역시 각각 10기와 13기를 보유하고 있다. 방공망 능력은 총 600기 이상의 대공 미사일 전력이 잘 말해준다. 실전 배치를 시작한 러시아판 사드로 불리는 S-400 미사일의 존재 역시 마찬가지다. 중국의 공군 지휘관들이 속으로는 미국까지는 몰라도 러시아와는 충분히 해볼 만한 전력이라는 자부심을 가질 수밖에 없는 상황이 아닌가 싶다. 마음만 먹으면 일거에 대만을 초토화시킨 후 해방시키는 것이 가능하다는 자신감이 당연할 수밖에 없어 보인다.

과거 얼파오二炮로 불린 훠젠쥔火箭軍, 즉 로켓군의 존재는 천지개벽이라는 말을 써도 괜찮다. 미국을 사정권에 두고 있는 ICBM(대륙간탄도미사일)만 살펴봐도 알기 쉽다. 동부 플로리다주까지 사정거리에 두는 둥펑東風-41을 이미 실전 배치 해놓고 있다. 갈수록 치열해지는 무역전쟁 등으로 인해 양국 관계가 최악의 상황으로 치달을 경우 중국이 이 ICBM에 핵탄두를 장착해 발사할 것이라는 가정이 현실로 나타날 수도 있다. 미국인들의 머리가 곤두설 수밖에 없다.

이와 관련, 공군 중교中校(중령)로 예편한 추이중산崔鍾山 씨는 "중국은 지난 세기의 상당 기간 거지 군대로 불렸다. 솔직히 아니라고 하기 어려웠다. 하지만 이제는 아니다. 경제의 고속성장과 과학기술의 발전으로 인해 군사력도 천지개벽이라는 말이 과언이 아닐 만큼 증강됐다. 중국은 미국과 전쟁을 원하지는 않지만 설사 비극적 상황이 도래하더라도 일방적으로 당하지만은 않을 것이다. 중국도 미국이 가진 것은 다 있다."면서 지금 중국의 군사력을 과거 시각으로 봐서는 곤란하다고 강조했다.

구소련의 수호이 전투기 짝퉁을 만든 건 옛일,
미국에 맞설 수 있는 군사력 보유

향후 전망은 인민해방군이 거지 군대였다는 오명을 완벽하고도 영원히 씻어줄 만큼 밝을 것으로 예상된다. 이미 완료했거나 현재 진행 중인 각종 군비와 무기 개발 프로젝트만 봐도 알 수 있다. 우선 2025년까지 최소 4척을 더 건조, 총 6척의 항공모함을 운영하겠다는 계획이 세워져 있다. 이중 최소 2척은 핵 추진 항모가 될 가능성이 높다. 만약 현실이 된다면 혹시 일어날지 모를 중국과의 전쟁에서 미국이 질 가능성이 있다는 미국 의회의 우려는 단지 기우만은 아닐 것이다. 극초음속 활강 탄두를 장착한 둥펑-17의 개발을 조만간 완료, 2020년에 실전 배치할 예정인 사실 역시 거론해야 한다. 중국의 국수주의적 군사 평론가 천광원陳光文의 주장에 따르면 미사일

방어체계^{MD}도 무력화시키면서 단 8발로 미국 최신 항모전단 전체를 궤멸시킬 위력이라고 한다. 오는 2035년까지 인공지능^{AI} 기능을 장착한 것에서 더 나아가 드론까지 활용하는 차세대 스텔스 전투기를 개발, 배치하는 계획 역시 주목해야 한다. 이른바 제6세대 전투기를 운용하겠다는 계획이다. 이 경우 레이저 무기와 자율조종 엔진, 극초음속 비행체 무기 기술도 도입될 것으로 전망되고 있다. 프랑스와 독일이 6세대 전투기를 2040년까지 공동 개발해 작전에 투입하겠다고 밝힌 사실을 감안하면 세계 최초가 될 수도 있다.

2019년에 실전 배치한 중국 버전의 F-35인 젠-20 스텔스 전투기에 이어 후속 시리즈인 젠-18, 젠-25, 젠-31을 한꺼번에 개발 중인 행보 역시 마찬가지다. 구소련의 수호이 전투기 '짝퉁'이나 만들던 중국이 아니라는 사실을 분명히 보여주는 행보다. 이에 대해 군사 평론가 장웨이^{張衛} 씨는 "지난 세기 말까지만 해도 중국은 러시아의 짝퉁 무기와 장비들을 만들었다. 그러나 모방은 창조의 어머니 아닌가? 베끼다 보면 고도의 기술도 익히게 된다. 솔직히 말해 젠 계열의 스텔스 전투기는 이런 과정을 거친 것이다. 이제는 미국은 몰라도 러시아보다는 한발 더 앞서 간다."면서 중국이 전투기 제조 분야에서도 미국을 바짝 뒤쫓는 G2 국가라고 자신했다.

이뿐만이 아니다. 핵폭탄에 버금가는 위력을 가진 소형 폭탄인 모압^{MOAB}(모든 폭탄의 어머니)을 개발해 시험했다는 신빙성 있는 뉴스 역시 거론해야 할 것 같다. H-6K 제트 폭격기에서 투하되어 지상에서 거대한 폭발을 일으키는 사진까지 관영 언론에 공개된 이 폭탄은 미국의 모압보다 상대적으로 작고 가벼운 것으로 알려졌다. 미국의 모압을 한참 앞선 첨단무기라는 말이다.

이외에도 중국은 미국조차 아직 실용화하지 못한 분야의 군사 기술들을 대거 보유하거나 개발하는 성과를 올린 것으로 평가되고 있다. 이는 이미 실전 배치된 항공모함 킬러 탄도미사일인 둥펑-26, J-20 스텔스 전투기의 2인용 버전 및 칼에서 발사되는 총알, 모퉁이에서 총구의 방향을 꺾는 것이 가능한 권총, 수류탄 발사 소총 등의 개발과 관련한 원천기술을 상당 부분 확보했다는 사실이 증명한다. 또 잠수함과의 교신용인 대규모 무선전자파방식WEM 안테나 및 전기 충격으로 금속 물질을 발사하는 '레일건' 제조 기술을 보유하고 있다는 사실까지 더할 경우 더 이상의 설명은 필요 없다.

그럼에도 중국은 만족을 모르는 것 같다. 군사 분야 과학기술을 더욱 업그레이드시키기 위한 국가전략인 군민융합軍民融合(군산복합) 정책도 은밀하게 추진하고 있기 때문이다. 2017년 1월 시진핑 주석이 주임에 오른 당 중앙군민융합발전위원회를 신설한 것만 봐도 잘 알 수 있다. 사실 중국의 이런 구상은 어느 날 하늘에서 뚝 떨어진 것이 아니다. 록히드마틴 같은 군산복합체를 보유한 미국을 철저히 벤치마킹했다고 봐야 맞다.

록히드마틴 같은 군산복합체 기업이
중국에도 등장할 날 멀지 않아

이런 상황에 미국이 자국을 표절하는 전략까지 구사하면서 은근히 도전장을 내미는 중국을 좌시할 까닭이 없다. 중국 최대 미사일 시스템 개발 기업으로 유명한 항천과공航天科工그룹 산하의 연구소, 통신 시스템 제조업체인 위안둥元東통신HBFEC, 반도체 및 레이더 기술을 개발하는 전자과기그룹 산하 연구소와 기업들을 대상으로 자국의 핵심 부품이 유출돼서는 안 되는 수출 통제 대상으로 지정, 철저히 관리하고 있다. 미국은 '중국 제조 2025' 못지않게 군민융합 정책에도 대단히 신경질적인 반응을 보이고 있다.

그렇다고 중국이 이에 굴복할리 없다. 시진핑 주석이 2019년 9월 초 무역전쟁에서 굴복할 뜻이 없다면서 "우리가 맞이한 각종 투쟁은 단기적인 것이 아니다. 장기적인 것이기 때문에 장기전으로 가도 괜찮다. 중대한 위기의식을 견지하고 투쟁하자. 그러면 결국 우리가 (미국에) 이길 수밖에 없다."는 요지의 주장을 편 것처럼 이 부문에서도 결사항전을 부르짖고 있다. 여러 정황으로 봐서 그의 뜻이 꺾일 것으로 보이지는 않는다. 궁극적으로 중국에도 머지않은 장래에 록히드마틴 같은 군산복합체가 등장할 것이라는 말이다.

　　시진핑 주석이 정권을 잡기 이전만 해도 중국은 군사 분야에서도 실력을 감추는 이른바 도광양회 전략을 구사한 바 있다. 그러나 그가 등장한 이후부터는 강군몽이라는 구호가 빈번하게 등장하면서 180도로 변했다. 강군몽을 향한 노력도 상당 부분 현실로 이뤄지고 있다. 미국 국방부가 〈2019년 중국 군사력 보고서〉에서 "중국이 세계에서 가장 발달한 무기 시스템 중 일부를 생산할 수 있다. 이들 분야에서는 미국을 포함한 모든 경쟁국을 능가하고 있다."라는 입장을 밝힌 사실만 봐도 그렇다고 봐야 하지 않을까. 최근 중국이 군사 분야 과학기술에서 올리는 개가들을 보면 이런 우려는 괜한 호들갑만은 아닌 것 같다. 더불어 이제 중국이 무식한 인해전술로 상대를 제압하는 몸집만 크고 허접한 기형적 군사 강국이 아니라는 얘기다. 앞으로도 계속 가공할 만한 천지개벽이 일어날 것이라는 전망은 상당히 현실적 평가인 것으로 보인다.

34.
무기수출대국

미국조차 경악할 핵폭탄 제조 기술로
세계 무기 시장 판도를 바꾸다

　　보통 한 국가의 군사력은 경제력이나 군사 분야 과학기술 수준과 불가분의 관계에 있다. 한쪽만 유독 강하거나 약한 경우는 거의 없다. 거의 산적 수준에서 출범한 홍군의 수준으로 대륙을 통일한 후 한국전쟁에 개입할 당시의 중국도 예외는 아니었다. 방망이 수류탄을 들고 한반도로 쳐들어왔다는 사실은 경제력과 군사 분야 과학기술 수준이 형편없었다는 사실을 그대로 보여주는 증거였다. 당연히 이후에도 사정은 좋아지지 않았다. 아니 1958년부터 약 3년 동안 이어진 대약진운동 기간에는 무리하게 밀어붙인 정책의 실패로 인해 상황이 더 나빠졌다. 3000만 명 가량이 이 기간 동안 아사했다면 말 다했다고 해야 한다. '동아시아의 병자'라는 치욕적인 별칭보다 별로 나을 게 없는 '종이호랑이'라는 말도 중국에게는 감지덕지했다고 할 수 있었다. 이 와중에 엎친 데 덮친 격으로 형제 국가라고 해도 좋았던 소련과의 사이가 서서히 악화되는가 싶더니 되돌리기 어려운 상황

중국의 ICBM인 둥펑-41

으로까지 치달았다. 운명적인 최대의 적 미국 및 영원한 앙숙 인도와의 관계는 말할 필요조차 없었다.

먹고 사는 것조차 빠듯한 중국으로서는 이제 안보도 걱정해야 했다. 당연히 독자적 생존의 길을 걷지 않으면 안 됐다. 그러려면 무엇보다 핵폭탄과 장거리 미사일이 필요했다. 하지만 기술이 없었다. 다행히도 실낱같은 희망은 있었다. 미국에서 매카시즘이라는 유령이 한참 배회할 때 스파이라는 혐의를 받던 중국 출신 과학자들이 귀국한 덕분에 인력 고민은 크게 없었던 것이다. 마오쩌둥은 한국전쟁에서 포로가 된 미군들을 돌려보내고 데려온 이들을 즉각 불러 모았다. 이어 첸쉐썬^{錢學森}과 덩자셴^{鄧稼先}으로 대표되는 이들에게 이른바 스탠딩 오더(명령권자가 취소하기 전에는 끝까지 수행해야 하는 명령)를 내렸다. 그게 바로 양탄일성^{兩彈一星}(원자 및 수소폭탄과 위성) 프로젝트를 성공시키라는 명령이었다.

보유 핵탄두 240기 이상, 뉴욕까지 타격가능한
ICBM 전력도 미국 위협할 수준

결과적으로 이 양탄일성 계획은 1964년 타클라마칸 사막에 있는 롭누르 지역에서 실시된 최초의 핵실험인 596 프로젝트를 통해 성공했다. 일이 되려고 그랬는지 다음 해에 중거리 탄도미사일 발사 역시 성공적으로 이뤄졌다. 이어 3년 뒤인 1967년에는 TNT 3.3메가톤 위력의 수소폭탄 개발도 성공했다. 미국과 소련, 영국의 뒤를 이은 개가였다. 당시 미국은 중국 내에 심어놓은 고정 간첩망을 통해 이 사실을 다 알고 있었다. 그래서 첸쉐썬 등을 제거하지 않고 돌려보낸 것을 땅을 치면서 후회했을 뿐 아니라 중국 핵처리 시설의 폭격도 검토했다고 한다. 하지만 중국이 다시 소련과 가까워지는 것을 우려해 실행에 옮기지는 못했다. 중국은 이로써 당당하게 핵클럽에 가입할 수 있게 됐다. 창군 40년, 건국 18년 만에 종이호랑이라는 오명을 홀홀 털어버릴 수 있게 된 것이다.

2019년 10월 기준으로 중국이 보유했다고 공식 천명하는 핵탄두는 240기에 이른다. 미국이나 러시아에 비하면 차이가 많이 난다. 그러나 미국은 믿지 않는다. 1960년대부터 가동한 핵처리 시설의 규모로 미뤄볼 때 수천 기 수준일 것으로 확신하고 있다. 워싱턴 DC와 뉴욕, 모스크바를 타격 가능한 ICBM 전력 역시 만만치 않다. 150기까지 늘었다는 것이 국제 사회의 판단이다. 북한의 핵과 미사일에도 불안해하는데 미국이 긴장하지 않는다면 그것이 더 이상할 것이다.

그러나 중국은 이 정도에서 만족하지 않고 있다. 핵능력을 계속 강화하려는 움직임을 줄기차게 보이고 있다. 생래적으로 매파일 수밖에 없는 군부에서는 핵탄두 보유 규모를 확대해야 한다는 주장을 노골적으로 펴고 있다. 인민해방군 기관지인 〈제팡쥔바오〉解放軍報의 2018년 1월 30일자 사설을 살펴볼 필요가 있을 것 같다.

"미국의 전략적 변화에 대응할 필요가 있다. 미국이 핵 능력을 강화함에 따라 우리도 핵 억지력을 향상시키고 핵 보복 능력을 키워야 한다. 그러기 위해서는 핵탄두 보유 규모를 확대해야 한다. 선제 핵 불사용 원칙은 고수해야 하나 지역 내 전략적 균형을 유지하고 우리의 강대국 지위를 보전하기 위해 핵 억지력을 강화해야 한다.”

핵능력 강화 주장은 미국의 핵 정책과 관련 예산 편성을 결정하는 〈2018 핵 태세 검토보고서〉[NPR](미국이 8년마다 발간하는 핵 관련 보고서)와도 밀접한 관련이 있다. 미국이 이 보고서를 통해 “중국과 러시아의 군비 확장으로 안보 위협이 커지고 있다. 핵 억지력을 강화해야 한다.”는 입장을 강력하게 천명한 만큼 수수방관할 수 없게 된 것이다.

사실 중국의 이런 주장은 놀랄 만한 것은 아니다. 이보다 훨씬 이전부터 미국에 대응하기 위해 꾸준히 핵능력을 확장시켜 왔으니까 말이다. 홍콩 〈사우스차이나모닝포스트〉의 2018년 5월 28일 보도를 살펴보면 잘 알 수 있다. 차세대 핵무기 개발을 위한 모의실험을 2014년 9월부터 2017년 12월까지 총 200여 회 실시한 것으로 파악되고 있다. 이는 미국보다 무려 평균 5배나 많은 것이다. 미국이 한 달에 평균 한 번꼴로 핵 모의실험을 했다면 중국은 다섯 차례나 실시한 셈이 된다. 목적은 분명하다. 아직까지는 뒤지고 있으나 앞으로는 차세대 핵무기 개발 경쟁에서 먼저 치고 나가려는 의지라고 보면 된다.

이에 대해 베이징의 군사 평론가인 저우이밍周一鳴 씨는 “현재 중국의 핵능력은 미국이나 러시아에 비해 많이 부족하다. 미국 비정부기구[NGO]인 군축협회[ACA·Arms Control Association]에 따르면, 2019년 7월 현재 러시아가 6,850개, 미국이 6,500개의 핵탄두를 보유하고 있다. 우리와는 비교가 되지 않는다. 보유 핵무기의 규모나 파괴력 면에서는 더 말할 필요조차 없다. 우리는 기술적으로 이를 상쇄해야 한다. 핵능력 강화를 적극 추진하는 전략적 스탠스를 유지할 수밖에 없다. 중국의 1차 목표는 정교하고 소형화된 핵탄두로 목표 지점에 목표로 한 피해를 입힐 수 있는 능력을 확보하는 것이다."라면서 중국의 노력이 충분히 이해의 소지가 있다고 주장했다. 또 그의 말대로 중국은 지금 빠른 속도로 그런 방향으로 나아가고 있다. 미국의 핵무기 성능실험 시설인 'Z머신'보다 훨씬 강력한 시설을 건립하려는 계획을 보면 잘 알 수 있다.

중국판 'Z머신' 시설 건설 계획,
극강의 핵폭탄 수년 내 개발 가능

미국 뉴멕시코주 샌디아국립연구소에 있는 'Z머신'은 굳이 설명이 필요 없는 세계 최대의 엑스선 발생장치로 유명하다. 핵무기가 폭발했을 때와 비슷한 초고온 및 초고압 상태를 만들어낸 다음 핵무기 원료인 플루토늄의 반응을 분석하는 기능을 한다. 바로 이 '중국판 Z머신'을 중국은 수년 내에 건설하겠다는 것이다. 건설 주체는 중국공정물리연구원이며, 쓰촨성의 핵무기 개발 기지에 설립하기로 확정됐다고 한다. 그것도 270만 J(줄. 에너지 단위)의 에너지를 발생시키는 미국 것과는 비교하기도 어려울 만큼 압도적인 규모로 건설할 예정이다. 예상 발생 에너지가 6000만 J로 미국 'Z머신'의 22배에 달할 전망이다. 계획대로만 된다면 지구상에 현존하는 어느 것보다 강력한 극강의 핵폭탄의 탄생이 수년 내에 가능해진다. 방사성 낙진을 남기지 않는 차세대 수소폭탄을 개발하는 데에도 도움이 될 수 있다.

이에 대해 반관영 통신인 〈중국신문〉CNS의 추위玆宇 기자는 "이런 수준의 시설은 전례가 없는 것이다. 계획이 진짜 현실이 된다면 중국판 Z머신은 섭씨 1억 도 이상의 열을 생성할 수 있다. 핵융합 에너지 개발에도 도움이 될 것이다. 미국의 Z머신이 초라하게 될 것이다.”라면서 중국판 꿈의 시설에 대한 기대감을 나타냈다. 말할 것도 없이 기술적 장벽이 만만치 않다. 미국 역시 'Z머신' 개발 과정에서 수없이 많은 실패를 거듭한 전례가 있기 때문이다. 그러나 중국은 양탄일성 프로젝트를 추진하면서 무에서 유를 창조하는 저력을 과시한 바 있다. 다시 한 번 기적을 일으키지 말라는 법이 없다.

핵능력을 계속 강화하려는 이런 움직임은 몇 단계 더 업그레이드된 버전의 핵폭탄에 대한 활화산 같은 의욕으로 이어지지 않을 수 없다. 일부는 이미 제조, 보유하고 있을 것으로 분석되고 있다. 코발트탄을 비롯해 중성자탄, 전자기파동^{EMP}탄 등이 이 부류에 꼽힐 수 있다. 일반인에게는 이름조차 생소한 폭탄들이 아닌가 싶다.

간단하게 개념을 살펴보면 이해가 쉬울 것 같다. 우선 코발트탄이다. 미국의 물리학자 레오 질라드가 1950년에 대외적으로 개념을 발표한 핵융합 폭탄의 하나로, 폭발 규모가 작아도 방사선이 장기간 살상 효과를 내는 탓에 지구상의 전 인류를 멸망시킬 가능성이 크다. 그래서 '최후 심판의 무기'라는 별칭으로도 불린다. 이론적으로는 별로 어려울 것이 없다. 자연계의 코발트는 원자량이 59(Co-59)로, 만일 수소폭탄의 탄두 둘레를 코발트-59로 감싸고 폭발시킬 경우 대량의 중성자가 발생한다. 이게 바로 코발트-60으로, 인체나 다른 생명체에 치명적인 방사선(감마선)을 배출한다. 반감기 5.27년의 '죽음의 재'이기도 하다. 무시무시한 별칭이 붙은 데는 다 이유가 있다.

중성자탄은 폭발력이 일본에 투하된 핵폭탄 '리틀 보이'의 10% 이하라고 보면 된다. 작기는 하나 인체에 치명적인 중성자를 대량으로 발생시킨다. 건물이나 탱크는 멀쩡해도 그 안의 사람에게는 치명적인 피해를 줄 수 있다고 한다. 1960년대 미국과 구소련이 개발한 것으로 알려져 있다. 1981

년 로널드 레이건 미국 대통령이 생산 결정을 공개하면서 그 존재가 공식 확인된 바 있다. 방사선 피해가 심한 '더러운 폭탄'에 반대된다고 해서 '깨 끗한 폭탄'이라 불리기도 한다. 프랑스까지 보유한 사실에 비춰보면 중국이 가지고 있지 않다고 주장하는 것은 난센스라고 해야 한다.

EPM탄은 중성자탄과는 완전히 다른 반대 효과를 내는 핵폭탄이다. 폭 발 때 나오는 감마선이 주변의 모든 전자회로를 태우는 원리를 채택한 것 이다. EPM탄이 폭발하면 휴대전화나 TV 등의 전자기기는 말할 것도 없고 변압기 등도 완전히 블랙아웃이 된다고 한다. 때문에 성층권에서 이를 터 뜨리면 웬만한 나라 전체는 100% 마비가 된다. 아비규환의 카오스 상황을 상상하는 것이 별로 어렵지 않다. 즉각적 인명 살상보다는 전자장비 파괴 를 목표로 하는 폭탄이라고 하지만 궁극적으로는 사람을 천천히 죽이게 된다. 북한이 EMP탄을 미국 상공에 터뜨릴 경우 미국인의 90%가 사망한 다는 충격적 연구가 있는 것만 봐도 어느 정도 가공할 핵폭탄인지 바로 알 수 있다.

2025년을 전후해
세계 무기시장의 10%를 차지할 전망

중국이 미국조차 경악할 핵폭탄 제조 기술까지 보유한 현실에서 팔짱 을 낀 채 유유자적할 까닭이 없다. 유난히도 드러내놓고 돈 좋아하는 사람 들로 이뤄진 나라답게 군사 분야 과학기술을 응용한 돈벌이를 적극적으로 시작했다. 무기 수출에 본격적으로 나섰다는 말이다. 실제로도 규모가 세 계 무기 시장의 판도를 흔들 수준에 근접한 것으로 알려지고 있다. 통계가 현실을 여실히 말해주지 않나 싶다.

중국의 무기 수출 규모는 2008년까지만 해도 어디에 명함을 내밀 수준이 아니었다. 14억 달러 전후에 불과했다. 그러나 스톡홀름국제평화연구소SIPRI에 따르면 5년 후인 2013년에 이르러서는 엄청나게 달라졌다. 폭발적으로 수출이 늘어나면서 거의 2배 이상인 28억 달러에 이르렀다. 2014~2018년의 실적도 놀라웠다. 이전 5년 동안보다 40% 가까이 증가했다. 2020년이면 70억 달러를 바라볼 수도 있을 것 같다. 전세계 무기 수출 시장에서 차지하는 비중 역시 서서히 높아지고 있다. 2018년 기준으로 미국의 36%에는 턱없이 미치지 못하나 그래도 5.2% 수준을 유지하고 있다. 러시아와 프랑스, 독일의 17%, 6.8%, 6.4%에 뒤이은 5위의 성적이다.

하지만 전망은 상당히 밝다. 현재 속도대로라면 프랑스와 독일을 제치는 것은 시간문제라고 할 수 있다. 2025년을 전후해 전 세계 시장의 10% 정도까지 장악할 저력을 보유한 것으로 평가되고 있다. 매출액 기준으로 글로벌 상위 30대 군수 기업의 면모를 살펴보면 알 수 있다. 영국 싱크탱크인 국제문제전략연구소IISS의 보고서에 따르면, 중국이 미국의 6개에 비해 2개나 많은 8개 기업의 이름을 올리고 있다. 세계 5위인 병기장비그룹CSGC을 비롯해 중국항공공업그룹AVIC(7위), 병기공업그룹NORINCO(9위), 항천과공그룹CASIC(11위), 선박중공업그룹CSIC, 전자과기그룹CETC(15위), 항천그룹CASC(18위), 선박공업그룹CSSC(22위) 등이 주인공들이다. 모두가 국가 소유로 생산되는 무기의 수출은 산하 전문 자회사가 맡고 있다.

수출되는 무기들의 면면을 봐도 기세가 예사롭지 않다. 러시아의 칼라시니코프 소총을 모방해 만든 자동소총 같은 단순한 무기만 수출하는 것이 아니다. 당장 수출용으로 건조되는 S26T 디젤엔진 추진 잠수함의 사례를 들 수 있다. 2005~2006년에 취역한 중국 해군의 위안元급 039B형에 해당하는 최대 속도 시속 18노트, 배수량 2,600톤의 첨단 잠수함으로, 태국에 가장 먼저 수출될 전망이다. 가격은 135억 바트(3억 9000만 달러)로, 예정대로라면 2023년에 인도될 예정으로 있다. 추가로 두 척이 더 수출될 계획이다. 중국으로서는 방글라데시에 두 척의 밍明급 잠수함을 수출한 데 이은 개가에 해당한다. 파키스탄에 오는 2028년까지 8척의 위안급 잠수함을 수출하는 계약을 체결한 것은 이런 저력이 있었기 때문에 가능했다.

미국조차 부담스러워하는 둥펑 계열의 미사일, 샤오룽梟龍 전투기, 로켓포, 조기 경보기, 자주포, 군사용 드론 역시 거론할 필요가 있다. 중국이 가장 많이 수출하는 무기 체계 목록에서 항상 10위 이내를 차지하고 있다. 중국의 무기 수출이 재래식 무기에 국한되지 않는다는 사실을 분명히 해주는 증거이다.

이처럼 중국이 세계 무기 시장에서 위력을 발휘하는 것은 역시 가격 경쟁력이라고 해야 한다. 경제적으로 여유가 크게 없는 파키스탄, 미얀마, 방글라데시 등이 주 수입국이라는 사실을 감안하면 역시 그렇다. 가격 대비 월등한 성능을 의미하는, 이른바 가성비가 중국산 무기가 각광받는 큰 이유일 것이다. 웬만한 재래식 무기의 경우 미국이나 러시아에 비해 성능이 크게 떨어지지 않는 것으로 알려지고 있다. 심지어 일부 저가 경량 무기는 미국과 러시아 제품보다 경쟁력이 더 강하다는 평가도 있다.

세계 53개국에 무기 수출, 첨단 무인 잠수함과
군사용 드론 무기 실험 운용에도 성공

이렇다 보니 수출 지역이 다변화되는 것은 필연적일 수밖에 없다. 아프리카와 중동 국가를 비롯해 남미 국가들까지 중국산 무기의 고객으로 떠오르고 있는 것이 현실이다. 조만간 전 세계 모든 지역의 국가들이 고객이 되지 말라는 법이 없다. 충분히 그럴 수 있다는 사실은 군사 당국의 통계에서도 충분히 예상할 수 있다. 2018년 말을 기준으로 지난 5년 동안 53개국에 무기를 수출, 그 이전 5년에 비해 수출국이 12개국이나 더 늘었다.

현재 중국은 각종 핵폭탄 외에도 스텔스 전투기, 항공모함을 자체 제작, 건조할 정도로 군사 분야 과학기술이 일정한 수준에 올라와 있다. 심지어 글로벌 해양 패권을 겨냥한 첨단 무인 AI 잠수함도 조만간 개발, 실전배치할 것이 확실시된다. 늦어도 당 창당 100주년이 되는 2021년까지는 목표를 달성할 계획이라고 한다. 이를 위해 광둥성 주하이에 세계 최대 규모의 '드론 보트'(수상 드론) 시험시설을 건설하는 등 만반의 준비를 갖추고 있다. 2017년 10월에는 수중 탐사 외에 군사적 목적으로도 활용이 가능한 수중 드론 하이이海翼 1000의 시험 운용에도 성공했다. 당연히 향후 세계 무기 시장을 더욱 적극적으로 노릴 것이다.

중국의 군사 분야 과학기술 발전과 무기 수출 행보는 향후 더욱 가속화될 것이다. 군사 굴기나 강군몽 목표를 향해 나아가려는 의지를 보면 당연한 결과이다. 중국이 군사 방면에서도 미국과 러시아까지 위협할 것이라는 말이 된다. 물론 걸림돌이 전혀 없는 것은 아니다. 우선 미국과 러시아의 견제가 부담스러울 수 있다. 특히 미국의 경우는 작심하고 무역전쟁을 벌인 자세에서도 알 수 있듯 거의 필사적으로 견제에 나서고 있다. 한국과 베트남, 필리핀 등 동남아 주변 국가들이 패권 국가 중국의 부상을 우려하는 시선 역시 크게 다를 것 없다. 그럼에도 미국과의 무역전쟁에서 확인된 중국의 직진 본능은 멈추지 않을 것으로 전망된다. 궁극적으로 먼 미래의 G1 군사 대국을 향해 나아가려는 중국의 진격은 이제 분명한 현실이 되고 있다.

일대일로

지구촌을 사통팔달로,
G1을 향한 중국의 진격은 현재 진행형

중국 지도자들은 자국의 정책과 관련한 각종 구호들을 무척이나 좋아한다. 흑묘백묘론과 선부론을 거의 입에 달고 살았던 덩샤오핑까지 들먹일 필요조차 없다. 후진타오 전 국가주석만 거론해도 충분하다. 늘 허셰^{和諧}, 즉 조화라는 구호를 재임 기간 10년 동안 주야장천 외치고 다녔다. 이로 인해 허셰는 이제 당나라 때의 대시인 이상은^{李商隱}이 엮은 《의산잡찬》^{義山雜纂}이라는 고서에서나 찾을 수 있는 어려운 단어에서 진화해 항간의 장삼이사들까지 모두 입에 올리는 무척이나 친근한 용어가 됐다. 고속철도 브랜드 중에도 허셰호가 있다면 말 다했다고 해야 한다.

시진핑 주석은 전임자들보다 아예 몇 술 더 뜬다. 간절히 바라는 희망사항을 말해주는 단어들 뒤에 '굴기'나 '몽'자만 붙이면 된다는 말이 있을 정도다. 그러나 이들 구호들마저 일대일로^{一帶一路}라는 단어 앞에서는 영 무색해진다. 당정 최고 지도자들에서부터 평범한 시민들에 이르기까지 14억 중

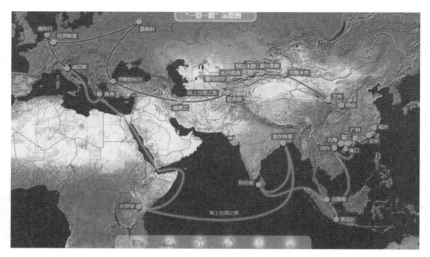

일대일로 선전 포스터

국인들이 마치 약속이나 한 듯 하나같이 일대일로라는 단어에 집착한 채 날을 지새우는 것을 보면 정말 그렇다. 한마디로 중국의 모든 원망願望은 일대일로라는 단어 하나에 수렴되고 있다고 해도 좋은 것이다.

일대일로의 '일대'一帶는 중국에서 중앙아시아를 거쳐 유럽, 아프리카로 뻗어나가는 육상 실크로드 경제벨트를 뜻한다. 또 '일로'一路는 중국에서 동남아를 경유해 아프리카와 유럽, 남미로 이어지는 해양 실크로드를 의미한다. 시진핑 주석이 2013년 9월 처음으로 주창한 이후 완전히 거국적 프로젝트가 되었다. 미국 폴슨연구소에 따르면, 현대판 실크로드Silk Road(비단길)로 불리는 이 사업은 항구와 도로, 공항, 파이프라인 등의 인프라 건설을 통해 중국을 동남아시아와 중앙아시아, 남미, 아프리카 등 일대일로의 영향권에 놓인 연변沿邊 65개국과 촘촘히 연결하는 프로젝트이다. 세계 인구의 63%(44억 명), 글로벌 GDP의 29.3%(21조 달러)를 차지하는 지역의 경제블록 건설을 목표로 하고 있다고 보면 된다.

중국 정부는 이를 위해 2014년 이후부터 이들 연변 65개국에 일대일로 프로젝트 동참을 잇따라 요청한 바 있다. 대부분 국가들의 승낙도 받아놓은 상태이다. 당근도 준비해놓지 않았을 리가 없다. 동참을 원하는 국가들에는 대규모 투자와 차관, 경제협력 등을 약속하고 있다. 사회간접자본SOC과 투자재원 부족으로 어려움을 겪고 있는 연변 개발도상국들로서는 당연히 환영할 수밖에 없다.

'일대일로'는 중국 중심으로 세계를 움직이는 시스템 구축이 목적

시진핑 주석이 이처럼 일대일로에 집착하는 이유는 간단하다. 미국을 대신해 G1으로 올라설 경우를 대비해 미리 자국 중심으로 세계를 움직일 시스템을 완비하자는 생각이 깔려 있다고 보면 거의 틀리지 않는다. 긍정적인 시각으로 바라볼 경우 그림도 좋고 스케일도 나무랄 데 없다. 중국은 아이디어를 실현시키기 위한 돈 보따리 풀기도 본격 가동하고 있다. 우선 프로젝트의 추진을 위해 설립한 아시아인프라투자은행AIIB의 자본금 1000억 달러 가운데 300억 달러를 출자하는 통 큰 행보를 보였다. 신新실크로드기금으로 별도의 400억 달러를 조성하기도 했다. 재정 적자에 쪼들리는 미국으로서는 엄두조차 못 낼 일이다.

구체적으로 추진되는 대규모 개별 사업들도 적지 않다. 파키스탄 과다르 항과 신장위구르자치구의 카스喀什까지 연결하는 3,000킬로미터에 달하는 경제회랑 사업을 대표적으로 꼽을 수 있다. 두 지역을 잇는 인프라 사업에는 철도를 비롯해 도로, 송유관, 광케이블의 건설 및 구축 등이 포함돼 있다. 사업이 순탄하게 궤도에 오르면 파키스탄은 험준한 힌두쿠시 산맥을 넘어 거대한 중국 경제권과 연결될 수 있다. 파키스탄 경제에는 게임체인저급 변화를 몰고 올 수 있다. 파키스탄도 이 장밋빛 전망이 현실로 나타날 수 있도록 총 620억 달러에 달하는 국토 종횡의 인프라 사업을 진행하고 있다. 이 중 460억 달러는 중국과 파키스탄 경제회랑 사업에 투입되고 있다.

중국이 이처럼 파키스탄에 공을 들이는 이유는 분명하다. 파키스탄의 지정학적 위상이 중요하기 때문이다. 유라시아 대륙의 동쪽 끝에 위치한 중국의 물류와 에너지 수송은 대부분 해상을 통해 이뤄진다. 하지만 해상 수송은 변수가 너무 많다. 무엇보다 대미 관계가 악화될 때 해상 봉쇄로 인해 치명타를 입는다. 에너지와 물류 수송망의 다각화를 생각하지 않을 수 없다. 생존이 걸린 문제라고 해도 좋다. 그러나 과다르 항을 통할 경우 얘기는 달라진다. 페르시아 만의 원유를 서남 및 동남아시아를 거치지 않고 바로 수입할 수 있다. 더불어 과다르 항을 통해 육로로 실어 나른 자국 상품을 수출할 수도 있다. 중국이 바보들만 사는 나라가 아니라면 파키스탄에 눈독을 들일 수밖에 없다. 더구나 파키스탄은 인도와는 달리 중국의 전통적 우방이 아닌가 말이다.

바이칼 호수 남쪽 지역도 주목할 필요가 있다. 일대일로의 북방 루트인 중국과 몽골, 러시아 경제회랑이 지나가는 곳으로 고속철도와 도로, 교량 등의 인프라 시설이 속속 깔리고 있다. 이외에 동남아시아와 아프리카 역시 거론하지 않으면 안 된다. 중국 자본의 지원을 받은 인프라 건설이 거의 모든 국가에서 연중무휴 추진되는 현실이다. 조금 심하게 말하면 지구촌 거의 대부분이 중국 자본의 지원 하에 파헤쳐진 채 거대한 공사판이 되고 있다고 해도 과언이 아니다.

일대일로 프로젝트의 폐해가 전혀 없는 것은 아니다. 무엇보다 막대한 중국 자본을 들여오면서 프로젝트 대상 국가들이 짊어질 수밖에 없게 된 부채 문제가 심각하다. 개도국들이 중국에 진 부채의 전체 규모만 2019년 10월 기준으로 1600억 달러 전후에 이르는 것으로 추산된다. 직격탄을 맞은 국가도 있다. 파키스탄이 가장 대표적이다. 중국이 시원스럽게 빌려준 빚을 아낌 없이 인프라 건설 등에 투자했다가 외환위기를 맞고 말았다. 급기야 2019년 7월 IMF로부터 60억 달러의 구제 금융을 받는 신세가 됐다. 중국의 빚을 무분별하게 들여온 국가들이 적지 않은 만큼 앞으로도 파키스탄 같은 케이스는 더 많이 생길 것으로 보인다.

프로젝트의 중심지를 필두로 한 지역에 열풍처럼 번지는 부동산 투기 광풍 역시 우려되는 대목이다. 특히 중국과 상대적으로 가까운 동남아시아 지역에서 이런 경향이 유독 심하다. 중국인들과 현지 부유층들이 인프라 개발 호재를 노리고 마구잡이 투자에 나선 탓에 부동산들이 몇 배나 뛰는 기현상을 초래하고 있다. 이에 대해 일대일로가 본격적으로 추진되기 시작한 2014년부터 말레이시아와 싱가포르에 다수의 아파트와 토지를 매입한 베이징의 중소 기업인인 메이샤오차오梅曉朝 씨는 "일대일로 프로젝트에 동남아 국가들이 적극적으로 참여하지 않을 까닭이 없다. 가만히 있어도 알아서 중국이 돈을 빌려줬으니까. 그렇다면 부동산 가격은 반드시 오를 수밖에 없었다. 내 예상은 맞았다. 5년이 지나고 보니 내 자산은 거의 다섯 배나 올랐다. 일대일로를 추진하고 있는 중국은 말할 것도 없고 말레이시아, 싱가포르 정부에 진짜 감사하게 생각한다."면서 일대일로 프로젝트에 발 빠르게 대응한 덕분에 엄청난 불로소득을 올렸다고 솔직하게 시인했다.

이외에 미국의 우려대로 일대일로 프로젝트 참여국들이 중국 경제에 급속도로 종속되는 듯한 상황, 공사 현장에서 빚어지는 중국인과 현지인 간의 갈등 역시 간과해서는 안 될 폐해로 꼽힐 수 있다. 동남아시아와 아프리카 일부 지역에서 반중 정서가 서서히 싹트고 있는 현실은 바로 이런 폐해의 일부에 불과하다.

'일대일로' 참여국들의 폐해와
혜택을 입는 국가들의 시각 차이

하지만 긍정적인 측면이 많은 것도 사실이다. 프로젝트의 본격 실시로 그동안 지구촌의 변방으로만 존재하던 지역들이 큰 혜택을 입을 가능성이 커진 사실을 대표적으로 꼽을 수 있다. 동남아시아의 라오스와 캄보디아, 미얀마 등에서 향후 전개될 상황만 살펴봐도 잘 알 수 있다. 그동안은 세 나라 모두 사회주의 은둔국으로 인식됐으나 일대일로 프로젝트의 혜택을 본격적으로 입을 경우 절대 빈곤에서 벗어나는 전기를 맞이할 전망이다. 외신 일부에서 일대일로 프로젝트를 21세기의 차이나판 마셜플랜(2차 세계 대전 이후 유럽의 민주국가들을 미국이 경제적으로 지원했던 프로그램)이라고 부르는 것은 나름 상당한 설득력이 있다.

상당수의 아프리카 국가들 역시 캄보디아 등이 부럽지 않을 전망이다. 일대일로 프로젝트가 중간에 흔들리지만 않는다면 혜택이 역대급일 것이다. 시진핑 주석은 지난 2015년 중국·아프리카 협력 포럼에서 향후 3년 동안 아프리카 대륙에 600억 달러 규모의 원조와 투자를 하겠다고 선언한 후 이를 적극적으로 실천하고 있다. 일부의 반중 정서와는 달리 대부분 국가에서 중국에 대한 호감도가 압도적인 것은 다 그럴 만한 이유가 있다.

현장의 분위기를 살펴봐야 사실을 잘 알 수 있다. 대륙 서북부의 세네갈 수도 다카르를 예로 들어보자. 홍콩 〈사우스차이나모닝포스트〉가 2018년 6월 보도한 바에 따르면, 이곳 소재의 셰크앙타디오프대학에는 독일의

괴테 인스티튜트나 프랑스의 알리앙스 프랑세즈와 비슷한 개념인 공자학원이 설립돼 있다. 2016년 중국 정부가 250만 달러를 지원해 출범한 교육 기관으로, 중국어를 주로 가르친다. 얼핏 형식적인 기관이라고 생각할 수도 있으나 전혀 그렇지 않다. 우선 실내로 들어서면 바로 공자 동상이 인자한 웃음을 띤 채 방문객들을 반갑게 맞는다. 천천히 둘러보면 학원의 시설이 일반의 상상을 초월한다. 7개의 강의실을 비롯해 멀티미디어홀, 원형극장, 도서관 등 웬만한 대학 못지 않은 시설을 갖추고 있다. 배움의 열기 역시 뜨겁다. 다카르와 인근 지역의 대학생을 비롯한 1,000여 명의 학생들이 진지한 태도로 중국어 등을 배우고 있다. 12명의 직원 월급을 포함한 운영비, 수업 보조금 등은 대학 측이 신경을 쓸 필요가 없다. 액수가 얼마가 되든지 전액 중국 당국이 지원해주고 있다. 아프리카에서 가장 잘 살고 안정된 민주국가인 세네갈 국민들이 중국에 열광하지 않을 수 없는 상황이다. 주변 다른 국가들도 정도의 차이는 있으나 크게 다르지 않다. 39개 국가의 54개 지역에 공자학원이 설립돼 있는 것을 보면 놀랍기만 하다.

세계 패권국이 되겠다는 야심과 전혀 무관하지 않은 중국의 일대일로 행보는 동남아시아의 빈국이나 아프리카 등에만 좋은 것이 아니다. 지구촌 전 지역의 균형 발전을 위해서도 상당히 긍정적으로 작용한다고 봐야 한다. 늘 있을 수밖에 없는 각 블록 별 갈등 역시 이의 영향으로 완화될 가능성이 없지 않다. 조금 낙관적으로 말하면 글로벌 평화에도 나름 긍정적인 영향을 미친다고 봐도 좋다. "일대일로 프로젝트를 색안경을 끼고 볼 필요가 없다. 중국이 자국의 굴기를 위해 추진한다는 시각이 외국에서는 없지 않으나 역시 세상을 평화롭게 만드는 것을 최고의 이상으로 삼는 중국의 전통적 세계관을 더 충실히 반영한다고 보는 것이 옳다."라고 강조하는 런민대 팡창핑方長平 교수의 말이 나름 일리가 있는 것이다.

구소련 붕괴 이후 거의 1세대 가까이 미국이 자임했던 글로벌 파워의 1극체제를 양극체제 내지는 다극체제로 변화시킬 수 있다는 사실 역시 간과할 수 없는 점이다. 미국이 중국의 거침없는 일대일로 행보에 펄쩍 뛰는 것과는 달리 러시아가 은연 중 동조하는 입장을 피력하는 것은 이런 이유이다. 러시아로서는 미국을 견제할 능력을 보유한 러닝메이트 중국의 적극적인 행보가 그야말로 '불감청, 고소원'不敢請, 固所願(적극적으로 부탁하는 것은 아니나 진정으로 바라는 바임)일 것이라는 말이다.

일대일로 프로젝트 추진은
중국 경제, 사회의 엄청난 발전으로 이어져

일대일로 프로젝트의 추진은 중국 경제 및 지역사회 발전에도 엄청난 도움을 줄 가능성이 농후하다. 40여 년 전 개혁, 개방 천명과 함께 사회주의 시장경제의 시험에 나섰던 중국은 확실히 당초 예상했던 것보다는 훨씬 나은 성과를 얻었다. 그러나 전국의 경제가 고루 성장했다고는 보기 어려운 사실에 비춰보면 아직도 부족한 측면이 없지 않다. 지난 세기 말에 덩샤오핑이 처음 개념을 제시한 이른바 점點(도시), 선線(해안도시), 면面(전체 대륙)으로 이어지는 발전 전략을 적극 재추진하려 했던 것도 바로 이 때문이라고 할 수 있다. 불과 얼마 전까지만 해도 이런 의지를 담은 서부대개발이나 동북진흥 프로젝트가 거국적 사업으로 적극 추진되기도 했다.

하지만 일대일로 프로젝트가 본격적으로 효과를 나타낼 경우 이들 사업의 존재 자체는 좋게 말해 무의미해진다. 일대일로의 효과는 외부 국경과 통하는 대륙 동서남북의 각지에서 엄청난 변화로 나타나고 있다. 대표적으로 과거에 유배지로 악명이 높던 대륙 최남단의 섬 하이난의 케이스를 살펴보면 알기 쉽다. 2014년 이후부터 일거에 해상 실크로드의 요충지로 떠오르면서 아예 천지개벽을 하는 중이다. 이는 시진핑 주석이 2018년 4월 중순 이곳을 찾아 각별한 관심을 기울이면서 대대적 지원을 약속한 사실만 봐도 잘 알 수 있다.

세부적으로 살펴보면 더욱 확실하다. 인터넷, 의료, 금융, 컨벤션 산업이 폭발적으로 성장하고 있다. '동양의 하와이'라는 별명에서 볼 수 있듯 관광 산업 역시 예외가 아니다. 차세대 ICT 산업과 디지털경제 발전 계획의 청사진을 바라보자면 하이난 입장에서는 일대일로 프로젝트란 생각지도 못한 선물이라고 해도 크게 무리는 아니다. 이 외에 헤이룽장성 하얼빈과 윈난성 시상반나西雙版納 등 다수의 국경 지대 낙후 도시들 역시 일대일로 프로젝트의 수혜 지역으로 손꼽힌다. 뭘 해도 안 될 것이라는 평가를 듣던, 불과 얼마 전까지의 부정적 이미지에서 벗어나 일대일로 시대의 중국, 나아가 세계의 중심 도시가 될 수 있는 발전의 전기를 마련하고 있다.

중국의 시대는 현재진행형이고 머지않은 장래에 실현될 것

일대일로 프로젝트를 방해할 걸림돌이 전혀 없는 것은 아니다. 바로 중국을 주적으로 생각하는 미국의 집요한 방해다. 실제로 미국은 도널드 트럼프 대통령까지 나서서 "일대일로는 중국의 패권 전략이자 부채에 기반을 둔 외교술인 '채무 함정 외교'에 다름 아니다. 국제사회는 이를 제대로 간파해야 한다."는 요지의 비난을 가하며 어떻게든 일대일로 프로젝트의 판 자체를 뿌리째 뒤집어엎으려 하고 있다. 미국의 동맹인 일본 역시 중국의 눈치를 보지 않는 것은 아니나 미국에 동조하는 편이다.

하지만 중국은 미국 등의 방해에 전혀 개의치 않는다. 때로는 기세에 눌리지 않기 위해 강력하게 맞받아치기도 한다. 2018년 8월 10일 국뽕 신문으로 유명한 〈환추스바오〉의 사평社評을 통해서는 "트럼프 대통령이 중국과 무역전쟁을 벌임과 동시에 일대일로 프로젝트를 정조준하기 시작했다. 미국은 진부한 지정학적 사고로 목표와 수단이 완전히 어긋나는, 시대 흐름에 역행하는 이데올로기 전쟁을 벌이고 있다."면서 미국을 신랄하게 비판했다.

중국의 강경한 입장이나 그동안 투자된 어마어마한 금액에 비춰 봐도 일대일로 프로젝트가 중단될 가능성은 거의 없다. 한마디로 이미 루비콘강을 건넌 것이다. 따라서 중국은 향후 거국적인 노력을 기울여 인류 역사상 최대의 역사役事를 완성하기 위해 매진할 수밖에 없다. 그 의지는 원하는 결과로 나타날 것이다. 외신에서 진격의 일대일로라는 표현을 종종 쓰는 것은 결코 괜한 게 아니다. 이 경우 지구촌은 그야말로 사통팔달로 연결되면서 그동안 인류가 겪어보지 못한 전혀 새로운 시대를 경험할 것으로 보인다. 더불어 팍스 시니카의 시대도 머지않은 장래에 활짝 열릴 수밖에 없을 것 같다. 이는 극강의 대제국 미국도 어쩔 수 없는 현실이라고 해야 한다. G1조차 통제를 못하는 막강한 G2 중국의 시대는 이제 현재진행형이 되고 있다고 해도 틀리지 않을 것이다.

에필로그

중국의 오늘과 내일을 알아야
한국의 미래가 보인다

이웃사촌이라는 말이 있다. 살면 살수록 정말 불후의 진리라는 생각이 든다. 멀리 있는 친척보다 이웃사촌이 낫다는 것은 굳이 구구한 설명을 덧붙일 필요가 없을 만큼 공감하는 말일 것이다. 하지만 그 말이 국가에 적용되면 얘기가 달라진다. 이웃 국가 간에 관계가 좋은 경우는 거의 없다고 단언해도 좋다.

한국과 중국 역시 마찬가지 아닐까 싶다. 하기야 반만년 역사 동안 중국이 한반도를 침략한 일만 해도 최소한 수백여 차례가 되니 사이가 좋을 수가 있겠는가. 심지어 1950년에는 한국전쟁에까지 개입, 남북통일을 방해하지 않았는가. 이 정도 되면 양국은 사이가 나쁜 정도가 아니라 원수처럼 지내야 한다. 특히 한국인의 입장에서는 더욱 그렇게 생각할 수 있다.

그래서일까, 한국인의 평균적인 대중 감정은 썩 좋다고 하기 어렵다. 아니 중국이 고고도미사일방어체계(사드) 배치에 대한 보복으로 한한령限韓令

을 발동한 이후부터는 두드러지게 나빠진 것이 현실이다. "모진 × 옆에 있으면 벼락 맞는다."라는 말까지 나오고 있으나 반론을 제기하는 한국인들은 많지 않다. 한마디로 혐중 감정이 한반도의 남쪽에 퍼져있다고 해도 좋다.

그러나 단적으로 말하자면 이래서는 곤란하다. 개인으로 볼 때도 이웃집과 반목하면서 악감정을 가지고 있으면 결코 좋을 것이 없다. 정신건강에 안 좋을 뿐 아니라 결국에는 손해가 되기 마련이다.

더욱이 역사를 자세히 들여다보면 양국 간의 관계가 좋았던 시기나 사건도 적지 않다. 삼국시대부터 조선 시대에 이르기까지 긴밀한 관계를 유지하면서 문화 교류가 있었고 선조들이 중국 본토로 진출해 활약한 경우도 많았다. 중국에 대한 막연한 혐오 감정을 가지거나 두려워해서는 안 된다는 얘기다.

이뿐만이 아니다. 비록 지금은 많이 줄었으나 우리나라를 찾는 유커의 비중이라든가 한국 수출의 4분의 1을 중국이 차지한다는 사실을 생각하면 혐중 감정을 바람직하다고 하기는 어렵다. 중국 입장에서는 줄 것 다 주고 뺨 맞는다는 불만을 가질 수도 있다. 한국인들의 혐중 감정에 반발하는 중국인들의 혐한 감정이 사드 사태 이후 폭발한 것은 그럴 만한 이유가 있는 것이다.

이웃사촌은 바꿀 수 있다. 하지만 인접한 국가는 그게 불가능하다. 미우나 고우나 계속 상대하지 않으면 안 된다. 한국 입장에서는 굳이 혐중 감정을 품은 채 스트레스를 받을 필요가 없다.

그러나 피할 수 없다면 즐기라는 말도 있듯이 중국을 이해하기 위한 전향적인 노력이 필요할 것이다. 설령 "나는 죽어도 중국이나 중국인에 대해 좋은 감정을 가질 수 없다."라고 생각하는 골수 혐중론자라 하더라도 생각을 바꾸는 게 좋지 않을까 싶다. "상대를 알고 나를 알면 백 번 싸워도 위태롭지 않다."라는 고사성어가 주는 교훈은 국제정세에 적용할 때 만고의 진리라고 할 수 있다.

게다가 중국은 한국이 경원시하거나 적대적으로 대하기에는 이미 너무 과하게 커버렸다. 극강의 글로벌 원톱인 미국도 버거워할 정도라면 더 말할 필요가 없다. 여기에 중국으로부터 배울 것도 적지 않다는 사실까지 더한다면, 지형적으로 역학적으로 피하기 어려운 이웃을 우선 있는 그대로 파악하는 것이 절실한 때가 되었다.

게임의 고수는 절대로 마지막 패를 함부로 꺼내지 않는다. 최후의 한 수를 끝까지 숨기는 법이다. 그렇지 않으면 게도 구럭도 다 잃는 횡액을 당한다 해도 수습할 방법이 없다. 최후의 한 수가 혐중 감정이라면 우리는 이미 모든 패를 중국에게 보여준 꼴이 되는 것이다.

중국의 외교 전략 중 하나로 구동존이求同存異(같음을 추구하나 의견이 다른 것은 남겨둠)라는 것이 있다. 공자가 주창한 화이부동和而不同(군자는 조화롭게 어울리나 부화뇌동 않음)과 비슷한 개념으로, 그야말로 탁월한 전략이라고 할 수 있다. 우리가 중국을 상대할 때 딱 맞는 대응법이라고 생각한다. 마지막 패를 굳이 중뿔나게 드러내지 않으면서도 유연하게 대처하는 태도가 필요하다.

이제 우리는 미우나 고우나 중국의 진면목을 정확하게 알아야 한다는 결론에 다들 동의해야 할 수밖에 없을 것 같다. 이 책은 바로 이런 필요에 착안해 기획된 책이다. 있는 그대로의 중국을 보기 위해 모든 선입견을 털어버리고 불편부당의 관점에서 G1을 노리는 대국의 민낯과 속살을 남김없이 파헤쳤다.

따라서 현재 중국의 생생한 모습을 가장 잘 들여다볼 수 있다고 감히 자신할 수 있다. 이 책을 읽으면 한국의 미래가 보인다는 주장을 거침없이 할 수 있는 것도 바로 이 때문이다. 독자 제현들도 피할 수 없다면 즐기겠다는 생각으로 접근한다면 이 책을 읽는 재미와 보람이 배가될 것이다.

베이징 특파원 12인이 진단한 중국의 현재와 미래 보고서

트렌드 차이나 2020

| **제1판 1쇄 발행** | 2019년 10월 26일 |
| **제1판 2쇄 발행** | 2019년 11월 30일 |

지은이	홍순도, 김규환, 차상근, 노석철, 김충남, 정용환,
	양정대, 이우승, 윤창수, 이재호, 홍우리, 은진호
펴낸이	김덕문

책임편집	손미정
디자인	블랙페퍼디자인
마케팅	이종률
제작	백상종

펴낸곳	더봄
등록번호	제399-2016-000012호(2015.04.20)
주소	경기도 남양주시 별내면 청학로중앙길 71, 502호(상록수오피스텔)
대표전화	031-848-8007 **팩스** 031-848-8006
전자우편	thebom21@naver.com
블로그	blog.naver.com/thebom21

ISBN 979-11-88522-61-3 03320

캡틴 클래스

세계에서 가장 위대한 팀을 만든 리더의 7가지 숨은 힘

샘 워커 지음 | 배현 옮김

세계에서 가장 위대한 팀들은 어떻게 만들어졌는가?
리더십에 대한 통념을 바꿔주는 '탁월한 경제경영서'
최고의 조직을 만들고 싶다면 위대한 스포츠 팀에서 배워라!

"탁월한 아이디어로 해묵은 신화를 깨버린 주옥같은 책. 리더십, 인재 개발, 경쟁의 기술에 관심이 있다면 당장 읽어라!" _대니얼 코일, 《최고의 팀은 무엇이 다른가》 저자

"탐정 이야기 같은 리더십 책이다. 심지어 나는 스포츠광도 아닌데, 이 책을 내려놓을 수 없을 만큼 단박에 빠져들었다." _댄 히스, 《스틱》, 《순간의 힘》 저자

376쪽 | 값 18,000원

스타트업
ROCK YOUR STARTUP
록스타처럼 성공하라

이용준 지음

왜 세계적인 록밴드들이 가장 혁신적인 조직일까?
그들은 어떻게 록스타로 입지를 다지며 성공했을까?
만약 당신이 스타트업을 시작하고 싶다면,
성공하고 싶다면 지금 당장 이 책부터 읽어라!

이 책은 세계적으로 성공하고 영향력을 끼치는 세계적 록밴드들의 성공 전략을 분석한 결과물이다. 특히 오늘도 생존을 위해 고군분투하는 수많은 스타트업 기업들, 그리고 이를 뛰어넘어 위대한 기업으로 발전할 스타트업에 비즈니스적 영감을 제공할 것이다. 스타트업, 록스타에게 배워라! 그리고 록스타처럼 성공하라!

296쪽 | 값 16,000원